KB139684

실전!
프로젝트로
배우는
딥러닝
컴퓨터비전

실전!
프로젝트로 배우는
딥러닝 컴퓨터비전

지은이 김혜진, 왕진영

펴낸이 박찬규 엮은이 최용 디자인 북누리 표지디자인 Arowa & Arowana

펴낸곳 위키북스 전화 031-955-3658, 3659 팩스 031-955-3660
주소 경기도 파주시 문발로 115, 311호 (파주출판도시, 세종출판벤처타운)

가격 35,000 페이지 508 책규격 175 x 235mm

초판 발행 2024년 01월 16일
ISBN 979-11-5839-479-0 (93000)

등록번호 제406-2006-000036호 등록일자 2006년 05월 19일
홈페이지 wikibook.co.kr 전자우편 wikibook@wikibook.co.kr

실전!
프로젝트로 배우는
딥러닝 컴퓨터비전

영상분석 이론부터 엔비디아 젯슨 나노를 활용한
자율주행 실습까지

김혜진, 왕진영 지음

위키북스

컴퓨터비전은 컴퓨터가 사진이나 비디오 같은 영상 데이터를 분석하는 기술입니다. 오늘날 이 기술은 자율주행 자동차, 의료 영상 분석, 공장 머신 비전, 얼굴 인식 등 일상생활의 다양한 분야에 적용되어 있습니다. 딥러닝은 점점 더 많아지는 데이터에서 복잡한 패턴을 학습하고 이를 활용하여 문제를 해결하는 데 이용됩니다. 이 책을 통해 독자는 딥러닝을 이용한 컴퓨터비전 문제를 해결하는 방법을 익히게 될 것입니다.

이 책에서는 다음 주제를 다룹니다.

1. **딥러닝 영상처리의 기초**: 딥러닝을 이용한 영상처리의 기본 개념을 소개합니다.

2. **딥러닝 핵심 알고리즘과 구조**: 콘볼루션 신경망(CNN)의 개념과 이를 이용하며 이미지 분류, 객체 인식을 수행하는 다양한 신경망 구조를 탐구합니다.

3. **실습 프로젝트**: 여러분이 직접 코드를 작성하고 실험해 보는 실습 예제를 제공합니다.

이 책은 단순한 이론적 지식 전달을 넘어서, 실제로 문제를 해결하는 데 필요한 도구와 지식을 갖출 수 있게 도와줍니다. 딥러닝과 컴퓨터비전은 끊임없이 발전하는 분야이므로 이 책을 시작으로 이 분야에 대해 지속적으로 학습할 수 있기를 바랍니다. 이 책을 읽는 여러분의 경험이 흥미롭고 유익하기를 바랍니다.

끝으로 이 책이 긴 시간을 거쳐 마침내 출판될 수 있도록 도와주신 위키북스의 박찬규 대표님과 책의 완성도를 위해 힘써 주신 편집자분들께 감사드립니다.

아직 인공지능이 뭐라고 정의하기는 어렵지만 최근 10여 년간 딥러닝을 근간으로 한 영상 및 음성분석, 추천, 모방 및 이상감지 등에 있어서 진일보한 기술과 애플리케이션이 활발히 연구, 소개되어 산업계에 적용되어 가고 있습니다.

심볼릭 그라운딩, 프레임 문제, 판단과 창작등 인간의 추상화된 능력을 인공지능이 대체할 수 있을지는 앞으로도 더 긴 시간을 지켜봐야 하겠지만 딥러닝 기술이 캐즘에 빠질 만하면 거대 언어 모델 등과 같은 새로운 돌파구와 이를 이용한 시장가능성이 선보여지고 있어 AI의 본질에 대한 회의적인 시각을 조금씩 희석시켜 가며 목표를 향해 나아가고 있다고 믿습니다.

자율주행의 경우 20여 년 전에 DARPA Challenge에서 관심을 받기 시작한 뒤 현재는 저레벨의 ADAS 기능이 일반화되어 차량 안전 및 편의성을 획기적으로 향상시켰으며 레벨3 자율주행기술부터는 완벽한 신뢰성 확보를 위해 힘겹게 양산 개발이 진행되는 상태입니다. 이와는 별개로 레벨4 자율주행기술은 보다 높은 수준의 고도화를 위해 다양한 시도가 이루어지고 있고 딥러닝 기술을 적극적으로 채용하는 대표적인 분야가 되어가고 있습니다.

이 책의 저자들은 국내에서 딥러닝기술이 차량에 적용되는 데 있어서 초창기부터 저를 포함한 자동차사와 연구를 수행하며 얻은 경험과 지식을 교육 등을 통해 많은 젊은 엔지니어들과 공유해 오고 있고 이러한 교육과정에서 얻은 교훈을 본서에 녹여냈다고 생각하니 더욱 반갑습니다.

본서에 소개하는 네트워크와 실습사례는 차량, 로봇 등에 실제 적용되는 방법론에 매우 가까우며 모바일넷(MobileNet)과 같이 경량화 네트워크의 임베디드 방식은 실제 산업에도 많이 적용되고 있어 단순한 지식의 소개가 아닌 실습서로서의 가치도 많이 가지고 있다고 생각합니다.

본서는 딥러닝을 통한 차량 영상분석에 대한 탁월한 안내서로, 현대 자동차 산업의 핵심 기술인 영상 분석에 대한 폭넓은 지식을 제공하며 초보자와 전문가 모두에게 적합합니다.

특히, 딥러닝 개발 플랫폼을 사용한 모델의 구축과 최적화에 중점을 두어, 독자들이 실제로 산업 분야에서 발생하는 다양한 문제에 대응할 수 있도록 훌륭한 가이드를 제공하고 있습니다.

또한 이론적인 내용을 이해하기 쉽게 전달하면서도, 실제 문제 해결을 위한 실습 예제를 통해 독자들에게 직접 영상분석 모델을 구축하는 능력을 기를 수 있도록 돕고 있습니다. 구글, 엔비디아등의 최신 기술과 플랫폼을 활용하여 딥러닝 모델을 구현하고 최적화하는 방법에 대한 풍부한 정보를 담고 있어, 자동차 산업과 딥러닝 분야에서 경쟁 우위를 찾고자 하는 엔지니어와 연구자들에게 꼭 필요한 자료입니다.

이 책을 통해 차량 영상분석 분야에서의 전문성을 높이고 싶은 모든 이들에게 강력하게 추천합니다.

전 현대자동차 자율주행 연구위원, 현 자동차부품산업진흥재단(KAP) 자문위원

유제명

딥러닝에 대해 알지 못하고 미디어를 통해 연구의 결과만을 접한 사람은 미래에 딥러닝은 인류를 지배하는 무서운 존재로 인식할 수 있다. 그러나 딥러닝의 과정을 이해하는 사람에게 딥러닝은 잘 다듬어진 유용한 엔지니어링 도구가 된다. 1969년 마빈 민스키(Marvin Minsky)와 시모어 페퍼트(Seymour Papert)의 "Perceptrons"에서 뉴럴 네트워크의 원조라 할 수 있는 퍼셉트론이 XOR과 같은 비선형 문제를 풀 수 없다는 한계가 밝혀지면서 인공신경망의 암흑기가 시작되었다. 그러나 1980년대에 접어 들어 오차역전파(error backpropagation)에 의한 다층구조 퍼셉트론(multi-layer perceptron)의 학습방법이 알려지고 인터넷과 저장기술의 발달로 방대한 자료들이 축적되고 동시에 하드웨어의 발달로 더 깊은 인공신경망을 처리할 수 있게 되면서 인공신경망은 딥러닝으로 발전하고 다양한 분야에 적용할 수 있게 되어 새로운 황금시대를 열어가고 있다. 특히 영상 분야에 전처리와 분류를 동시에 시행하는 CNN(Convolution Neural Network)으로 눈부신 발전을 거듭하고 있다. 본서는 이제 막 딥러닝에 입문하는 입문자와 기술을 더욱 잘 응용하려는 중급자에게 추천하고 싶은 책이다.

딥러닝의 학습 과정은 인공신경망을 구성하는 노드 사이의 가중치를 최적화 기술을 통해 오류를 줄이는 과정이다. 《실전! 프로젝트로 배우는 딥러닝 컴퓨터비전》은 이러한 과정을 초보자도 이해할 수 있도록 개념과 용어를 그림과 함께 자세히 설명하고 있다. 또 기초적인 인공신경망을 이해하고 인공신경망을 구성할 수 있는 중급자에게는 3장 '영상분석을 위한 학습과정'을 꼭 읽어 볼 것을 추천한다. 이 장에서는 최적화에 사용되는 모델들의 특성을 분석하고 있으며 전이학습과 데이터 증강을 예제와 함께 소개하고 있다. 영상처리 분야의 중급자는 인공신경망 구성을 넘어 딥러닝을 각자의 영역에서 어떻게 활용할 것인가를 고민하게 된다. 이미지 인식, 분할에 관한 인공신경망들을 4장 '이미지 분할과 객체인식'에서 소개하고 있으며 이를 응용한 소형 프로젝트를 5~7장에 걸쳐 소개와 분석하고 직접 구성해 볼 수 있도록 자세한 코드를 함께 실었다. 인공신경망을 위해 특화된 하드웨어가 엔비디아(NVIDIA)에서 출시되어 연구자, 일반 취미, 엔지니어들이 사용하고 있다. 8장 '젯슨 나노 추론 프로젝트'에서 젯슨 나노(Jetson Nano)의 OS와 필요한 소프트웨어를 포함한 젯팩(JetPack)의 설치부터 영상처리에 필요한 소프트웨어까지 소개하고 있다. 또 책의 전반부에 설명한 영상인식 기술들을 젯슨 나노에서 구현하고 사용하는 예제들을 실었다.

호서대
이주희 교수

《실전! 프로젝트로 배우는 딥러닝 컴퓨터비전》은 딥러닝 기반 영상처리와 자율주행 분야에 대한 이론 지식과 실무 능력을 동시에 갖추고자 하는 학생과 신입 개발자에게 탁월한 학습교재입니다.

이 책의 파트1에서는 딥러닝 컴퓨터비전의 핵심 이론부터 객체 인식에 활용되는 유명한 CNN 구조들에 대해 이론과 실습에 관련된 내용을 상세하게 다룹니다.

더불어 파트2에서는 다양한 영상분석 프로젝트 예제를 통해 독자들이 이론을 실전에 적용할 수 있는 기회를 제공하며, 이미지 분류, 객체 인식, CCTV 기반의 사물 인지, 횡단보도 보행자 인식 등의 프로젝트를 통해 독자들은 실제 응용 가능한 실무 능력을 갖추게 됩니다.

마지막으로 파트3에서는 엔비디아 젯슨 나노 환경에서의 프로젝트 수행 방법을 다루며, 독자들이 임베디드 환경에서 직접 딥러닝 컴퓨터비전 프로젝트를 구현하는 데 필수적인 지식을 제공합니다.

이 책은 풍부한 내용과 명쾌한 설명으로 딥러닝과 컴퓨터비전 분야에 입문하고자 하는 독자들에게 귀중한 바이블이 될 것임을 확신합니다.

한국전자연구원

장수현 책임

최근 우리 사회에서 빠르게 발전하는 딥러닝 기술은 컴퓨터 비전 분야에서 혁신적인 변화를 가져오고 있습니다. 우리의 일상 생활과 주변에서 많이 경험했던 주요 기술 및 서비스에서 딥러닝 컴퓨터 비전 기술이 활용되고 있는 것을 쉽게 찾아볼 수 있습니다. 하지만 이러한 딥러닝 기술을 이해하고 실제로 구현해 보는 것은 쉽지 않을 수 있습니다.

《실전! 프로젝트로 배우는 딥러닝 컴퓨터비전》은 이러한 어려움을 극복하고자 하는 독자를 위한 완벽한 안내서입니다. 이론적인 부분뿐만 아니라 실제 프로젝트를 통해 독자들이 딥러닝 컴퓨터 비전을 심도 깊게 이해하고 활용할 수 있도록 구성되어 있습니다. 우리의 생활 속 인공지능 기술, 미래의 스마트 도시 구현을 위한 딥러닝 기술을 쉽게 이해하고 구현할 수 있게 될 것입니다.

한컴아카데미
김종헌 대표

Part 00 | 프롤로그

Part 01 | 딥러닝 영상분석을 배워보자

Part 03 | 젯슨 나노와 젯봇 활용

00

프롤로그

0.1 _ 딥러닝 영상분석이란?

오늘날 많은 사람이 인공지능과 함께하는 미래가 실제로 다가오고 있다는 것을 체감하고 있습니다.

예를 들어 최근 자연어 처리 분야에서 괄목할 만한 성과를 이루며 인공지능 분야의 새로운 지평을 연 GPT 모델[1]의 등장으로 인간과 인공지능 간의 대화가 더욱 원활해지고 인간의 의도를 더 정확하게 이해할 수 있는 기술이 개발되고 있습니다. 이미 이러한 인공지능으로 전문 분야 보고서, 뉴스, 기사는 물론이고 논문이나 간단한 문학 작품조차 문제없이 생성해 사용하는 시대가 됐습니다.

하지만 인공지능의 기본이자 필수 역할은 사람의 눈처럼 보고 판단하는 딥러닝 영상분석 분야에 있습니다. 인간 사회에서 대부분 작업은 시각으로 받아들인 정보를 뇌가 판단하면서 시작되기 때문에 다양한 산업과 연구 분야에서 이러한 시각으로부터 시작되는 프로세스는 매우 중요합니다. 이 프로세스는 실제 YOLO나 SSD로 유명한 객체 인식[2]과 같은 인공지능 영상분석 모델로 대체할 수 있습니다(그림 0.1).

그림 0.1 딥러닝 영상분석은 사람의 시각과 판단을 대체할 수 있습니다.

인간은 때때로 한눈을 팔거나 피곤하면 실수도 하지만, 인공지능은 그러한 실수를 하지 않습니다. 그러므로 딥러닝 영상분석 기술을 현실의 작업에서 사람을 대체할 수준으로 적용할 수 있다면 너무 위험하거나 위급한 상황, 혹은 시간이 많이 필요하면서도 주의 집

---

1 https://openai.com/product/gpt-4
2 https://en.wikipedia.org/wiki/Object_detection을 참조. 객체 인식과 YOLO, SSD에 관해서는 이 책의 4장에서 상세하게 설명합니다.

중이 필요한 상황에서 딥러닝 영상분석이 사람의 눈을 대신할 수 있습니다.

실제 예를 들어 보면, 도로를 주행하는 자동차의 운전자는 장시간 운전 시 집중력이 떨어질 수 있고 긴급상황에서는 대응시간에 한계가 있습니다. 그러나 카메라와 인공지능을 이용한 운전자 보조 시스템을 이용하면 전방 추돌 사고율을 크게 낮출 수 있습니다. 실제 이러한 기술을 모빌아이의 EyeQ4[3] 같은 해외 제품뿐만 아니라 스트라드비전의 SVNet[4] 같은 국내 제품에서도 활용하고 있습니다. 또한 대부분 자동차 회사에서 자율주행 자동차를 개발하기 위해 카메라 영상의 딥러닝 영상분석을 이용해 차선을 인식해 주행하거나 주변 차량이나 보행자들을 인지해 충돌을 회피하는 기능이 개발되어 활용되고 있습니다.

더불어 MRI와 같은 의료영상에서 뇌종양을 발견하는 인공지능 의료기기를 예로 들어 생각해 보겠습니다. 이러한 의료 빅데이터로 학습된 인공지능 의료기기가 기존의 규칙 기반(Rule-based) 의료기기보다 진단 예측률은 더 높고, 오검출률(False Positive)은 더 낮다고 합니다. 또한 인공지능 의료 시스템은 진단 및 예측 시간이 더 짧고 인간보다 더 많은 데이터를 이용해 진단, 치료 및 예방 등의 판단이 가능해 효율적입니다.[5] 어떤 분야든 아이디어와 기술만 있다면 얼마든지 적용할 수 있으므로 이 외에도 활용 가능한 산업 분야는 많습니다.

이러한 딥러닝 영상분석 기능은 앞으로 GPT 모델과 같은 자연어 처리 능력이 뛰어난 생성형 모델과 더불어 다양한 분야에서 혁신적으로 발전할 것입니다. 예를 들어, 자율주행 차량은 마치 1980년대 미국 드라마에 나왔던 가상의 자율주행차인 '키트'[6]처럼 운전자와 자연스럽게 대화하며 운전자의 의도를 정확하게 파악하고, 영상분석 모델을 이용해 차량 주변의 환경을 정확하게 인식하고 분석함으로써 더욱 안전하고 효과적인 자율주행을 할 수 있습니다.

그런데 딥러닝 영상분석이라는 인공지능 기술은 상황에 맞는 영상 데이터의 제한성 때문에 범용적이지 못하다는 점, 영상 데이터 자체도 크고 분석에 필요한 계산량도 월등히 커

---

3 〈What does AI have to do with Collision Avoidance Systems?〉, 모빌아이, https://www.mobileye.com/us/fleets/blog/collision-avoidance-and-ai/
4 〈SVNet〉, 스트라드비전, https://stradvision.com/sv/technology
5 〈인공지능(AI) 기반 의료기기 현황 및 이슈〉, 2019, 한국보건산업진흥원, https://bit.ly/3sBaFUx
6 https://en.wikipedia.org/wiki/Knight_Rider_(1982_TV_series)

서 컴퓨터 처리 비용이 높은 점, 그리고 실시간 처리가 필요한 에지 컴퓨팅[7]이 필요한 경우가 많다는 점 때문에 대중적으로 사용하기는 어렵다는 난제가 있습니다.

그러니까 이 시대의 산업에서는 효과적인 눈 역할을 해줄 딥러닝 영상분석 개발에 대한 필요성은 인식하고 있지만, 이런 필요성을 실현하기 위해 결국 인공지능이라는 고급 기술을 이해하고 유용하게 개발해야 하는 미션이 있습니다.

그리고 아무리 고성능의 고급 기술일지라도 실생활에 효용성이 떨어지고 고비용의 기술이라면 산업화하기가 어렵습니다. 다시 말하면 실제 산업에 적용할 때는 많은 사용자를 위한 대중적인 가격 책정이 매우 중요하기 때문에 기술 구현에 있어서 개발 비용 대비 성능 최적화는 매우 중요합니다.

마지막으로 딥러닝은 데이터 사이언스에 포함되는 전문 분야입니다. 따라서 어떠한 서비스나 산업 분야라도 딥러닝을 적용해 발전하기 위해서는 도메인 특화 데이터에 대한 전문가의 지식이 필수입니다. 그러므로 딥러닝 자체의 연구 개발 전문가도 필요하지만, 각 산업 분야의 전문가들이 각자의 분야에서 영상분석 모델이나 생성형 모델[8] 같은 딥러닝을 활용하는 연구 개발을 통해 보다 손쉽게 성과를 얻을 수 있다면 가장 발전적이고 바람직한 미래가 될 것입니다.

0.2 _ 인공지능 카메라로 무엇을 할 수 있을까?

이 책에서는 저자들이 실제로 딥러닝 영상분석을 기반으로 크고 작은 프로젝트를 진행한 경험을 살려서 독자가 직접 유사한 개념과 목적의 연구 개발을 하고자 할 때 필요한 이론 학습부터 미니 프로젝트를 통해 실제로 개발하기까지의 가이드를 제시합니다.

이론 부분도 실제적인 접근으로 설명하니 차근차근 읽으면서 학습하고 개념을 잡아 설계를 시작할 수 있을 것입니다. 아울러 공학 전공 지식과 딥러닝 네트워크 개발, 소프트웨

---

7 에지 컴퓨팅은 데이터를 그 생성 위치와 가까운 곳에서 처리, 분석 및 저장하여 실시간에 가까운 빠른 분석과 응답을 가능하게 하는 것을 말합니다.
   https://www.intel.co.kr/content/www/kr/ko/edge-computing/what-is-edge-computing.html
8 인공지능 생성형 모델은 기존에 있는 데이터를 학습하고 이를 기반으로 새로운 데이터를 생성합니다. GPT모델이 대표적인 생성형 모델이며 최근에는
   이미지 생성 분야에도 활용됩니다.

어 개발 경험이 있는 연구원이나 개발자가 이 책으로 학습과 실습을 끝까지 완료한다면 카메라를 이용한 인공지능 기능과 연계된 시스템을 개발할 수 있을 것입니다.

이제 학습을 시작하기 전에 잠시 인공지능 카메라가 있다면 만들고 싶은 시스템을 상상해 보겠습니다.

- 인공지능 CCTV의 형태
  - 인공지능 CCTV 실종자 찾기 시스템[9]
  - 인공지능 주차 감시 시스템
  - 인공지능 스포츠 카메라[10]
  - 인공지능 쇼핑몰(아마존고[11]와 같은 형태)

- 인공지능 카메라를 활용하는 이동 기기의 형태
  - 인공지능 자율 자동차[12]
  - 인공지능 배송 로봇[13]
  - 인공지능 소방 드론과 로봇[14]

- 인공지능 카메라를 활용한 산업 자동화 기기의 형태
  - 인공지능 불량품 판별 시스템
  - 인공지능 자동화 로봇 팔[15]

- 인공지능 카메라를 활용한 반려 로봇의 형태
  - 독거노인 돌보미 애완동물형 로봇[16]
  - GPT 모델을 이용한 대화형 로봇[17]

---

9   인공지능으로 실종자 찾는다: https://www.denews.co.kr/news/articleView.html?idxno=24908
10 〈AI 카메라가 촬영하는 무인 스포츠 중계 콘텐츠〉, https://stonebc.com/archives/15216
11 아마존 고: https://youtu.be/NrmMk1Myrxc
12 테슬라 오토파일럿: https://www.tesla.com/autopilot
13 로봇 배송, 드론 배송: https://zdnet.co.kr/view/?no=20230220104809
14 〈[페이턴트] 이제는 화재 진압도 첨단이 '대세'…로봇 · 드론 등 차세대 기술과의 연계는 '필수'〉, 비즈월드뉴스, http://www.bizwnews.com/news/articleView.html?idxno=10855
15 〈로봇사업 다시 시작한 구글 "인공지능 로봇 팔 팔겠다"〉, 한경닷컴, https://www.hankyung.com/it/article/2019101189681
16 〈AI 로봇, 노인들의 반려 친구로 주목〉, http://www.emozak.co.kr/news/articleView.html?idxno=5088
17 영국의 휴머노이드 아메카에 GPT모델 적용: https://www.youtube.com/watch?v=8kwWLDUwEPY

이 밖에도 더 멋진 아이디어가 많이 있을 것입니다. 그러면 이제 딥러닝 영상분석에 대한 학습을 시작해 보겠습니다.

0.3 _ 이 책의 실습 준비

이 책의 내용을 배우고 활용하려면 파이썬, C++ 등 프로그래밍 언어와 파이토치 (PyTorch) 같은 딥러닝 프레임워크에 관한 지식이 필요합니다. 한두 가지 프로그래밍 언어와 프레임워크를 사용할 줄 알면 문제없이 학습을 진행할 수 있습니다. 관련 지식이 전혀 없다면 파이썬과 파이토치는 따로 학습하는 것이 권장되며 C/C++은 파일 구조와 컴파일, 빌드와 같은 개념 정도만 간단히 알아두시면 좋습니다.

이 책에서는 구글 코랩과 윈도우 환경, 엔비디아 젯슨 나노를 활용해 실습합니다. 구글 코랩과 윈도우 실습 환경을 구성하는 방법을 여기서 먼저 설명하고, 젯슨 나노에서 추론하는 프로젝트와 젯슨 나노가 장착된 미니 로봇 프로젝트의 실습 환경 구축 방법은 3부에서 따로 설명합니다.

구글 코랩에서 실습 준비

이 책의 실습은 주로 구글 코랩을 활용합니다. 이를 위해 본인 구글 계정의 구글 드라이브와 구글 코랩에 실습 환경을 준비해 보겠습니다.

구글 코랩 환경은 구글 드라이브[18]를 통해 시작할 수 있습니다. 우선 자신의 구글 계정으로 로그인한 후 구글 드라이브에 들어가서 그림 0.2의 ❶~❹의 과정을 통해 [내 드라이브]에 모든 실습에서 사용할 기본 깃허브 폴더를 다운로드할 **DLbook**이라는 폴더를 만들어 줍니다.

이제 구글 드라이브의 이 폴더에 들어가서 코랩을 사용할 텐데, 최초 한 번 그림 0.2의 ❻, ❼과 같이 연결할 앱 설치 과정이 필요하며, 그 이후에는 5)의 순서로 새로 시작할 수 있습니다.

---

18 https://drive.google.com/drive/my-drive

참고로 이 과정을 거치고 나면 구글 드라이브 내에 있는 주피터 노트북 파일을 더블클릭
해서 바로 코랩을 실행할 수 있습니다.

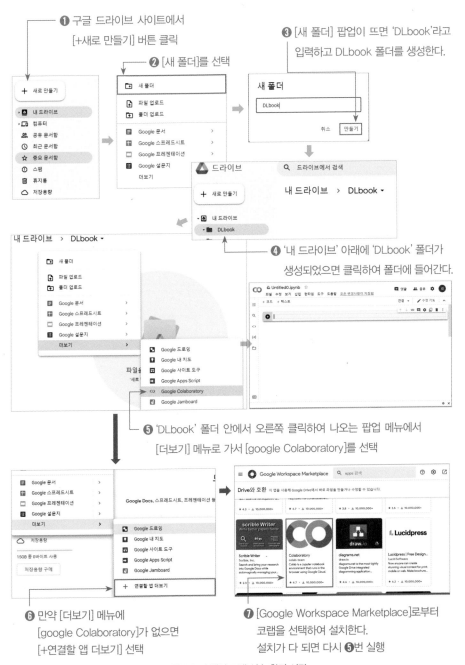

그림 0.2 이 책의 코랩 실습 환경 시작

코랩이 시작되면 다음 주소의 **Book_Environment.ipynb**를 참조해 이 책의 실습을 준비합니다.

> https://github.com/jetsonai/DeepLearning4Projects/blob/main/Chap1/Book_Environment.ipynb

코랩에서 구글 드라이브에 연결하겠습니다. **Book_Environment.ipynb**에서 다음 코드를 실행합니다.

```
from google.colab import drive

drive.mount('/content/gdrive')
```

그런 다음 그림 0.3과 같이 구글 드라이브에 연결하는 과정을 진행합니다.

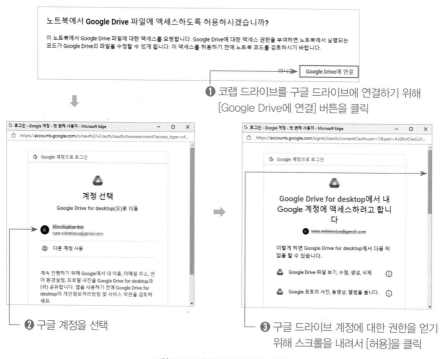

그림 0.3 코랩에 구글 드라이브 연결

구글 드라이브에 연결하면 그림 0.2 과정을 통해 만들어 놓은 **DLbook** 폴더로 이동해 이 책의 깃허브 저장소를 다운로드합니다.

```
cd /content/gdrive/MyDrive/DLbook

print("Download Example Repository")
!git clone https://github.com/jetsonai/DeepLearning4Projects
```

이제 구글 드라이브에 가보면 그림 0.4와 같이 깃허브의 폴더가 다운로드돼 있을 것입니다. 이 폴더의 파일을 이 책의 실습에서 활용합니다.

그림 0.4 구글 드라이브에 다운로드된 깃허브 폴더

이 책의 모든 장의 예제와 주석의 링크는 다음의 깃허브에서 찾아보실 수 있습니다. 책을 보시거나 실습하실 때 참조해주시길 바랍니다.

- https://github.com/jetsonai/DeepLearning4Projects

윈도우 프로젝트 환경 시작하기

다음으로 이 책의 2부에서 사용할 윈도우에서 추론 실습을 할 수 있는 환경을 구성하겠습니다. 윈도우 10 또는 윈도우 11에서 CPU만 있는 환경을 가정하겠습니다.

설치할 항목은 다음과 같습니다.

- Git

- Python 3.10.10

- opencv-python, pytorch, onnx, onnxruntime

깃(git) 설치

다음 주소에서 git 설치 프로그램을 다운로드할 수 있습니다.

    https://git-scm.com/downloads

OS에 맞는 설치 프로그램을 다운로드한 후 설치를 수행합니다.

그림 0.5 git 다운로드

실습 파일이 있는 DeepLearning4Projects 저장소를 복제합니다.

    git clone https://github.com/jetsonai/DeepLearning4Projects

파이썬 설치

python 3.10.10을 검색한 후 python.org의 링크를 클릭합니다.

그림 0.6 Python 3.10.10을 검색

화면을 아래로 내려서 Windows installer에서 OS에 맞게 설치 프로그램을 다운로드합니다.

그림 0.7 파이썬 설치 프로그램 다운로드

다운로드한 설치 프로그램을 실행해 Python 3.10.10을 설치합니다.

이때, Add Python to environment variables에 체크된 것을 확인한 후 설치를 진행합니다.

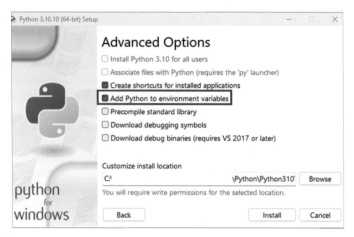

그림 0.8 파이썬 설치

명령 프롬프트(터미널)에 **python**을 입력해 실행하면 파이썬 버전이 표시됩니다.

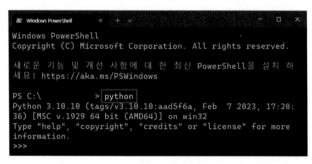

그림 0.9 파이썬 셸 실행

파이썬 패키지 설치

명령 프롬프트에서 다음 명령어를 실행해 실습을 위한 패키지를 설치합니다.

```
python -m pip install opencv-python torch torchvision torchaudio
```

2부 실습을 위하여 윈도우 환경 실습을 위한 가이드 영상을 참조하시는 것을 추천드립니다.

- https://youtu.be/w2Ny8xQSZu4?si=fEN6zoZLwar3h4YP

그림 0.10 2부 윈도우 실습 가이드 영상

Part 01

딥러닝 영상분석을
배워보자

1부에서는 인공지능 분야 중 가장 발전되고 많이 이용되는 딥러닝 영상분석에 대한 개념과 용어를 이해해 보겠습니다.

딥러닝 영상분석은 오랜 세월 수많은 학자들이 연구하며 발전시킨 학문과 데이터 과학 등 최첨단 IT 기술을 기반으로 구현됐으며, 현대 산업 사회에 점차 확산하고 있습니다. 이 모든 것을 배우고 목적에 맞게 활용하는 과정이 결코 쉬운 길은 아니지만, 목표를 향해 첫발을 내디뎌 보겠습니다.

1부의 구성

딥러닝
영상분석 소개

앞서 프롤로그에서 설명했듯이 딥러닝 영상분석은 사람의 눈과 같이 영상 데이터가 입력되면 그 영상에 대해 분석해 판단 결과를 도출해 주는, 인공지능의 가장 발달한 분야입니다. 1장에서는 이러한 딥러닝 영상분석을 시작하는 데 기본이 되는 개념을 설명합니다.

1.1 _ 대표적인 딥러닝 영상분석 기법 3가지

딥러닝 영상분석에는 대표적이고 인기가 많은 기법 3가지가 있는데, 바로 이미지 분류(Image Classification), 이미지 객체 인식(Image Object Detection), 이미지 분할(Image Segmentation)입니다.

이미지 분류

딥러닝으로 할 수 있는 영상분석은 참으로 많습니다. 특정 인물의 얼굴과 행동 패턴을 인지해 신분증처럼 사용할 수도 있고, 가짜 인물에게 얼굴과 행동 패턴을 부여해 특정 인물로 인지되게 할 수도 있습니다.

근래 들어 이미지 분류는 비교적 보편화한 가장 쉬운 딥러닝 영상 기술이라서 그 중요함이 간과되기도 하지만, 모든 딥러닝 영상분석의 첫 번째 단계이자 가장 중요한 뼈대 역할을 합니다. 이미지 분류란 어떠한 이미지 영상이 있을 때 이 영상이 어느 카테고리로 분류되는지에 대해 확률적으로 계산하는 방법입니다.

그림 1.1은 입력된 이미지 데이터에 대한 분류 결과를 얻기 위해 CNN 이미지 분류 과정을 거치는 모습을 보여줍니다.

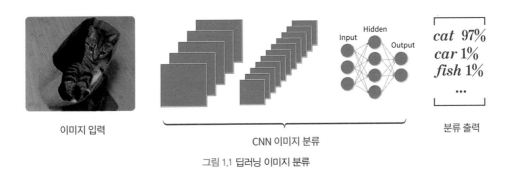

이미지 입력   CNN 이미지 분류   분류 출력

그림 1.1 딥러닝 이미지 분류

이미지 분류의 목적은 일단 어떤 객체가 있는 이미지를 제공했을 때 그 이미지가 어떤 객체인지 분류하는 것입니다.

이미지 분류에서는 딥러닝의 훈련(training) 혹은 학습(learning)이라고 부르는 과정이 필수입니다. 즉, 처음에 이미지 분류를 하면 당연히 고양이의 확률이 높게 나오지 않는데, 많은 데이터를 준비해 고양이의 확률값이 높게 나오게 딥러닝으로 학습시키면 문제가 해결됩니다.

이미지 분류에 쓸 수 있는 아키텍처로는 MNIST로 많이 알려진 LeNet 외에도, AlexNet, GoogLeNet, ResNet 등이 있습니다. 이에 관해서는 이 책에서도 간략히 소개하고 그 활용법을 살펴봅니다.

이미지 객체 인식

객체 인식은 대체로 특정 대상을 객체별로 인식해 그 위치를 x, y 좌표와 높이, 너비 값으로 이뤄진 바운딩 박스(Bounding Box)를 그려서 나타내는 것을 말합니다. 딥러닝으로 이미지 영상분석을 원하는 대부분 사람이 특히 원하는 기술이 바로 이미지 객체 인식입니다.

객체 인식과 위에서 언급한 이미지 분류는 유사한 영상분석 기법입니다. 가장 큰 차이점은 객체 인식의 결과에는 대상 객체의 위치에 대한 좌표 정보가 있다는 것입니다.

설명하자면, 이미지 분류는 그림 1.2의 왼쪽처럼 입력되는 이미지를 분류했을 때 나오는 결괏값이 카테고리별 확률값들의 벡터이며 이 결과로 '이 이미지의 객체는 cat일 확률이 97%이다.'라는 것을 알 수 있습니다. 그리고 객체 인식은 그림 1.2의 오른쪽 그림처럼 이미지 객체 인식을 수행했을 때 나오는 결괏값이 클래스, 바운딩 박스 좌표(x, y, width, height), 신뢰도 값으로 이뤄진 벡터이며 이 결과로 '이 이미지에 있는 사물은 cat이며 위치 좌표가 x, y, width, height인데, 이에 대한 신뢰도를 확률값으로 나타낸 것이다.'라는 것을 알 수 있습니다.

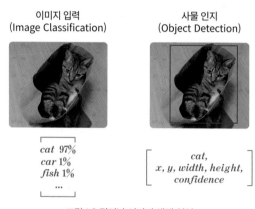

그림 1.2 딥러닝 이미지 객체 인식

이미지 객체 인식에는 일반적으로 YOLO라는 네트워크가 많이 알려져 있고, 이를 이용해 누구라도 원하는 객체를 인식하게 구현할 수 있습니다. 이 책에서는 특히 YOLO와 SSD라는 많이 알려진 객체 인식 네트워크 방법을 배우고 실제로 활용할 수 있게 안내합니다.

이미지 분할

이미지 분할은 이미지의 모든 픽셀을 지정된 카테고리로 분류하는 방법입니다. 이미지에 있는 모든 픽셀에 대해 예측을 수행하는 방법이라고 보면 됩니다. 이미지에서 대상을 카테고리로 분류할 때 객체 단위는 신경 쓰지 않고 픽셀 단위로 분류하는 것을 의미론적 분할(semantic segmentation)이라고 하고, 객체 인식 개념까지 추가해 객체별로 나누어 분류하는 것을 객체 분할(instance segmentation)이라고 합니다.

그러므로 그림 1.3에서 보듯이, 객체 인식의 결과인 바운딩 박스[19]로 표시한다면 왼편과 같이 나타낼 수 있고 이미지 분할을 사용해 픽셀 단위로 표시한다면 오른편과 같이 나타낼 수 있습니다.

그림 1.3 이미지 객체 인지와 이미지 분할

일반적으로 바운딩 박스로 나타내는 편이 처리 속도도 빠르고 결과 표시도 명확해 보이며 영상의 2차 분석에도 용이하므로 바운딩 박스로 나타내는 것을 선호합니다.

예를 들어 자율주행 자동차가 도로에서 주행 여부를 판단하기 위해 신호등의 색깔을 인지하고자 한다면 도로 전체 사진에서 신호등의 색깔을 판단하는 것이 아니라 신호등을 먼저 감지해, 감지된 바운딩 박스 안의 이미지에 대해 빨간색과 초록색에 대한 인지 및 상태 판단을 수행하는 것이 현실적으로 훨씬 더 가능하고 빠른 방법이라는 것입니다.

하지만 자율주행 차량이 갈 수 있는 공간을 찾아내는 프리스페이스넷(Free Space Net)[20]의 경우나 그림 1.4와 같이 CT나 MRI 스캔과 같은 의료영상이 필요한 분야에서 많은 조건에 대한 진단 및 치료 파이프라인의 초기 단계에 이미지 분할로 장기의 병변을 구별 및 분리하는 기법은 매우 유용합니다.

---

19 바운딩 박스: https://wiki.openstreetmap.org/wiki/Bounding_Box
20 〈Free Space Detection with Deep Nets for Autonomous Driving〉, http://cs231n.stanford.edu/reports/2015/pdfs/jpazhaya_final.pdf

이미지 분할 방법으로는 FCN(fully convolutional network)[21], 세그넷(SegNet), 딥랩(DeepLab)과 같은 네트워크가 있으며, 이 책의 4장에서 FCN을 소개합니다.

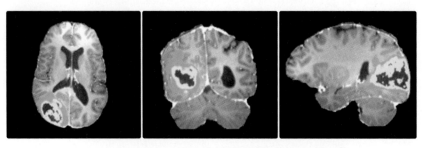

그림 1.4 의학 영상에서 장기의 병변을 구별 및 분리하는 이미지 분할 [22]

1.2 _ 영상분석을 위한 딥러닝 이해하기

이번 절에서는 딥러닝의 정의와 범위, 딥러닝을 영상분석에 활용할 때의 장점을 살펴보겠습니다.

인공지능 역사 속의 딥러닝

인류 근대사와 비교하더라도 인공지능의 역사는 절대 짧지 않습니다. 거의 대한민국 근대사 기간과 유사합니다. 하지만 현재 놀라운 성능의 인공지능 세상을 열고 있는 '딥러닝'의 역사는 최근 매우 단기간에 폭발적으로 진행됐습니다.

그림 1.5는 1940년대에 시작된 인공지능의 역사 속에서 머신러닝과 딥러닝이 시작된 시기를 보여주는 그림입니다. [23]

---

21 FCN: 완전한 콘볼루션 네트워크. 논문 참조: 《Fully Convolutional Networks for Semantic Segmentation》, Jonathan Long, 2015, https://arxiv.org/pdf/1411.4038.pdf

22 그림 참조: https://blogs.nvidia.co.kr/2021/12/17/nvidia-data-scientists-take-top-spots-in-miccai-2021-brain-tumor-segmentation-challenge/

23 그림 참조: https://developer.nvidia.com/deep-learning

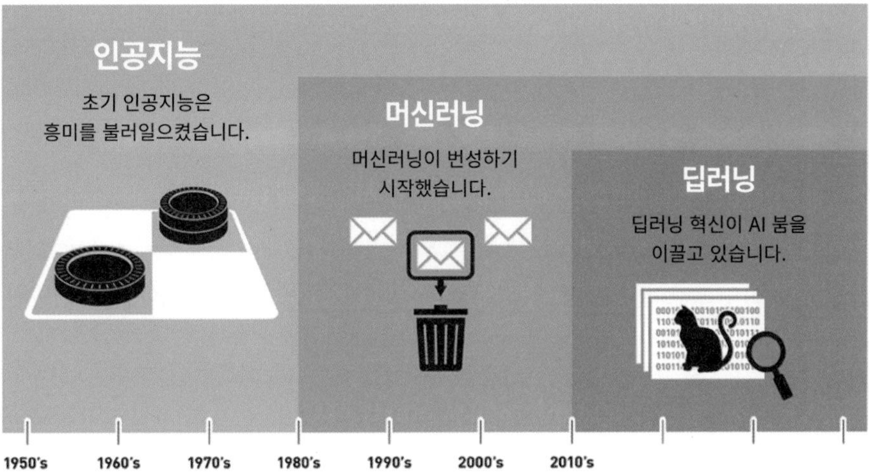
인공지능
초기 인공지능은
흥미를 불러일으켰습니다.
머신러닝
머신러닝이 번성하기
시작했습니다.
딥러닝
딥러닝 혁신이 AI 붐을
이끌고 있습니다.
1950's
1960's
1970's
1980's
1990's
2000's
2010's
그림 1.5 인공지능, 머신러닝, 딥러닝의 역사

인공지능의 시작은 1943년의 튜링-완전 인공 뉴런(Turing-complete artificial neurons)을 위한 형식 디자인(formal design)으로 알려져 있습니다. 그리고 공식적으로 인공지능 연구가 시작된 것은 1956년 다트머스 대학(Dartmouth College)의 워크숍입니다. 이 워크숍에서 정식으로 '인공지능(Artificial Intelligence)[24]'이라는 용어가 만들어졌습니다.

하지만 1973년 인공지능은 '작은 문제 영역에서는 작동하지만 복잡한 현실 문제를 해결할 수는 없다'고 비판한 라이트힐(Lighthill)의 보고서[25] 등의 여파로 암흑기에 접어들었습니다.

1980년대 이후 산업계에 도입된 전문가 시스템은 베이지안 확률적 방법[26]이나 퍼지 이론[27]과 같은 지식과 경험에 의한 의사결정 추론 엔진이라고 할 수 있습니다. 이후 1990년대 구글 검색 엔진의 등장으로 많은 데이터가 확보되면서 이를 분석하고 활용하기 위한 확률 통계와 분석 기법에 의한 머신러닝 분야가 확산했습니다. 실제로 이 시기 이후 발전된

---

24 https://en.wikipedia.org/wiki/Artificial_intelligence
25 https://en.wikipedia.org/wiki/Lighthill_report
26 https://en.wikipedia.org/wiki/Bayesian_probability
27 https://en.wikipedia.org/wiki/Fuzzy_logic

머신러닝 분야는 아직도 비교적 높은 성능과 낮은 적용 비용으로 산업 현장에서 많이 쓰입니다.

사실 역전파(1986년)나 CNN(Convolution Neural Network)을 적용한 MNIST(1998년) 같이 현대 딥러닝에서 유용한 이론과 논문은 이 시기에도 꾸준히 나왔고 '딥러닝(Deep Learning)'[28]이라는 용어도 2006년에 발표됐지만, 딥러닝과 같은 의미인 심층 신경망(Deep Neural Network)으로 표현되는 기존 인공지능 분야는 학계에서 외면받았습니다.

이러한 딥러닝은 2012년 이미지넷[29]이라는 이미지 인식 대회에서 AlexNet이라는 CNN 기반의 모델이 우수한 성능으로 우승하면서 단번에 두각을 나타냈습니다.

그림 1.6은 2010년부터 2015년까지의 이미지넷 우승팀의 오류율(error rate)[30]을 나타내는 그래프로, 2012년에 AlexNet이 최초로 딥러닝을 사용해 우승했음을 알 수 있습니다.[31]

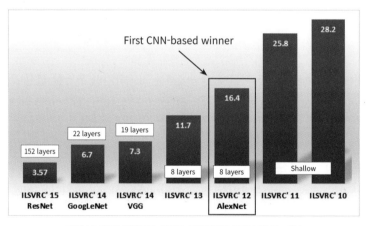

그림 1.6 CNN 기반으로 최초로 이미지넷에서 우승한 AlexNet

---

28 https://en.wikipedia.org/wiki/Deep_learning
29 ImageNet Large Scale Visual Recognition Challenge (ILSVRC) http://www.image-net.org/challenges/LSVRC/
30 오류율은 영어로 error rate입니다. error는 loss와 같은 용어이며, 딥러닝 모델의 정확도와 대비하는 경우 대부분 loss를 사용하지만, 비율의 뜻으로 표현할 때는 error rate라는 용어를 많이 사용합니다.
31 cs231n Lecture 9 | CNN Architectures, https://youtu.be/DAOcjicFr1Y

이후 CNN 기반의 딥러닝 영상분석은 인공지능 기술의 성능이 비약적으로 발전하는 데 핵심적인 역할을 했습니다.

그림 1.7과 같이 현재의 딥러닝 영상분석 기술은 주행 중인 차량에서 풀HD급의 카메라 영상을 실시간으로 분석해 차량이 자율주행 하는 데 핵심적인 역할을 합니다.

그림 1.7 엔비디아 자율주행 자동차를 위한 딥러닝 영상분석 [32]

이러한 딥러닝 기술은 인간의 능력 이상으로 놀라울 정도로 발전하고 있음에도 불구하고 여전히 대중화가 쉽지 않은 고급 기술, 고비용의 장비가 필요한 분야로 인식되고 있습니다. 하지만 기술 리더 대부분은 인공지능이 우리 산업의 미래가 될 것으로 생각하고 있으며, 이에 대해 아무도 크게 의심하지 않습니다.

그런 의미에서 이 책을 통해 인공지능 분야에서 트렌드의 선두에 있는 딥러닝 영상분석을 배우고 응용하는 것은 무척 멋진 일이라고 생각합니다.

심층 신경망의 이해

머신러닝에서 지도 학습(supervised learning)은 알고리즘에 주입하는 훈련 데이터에 라벨이라는 원하는 답이 포함되어 있는 학습을 말합니다. [33] 유명한 지도 학습 알고리즘에는

---

32 〈Ride in NVIDIA's Self-Driving Car〉, https://youtu.be/1W9q5SjaJTc
33 지도 학습: Hands-On Machine Learning with Scikit-Learn & Tensorflow

KNN(k–Nearest Neighbor), SVM(Supported Vector Machine), 결정 나무(Decision Tree) 등이 있습니다[34]. 하지만 이미지 분류에는 심층 신경망(Deep Neural Network)을 이용한 딥러닝을 사용하는 것이 정확도나 시간 측면에서 훨씬 더 우월합니다. [35] 이러한 심층 신경망의 가장 기본적인 단위는 선형 분류(linear classification)[36]입니다.

다음 그림 1.8에서 선형 분류의 모델 식을 잠시 살펴보겠습니다.

이 모델의 목표는 무엇일까요? 당연히 미래의 새로운 X값이 있을 때 이 모델을 이용해 예측 결과를 얻는 것입니다.

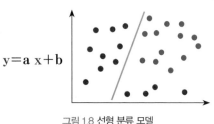

$$y = a\ x + b$$

그림 1.8 선형 분류 모델

여기서 딥러닝 영상분석의 경우 독립 변수 X는 영상 이미지입니다. 그림 1.9에서 영상 이미지인 X는 가로세로의 픽셀값과 RGB 컬러 채널로 이뤄진 행렬 데이터입니다.

입력 이미지

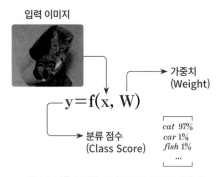

$$y = f(x,\ W)$$

가중치
(Weight)

분류 점수
(Class Score)

cat 97%
car 1%
fish 1%
...

그림 1.9 심층 신경망 이미지 분류 모델의 입출력

그러면 종속변수 Y는 무엇일까요? 분류의 경우는 분류 카테고리별 확률값인 클래스 점수 벡터입니다. 이 심층 신경망은 이미지 분류 모델인데, 이 모델의 가중치(weight)[37]는

---

34 k–Nearest Neighbor: https://en.wikipedia.org/wiki/K–nearest_neighbors_algorithm
   SVM(supported Vector Machine): https://en.wikipedia.org/wiki/Support–vector_machine
   결정 나무(Decision Tree): https://ko.wikipedia.org/wiki/결정_트리_학습법
35 cs231n Lecture 2 | Image Classification: https://youtu.be/OoUX–nOEjG0
36 Linear classification: https://en.wikipedia.org/wiki/Linear_classifier
37 여기서 가중치는 행렬값이며 행렬은 파라미터들로 이뤄져 있습니다.

수많은 고양이 이미지 데이터로 훈련해 최적화합니다. 가중치는 입력값과 함께 계산할 파라미터들로 이뤄진 행렬값을 말합니다.

여기서 가중치가 최적화된다는 의미를 이해해 보겠습니다. 모든 고양이 이미지 데이터는 '고양이'라는 정답이 있습니다. 하지만 초기에 설정한 임의의 가중치로 모델의 결괏값 Y 를 계산하면 당연히 정확하게 계산하지 못합니다. 그 결과로, 모델은 이미지를 고양이가 아닌 비행기나 개구리라고 분류할 수도 있습니다. 여기서 모델의 결괏값은 예측값이라고 할 수 있는데, 초기 모델은 이 예측값의 오차가 정답과 매우 큰 상태입니다.

하지만 수많은 데이터로 훈련을 계속해 가중치값이 최적화된다면 모델의 계산 결괏값이 정확해집니다. 그러므로 예측값과 정답의 오차는 점점 감소하게 됩니다. 모델의 결괏값 이 매우 정확해짐에 따라 이 오차가 0에 가깝게 감소하게 되면, 특정 이미지를 입력했을 때 출력되는 예측값은 정답을 맞힐 확률이 매우 높을 것입니다. 이때 우리는 이 모델이 '완성'됐다고 말할 수 있습니다.

그럼 이렇게 완성된 모델의 목적은 무엇일까요? 당연히 미래의 새로운 고양이 이미지, 이를테면 카메라에 비친 고양이 영상이 이 모델에 X로 입력됐을 때 정확한 분류 예측값 Y를 구하는 것입니다.

이러한 심층 신경망은 기본적으로 행렬 곱셈 계산식으로 이뤄집니다. 그림 1.10에서 행 렬의 곱셈 계산식을 보면 1항 행렬의 요소들이 모두 2항의 행렬과 곱셈의 절차를 거쳐 더 해지는 것을 볼 수 있습니다.

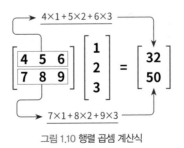

그림 1.10 행렬 곱셈 계산식

심층 신경망은 이 행렬 곱 계산 결과를 바로 결과로 사용하지 않고, 그다음 행렬 곱 연산 의 입력으로 사용합니다. 즉, 중첩된 행렬 곱 계산식이라고 할 수 있습니다.

우리가 익숙하게 접하는 다음과 같은 심층 신경망 그림은 이러한 행렬 곱셈 계산식의 중첩된 표현입니다. 그림 1.11에서 보는 바와 같이, 입력의 계산 결과를 다음 계산의 입력으로 사용하는데, 딥러닝에서는 그것을 은닉층(hidden layer)이라고 부릅니다. 네트워크에 이러한 은닉층이 더 많이 존재할수록 더 깊은 네트워크라고 표현합니다.

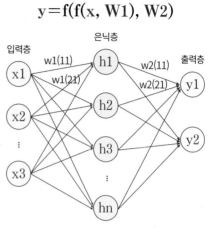

그림 1.11 심층 신경망의 다이어그램

1.3 _ 딥러닝 모델의 기본 구조

이번에는 딥러닝 모델의 기본 구조와 그 훈련 과정에 대한 기본 알고리즘과 수식을 살펴보겠습니다.

딥러닝 훈련 과정과 추론

딥러닝의 모델은 훈련 과정을 통해 입력된 데이터에 대해 가중치와 함께 모델의 결괏값을 계산했을 때 정답과의 차이가 거의 없을 때까지 가중치를 업데이트하는 과정을 통해 완성됩니다. 이 과정을 딥러닝의 훈련 과정이라고 하고, 트레이닝(training)이나 학습(learning)이라고도 합니다. 딥러닝 용어는 거의 같은 의미로 동일하게 사용할 수 있는 것이 많습니다. 이 책에서는 이런 용어를 모두 소개하고 나서 한 가지 용어로 통일하겠습니다.

훈련 데이터에는 정답이 있으므로 계산 결괏값과의 차이를 계산할 수 있습니다. 여기서 훈련 데이터의 정답을 라벨(label)이라고 하며, 정답과 결괏값의 차이는 손실(loss), 에러(error), 혹은 코스트(cost)라고 합니다. 이 책에서는 '손실'이라는 표현을 사용하겠습니다. 딥러닝의 훈련 과정에서는 이 손실을 0에 가까운 값으로 낮아지게 해야 합니다.

그림 1.12는 딥러닝 모델 훈련의 정의를 나타냅니다. 딥러닝 훈련은 훈련 데이터[38]에 대해 결과가 만족스러울 때까지, 즉 결괏값이 정답과 차이가 거의 없을 때까지 모델의 가중치를 최적화하는 과정입니다.

이렇게 완성된 모델은 최적화된 가중치를 갖습니다. 그러면 이 모델을 완성됐다고 할 수 있으며 원하는 서비스에 활용할 수 있습니다. 즉, 서버나 로봇 혹은 자동차에 모델을 배포해 실제 데이터를 입력해 결괏값을 계산할 수 있습니다. 이러한 과정을 추론 (inference)[39]이라고 합니다.

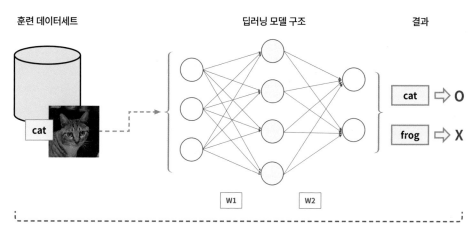

그림 1.12 딥러닝 모델의 훈련 과정

그러므로 딥러닝 모델은 사람들이 직업을 갖고 일하기 전에 장기간 교육을 받는 것과 같이 훈련을 통해 준비 과정을 거치는 것이고, 이 과정을 통해 완성되면 그림 1.13과 같이 응용 프로그램에 의해 카메라나 파일로부터 제공되는 새로운 데이터에 대한 결과를 유추하는 '추론'을 할 수 있습니다.

---

38 훈련 데이터: 빅데이터라고 부를 수 있는 많은 데이터세트
39 https://en.wikipedia.org/wiki/Inference

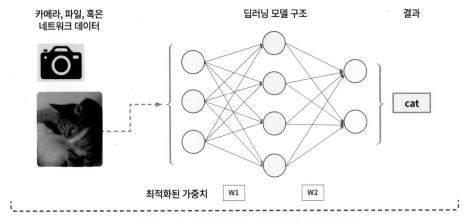

카메라, 파일, 혹은 네트워크 데이터

딥러닝 모델 구조

결과

cat

최적화된 가중치   W1   W2

모델이 최적화된 가중치와 함께 새로운 데이터에 대하여 결과를 도출

그림 1.13 딥러닝 모델의 추론 과정

이러한 추론 과정은 정확도가 높을수록, 그리고 대부분의 경우 추론 시간이 짧을수록 성능이 우수하다고 평가받습니다.

추론은 많은 경우에 카메라의 영상에서 실시간으로 영상분석 결과가 표시되는 속도로 30FPS[40] 이상을 선호합니다. 즉, 카메라에서 캡처된 영상이 딥러닝 모델의 입력으로 들어가고 추론 연산되어 결과가 산출되고 그 결괏값을 영상과 함께 화면에 보여주기까지의 시간을 1초당 30번 이상 수행하기를 원하는 것입니다. 카메라의 해상도가 일반적으로 1024×768 이상의 컬러 이미지 데이터라는 것을 생각하면, 상당히 큰 데이터임에도 그러한 성능을 기대하는 것이고, 실제로 그러한 성능이 가능한 기술 수준에 이미 와 있습니다. 이 책에서는 추론의 성능 최적화까지 학습합니다.

손실 함수와 가중치의 최적화

이전 절에서 딥러닝 모델은 손실이 최소화되어 결과가 만족스러운 상태가 되도록 가중치가 최적화되면 완성된다고 했습니다.

손실 함수(loss function)는 가중치가 좋은지 좋지 않은지를 평가할 수 있는 방법이며, 이때 가중치가 좋은 방향으로 업데이트될 수 있게 해주는 과정을 최적화(optimization)

---

40 https://en.wikipedia.org/wiki/Frame_rate

라고 합니다.[41] 그리고 분류 모델에서 일반적으로 손실을 구하는 방법은 각 클래스의 손실을 계산한 후 평균을 계산하면 됩니다. 손실 함수는 일반적으로 평균제곱 오차나 교차 엔트로피 오차를 사용합니다.

이제 손실함수의 이해를 돕기 위해 코드를 이용한 실습을 해보겠습니다. 이 실습을 위해 그림 1.14와 같이 프롤로그에서 구글 드라이브에 다운로드한 폴더의 **Chap1** 폴더에서 주피터 노트북 파일(**ex1_loss_calculation.ipynb**)을 열어서 실행합니다.

그림 1.14 구글 드라이브에 있는 주피터 노트북 파일 시작

---

41 cs231n Lecture 3 | Loss Functions and Optimization: https://youtu.be/h7iBpEHGVNc

평균 제곱 오차(Mean Square Error: MSE)

계산이 간편해 가장 많이 사용되는 손실 함수입니다. 통계에서 모델이 추정하는 값의 차이의 제곱한 값의 평균을 오차의 제곱 평균, 즉 실젯값과 추정값 간의 차이를 제곱한 값의 평균을 측정합니다. MSE는 모델의 품질을 나타내는 척도가 될 수 있습니다. 항상 양수이며 0에 가까울수록 좋다고 평가합니다.

수식은 다음과 같습니다.

$$\mathrm{MSE} = \frac{1}{n}\Sigma_t(y_k - t_k)^2$$

여기서 y_k는 신경망의 출력, t_k는 정답 라벨, k는 데이터의 차원 수를 나타냅니다. 차원 수는 데이터 종류의 개수, 혹은 분류하고자 하는 클래스의 개수입니다.

이러한 평균 제곱 오차에 대해 알아보기 위해 실습을 해보겠습니다.

평균 제곱 오차 계산

1. 평균 제곱 오차 계산 함수는 출력값과 정답값의 오차를 제곱해 평균을 냅니다.

```
# mse_function 함수
def mse_function(y, t):
    return np.sum((y - t) ** 2).mean()
```

이 오차 함수를 이용해 손실값을 계산하기 위해 정답 데이터 배열 t를 준비합니다. t는 4번째 값만 1로 된 원핫 인코딩(one-hot encoding) 형식으로 표현했습니다. 모델 출력값의 예 2개의 배열 y1, y2를 준비합니다. y1 배열은 4번째 데이터가 월등히 높은 확률로 출력된 상태, y2는 9번째 데이터가 월등히 높은 확률입니다. 눈으로만 봐도 y1 배열이 y2 배열보다 정답인 t 배열과 가까워 보입니다.

```
# 정답 데이터
t = [0, 0, 0, 1, 0, 0, 0, 0, 0, 0]

# 3. 모델 출력값의 예 2개 y1, y2
y1 = [0.01, 0.03, 0.1, 0.8, 0.1, 0.1, 0.02, 0.1, 0.0, 0.01]
y2 = [0.01, 0.03, 0.1, 0.07, 0.1, 0.1, 0.02, 0.1, 0.8, 0.01]
```

2. 그래프를 이용해 정답 배열과 y1 배열, y2 배열의 값을 비교해 보겠습니다. 정답은 빨간색 점선, y1은 파란색 점선, y2는 초록색 점선으로 그래프를 그려보면 정답 빨간색 그래프와 유사한 것은 파란색의 y1이라는 것을 명백히 눈으로 확인할 수 있습니다.

```python
import matplotlib.pyplot as plt
array = np.arange(0, 1, 0.1)
plt.plot(array, t, c='r', linestyle='--', linewidth=2, alpha=0.8)
plt.plot(array, y1, c='b', linestyle='--', linewidth=2, alpha=0.8)
plt.plot(array, y2, c='g', linestyle='--', linewidth=2, alpha=0.8)
plt.show()
```

【 출력 】

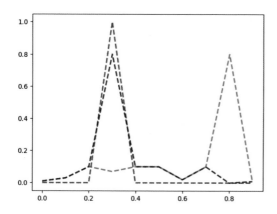

3. 하지만 수치상의 비교 결과가 필요하다면 오차 함수를 이용하는 것이 필수적입니다. 이제 정답 t 배열과 y1 배열에 mse_function() 함수를 적용해 평균 제곱 오차를 계산한 후 그 결과를 출력해 보겠습니다.

```python
# y1의 경우 평균 제곱 오차 계산
mse1 = mse_function(np.array(y1), np.array(t))
```

【 출력 】

```
0.040749999999999995
```

4. 정답 t 배열과 y2 배열에 mse_function() 함수를 적용해 평균 제곱 오차를 계산한 후 그 결과를 출력합니다.

```python
# y2의 경우 평균 제곱 오차 계산
mse2 = mse_function(np.array(y2), np.array(t))
```

출력값을 보면 y1의 손실값이 y2의 경우보다 월등히 작기 때문에, y1이 정답값과 가깝다는 것을 수치상 확인할 수 있습니다.

이번 테스트 결과로 손실값은 정답에서 멀어질수록 크게, 정답에 가까울수록 작게 나온다는 것을 알 수 있습니다.

교차 엔트로피 오차(Cross Entropy Error)

엔트로피란 변수의 불확실성을 나타내는 지표로, 불확실성이 증가할수록 엔트로피값은 커집니다. 그리고 교차 엔트로피는 하나의 변수가 서로 다른 분포를 가질 경우, 해당 분포들의 차이를 의미합니다. 그렇기 때문에 모델의 예측 정확도가 낮아서 예측값 y와 정답값 t의 차이가 크면 교차 엔트로피 값은 증가하게 되고 반대로 정확도가 높으면 차이가 감소해 교차 엔트로피값도 감소하게 됩니다.

이러한 교차 엔트로피는 다음 수식으로 정의됩니다.

$$CEE = -\sum_t t_k \log y_k$$

수식을 보면 t 배열이 원핫(one hot)이라면 정답만 1이고 나머지는 0 값을 갖고, 0 값은 곱하기를 하면 값이 사라지기 때문에 1과 곱해지는 y 배열의 값, 즉 y 배열에서 정답과 같은 차원의 값에 대한 마이너스 로그값이 바로 교차 엔트로피 오차의 결괏값이 된다는 것을 알 수 있습니다. y 값의 범위인 0~1의 값은 log를 취하면 값이 클수록 음수 범위에서 0에 가까워집니다.[42] 그렇기 때문에 y 배열에서 정답과 같은 차원의 값이 클수록 − log 값은 양수 범위에서 작아집니다. 그러면 자연스럽게 모델의 출력값이 정답에 가까워질수록 손실값이 0에 가까워집니다.

이번에는 교차 엔트로피 오차의 코드를 살펴보겠습니다.

---

[42] 《밑바닥부터 시작하는 딥러닝》(한빛미디어, 2017), 114쪽

교차 엔트로피 오차 계산

1. 교차 엔트로피 오차 계산 함수는 출력값의 로그값을 구하고 정답을 곱한 마이너스 값을 계산하도록 작성합니다. 단, 원핫인 출력값은 대부분 0 값이기 때문에 로그값 계산을 위해 미세한 파라미터값(delta)을 더해 사용합니다.

```python
# cee_function 함수
def cee_function(y, t):
    delta = 1e-7
    return -np.sum(t * np.log(y + delta))
```

2. 이 교차 엔트로피 오차 함수를 이용해 손실값을 계산하기 위해 정답 데이터 배열 t와 모델 출력값의 예 2개의 배열 y1, y2를 평균 제곱 오차 함수의 테스트와 동일하게 준비합니다. 역시 y1 배열이 y2 배열에 비해 정답인 t 배열과 가까워 보입니다.

```python
# 정답 데이터
t = [0, 0, 0, 1, 0, 0, 0, 0, 0, 0]

# 3. 모델 출력값의 예 2개 y1, y2
y1 = [0.01, 0.03, 0.1, 0.8, 0.1, 0.1, 0.02, 0.1, 0.0, 0.01]
y2 = [0.01, 0.03, 0.1, 0.07, 0.1, 0.1, 0.02, 0.1, 0.8, 0.01]
```

3. 정답 t 배열과 y1 배열에 cee_function( ) 함수를 적용해 교차 엔트로피 오차를 계산한 후 그 결과를 출력합니다.

```python
# y1의 경우 평균 제곱 오차 계산
mse1 = cee_function(np.array(y1), np.array(t))
```

【 출력 】

```
0.22314342631421757
```

4. 정답 t 배열과 y2 배열에 cee_function( ) 함수를 적용해 교차 엔트로피 오차를 계산한 후 그 결과를 출력합니다.

```python
# y2의 경우 평균 제곱 오차 계산
mse2 = cee_function(np.array(y2), np.array(t))
```

출력값을 보면 y1의 손실값이 y2의 경우보다 작은 값이기 때문에, 이번 테스트 결과 또한 표준 제곱 오차와 마찬가지로 손실값은 정답에서 멀어질수록 크게, 정답에 가까울수록 작게 나온다는 것을 알 수 있습니다.

가중치 최적화

손실 함수로 모델이 만족스러운 상태인지를 평가할 수 있다고 했습니다. 딥러닝의 훈련 초기 상태에서는 모델은 아마도 만족스럽지 못한 상태로, 추정치에 대한 손실 값이 크게 나올 것입니다. 이러한 손실을 감소시키고 싶다면 모델의 가중치를 최적화해야 합니다.

이러한 가중치 최적화 방법으로 심층 신경망에서는 경사 하강법(Gradient Descent)이라는 알고리즘을 사용하는데, 이는 그림 1.15와 같이 눈을 감고 계곡의 경사길을 따라서 가장 낮은 곳으로 찾아 내려가는 방법(follow the slope)과 같습니다. [43]

그림 1.15 가중치를 최적화하기 위한 경사 하강법

이러한 경사 하강법 알고리즘을 통해 가중치를 최적화하면 손실이 최소화되고, 이로써 모델이 완성되는데, 다음 절에서 이 경사 하강법과 역전파를 이용해 모델을 완성하는 과정을 알아보겠습니다.

---

43 Lecture 3 | Loss Functions and Optimization: https://youtu.be/h7iBpEHGVNc

경사 하강법과 역전파

딥러닝 훈련은 빅데이터를 이용해 예측할 수 있는 모델을 구축해 완성하는 과정인데, 이러한 훈련은 경사 하강법과 역전파로 이뤄져 있습니다. 이번 절에서는 이러한 경사 하강법과 역전파에 대해 살펴보겠습니다.

경사 하강법

경사 하강법을 눈을 감고 계곡을 따라서 내려가는 것에 비유하는 이유를 가중치 값의 변화에 따른 손실의 그래프를 통해 이해해 보겠습니다.

가중치는 딥러닝 모델의 초기에는 당연히 최적화되어 있지 않으므로 손실값이 높을 것입니다. 그런데 훈련이 계속될수록 손실이 감소한다면 그 과정에서 당연히 가중치 값이 변화됩니다. 그러한 가중치 값의 변화에 따른 손실의 감소를 그래프로 도식화해 보면 그림 1.16과 같이 계곡처럼 보입니다[44].

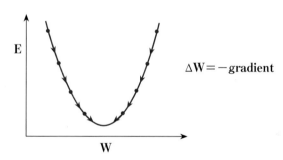

그림 1.16 가중치의 변화에 따른 손실의 감소 그래프

그러면 이 그래프에서 손실(E)이 높은 지점에서 손실이 감소하는 방향은 당연히 손실이 최소화된 계곡 모양의 가장 낮은 점으로 가는 방향[45]이 됩니다. 여기서 계곡의 가장 낮은 점을 극솟값(Local Minimum)[46]이라고 하는데, 그림 1.16의 그래프에서 볼 수 있듯이 손실이 높은 지점의 가중치 변화량(Δw)은 크고, 손실이 작아질수록 그 변화량도 작아지는

---

44 그래프는 2차원만 표현하지만, 실제로는 3차원 계곡의 형태입니다.
45 그림에서 빨간색 화살표 방향
46 극솟값(Local Minimum): https://ko.wikipedia.org/wiki/극값

특성이 있습니다. 여기서 변화량(gradient라고 표시함)은 그래프에서 접선의 기울기로 계산이 가능합니다. 이에 따라 경사 하강법은 최적화된 가중치를 찾기 위해 손실이 높은 지점에서 극솟값으로 가중치(w)를 업데이트하고자 변화량, 즉 그래프상의 접선의 기울기가 최소화되는 지점으로 내리막길 방향을 따라가는 방법을 사용합니다.

딥러닝 훈련 과정에서는 그림 1.17과 같이 경사 하강법의 가중치 업데이트 수식을 통해 반복적으로 가중치를 최적화합니다.

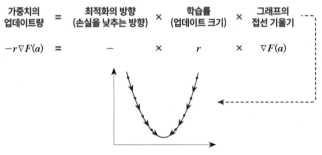

그림 1.17 경사 하강법의 가중치 업데이트 수식

여기서 학습률(Learning Rate)[47]이란 한 번의 학습으로 얼마만큼 학습해야 할지, 즉 파라미터 값들을 얼마나 갱신하느냐를 정하는 수치입니다.

이런 가중치 업데이트를 계산할 때 해당 딥러닝의 데이터세트를 이용해 가중치 파라미터들을 업데이트해야 하는데, 대규모 데이터세트를 사용하는 딥러닝의 특성상 계산할 분량이 많고 그에 따라 컴퓨터 자원 소모량이 많아서 RAM이 부족해 'out of memory' 오류가 발생할 수 있습니다.

이러한 문제를 해결하기 위해 확률 경사 하강법(Stochastic Gradient Descent: SGD)[48]이라는 방법을 사용하는데, 전체 학습 데이터를 사용하지 않고 확률적(Stochastic)으로 선택한 샘플 데이터[49]를 이용해 학습하는 방법을 말합니다. 이를 미니 배치 학습법이라고도 합니다.

---

47 《밑바닥부터 시작하는 딥러닝》(한빛미디어, 2017), 131쪽
48 《알고리즘으로 배우는 인공지능, 머신러닝, 딥러닝 입문》(위키북스, 2016), 206쪽
49 미니 배치라고 표현합니다.

다시 설명하면, 일반 경사 하강법은 전체 데이터를 모두 훈련에 사용하지만(그림 1.18의 왼쪽), 확률적 경사 하강법은 훈련 데이터 중 일부를 무작위로 꺼내고, 그 미니 배치에 대해 경사 하강법으로 파라미터들을 갱신하면서 학습을 진행합니다(그림 1.18의 오른쪽).

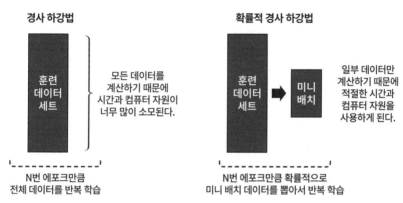

그림 1.18 경사 하강법과 확률적 경사 하강법(SGD)

역전파

경사 하강법으로 가중치 파라미터들을 업데이트해서 계산한 결괏값은 여전히 손실이 남아있을 수 있습니다. 딥러닝에서 역전파(Back Propagation)는 이러한 문제를 해결하기 위해 1986년에 소개된 역전파 훈련 알고리즘입니다.[50] 딥러닝에서는 네트워크의 입력층부터 시작되는 경사 하강법과 반대방향으로 가중치를 업데이트하기 위해 네트워크의 마지막 층의 손실값으로부터 시작되는 역전파를 이용합니다. 즉, 네트워크의 출력과 기댓값의 차이를 계산한 값인 손실값의 편미분값을 이용해 마지막 은닉층의 뉴런이 얼마나 기여했는지 측정한 다음, 은닉층의 뉴런이 여기에 또 얼마나 기여했는지 측정하는 식으로 입력층에 도착할 때까지 계속 측정합니다. 그리고 그 오차가 감소하도록 가중치를 조금씩 조정하는 방식의 알고리즘입니다.[51]

50 〈Learning Internal Representations by Error Propagation〉, David E. Rumelhart, James L. McClelland, 1987, https://ieeexplore.ieee.org/document/6302929

51 《핸즈온 머신러닝》(한빛미디어, 2018), 337쪽

그림 1.19에서 보는 바와 같이 딥러닝에서 경사 하강법은 순전파(Forward Propagation)라고 할 수 있습니다.

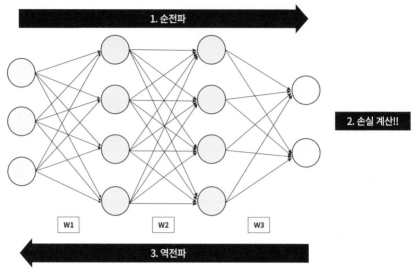

그림 1.19 순전파와 역전파

순전파는 왼쪽에서 계산을 시작해 가중치 파라미터들을 오른쪽으로 업데이트해 나가는 반면, 역전파[52]는 최종 결과의 손실을 계산하며 시작하므로 오른쪽의 최종 결과물에 의해 계산된 손실값을 이용해 오른쪽부터 왼쪽으로 가중치 파라미터들을 업데이트하는 것입니다.

역전파에서는 딥러닝 네트워크의 최종 레이어(예측 레이어)에서 손실 함수의 그래디언트(gradient)[53]를 계산하고 이 그래디언트를 사용해 네트워크의 가중치를 업데이트하기 위해 미분의 연쇄법칙(chain rule)을 반복적으로 적용합니다[54].

---

52 역전파: 오차 역전파라고 호칭하기도 합니다. ≪패턴인식과 머신러닝≫(제이펍, 2018), 275쪽

53 곡선에서 접선의 기울기를 말하며, 이는 곡선의 함숫값의 변화율을 나타냅니다. 그래디언트, 그레이디언트 등으로 표기하며, 이 책에서는 '그래디언트'로 표기합니다.

54 미분의 연쇄법칙, 체인룰: ≪밑바닥부터 시작하는 딥러닝≫(한빛미디어, 2017), 153쪽

미분의 연쇄법칙이란 다음 식과 같이 $f(g(x))$의 미분은 $f(x)$의 미분 곱하기 $g(x)$의 미분값과 같다는 법칙입니다.

$$(h(x))' = (f(g(x)))' = f'(g(x)) \cdot g'(x)$$

예를 들어 $f(x)=3x$이고 $g(x)=x^2$라고 할 때, $f(x)=3x$의 미분값은 3이고 x^2의 미분값은 $2x$이므로 $f(g(x))$의 미분값은 $6x$가 됩니다.

역전파는 순전파가 끝난 후 오차를 줄이기 위해 미분을 이용해 출력층에서 입력층 방향으로 거슬러 올라가며 이뤄지는데, 이때 가중치 마라미터들을 미세하게 업데이트하기 위해 이 연쇄법칙을 이용합니다.

그림 1.20과 같이 손실값을 이용해 가중치를 업데이트하고자 미분값을 구하려고 합니다. 이것은 연쇄법칙에 따라 은닉층의 손실 미분값과 은닉층의 출력 미분값을 곱해서 얻을 수 있습니다.

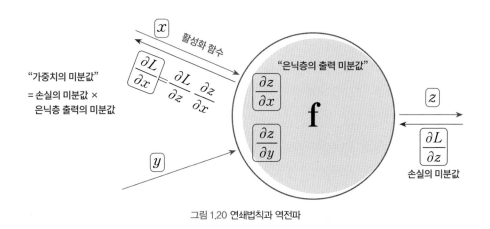

그림 1.20 연쇄법칙과 역전파

가중치의 미분값은 손실의 미분값과 은닉층 출력의 미분값을 곱해서 얻습니다.

$$\Delta w_{ij} = Error_j \times Output_j$$

이렇게 한 노드의 입력값에서 사용한 가중치의 미분값을 얻고 나면, 이것을 모든 입력값에 대해 계산하고 그 합을 계산합니다.

$$\Delta w\_sum_{ij} = \Sigma \Delta w_{ij}$$

여기서 계산된 값에 학습률을 곱해 가중치를 업데이트함으로써 딥러닝의 결과를 개선할 수 있습니다.[55]

$$w_{ij} = w_{ij} + (\Delta w\_sum_{ij} \times r)$$

이렇게 한 에포크(epoch)에서 학습은 1) 순전파로(정방향으로) 가중치를 최적화하기 위해 업데이트하고 2) 레이어의 끝에서 손실값을 계산한 후, 3) 이 손실값을 이용해 역전파 하면서 (역방향으로) 가중치를 다시 조정해 주는 과정입니다. 이러한 에포크는 손실값이 최소화되고 모델의 정확도가 높아질 때까지 반복합니다.

이때 사용하는 학습률, 에포크 수, 배치 사이즈는 네트워크의 종류, 데이터의 종류, 데이터세트의 크기 등에 따라 달라지기 때문에 딥러닝을 연구하는 사람이 잘 정해야 합니다. 이렇게 미리 정해지지 않았지만 딥러닝 네트워크의 결과와 성능에 결정적인 영향을 미치는 값을 하이퍼파라미터[56]라고 합니다.

소프트맥스 함수

이미지 분류를 위한 딥러닝의 출력 레이어에서는 실수 형태의 Y, 스코어 벡터가 산출됩니다. 계산된 결과를 다중 분류(Multiclass Classification)라는 목적을 위해서는 확률의 형태로 계산하는 것이 좋습니다.

항등함수는 입력을 그대로 출력해 입출력을 동일하게 만들어주는 역할을 합니다. 그래서 출력층에서 항등함수를 사용하면 입력값의 계산 결과가 그대로 출력값으로 나옵니다. 하지만 딥러닝 신경망에서는 최종 출력인 분류 결과를 얻기 위해 모든 입력의 영향을 함께 고려할 수 있습니다. 이를 위해 사용하는 것이 바로 소프트맥스 함수입니다.

---

55 역전파(Back Propagation)에 대해 직관적으로 설명한 참고 영상: https://www.youtube.com/watch?v=q555kfIFUCM
56 하이퍼파라미터: https://en.wikipedia.org/wiki/Hyperparameter_(machine_learning)

$$Y_k = \frac{\exp(a_k)}{\sum_{i=1}^{n} \exp(a_i)}$$

- Y_k: k번째 출력값

- $\exp(a_k)$: k번째 입력값의 지수 값

- $\sum_{i=1}^{n} \exp(a_i)$: 모든 입력값의 지수 값의 합계

그림 1.21 왼쪽의 항등함수와 달리, 소프트맥스 함수는 오른쪽 그림과 같이 모든 입력값으로부터 영향을 받는다는 특징이 있습니다. [57]

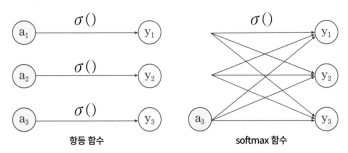

그림 1.21 항등 함수와 소프트맥스 함수, σ( ):출력층의 활성화 함수

이는 소프트맥스 함수의 목적이 바로 확률적 해석을 가능하게 하는 것이기 때문입니다. 소프트맥스 함수의 출력값이 0~1 사이의 실수라는 것인데, 모든 출력값을 합하면 1이 되므로 이 출력값은 확률로 해석할 수 있습니다(소프트맥스 함수는 정규화 지수 함수라고도 합니다). 따라서 소프트맥스 함수는 딥러닝의 계층에서 출력층의 활성화 함수로 가장 적합해[58] 널리 사용됩니다.

1.4 _ ANN MNIST 파이토치 예제

지금까지 딥러닝 영상분석 기법을 소개하고 딥러닝 모델에 대한 이해와 기본 구조를 학습했습니다.

---

57 《밑바닥부터 시작하는 딥러닝》(한빛미디어, 2017), 92쪽
58 《핸즈온 머신러닝》(한빛미디어, 2018), 217쪽

다음 예제를 통해 심층 신경망을 이용해 흑백 숫자 필기체 이미지를 1~10으로 분류할 수 있는 딥러닝 모델을 실습해 보겠습니다. 여기서 이용하는 MNIST 데이터세트[59]는 흑백 필기체 이미지 데이터세트입니다. MNIST 이미지 분류는 딥러닝 입문자를 위한 가장 유명하고 기본적인 예제로서, 마치 코딩을 처음 배울 때 해보는 helloworld 예제와 같습니다.

이러한 MNIST 예제를 먼저 심층 신경망 방식[60]으로 실습해 보고, 2장에서 CNN 방식으로 실습해 보겠습니다.

예제는 예제 폴더인 `DeepLearning4Projects` 아래 `Chap1` 폴더에 있는 `ex2_ann_mnist.ipynb`에 있습니다.

1. 이 책의 예제에서는 파이토치(Pytorch)를 활용합니다. 파이토치는 인공신경망을 쉽게 만들고 실험할 수 있는 딥러닝 프레임워크 중 하나이며, 구글 코랩에서 활용할 수 있습니다.

   여기서는 예제를 위해 가장 먼저 numpy와 torch 패키지를 임포트합니다.

   ```
   import numpy as np
   import torch
   import torch.nn as nn
   from torchvision import datasets, transforms
   from tqdm.notebook import tqdm
   ```

2. 훈련을 위한 데이터세트를 위해 mnist 데이터를 datasets 폴더에 내려받은 후 훈련 데이터와 테스트 데이터로 분류해 준비합니다.

   ```
   # mnist 데이터 다운로드
   mnist_train = datasets.MNIST(
       root="./datasets", train=True, transform=transforms.ToTensor(), download=True
   )
   mnist_test = datasets.MNIST(
       root="./datasets", train=False, transform=transforms.ToTensor(), download=True
   )
   ```

---

59 MNIST 데이터세트: https://en.wikipedia.org/wiki/MNIST_database
60 심층 신경망의 방식을 인공신경망(Artificial Neural Network)이라고도 합니다.

```
train_loader = torch.utils.data.DataLoader(mnist_train, batch_size=100, shuffle=True)
test_loader = torch.utils.data.DataLoader(mnist_test, batch_size=100, shuffle=False)
```

3. 다음은 사이즈가 784인 데이터를 입력받아 사이즈가 10으로 출력되는 3개 레이어의 심층 신경망 모델을 만들겠습니다. 이 함수는 3개 레이어 연산의 출력 데이터를 반환합니다.

```
# 네트워크 정의
input_size = 784
hidden_sizes = [128, 64]
output_size = 10

model = nn.Sequential(
    nn.Linear(input_size, hidden_sizes[0]),
    nn.ReLU(),
    nn.Linear(hidden_sizes[0], hidden_sizes[1]),
    nn.ReLU(),
    nn.Linear(hidden_sizes[1], output_size),
    nn.LogSoftmax(dim=1)
)
```

4. 이 모델의 훈련을 위해 손실 함수는 교차 엔트로피(nn.CrossEntropyLoss), 최적화는 경사 하강법 (torch.optim.SGD) 함수를 호출합니다.

```
# 손실함수와 최적화
criterion = nn.CrossEntropyLoss()
optimizer = torch.optim.SGD(model.parameters(), lr=0.09)
```

5. 이제 준비된 심층 신경망으로 15회 에포크로 훈련합니다. 훈련은 모델에 입력값을 넣어 계산하고 그 결 괏값을 이용해 오차를 계산한 후, 그 오차를 이용해 역전파를 진행합니다. 그리고 그 오차를 줄이기 위한 최적화 함수를 호출하면서 모델의 훈련이 진행되는 과정을 보여주기 위해 현재 에포크에서 계산된 손실값을 출력합니다.

```
# 훈련
epochs = 15
for e in range(epochs):
    running_loss = 0
```

```
        for images, labels in train_loader:
            images = images.view(images.shape[0], -1)
            optimizer.zero_grad()

            # 모델 계산
            output = model(images)
            # 손실 계산
            loss = criterion(output, labels)
            # 역전파
            loss.backward()
            # 최적화
            optimizer.step()

            running_loss += loss.item()
    else:
        print(
            "Epoch {} - Training loss: {}".format(e, running_loss/len(train_loader))
        )
```

6. 테스트는 훈련과 달리 모델에 입력값을 넣어 계산하고 그 결괏값을 이용해 오차를 계산한 후, 역전파와 최적화는 하지 않습니다. 하지만 훈련 진행에 따른 테스트 결과를 보여주기 위해 현재 에포크에서 계산된 손실 값을 출력합니다.

```
# 테스트
correct = 0
total = len(mnist_test)
with torch.no_grad():
    # 테스트 세트 미니배치 for 문
    for images, labels in tqdm(test_loader):
        # 순전파
        x = images.view(images.shape[0], -1)
        y = model(x)

        predictions = torch.argmax(y, dim=1)
        correct += torch.sum((predictions == labels).float())
```

7. 훈련(5번)과 테스트(6번)에 의한 출력 결과를 보면 15개의 에포크 동안 학습을 진행하면서 손실률이 꾸준히 감소하는 것을 볼 수 있으며, 마지막 테스트 정확도(accuracy)가 0.9779, 즉 98퍼센트 정도로 나온 것을 볼 수 있습니다.

심층 신경망 훈련에 대한 이해를 높이기 위해 학습률과 에포크의 수치를 변경해 가면서 실행하며 그 결괏값을 비교해 보는 것을 권장합니다.

```
Epoch 0 - Training loss: 0.6500703369826079 [Epoch] 3, [Loss] 0.024544
Epoch 1 - Training loss: 0.25404771640275914
Epoch 2 - Training loss: 0.18514141467710335
Epoch 3 - Training loss: 0.14424271328374744
Epoch 4 - Training loss: 0.11708346309450765
Epoch 5 - Training loss: 0.0978093425774326
Epoch 6 - Training loss: 0.08362354275770485
Epoch 7 - Training loss: 0.07303584532346577
Epoch 8 - Training loss: 0.06417020549997687
Epoch 9 - Training loss: 0.056330430104086796
Epoch 10 - Training loss: 0.050607520206055294
Epoch 11 - Training loss: 0.0447530344237263
Epoch 12 - Training loss: 0.03987318769019718
Epoch 13 - Training loss: 0.03547983921870279
Epoch 14 - Training loss: 0.03185693669559744


Test accuracy: 0.9779000282287598
```

딥러닝 영상분석의 시작, CNN

이번 장에서는 딥러닝 영상분석에서 가장 기본적이고 핵심적인 기술인 CNN을 알아보겠습니다.

CNN은 1장에서 언급한 심층 신경망으로, **합성곱 심층 신경망(Convolutional Neural Network)**이라는 이름에서 알 수 있듯이 합성곱이라는 이미지 프로세싱 분야에서 매우 일반적인 기술을 사용하지만, 영상분석에 딥러닝을 아주 성공적으로 활용할 수 있는 방법론입니다. **콘볼루션 네트워크**라고 부르기도 하는 CNN은 딥러닝 역사에서 중요한 역할을 수행했습니다. 이 네트워크는 머신러닝 응용 프로그램을 위해 뇌(brain)를 연구해서 얻은 통찰력을 성공적으로 적용한 사례입니다.[1]

2.1 _ 왜 딥러닝 영상분석에서 CNN이 중요한가?

CNN 이전에 영상분석을 위해 사용하던 일반적인 심층 신경망 방법과 달리, CNN은 입력 데이터인 영상의 특징을 매우 정확하게 추출하는 방법입니다. 사실상 근래에 발달한 모든 딥러닝 영상분석의 기본은 CNN입니다. 이 CNN이 딥러닝 영상분석에서 왜 중요한지 알아보겠습니다.

---

1 ≪Deep Learning≫(MIT Press, 2016), Ian Goodfellow, etc, 360쪽

영상분석에서 입력 데이터의 특징

고양이 이미지와 같은 이미지는 결국 넓이×높이×색상 채널의 행렬 데이터이므로 일반적인 데이터 분석 방법으로 분류나 검출을 할 수 있습니다. 이미지에서 형태적인 특징을 추출해 검출하는 캐스케이드 분류기(Cascade Classifier)[2]와 같은 알고리즘의 OpenCV 프로그램[3]을 사용할 수 있고, 데이터 마이닝(Data mining)[4] 방법인 K 최근접 이웃 알고리즘(K-Nearest Neighbor)[5]을 사용할 수도 있습니다.

하지만 그림 2.1과 같이 고양이 이미지가 일반적인 고양이 자세와 거리가 멀다면 사실상 좋은 검출 결과를 얻기가 매우 어렵습니다.

그림 2.1 고양이의 자세가 일반적이지 않으면 이미지 분류가 어렵다.

심지어 고양이의 신체 대부분이 가려져 있다면 행렬 데이터를 이용하기가 더 어려워집니다. 그림 2.2와 같이 고양이 일부가 가려져 있을지라도 사람의 눈에는 분명히 고양이가 인식됩니다. 하지만 단순한 픽셀 데이터의 행렬값 자체에 대한 기존 분석 방법으로는 일부 고양이 형태만으로 전체 고양이의 특징을 분석하기는 어렵습니다.

---

2   Haar Feature-based Cascade Classifier for Object Detection https://docs.opencv.org/2.4/modules/objdetect/doc/cascade_classification.html

3   https://opencv.org/

4   https://en.wikipedia.org/wiki/Data_mining

5   https://en.wikipedia.org/wiki/K-nearest_neighbors_algorithm

그림 2.2 고양이의 신체 대부분이 가려져 있다면 이미지 분류는 더욱 어려워진다.

1장에서 배운 심층 신경망에서 사용하는 행렬곱 계산을 이용한다고 해도 성공적인 검출에는 한계가 있습니다.

FC 레이어와 Conv 레이어

이번에는 딥러닝 영상분석의 가장 기본적인 기술인 CNN을 이해하고자 할 때 반드시 알아야 하는 FC 레이어와 Conv 레이어를 살펴보겠습니다.

FC 레이어

기존 심층 신경망에서 입력 레이어의 각 뉴런은 다음 레이어의 모든 출력 뉴런에 연결됩니다. 이를 FC(Fully Connected) 레이어[6]라고 합니다.[7]

'완전히 연결된'이라는 이름에서 알 수 있듯이 FC 레이어는 그림 2.3과 같이 여러 층으로 중첩된 행렬곱의 식이고, 그 행렬곱의 계산 형태는 기본적으로 모든 요소 간의 곱셈 계산이 이뤄져야 하는 형태입니다.

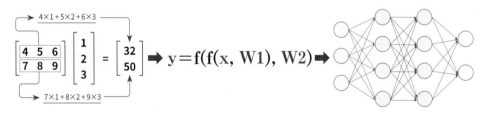

그림 2.3 FC(Fully Connected) 레이어라고도 표현되는 심층 신경망 구조

---

6 FC는 모든 노드가 완전히 연결되어 계산되기 때문에 '완전 연결'이라고도 합니다.
7 ≪Raspberry Pi Computer Vision≫(Oreilly, 2016), Simon Monk, 29쪽

그런데 이미지 데이터에 이러한 행렬곱 계산을 적용하려면 먼저 그림 2.4와 같이 이미지를 벡터 형태로 변경해야 합니다.

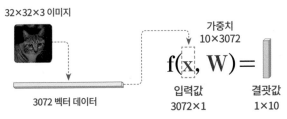

그림 2.4 이미지를 FC 레이어에 입력하기 위해서는 벡터화가 필요하다.

이 과정에서 이미지는 모든 가로세로 색상에 대한 픽셀값이 하나의 벡터 데이터로 일렬화되기 때문에 공간 정보(spatial Information)를 모두 잃게 됩니다.

콘볼루션 신경망

콘볼루션 신경망(Convolution Neural Network: CNN)은 행렬곱이 아닌 Conv 레이어[8]라고 하는 콘볼루션 계산을 하는 레이어를 갖고 있습니다.

딥러닝이 이미지의 공간 정보를 잃지 않으면서 마치 인간의 시각처럼 이미지의 특징을 추출해 대상을 인지할 수 있다면 인간의 눈을 대신할 수 있는 인공지능이라고 말할 수 있을 것입니다. 그런 생각으로 연구되고 발전된 결과가 바로 콘볼루션 신경망입니다.

허블과 위젤이 고양이와 원숭이의 시각 세포 연구[9]를 통해 시각 정보가 뇌에서 처리되는 과정을 밝혀낸 이후 사람의 시각 인지 과정을 모방해 발전된 콘볼루션 신경망은 컴퓨터 비전 분야에서 독보적인 방법으로 사용되고 있습니다. 그뿐 아니라 다양한 형태의 데이터에서 원하는 특성을 추출하는 데 탁월한 성능을 보여주면서 신호처리나 음성인식 분야 등 여러 분야에서 활용되고 있습니다.[10]

---

8   Conv 레이어: 콘볼루션 레이어는 콘볼루션 연산으로 이미지의 특징을 효과적으로 추출하는 레이어로, 뒤에 설명하는 풀링(Pooling) 레이어와 구분해 Conv 레이어라는 표현을 많이 사용합니다.

9   Hubel and Wiesel & the Neural Basis of Visual Perception: https://knowingneurons.com/2014/10/29/hubel-and-wiesel-the-neural-basis-of-visual-perception/

10   《알고리즘으로 배우는 인공지능, 머신러닝, 딥러닝 입문》(위키북스, 2016), 270쪽

CNN은 입력된 이미지에 대한 계산 방법이 기존 FC 레이어와는 달리 공간 정보를 잃지 않는 구조입니다. CNN의 Conv 레이어는 콘볼루션이라는 계산 방법을 쓰는데, 이는 일반적인 이미지 처리 연산자에서 많이 이용되는 간단한 수학 연산입니다. 콘볼루션 계산은 차원이 동일한 두 개의 배열을 '함께 곱해'(합성곱의 의미) 차원이 동일한 세 번째 배열을 만드는 방법을 제공합니다.[11] 콘볼루션은 커널의 윈도 크기만큼의 $F \times F$ 크기의 행렬을 $W \times H$ 크기의 이미지 행렬의 $F \times F$ 크기 부분만큼 곱한 후 모두 더해서 하나의 값을 만들어 냅니다. 이런 $F \times F$ 크기의 행렬곱 연산을 $W \times H$ 크기의 이미지 행렬의 가장 왼쪽 위부터 가장 오른쪽 아래까지 순차적으로 진행하는 과정입니다.

이미지를 입력해 이뤄지는 신경망 레이어에 이러한 콘볼루션을 적용한 Conv 레이어의 계산은 그림 2.5와 같습니다.

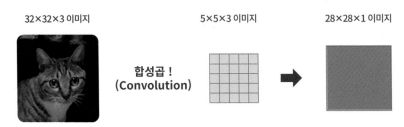

32×32×3 이미지   5×5×3 이미지   28×28×1 이미지

합성곱 !
(Convolution)

그림1 2.5 Conv 레이어에서 이미지는 공간 정보를 유지한다.

콘볼루션 레이어에서는 입력 데이터의 가로세로 색상 채널의 형태를 그대로 유지한 상태로 딥러닝 연산이 이뤄지기 때문에 이미지에서 공간 정보가 사라지지 않습니다.

성공적으로 이뤄진 딥러닝 훈련 과정에서 콘볼루션 과정으로 공간 정보를 유지하며 추출되는 이미지의 특징은 원하는 영상의 분류, 객체 검출을 성공적으로 수행할 수 있게 해줍니다.

이러한 콘볼루션 신경망은 CNN이라는 명칭으로 현대의 다양한 딥러닝 영상분석에서 필수적인 기본 절차 역할을 하고 있습니다.

---

11 Convolution: https://homepages.inf.ed.ac.uk/rbf/HIPR2/convolve.htm

2.2 _ CNN 이해하기

Conv 레이어에서 입력 데이터는 그림 2.6과 같이 벡터화 없이 이미지의 형태인 32×32×3의 형태 그대로 이뤄집니다. 그리고 가중치는 10×3072의 배열이 아닌 작은 크기의 필터와 같은 형태입니다. 여기서는 5×5×3의 필터를 사용할 텐데, 콘볼루션에서 필터는 커널이라고 부르며, FC 레이어의 가중치 배열과 같습니다.

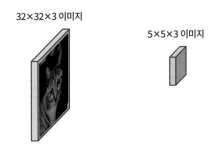

그림 2.6 Conv 레이어의 입력 데이터와 가중치의 형태

중요한 것은 커널의 크기는 가로세로는 작은 사이즈이면 모두 가능한데, 마지막 차원은 항상 입력 데이터의 색상 차원과 동일해야 한다는 점입니다. 그림 2.6에서 보면 커널은 입력 데이터와 마찬가지로 마지막 차원의 사이즈가 3입니다(그림 2.5에서도 동일). 하지만 입력 이미지가 MNIST처럼 흑백 이미지라면 필터의 마지막 차원의 사이즈는 1이 됩니다.

활성화 맵과 특징 맵의 차이

콘볼루션 과정에서 커널은 입력 이미지의 픽셀들과 하나씩 곱한 후 합산됩니다. 이 합산된 값을 닷 프로덕트(Dot product)라고 합니다. [12] 커널은 이미지 공간에서 위치 이동을 하면서 계속 콘볼루션 과정을 가지는데, 그림 2.7과 같이 이때 생성되는 닷 프로덕트가 모여서 활성화(Activation) 맵이라는 결괏값이 산출됩니다.

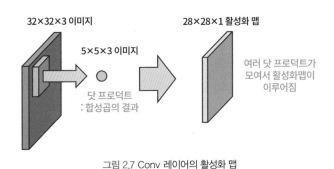

그림 2.7 Conv 레이어의 활성화 맵

---

12 cs231n Lecture 5 | Convolutional Neural Networks https://youtu.be/bNb2fEVKeEo

이러한 활성화 맵은 Conv 레이어의 산출물로서 다음 레이어의 입력값 역할을 합니다. 그리고 많은 경우 활성화 맵은 합성곱을 모아서 만들어지므로 사이즈가 작아집니다.

CNN에서는 한 레이어에서 커널을 다수로 사용해 결과적으로 커널의 개수와 동일한 활성화 맵을 산출하는데, 이 과정에서 Conv 레이어를 깊게 할수록[13] 활성화 맵 개수는 늘어나고 사이즈는 작아집니다.

그런데 흥미로운 점은 이러한 CNN에서 훈련이 완료되어 결과가 나오는 시점에는 활성화 맵이 그림 2.8과 같이 원본 이미지의 특징들을 추출해서 가지고 있다는 것입니다.[14] 이러한 원본 이미지의 특징을 추출해서 가지고 있는 활성화 맵을 특징 맵(feature map)이라고 합니다.

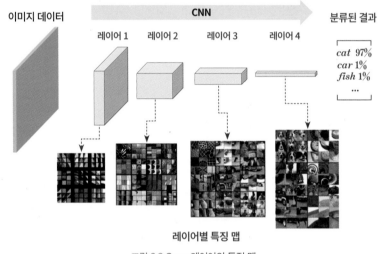

레이어별 특징 맵

그림 2.8 Conv 레이어의 특징 맵

특징 맵은 레이어별로 특징이 있는데,[15] CNN 도입부 레이어의 특징 맵은 당연히 사이즈가 크고, 윤곽선 등의 특징을 가지고 있으며, 중반부의 특징 맵은 중간 사이즈이고 얼룩,

---

13 레이어의 개수가 많아진다는 뜻입니다.

14 《Visualizing and Understanding Convolutional Networks》, Matthew D. Zeiler and Rob Fergus, Matthew D. Zeiler and Rob Fergus, 2014 https://cs.nyu.edu/~fergus/papers/zeilerECCV2014.pdf

15 cs231n Lecture 5 | Convolutional Neural Networks https://youtu.be/bNb2fEVKeEo

무늬 등 패턴의 특징을 가지고 있습니다. 그리고 마지막으로 분류하기 직전 후반부의 맵은 사이즈가 작고, 눈, 창문, 혹은 바퀴 같은 구체적인 특징을 가지고 있습니다.

이러한 CNN의 특성 때문에 레이어를 깊게 할수록 대용량 데이터를 이용해 학습 속도를 빠르게 할 수 있습니다.[16] 예를 들어 개를 인식하는 네트워크라고 할 때, 견종이 다양하고 어느 각도에서 찍은 사진이냐에 따라 매우 다르게 보일 수 있습니다. 이 문제를 해결하기 위해 매우 다양한 학습 데이터로 훈련해 개의 특징을 이해하고 분류할 수 있게 오랜 시간 학습할 수도 있겠지만, 신경망을 깊게 함으로써 학습할 문제를 계층적으로 분해해 학습하게 하면 더욱 효과적입니다.

Conv와 Pooling 레이어의 역할

Conv 레이어에서 콘볼루션 계산을 하는 동안 활성화 맵의 사이즈는 점점 줄어듭니다. 활성화 맵의 사이즈($W2 \times H2$)는 입력 사이즈($W1 \times H1$)와 커널 사이즈(F), 그리고 콘볼루션 과정에서 커널이 공간 이동하는 사이즈인 스트라이드(S)에 따라 결정됩니다.

$$W2 = (W1 - F) / S + 1$$
$$H2 = (H1 - F) / S + 1$$

물론 패딩(padding)[17]이라는 방법을 사용하면 사이즈가 줄어들지 않도록 유지할 수도 있습니다. 이때는 입력값의 가장자리에 0 값의 픽셀을 한 바퀴씩 감싸는 방법으로 사이즈를 키운 다음에 콘볼루션을 해서 결과적으로 사이즈가 유지되게 하는 것입니다. 참고로 패딩할 때 활성화 맵의 사이즈는 패딩 사이즈(P)를 함께 계산해야 합니다.

$$W2 = (W1 - F + 2P) / S + 1$$
$$H2 = (H1 - F + 2P) / S + 1$$

하지만 콘볼루션 과정 동안 패딩은 극히 일부만 사용하기 때문에 결국 마지막 레이어에 도달해서는 섬네일 정도로 작은 사이즈의 특징 맵 상태가 되는데, 이렇게 사이즈가 작아

---

16 《밑바닥부터 시작하는 딥러닝》(한빛미디어, 2017), 268쪽
17 What is Padding in Machine Learning? https://deepai.org/machine-learning-glossary-and-terms/padding

져서 좋은 점이 있습니다. 최종적으로 분류를 위해 소프트맥스를 계산할 때 마지막 레이어의 맵은 분류의 클래스 개수와 동일한 벡터로 만들어야 합니다. 예를 들어 10개 클래스로 분류를 하고자 한다면 1×10의 벡터가 돼야 하기 때문에 마지막 레이어의 맵의 사이즈는 작을수록 계산하기가 좋습니다.

그런데 입력되는 이미지들은 상당히 큰 사이즈가 많은데, 예를 들어 핸드폰 카메라로 찍은 사진을 생각하면 1024×768의 사이즈입니다. 그러한 사진의 영상이 10가지 동물 중 하나로 분류하고자 한다고 한다면 그런 거대한 입력 데이터로 시작해서 오직 CNN 과정만으로 사이즈 10의 벡터까지[18] 축소시키는 것은 시간과 비용 측면에서 너무 어렵습니다. 이때 적당한 CNN 과정을 마친 결과로 얻어진 특징맵에 FC(Fully Connected) 레이어를 2~4 번 사용함으로써 원하는 사이즈 벡터까지 축소할 수 있으며, 이 벡터에 소프트맥스 함수(Softmax function)[19]를 사용해 분류 결과가 산출됩니다.

풀링 레이어

풀링(Pooling) 레이어의 역할은 콘볼루션과 같이 계산 과정이 전혀 없이 사이즈가 줄어들게 하는 것입니다. 각 활성화 맵에서 독립적으로 작동하며 다운샘플링이라고도 합니다.

그림 2.9에서 보는 것과 같이 풀링은 이미지에 작은 필터를 써서 필터 사이즈 내의 픽셀에 대해 원칙에 따라 한 개의 픽셀값만 선택하고, 그 선택된 픽셀값만 남기는 방식으로 사이즈를 줄이는 방식입니다.

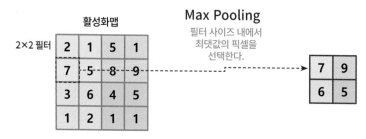

그림 2.9 최대 풀링(Max Pooling) 과정

---

18 결괏값인 스코어 벡터의 사이즈는 분류 클래스의 개수에 따라 다릅니다.
19 https://en.wikipedia.org/wiki/Softmax_function

풀링에는 최소(Min), 평균(Average), 최대(Max) 등의 종류가 있는데, 딥러닝에서는 최대 풀링이 주로 사용됩니다. 추출된 특징들을 가장 잘 보존한 상태로 사이즈가 줄기 때문입니다.

2.3 _ 딥러닝 학습 과정 준비

딥러닝 학습을 하기 위해 가장 중요한 첫 단계로 데이터세트 준비가 필요합니다. 데이터세트가 준비되고 나면 당연히 딥러닝 모델 아키텍처를 정해야 하는데, 주로 3장에서 배울 인기 있는 아키텍처 중 하나를 선택합니다. 아키텍처 선택 후에도 딥러닝 학습을 위해 검토하고 선택해야 할 항목이 많이 있는데, 이 또한 3장에서 살펴보기로 하고, 이번 장에서는 활성화 함수에 대해 기본적으로 알아본 후 가장 간단한 CNN 네트워크인 LeNet으로 실습하겠습니다.

데이터세트 준비

데이터세트는 학습해 완성할 모델을 위해 가장 적합하고 좋은 데이터가 대량으로 필요하고 경우에 따라 많은 후처리가 필요합니다. 따라서 전체 연구 개발 기간에서 데이터세트 준비에 많은 시간이 소요됩니다.

그렇기 때문에 초기 연구에는 오픈 데이터세트를 많이 이용합니다. 이러한 오픈 데이터세트는 매우 양질의 모범적으로 정형화된 데이터세트이기 때문에 이후 연구하고자 하는 모델을 위해 직접 데이터세트를 작성할 때도 참고가 됩니다.

다음 표는 영상분석을 위해 오픈된 대표적인 데이터세트 리스트입니다.

표 2.1 영상분석을 위한 데이터세트

데이터세트	설명	웹사이트
MNIST	필기체 숫자	http://yann.lecun.com/exdb/mnist/
CIFAR10 / CIFAR100	10/100 카테고리의 32×32 자연 이미지 데이터세트	http://www.cs.utoronto.ca/~kriz/cifar.html

데이터세트	설명	웹사이트
Imagenet	WordNet 계층에 따라 구성된 이미지 데이터베이스	http://www.image-net.org/
Pascal VOC	다양한 물체 인식	http://pascallin.ecs.soton.ac.uk/challenges/VOC/
Labelme	레이블이 있는 이미지의 대규모 데이터세트	http://labelme.csail.mit.edu/Release3.0/browserTools/php/dataset.php
COIL 20 / 100	360도 회전으로 모든 각도에서 이미지가 생성되는 다양한 객체	http://www.cs.columbia.edu/CAVE/software/softlib/coil-20.php http://www.cs.columbia.edu/CAVE/software/softlib/coil-100.php
BSDS500	버클리 이미지 분할 데이터세트 및 벤치마크	https://www2.eecs.berkeley.edu/Research/Projects/CS/vision/bsds/
COCO	Microsoft에서 만든 상황에 맞는 일반 사물 데이터세트	http://cocodataset.org/
Cityscapes Dataset	거리 장면을 기록한 이미지 분할 데이터세트	https://www.cityscapes-dataset.com/
KITTI Vision Benchmark Dataset	카메라와 레이저 스캐너를 사용해 다양한 지역의 도시 이미지를 수집한 데이터세트	http://www.cvlibs.net/datasets/kitti/raw_data.php

데이터가 준비되고 나서 통계나 머신러닝, 딥러닝을 하기 전에는 항상 데이터 전처리가 필요합니다. 일반 데이터의 경우 전체 데이터의 값이 음수나 양수로 치우치지 않게 주성분 분석(PCA: Principal Component Analysis) [20]이나 whitening 변환[21]을 해줘야 합니다. 이미지 데이터의 경우에는 평균값 빼기(Subtract Mean) [22]를 해주면 됩니다.

이러한 데이터세트를 딥러닝으로 학습하기 위해 준비할 때는 **오버피팅(overfitting)**에 유의해야 합니다. 통계나 머신러닝에서 일어나기 쉬운 오버피팅은 '과적합'과 같은 말이며, 그림 2.10의 그래프와 같이 특정 데이터세트에만 적합하게 훈련되어 실제 데이터에서는 안정적으로 예측하지 못하는 상태를 가리킵니다.

---

20 https://en.wikipedia.org/wiki/Principal_component_analysis
21 https://en.wikipedia.org/wiki/Whitening_transformation
22 https://stackoverflow.com/questions/44788133/how-does-mean-image-subtraction-work

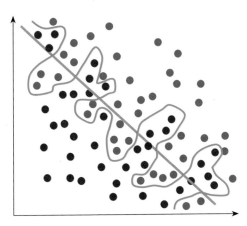

그림 2.10 오버피팅의 예[23]

이러한 오버피팅은 **언더피팅(underfitting)**과 대조되는 개념으로 다음과 같이 정리할 수 있습니다.

- **언더피팅**: 문제를 충분히 학습하지 못하고 실제 데이터뿐만 아니라 훈련 데이터세트에서도 성능이 좋지 않은 모델의 상태
- **오버피팅**: 훈련 데이터세트를 잘 학습하고 훈련 데이터세트에서는 예측을 잘 수행하지만 실제 데이터에서는 제대로 수행되지 않는 모델의 상태
- **적합**: 학습 데이터세트를 적절하게 학습하고 실제 데이터를 예측하기 위해 잘 일반화된 모델의 상태

이렇게 적합한 모델을 개발하기 위해서는 오버피팅을 피하기 위한 방법이 필요한데, 가장 먼저 데이터를 학습용 데이터, 테스트 데이터, 평가 데이터[24]로 분할해야 합니다. 평가 데이터를 전체 데이터의 5~25% 정도로 분리해 학습 과정에서 별도로 이용하면 기본적인 과적합 발생을 막아주는 역할을 해줍니다.

그림 2.11을 보면 준비된 학습 데이터와 평가 데이터가 학습 과정에 이용되기 시작해 마지막까지 큰 역할을 하는 것을 볼 수 있습니다.

---

23 https://en.wikipedia.org/wiki/Overfitting
24 밸리데이션(Validation) 데이터라고도 합니다.

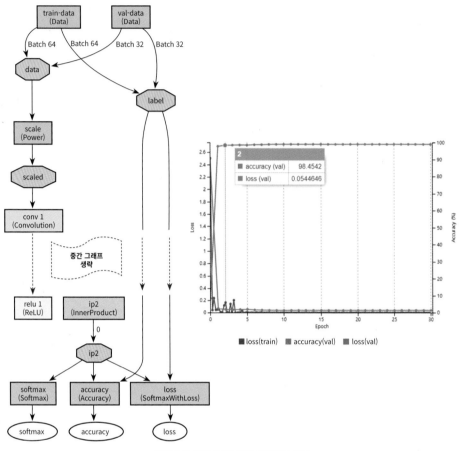

그림 2.11 딥러닝에서 평가 데이터의 역할

그림 왼쪽은 LeNet의 학습 과정을 그래프로 나타낸 것이고, 오른쪽은 학습 에포크에 따른 정확도와 학습 데이터의 손실(loss), 평가 데이터의 손실을 나타낸 그래프입니다.[25]

그림 2.11 왼쪽 그래프를 보면, 학습 및 평가 데이터세트에서 배치 사이즈만큼의 데이터와 라벨을 가지고 훈련을 시작합니다. 데이터는 네트워크 계층의 연산에 사용되며 라벨은 정확도(accuracy)와 손실(loss) 계산에 사용됩니다. 이때 학습 데이터 손실과 평가 데이터 손실을 계산하는데, 두 가지 손실을 모두 낮추는 방향으로 네트워크 학습을 진행함으로써 학습 데이터에 대한 오버피팅을 방지합니다.

---

25 이러한 그래프는 Digits라는 딥러닝 서버용 소프트웨어 프레임워크에서 얻을 수 있습니다. https://developer.nvidia.com/digits

그림 2.11의 오른쪽 그래프를 보면 학습 손실과 평가 손실[26]이 매우 높은 값이었다가 학습이 진행됨에 따라 거의 같은 수치로 낮게 감소한 것을 볼 수 있습니다. 학습이 진행되는 상황에서 두 가지 손실 중 하나만 감소하지 않게 해야 합니다.

이 데이터세트를 잘 준비한 다음에는 오버피팅을 방지하기 위한 방법으로 가중치에 대한 정규화(Weight Regularization)를 해줍니다.[27] 이는 학습 과정에서 큰 가중치에 대해 그에 상응하는 큰 페널티를 부과해 오버피팅을 억제하는 방법입니다.[28]

정규화 방법으로는 손실을 계산할 때 L1, L2 정규화[29] 혹은 엘라스틱(Elastic: L1 + L2)과 같은 보편적인 정규화 수식을 더해주는 방법이 있습니다.

그 외에도 드롭아웃(dropout)[30]이라는 방법을 사용할 수도 있는데, 데이터 증강(Data Augmentation)[31]이라는 방법이 더 권장됩니다. 이것은 3장에서 다루겠습니다.

GoogLeNet에서 사용한 데이터세트를 살펴보겠습니다. GoogLeNet에서 데이터세트로 사용한 ImageNet은 ILSVRC 데이터세트라고 부르며, 총 1,500만 개 이미지로 구성되고 22,000가지의 카테고리로 된 오픈 데이터세트 중 하나입니다. GoogLeNet은 이 중 훈련 데이터 1,200,000개, 테스트 데이터 100,000개, 그리고 검증(Validation) 데이터 50,000개를 사용했습니다. GoogLeNet의 입력 데이터는 각 픽셀값에서 평균값 빼기 전처리 작업을 진행했습니다.

이렇게 많이 알려진 네트워크에서 사용한 사례를 참고해 연구하고자 하는 대상의 데이터세트를 준비하면 됩니다.

활성화 함수

딥러닝 네트워크에서는 한 노드에 이전 레이어의 계산된 결괏값이 들어올 때 이를 바로 다음 레이어로 출력하지 않고 뉴런의 출력을 모델링하는 다음과 같은 활성화 함수를 사용합니다.

---

26 '밸리데이션 손실', '밸리데이션 에러'라고도 합니다.
27 《Deep Learning》(MIT Press, 2016), 427쪽
28 《밑바닥부터 시작하는 딥러닝》(한빛미디어, 2017), 217쪽
29 https://towardsdatascience.com/intuitions-on-l1-and-l2-regularisation-235f2db4c261
30 https://en.wikipedia.org/wiki/Convolutional_neural_network#Dropout
31 https://www.tensorflow.org/tutorials/images/data_augmentation

- $f(x) = tanh(x)$: 하이퍼볼릭 탄젠트 함수[32]

- $f(x) = (1 + e^{-x})^{-1}$: 시그모이드 함수

이러한 활성화 함수는 딥러닝 네트워크의 레이어를 다중으로 깊게 구성해 좀 더 정확한 모델을 만들고자 비선형 함수를 사용합니다. 활성화 함수는 신경망에 비선형성을 더해 비선형이 딥러닝에서 중첩되면서 더 복잡한 특징도 표현할 수 있게 되기 때문입니다.[33]

딥러닝에서 비선형성이 없다면 여러 개의 은닉층을 가지는 딥러닝의 경우 어떤 상황이 되는지 단순화해 생각해 봅시다. 예를 들어 $y = 2x$라는 함수를 3개의 은닉층을 두어 계산하더라도 결과적으로 $y = 2(2(2x))$라는 또 하나의 선형함수를 만들 뿐, 이 과정에서 학습이라는 효과를 얻을 수는 없습니다. 몇 개의 선형 변환을 반복하더라도 결국 결과는 또 하나의 선형 변환이기 때문입니다. 그림 2.12에서 보는 바와 같이 은닉층이 몇 개가 있더라도 실제로는 없는 것과 같습니다.[34]

그림 2.12의 왼쪽 그림에서 출력층 y는 은닉층 h과 가중치 w2의 계산 결과입니다. 그리고 h은 입력층 x와 가중치 w1의 계산 결과입니다. 여기서 비선형성이 없는 네트워크라면 y = h * w2와 h = x * w1의 수식은 y = x * w1 * w2와 같습니다[35]. 그런데 만약 w1 * w2 = w라고 한다면 y는 x * w라고 나타낼 수 있습니다. 그러면 사실상 오른쪽 그림과 다름이 없기 때문에 여러 계층으로 네트워크를 구성해 계산하는 것이 아무런 의미가 없게 됩니다.

하지만 각 은닉층의 뉴런을 선형 함수의 결과에 대해 비선형 함수인 활성화 함수에 적용하면 딥러닝은 하나의 은닉층마다 선형함수+비선형 변환의 조합을 가지게 됩니다.

---

32 Hyperbolic Tangent, 혹은 Tanh라 불리는 이 함수는 실수 값을 (-1, 1) 범위로 압축하는 활성화 함수입니다. https://wikidocs.net/152159
33 《밑바닥부터 시작하는 딥러닝》(한빛미디어, 2017), 268쪽
34 뉴런(비선형 변환이 없는 경우) 그림 참조, https://jjeongil.tistory.com/976
35 이 책에서 곱셈 부호를 ×로 사용하지만 이번 수식에서 ×는 입력값을 뜻하기 때문에 그림 2.12와 설명에 한하여 곱셈을 * 기호로 나타내었습니다.

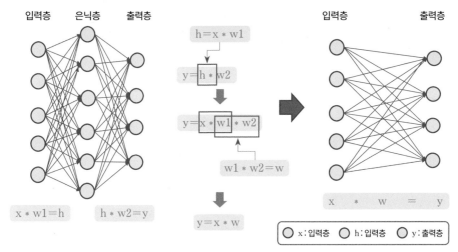

그림 2.12 딥러닝에 비선형성이 없는 경우 많은 은닉층을 사용하더라도 소용이 없다.

2계층 네트워크 분류기는 선형 판정 경계만을 구현할 수 있는 반면, 비선형을 포함한 여러 개의 은닉층을 적절히 다층으로 깊게(deep) 만들면 그림 2.13과 같이 복잡한 데이터를 구분(classify)하는 임의의 판정 경계를 만드는 학습 효과를 가질 수 있습니다.[36]

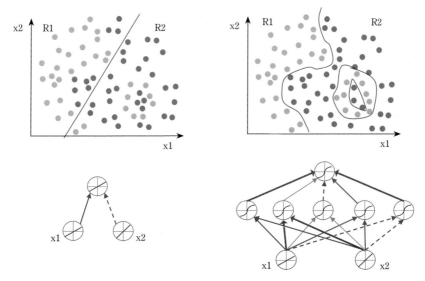

그림 2.13 비선형성과 다수의 은닉층으로 복잡한 데이터의 분류가 가능

[36] 《패턴인식》(아이티씨, 2006), 268쪽

그중 그림 2.14의 시그모이드 함수는 결괏값이 0과 1 사이로 제한되며 뇌의 뉴런 작용과 유사하다고 해서 많이 쓰여 왔습니다.[37]

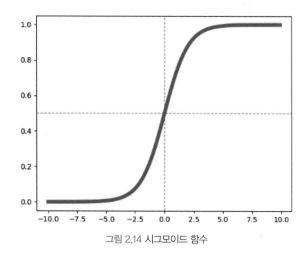

그림 2.14 시그모이드 함수

하지만 시그모이드 함수에는 다음 문제점이 있습니다.

1. 그래디언트[38]가 죽는 현상(Gradient vanishing)이 있다.

2. 함숫값 중심이 0이 아니다.

3. 지수함수 계산 비용이 크다.

이 중 그래디언트가 죽는 현상이 가장 심각한데, 시그모이드 함수는 실수 범위를 0부터 1 까지 매핑하도록 계산하다 보니 모든 수의 입력값을 극도로 작은 범위에 밀어 넣는 특성 이 있어 입력값이 어느 정도 범위를 벗어나면 0이나 1에 수렴합니다. 이러한 현상을 포화 (saturate)됐다고도 하는데, 이런 포화 상태에서는 미분값이 거의 0에 수렴하게 되어 학 습이 진행 자체가 불가능해집니다.

1장의 '경사 하강법과 역전파'에서 설명했던 역전파를 생각해 보면 출력층에서 입력층으 로 오차 그래디언트를 전파해가면서 진행되며, 알고리즘이 신경망의 모든 파라미터에 대

---

37 https://en.wikipedia.org/wiki/Sigmoid_function
38 여기서 그래디언트는 '경사 하강법과 역전파'에서 언급한 가중치의 변화량입니다.

한 손실 그래디언트를 계산한 후 각 파라미터를 수정해야 합니다. 따라서 계층이 깊어지고 그래디언트가 포화되면 학습이 거의 이뤄지지 않습니다. 이러한 상태를 '그래디언트가 죽는 현상', '배니싱 그래디언트 문제'라고 표현합니다.

ReLU 활성화 함수

포화되지 않는 비선형 함수, ReLU는 가중치의 최적화 방법인 경사 하강법에서 포화되는 비선형 함수인 시그모이드 함수나 tanh 함수보다 훨씬 빠른 속도로 학습됩니다[39].

ReLU 함수는 다음 식으로 표현됩니다.

$$f(x) = (0, x)$$

이제 ReLU 활성화 함수는 컴퓨터 비전과 음성 인식 등의 딥러닝에 널리 사용됩니다. ReLU는 입력이 0보다 작으면 0을 출력하고, 그렇지 않으면 입력과 동일한 출력을 내놓습니다. 즉, 입력이 0보다 크면 출력이 입력과 같습니다(그림 2.15).

ReLU는 비선형이며 시그모이드 함수와 달리 포화되지 않는다는 장점이 있습니다. 따라서 배니싱 그래디언트 문제를 방지하는 효과가 있습니다. 또한 ReLU가 포함된 딥러닝 네트워크는 시그모이드 함수를 사용하는 것보다 몇 배 빠르게 학습됩니다.

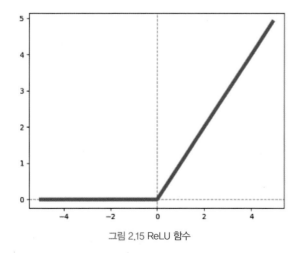

그림 2.15 ReLU 함수

---

39 〈ImageNet Classification with Deep Convolutional Neural Networks〉, Alex Krizhevsky, Ilya Sutskever, Geoffrey E. Hinton, 2012

포화되지 않는 활성화 함수들

ReLU 함수는 포화되지 않기 때문에 배니싱 그래디언트 문제가 방지되는 장점이 있다고 했지만, 입력 데이터에 이미지의 픽셀 데이터와 같은 양수 데이터가 아닌 음수가 있다면 그래디언트가 바로 0이 되기 때문에 뉴런은 죽은 상태가 되어 버립니다. 따라서 이를 해결하기 위해 Leaky ReLU나 ELU와 같은 다른 형태의 활성화 함수가 권장되기도 합니다.[40]

Leaky ReLU는 다음과 같이 정의됩니다.

$$f(x) = (\alpha x, x)$$

그림 2.16에서 Leaky ReLU와 Parametric ReLU 그래프를 볼 수 있습니다.

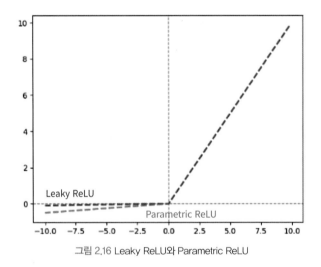

그림 2.16 Leaky ReLU와 Parametric ReLU

앞의 식에서 α를 고정해 사용하는 것이 기본 Leaky ReLU이며, α를 하이퍼파라미터로 해 역전파로 훈련을 통해 얻어내고자 한다면 PReLU(Parametric Leaky ReLU)가 됩니다. 이 α는 작은 기울기로서, 활성화 함수의 결과로 뉴런이 죽는 현상을 방지해 주고 ReLU의 범위를 음수 데이터로 확장하게 해줍니다. 일반적으로 α를 0.01로 사용하는 Leaky ReLU가 성능이 좋기 때문에 추천합니다.[41]

---

40 cs231n Lecture 6 | Training Neural Networks I, https://youtu.be/wEoyxE0GP2M

41 ≪Empirical Evaluation of Rectified Activations in Convolutional Network≫, Bing Xu, Naiyan Wang, Tianqi Chen, Mu Li, 2015, https://arxiv.org/abs/1505.00853

또 하나의 ReLU의 변형인 ELU(Exponential ReLU)는 다음과 같이 정의합니다.

$$f(x) = (\alpha (exp(x) - 1), x)$$

그림 2.17에서 보는 바와 같이 Leaky ReLU와 유사하게 ELU는 음숫값에 대해 작은 기울기를 갖지만, 직선 대신 다음과 같은 로그 곡선을 사용합니다.

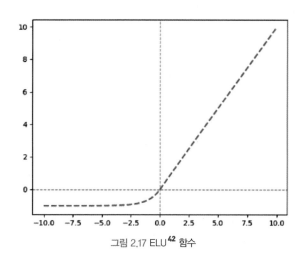

그림 2.17 ELU[42] 함수

ELU도 몇 가지를 제외하면 Leaky ReLU와 유사한데, 예를 들어 입력이 0보다 작은 경우 평균 출력을 0에 가깝게 출력해 줍니다. 이는 입력이 0보다 작은 경우 뉴런이 죽지 않게 해줍니다. α는 일반적으로 1로 설정하는데, 입력이 0일 때 급격히 변동하지 않고 모든 구간에서 출력이 매끄럽게 나와 경사 하강법의 속도를 높여줍니다.[43] 다만 지수함수를 사용하기 때문에 계산 비용이 높아진다는 단점이 있습니다.

참고로 파이토치에서 ELU를 사용하려면 torch.nn 패키지의 **ELU** 함수를 사용합니다.

```
import torch.nn as nn

m = nn.ELU()
input = torch.randn(2)
output = m(input)
```

---

42 ELU, https://medium.com/@danqing/a-practical-guide-to-relu-b83ca804f1f7
43 《핸즈온 머신러닝》(한빛미디어, 2018), 359쪽

Leaky ReLU의 경우도 마찬가지로 **torch.nn** 패키지의 **LeakyReLU** 함수를 사용합니다.

```
import torch.nn as nn

m = nn.LeakyReLU(0.1)
input = torch.randn(2)
output = m(input)
```

LeNet: CNN MNIST 파이토치 예제

지금까지 CNN에 대한 이해와 기본 구조를 학습했습니다.

다음 예제를 통해 1.4절에서 다룬 흑백 숫자 필기체 이미지를 1~10으로 분류하는 딥러닝 모델을 CNN으로 분석하는 실습을 해보겠습니다.

예제의 실행은 1장과 마찬가지로 구글 드라이브에서 **Chap2** 폴더에 있는 **ex1_cnn_mnist.ipynb** 파일을 코랩 환경에서 이용하면 됩니다. 이번에는 그림 2.18과 같이 코랩의 GPU를 사용하겠습니다.

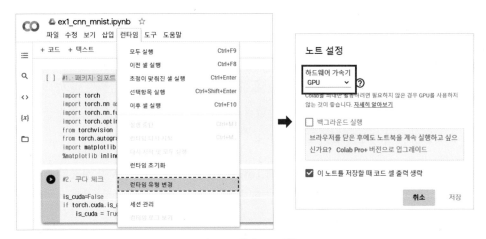

그림 2.18 코랩의 GPU 사용

CNN pytorch 예제

1. 가장 먼저 numpy와 torch 패키지와 torch에 있는 neural network 패키지를 임포트합니다.

```
import torch
import torch.nn as nn
```

2. 훈련을 위한 데이터세트를 위해 MNIST 데이터를 지정한 폴더에 다운로드한 후 훈련 데이터와 테스트 데이터로 분류해 준비합니다.

```
#  mnist 데이터 다운로드
train_dataset = datasets.MNIST(
    'data/', train=True, transform=transformation, download=True
)
test_dataset = datasets.MNIST(
    'data/', train=False, transform=transformation, download=True
)

train_loader = torch.utils.data.DataLoader(
    train_dataset, batch_size=32, shuffle=True
)
test_loader = torch.utils.data.DataLoader(test_dataset, batch_size=32, shuffle=True)
```

3. 이 CNN 네트워크는 2개의 Conv 레이어와 2개의 FC 레이어로 구성돼 있습니다. 이 2개의 Conv 레이어는 각각 relu 활성화 함수를 사용해 계산되고, 그 결괏값은 2개의 FC 레이어로 다시 계산됩니다. 이러한 CNN네트워크의 결괏값을 softmax 함수를 통해 분류한 후 최종 출력 데이터를 반환합니다.

```
# 네트워크 정의
class Net(nn.Module):
    def __init__(self):
        super().__init__()
        self.conv1 = nn.Conv2d(1, 10, kernel_size=5)
        self.conv2 = nn.Conv2d(10, 20, kernel_size=5)
        self.conv2_drop = nn.Dropout2d()
        self.fc1 = nn.Linear(320, 50)
        self.fc2 = nn.Linear(50, 10)

    def forward(self, x):
        x = F.relu(F.max_pool2d(self.conv1(x), 2))
        x = F.relu(F.max_pool2d(self.conv2_drop(self.conv2(x)), 2))
```

```
        x = x.view(-1, 320)
        x = F.relu(self.fc1(x))
        x = self.fc2(x)
        return F.log_softmax(x,dim=1)
```

4. 정의된 네트워크로 생성된 모델을 불러옵니다.

```
model = Net()
if is_cuda:
    model.cuda()
```

5. 이 모델의 최적화를 위해 경사 하강법(Gradient Descent) 함수를 학습률 0.01로 준비합니다.

```
# 최적화 함수
optimizer = optim.SGD(model.parameters(),lr=0.01)
```

6. 훈련 데이터 변수를 준비합니다.

```
# 훈련 데이터 변수 준비
data, target = next(iter(train_loader))
```

7. 훈련 및 검증 함수 fit을 준비합니다. 인잣값 phase에 'training'이 들어오면 훈련을 진행하고, 아니면 검증을 진행합니다. 훈련이나 검증이 끝나면 손실값과 정확도를 반환합니다.

```
# 훈련 및 검증 함수
def fit(epoch, model, data_loader, phase='training', volatile=False):
    if phase == 'training':
        model.train()
    if phase == 'validation':
        model.eval()
        volatile=True
    running_loss = 0.0
    running_correct = 0
    for batch_idx, (data,target) in enumerate(data_loader):
        if is_cuda:
            data,target = data.cuda(),target.cuda()
        data, target = Variable(data,volatile),Variable(target)
        if phase == 'training':
            optimizer.zero_grad()
```

```
        output = model(data)
        loss = F.nll_loss(output,target)
        running_loss += F.nll_loss(output,target,reduction='sum').item()
        preds = output.data.max(dim=1,keepdim=True)[1]
        running_correct += preds.eq(target.data.view_as(preds)).cpu().sum()
        if phase == 'training':
            loss.backward()
            optimizer.step()

    loss = running_loss/len(data_loader.dataset)
    accuracy = 100. * running_correct/len(data_loader.dataset)
    print(f'{phase} loss is {loss:{5}.{2}} and {phase} accuracy is {running_corre
ct}/{len(data_loader.dataset)}{accuracy:{10}.{4}}')
    return loss,accuracy
```

8. 20에포크 동안 fit 함수를 이용해 훈련과 검증을 합니다. 모델의 훈련 과정이 진행되는 동안 에포크별 손실과 정확도 로그를 보면서 손실은 잘 떨어지고 있는지, 정확도는 잘 올라가는지를 살펴봄으로써 모델의 훈련이 잘 진행되고 있는지 알 수 있습니다.

```
# 훈련
for epoch in range(1,20):
    epoch_loss, epoch_accuracy = fit(epoch, model, train_loader, phase='training')
    val_epoch_loss, val_epoch_accuracy = fit(
        epoch,model,test_loader,phase='validation'
    )
```

【 출력 】

```
training loss is  0.64 and training accuracy is 47807/60000    79.68
validation loss is  0.15 and validation accuracy is 9555/10000    95.55
training loss is   0.2 and training accuracy is 56555/60000    94.26
validation loss is   0.1 and validation accuracy is 9662/10000    96.62
training loss is  0.15 and training accuracy is 57403/60000    95.67
validation loss is 0.071 and validation accuracy is 9769/10000    97.69
training loss is  0.13 and training accuracy is 57792/60000    96.32
validation loss is 0.061 and validation accuracy is 9799/10000    97.99
training loss is  0.11 and training accuracy is 58014/60000    96.69
validation loss is 0.057 and validation accuracy is 9811/10000    98.11
training loss is   0.1 and training accuracy is 58206/60000    97.01
```

```
validation loss is 0.053 and validation accuracy is 9829/10000       98.29
…
training loss is 0.057 and training accuracy is 58949/60000       98.25
validation loss is 0.034 and validation accuracy is 9896/10000       98.96
training loss is 0.055 and training accuracy is 58996/60000       98.33
validation loss is 0.035 and validation accuracy is 9886/10000       98.86
```

9. 손실 그래프에는 에포크별로 파란색 동그라미로 훈련 손실(training loss)을 그려주고 빨간색 선으로 검증 손실(validation loss)을 그려줍니다. 정확도 그래프에는 에포크별로 파란색 동그라미로 훈련 정확도(training accuracy)를 그려주고, 빨간색 선으로 검증 정확도(validation accuracy)를 그려줍니다. 손실 그래프에서는 값이 떨어지고 정확도 그래프에서는 올라가는 것을 명확히 확인할 수 있습니다.

```python
# 훈련 데이터와 검증 데이터의 손실 그래프
plt.plot(range(1,len(train_losses)+1), train_losses, 'bo', label='training loss')
plt.plot(range(1,len(val_losses)+1), val_losses, 'r', label='validation loss')
plt.legend()
```

【 출력 】

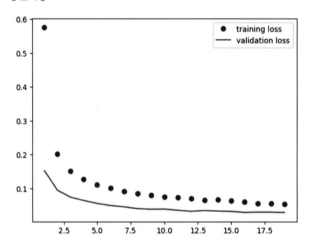

```python
# 훈련 데이터와 검증 데이터의 정확도 그래프
plt.plot(range(1, len(train_accuracy)+1), train_accuracy, 'bo', label='train accuracy')
plt.plot(range(1, len(val_accuracy)+1), val_accuracy, 'r', label='val accuracy')
plt.legend()
```

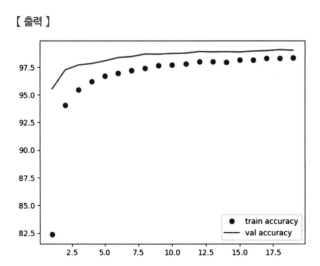

CNN 모델의 훈련에 대한 이해를 높이기 위해 학습률과 에포크의 수치를 변경하거나 다른 숫자 필기체 이미지를 이용해 모델 예측을 실행하며 그 결괏값들을 비교해 보는 것을 권장합니다.

딥러닝 영상분석을 위한
학습 과정

딥러닝은 실제 이미지 분류나 인식 등의 서비스에서 높은 정확도가 나올 수 있게 많은 데이터를 오랜 시간 학습하는 과정을 통해 완성됩니다. 따라서 딥러닝의 핵심은 말 그대로 깊이 있게 학습하는 방법을 잘 이해하고 그 학습을 수행하는 것에 있습니다. 즉, 좋은 데이터를 가지고 모델 학습을 해야 하며 이때 모델의 정확도를 높이는 최적의 방법을 사용해야 원하는 목표를 얻을 수 있습니다.

이번 장에서는 딥러닝 학습을 위해 준비해야 하는 사항과 학습이 이뤄진 후 모델의 결과인 예측 정확도를 높이기 위해 사용하는 방법을 알아보겠습니다.

3.1 _ 가중치의 최적화 솔버들

모델을 최적화하고자 할 때 사용하는 알고리즘을 솔버(Solver)[1]라고 부르기도 합니다. 기본적으로 최적화 솔버로 사용되는 SGD는 1.3절에서 소개했지만, 모든 딥러닝 모델을 최적화할 수는 없습니다. SGD는 손실(loss)이 가장 적은 가중치 파라미터를 찾는 과정에서, 가중치의 변화량이 가장 적은, 즉 경사각이 가장 작아지는 지점을 찾아가는 알고리즘입니다. 이러한 단순한 특성 때문에, 다소 복잡한 딥러닝 네트워크에서 SGD를 사용하면 여러 가지 문제가 있을 수 있습니다.

---

1   최적화 솔버(Solver): 최적화 방법, 혹은 솔버라고 부르기도 합니다.

그중 대표적인 것이 그림 3.1처럼 중간에 값이 국소적으로 작아졌다가 커지는 극솟값 (local minima)이나 변화량이 국소적으로 거의 변화가 없다가 내려가는 안장점(saddle point)입니다. 이 경우 그래디언트가 0에 가까워지면서 학습을 진행할 수가 없습니다. [2]

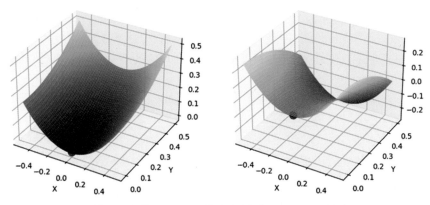

그림 3.1 극솟값(local minima, 왼쪽)과 안장점(saddle point, 오른쪽)

이 문제를 해결하고자 도입된, 개선된 최적화 솔버를 알아보겠습니다.

SGD + 모멘텀

SGD + 모멘텀(Momentum)은 경사 하강으로 최적화하는 과정에 운동량이라는 개념을 추가한 방법입니다. 이에 대한 효과는 극솟값 문제나 안장점을 피할 수 있는(중간에 머물지 않고 내려갈 수 있는) 관성입니다.

이제 SGD를 다음과 같은 식으로 나타낸다고 해보겠습니다.

$$w_{t+1} = w_t - \eta \nabla f(w_t)$$

- w_t: t 시간의 가중치 파라미터
- η: 학습률
- $\nabla f(w_t)$: t 시간의 그래디언트

---

2 cs231n Lecture 7 | Training Neural Networks II, https://youtu.be/_JB0AO7QxSA

이를 적용한 수식은 그래디언트를 얻는 함수가 `get_gradient(x)`이고 학습률 변수가 `learningRate`일 때 다음과 같이 표현할 수 있습니다.

```
while True:
    dx = get_gradient(x)
    x += learningRate * dx
```

이와 비교해서 SGD + 모멘텀은 다음과 같은 식으로 나타낼 수 있습니다.

$$v_t = \rho v_{t-1} + \eta \nabla f(w_t)$$

$$w_t = w_{t-1} - v_t$$

- v_t: 특정 시간에서 스텝 t만큼의 이동 벡터, 즉 그래디언트가 감소하는 속도입니다.
- ρ: rho는 프릭션이라고 부르는 하이퍼파라미터로, 일반적으로 0.9나 0.99를 사용합니다. 얼마나 모멘텀을 줄 것인지를 나타냅니다. 물리에서의 지면 마찰과 같은 역할을 합니다.

이를 적용한 수식은 위의 수식에 모멘텀을 추가해 다음과 같이 표현할 수 있습니다.

```
vx = 0
while True:
    dx = get_gradient(x)
    vx = rho * vx + dx
    x += learningRate * vx
```

모멘텀은 경사 하강으로 진행되는 x의 변화를 가속하는 역할을 하므로, 경사 하강에서 일어나는 지그재그 현상으로 속도가 떨어지는 것을 방지해서 빠른 속도로 수렴하게 해줍니다.

그림 3.2에서 볼 수 있듯이 모멘텀은 경사 하강 중인 가중치가 변화하는 관성을 이용해 극솟값에서 머물지 않고 지속적으로 변화할 수 있게 합니다. 이로써 변화율을 지속해 극솟값 문제가 발생하지 않게 해줍니다.[3]

---

3   Avoiding Local Minima: https://www.i2tutorials.com/how-can-you-avoid-local-minima-to-achieve-the-minimized-loss-function

그림 3.2 극솟값 문제를 피하는 모멘텀 솔버

모멘텀 계열의 솔버로 NAG(Nesterov accelerated gradient)가 있는데, 이는 모멘텀이 지역 최저점에서도 멈추지 못하는 경우가 있기 때문에 제안됐습니다.

NAG와 모멘텀의 차이점은 그림 3.3과 같이 NAG는 모멘텀으로 이동해 발생하는 변화율을 먼저 계산한 다음 모멘텀을 계산한다는 것입니다. [4]

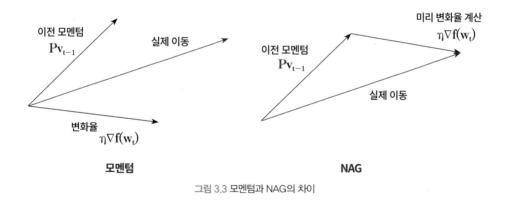

그림 3.3 모멘텀과 NAG의 차이

수식에서 둘의 차이점을 정리하면 다음 표와 같습니다.

---

4   모멘텀과 NAG의 차이: https://untitledtblog.tistory.com/149

표 3.1 모멘텀과 NAG

모멘텀	$v_{t+1}=\rho v_t+\eta\nabla f(w_t)$ $w_{t+1}=w_t-\rho v_{t+1}$	변화율을 반영해 모멘텀 계산 모멘텀 값으로 w 값 업데이트
NAG	$v_{t+1}=\rho v_t+\eta\nabla f(w_t+\rho v_t)$ $w_{t+1}=w_t-v_{t+1}$	지난 모멘텀을 고려해 w 값을 갱신한 후, 그 갱신된 변화율로 모멘텀 값 계산 계산된 모멘텀으로 w 값 업데이트

Adagrad

신경망 학습에서 Adagrad(Adaptive Gradient)는 가중치의 파라미터를 갱신할 때 변수마다 스텝 사이즈를 다르게 설정해 주는 방식입니다. 즉, 가중치 중 많이 변화한 파라미터의 경우 최적화가 많이 진행됐을 확률이 높기 때문에 작은 크기로 이동하면서 세밀하게 조정하고, 적게 변화한 파라미터는 최적화하기 위해 많이 이동해야 할 확률이 높기 때문에 빠르게 이동하는 방식입니다.[5]

Adagrad의 수식은 다음과 같습니다.

$$G_t=G_{t-1}+(\nabla f(w_t))^2$$
$$w_{t+1}=w_t-\frac{\eta}{\sqrt{Gt-\epsilon}}\cdot\nabla f(w_t)$$

- w_t: t 시점의 파라미터
- G_t: 신경망의 파라미터가 k개라고 할 때 k 차원 벡터. Gt에는 타임 스텝 t까지 각 변수가 이동한 그래디언트 합의 제곱 값을 저장합니다.
- η: 학습률(기존 스텝 사이즈).
- ϵ: 10^{-4} ~ 10^{-8} 정도의 작은 값이며, 0으로 나누는 것을 방지하는 역할을 합니다. wt를 업데이트하는 수식에서는 기존 스텝 사이즈 η에 Gt의 제곱근 값에 반비례한 크기로 이동을 진행합니다.

---

[5] 가중치 W는 수많은 파라미터로 이뤄지는데, 학습을 진행하면서 파라미터의 변화량은 서로 동일하지 않습니다. 이 중 변화량이 큰 파라미터는 최적화가 많이 진행됐고 변화량이 적은 파라미터는 최적화가 적게 진행됐다는 의미이기 때문에 변화량에 따라 최적화 속도를 다르게 해준다는 개념입니다.

- $\dfrac{\eta}{\sqrt{Gt-\epsilon}}$: 파라미터를 갱신하는 학습률. 이 식에 의하면 많이 움직일수록(크게 갱신될수록) Gt가(분모가) 커져서 학습률이 낮아지며, 반대로 적게 변화한 변수는 학습률이 높아집니다. 이에 따라 파라미터가 적절히 갱신되는 알고리즘이 적용됩니다.

그런데 이런 특징으로 인해 Adagrad는 학습을 계속 진행하면 갱신되는 스텝 사이즈가 너무 줄어들게 되는데, 그 이유는 G에 계속 제곱한 값을 넣어주므로 G의 값이 계속 증가하기 때문입니다. 학습이 오래 진행되면 스텝 사이즈가 너무 작아져서 어느 순간에는 갱신량이 0이 되어버리고 결국 전혀 움직이지 않게 됩니다. 이렇게 되면 모델 학습 진행이 멈추므로 Adagrad는 최적화를 완성하기 어려운 솔버라고 할 수 있습니다.

RMSProp

RMSProp은 Adagrad의 식에서 과거 그래디언트를 제곱해서 계속 더한 Gt를, 과거 그래디언트는 서서히 반영을 줄이고 타임 스텝 t까지 각 변수가 이동한 그래디언트 합을 구하도록 바꾼 방법입니다. 이렇게 하면 Adagrad처럼 Gt가 무한정 커지지는 않으면서도 변화량에서 상대적인 크기 차이는 유지할 수 있습니다.

RMSProp의 수식은 다음과 같습니다.

$$G_t = \gamma G_{t-1} + (1-\gamma)(\nabla f(w_t))^2$$
$$w_{t+1} = w_t - \frac{\eta}{\sqrt{Gt-\epsilon}} \cdot \nabla f(w_t)$$

- γ: 과거의 값에 대한 영향력의 정도(적게 조절)를 나타냅니다.

Adam

Adam(Adaptive Moment Estimation)[6]은 RMSProp과 모멘텀 방식을 통합해 정확도와 속도를 모두 얻고자 하는 알고리즘으로, 최근 많은 영상분석 기법에 활용되는 솔버입니다.

---

6 〈Adam: A Method for Stochastic Optimization〉, Diederik P. Kingma, Jimmy Ba, 2014, https://arxiv.org/abs/1412.6980

Adam 최적화 알고리즘을 위해서는 모멘텀 방식과 같이 지금까지 계산해 온 그래디언트의 지수 평균을 저장하며, RMSProp과 유사하게 그래디언트의 제곱 값의 지수 평균을 저장해 사용합니다.

우선 다음 식으로 모멘텀 계수와 적응 계수를 계산합니다.

$$m_t = \beta_1 m_{t-1} + (1-\beta_1) \nabla f(w_t)$$
$$v_t = \beta_2 v_{t-1} + (1-\beta_2) \cdot (\nabla f(w_t))^2$$

- m_t: t 시간의 모멘텀 계수(혹은 벡터)
- v_t: t 시간의 적응(Adaptive) 계수
- β_1: 모멘텀 소멸률(decay rate)(기본값: 0.9)
- β_2: 적응 소멸률(기본값: 0.999)

모멘텀 계수는 RMSProp에서 등장했던 지수이동평균을 적용해 RMSProp과 같은 방식으로 계산하고, 적응 계수는 경사가 감소하는 방향과 크기를 반영해 계산합니다.

업데이트 속도를 보정하기 위해 다음과 같이 시간 t의 학습률을 계산합니다.

$$\eta_{t+1} = \eta_t - \frac{\sqrt{1-\beta_2}}{1-\beta_1}$$

- η_t: 시간 t의 학습률

마지막으로 파라미터 변수는 다음과 같이 계산해 업데이트합니다.

$$w_{t+1} = w_t - \frac{\eta_{t+1}}{\sqrt{v_t} + \epsilon} \cdot m_t$$

이번 3.1 절에서 많은 솔버를 언급해 실제로 모델을 훈련하고자 할 때 어떤 솔버를 선택할지 고민될 수 있습니다. 그림 3.4와 같이 경사 하강법부터 개선된 솔버들을 모두 마인드맵으로 나타내면 각 솔버를 이해하고 선택하는 데 도움이 될 것입니다.

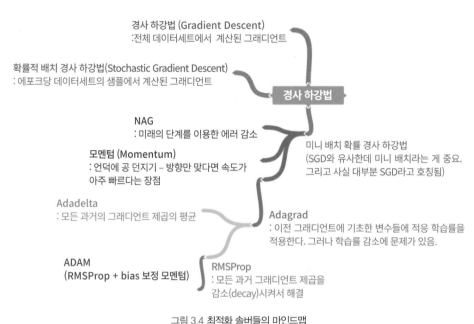

그림 3.4 최적화 솔버들의 마인드맵

3.2 _ 딥러닝 결과를 향상시키는 방법

지금까지 배운 딥러닝의 절차를 살펴보면 다음과 같습니다.

1. 딥러닝을 위한 많은 데이터세트를 준비한다.

2. 훈련할 아키텍처를 결정한다.

3. 적절한 솔버를 선택한다.

4. 가중치가 최적화되도록 순전파와 역전파를 통해 훈련한다.

5. 오류율이 낮아질 때까지 4번을 반복한다.

6. 오류율이 낮아지고 정확도가 높아지면 딥러닝 모델이 완성된다.

7. 이 모델을 이용해 추론하면 새로운 입력값에 대한 정확도가 높은 예측값을 얻어낼 수 있다.

6번까지 문제없이 수행했는데, 의외로 7번에서 정확도가 높지 않으면 어떻게 해야 할지 고민해 볼 필요가 있습니다.

딥러닝 훈련에서는 적절한 학습률을 결정하는 문제가 아주 크고 중요한데, 일반적으로 학습률을 잘못 선택하면 다음과 같은 현상이 나타납니다.

- **학습률이 너무 높은 경우**: 훈련 도중 값이 너무 커진 나머지 값이 폭주한다.
- **학습률이 너무 낮은 경우**: 훈련이 진행되지 않는다. 훈련을 지속해도 오류율이 줄어들지 않는다.

일반적으로는 학습률을 높였다 낮췄다 하는 시행착오를 통해 좋은 값을 찾습니다.[7] 그리고 딥러닝 모델의 정확도 향상을 위해 '배치 정규화', '데이터 증강', '전이학습'을 추가로 고려합니다.

배치 정규화

레이어 수가 많은 딥러닝에서는 각 레이어의 활성화 함수의 출력값 분포를 관찰해 보면 경사 하강법으로 최적화를 거듭하는 동안 0과 1로 수렴해 버리는 현상이 나타날 수 있습니다. 레이어의 출력값이 특정 값으로 수렴해버리면 학습이 더 이상 진행될 수 없는 문제가 다시 발생합니다. 이때 가중치의 초깃값을 다음과 같은 코드[8]로 자비에(Xavier) 초기화[9] 방법을 사용해 해결해 볼 수 있습니다.

```
# 이전 레이어의 노드 수
node_num = 100

w = np.random.randn(node_num, node_num / np.sqrt(node_num))
```

자비에 초기화를 적용하면 활성화 함수의 출력값 분포는 넓어지면서 심층 신경망의 성능이 좋아집니다. 하지만 ReLU 함수와 함께 자비에 초기화를 사용할 때는 출력값이 0으로 치우치는 문제가 발생합니다. 따라서 이런 경우에는 자비에 초기화 값에 2를 곱하는 He 초기화[10]라는 방법으로 해결합니다.

---

7 cs231n Lecture 6 | Training Neural Networks I, https://youtu.be/wEoyxE0GP2M
8 《밑바닥부터 시작하는 딥러닝》(한빛미디어, 2017), 206쪽
9 〈Understanding the difficulty of training deep feedforward neural networks〉, Xavier Glorot, Yoshua Bengio, 2010
10 〈Delving Deep into Rectifiers: Surpassing Human-Level Performance on ImageNet Classification〉, Kai'ming He, Xiangyu Zhang, Shaoqing Ren, Jian Sun, 2015, https://arxiv.org/abs/1502.01852

그런데 이런 초기화 외에도 활성화 값의 분포를 의도적으로 적당히 퍼뜨리면 심층 신경망의 결과가 더 좋아지지 않을까 하는 의문을 가질 수 있습니다. 이러한 목적으로 연구된 배치 정규화(batch normalization)는 미니 배치 내의 데이터에 대해 벡터 성분별로 정규화를 수행하는 방식입니다.[11] 이 방법은 약자인 BN으로 부르기도 합니다.

배치 정규화를 통해 얻을 수 있는 장점은 다음과 같습니다.

- 학습을 빨리 진행할 수 있다.
- 강한 초기화 의존성을 경감할 수 있다.
- 오버피팅 억제 방법으로 널리 사용되던 드롭아웃의 필요성이 사라진다.

이러한 배치 정규화의 목적과 개념을 살펴보겠습니다. 심층 신경망에서 레이어가 깊어질수록 정확도를 높이기가 쉽지 않은데, 데이터의 정규화를 통해 데이터가 가우시안 분포를 가지게 하면 데이터의 치우침으로 인한 가중치 학습의 불균형을 예방할 수 있습니다.[12] 이러한 목적을 위해 다음과 같은 해결 방법을 고려합니다.

어떤 레이어에서 미니 배치에 대한 활성화 함수의 출력값을 가우시안 분포로 만들고자 한다면 다음의 정규화(normalization) 식을 적용할 수 있습니다.

$$\hat{x}(k) = \frac{x(k) - \mathrm{E}[x(k)]}{\sqrt{Var[x(k)]}}$$

- $x(k)$: 딥러닝 레이어의 출력값
- $\mathrm{E}[x(k)]$: 미니 배치의 평균값
- $\sqrt{Var[x(k)]}$: 미니 배치의 분산값
- $\hat{x}(k)$: 배치 정규화 출력값

이 배치 정규화 식을 통해 각 레이어의 배치에 대한 평균과 분산을 독립적으로 계산한 후 정규화 값을 계산할 수 있습니다.

---

11 〈Batch Normalization: Accelerating Deep Network Training by Reducing Internal Covariate Shift〉, Sergey Ioffe, Christian Szegedy, 2015, https://arxiv.org/abs/1502.03167
12 《파이썬 날코딩으로 알고 짜는 딥러닝 – 프레임워크 없이 단층 퍼셉트론에서 GAN까지》(한빛미디어, 2019), 336쪽

그런데 흥미로운 것은 배치 정규화는 이렇게 정규화를 통해 심층 신경망의 정확도를 향상하고자 하는 것이 전부가 아니라는 것입니다. 이것은 모델 정확도 향상을 위해 FC 레이어나 Conv 레이어에서 활성화 함수 이전 혹은 이후에 그림 3.5에서 보는 것과 같이 BN 레이어로 학습이 가능한 형태로 삽입되어 사용됩니다.

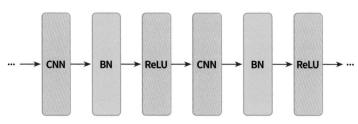

그림 3.5 BN이 있는 신경망의 예

이 레이어를 배치 정규화 레이어 혹은 'BN 레이어'라고 합니다.

$$y(k) = \gamma(k)\hat{x}(k) + \beta(k)$$

$$\gamma(k) = Var[x(k)]$$

$$\beta(k) = E[x(k)]$$

여기서 $\gamma(k)$와 $\beta(k)$는 각각 스케일(Scale)과 시프트(Shift)의 역할을 하며, 정규화 식에서 위와 같이 정의합니다. 사실 정규화의 결과는 대부분 0에 가까운 값이 될 수 있어서 의도와는 다르게 비선형성을 잃게 됩니다. 이때 스케일과 시프트의 역할을 해주는 $\gamma(k)$와 $\beta(k)$를 적용해 주면서 학습 과정에서 역전파에 의해 값이 조정되는데, 이 과정이 모델의 정확도를 높이는 역할을 해줍니다.

데이터 증강과 전이학습

데이터 증강[13]은 학습 이미지 데이터들을 이미지 프로세싱 알고리즘을 통해 인위적으로 확장하는 것입니다. 최신 심층 신경망은 일반적으로 수백만 개의 파라미터를 갖습니다. 이러한 수많은 파라미터가 있는 모델이 좋은 성능을 갖게 하려면 그만큼 많은 정답 데이

---

13 '데이터 어그먼테이션(Data Augmentation)'이라고 많이 부릅니다.

터를 이용한 훈련이 필요합니다. 우리가 가지고 있는 데이터세트는 정형화돼 있고 한정된 조건에서 최적의 상태로 이뤄져 있지만, 현실 세계의 데이터는 보는 각도와 날씨에 따라 전혀 다른 픽셀 조합을 갖고 있으며, 그마저 온전한 형태가 아니라 겹치고 가려져 있을 수 있습니다.

이런 현실 세계를 모두 담을 수 없는 이미지 데이터세트의 한계를 극복하고 딥러닝 모델의 정확도를 높이기 위한 좋은 방법이 바로 데이터 증강입니다. 그림 3.6과 같이 입력 이미지를 회전하거나 뒤집거나 사이즈를 변경하거나 위치를 이동하는 변화를 주면 이미지 데이터세트의 사이즈를 몇 배로 늘릴 수 있습니다.[14]

예를 들어 1,000개의 이미지가 있다면 6개의 변화로 총 7,000개의 이미지가 준비되는 것입니다.

그림 3.6 데이터 증강의 예

대표적인 데이터 증강 방법에는 그림 3.7에서 볼 수 있듯이 상단 왼쪽의 원본부터 뒤집기(flip), 회전(rotation), 그리고 다음 줄 왼쪽부터 크기 변환(scale), 이동(translation), 가우시안 노이즈(Gaussian noise) 등이 있습니다.

---

14 https://nanonets.com/blog/data-augmentation-how-to-use-deep-learning-when-you-have-limited-data-part-2/

그림 3.7 데이터 증강 방법의 예

또한, 자르기(crop)나 가리기(occlusion) 방법도 사용합니다.

데이터 증강 방법은 많이 있지만, 이 책에서는 torchvision 패키지와 albumentation 패키지를 이용해 실습하겠습니다. 먼저 torchvision 데이터 증강 예제를 학습해 볼 텐데, 예제 코드는 Chap3 폴더 아래에 있는 ex1_data_augmentation.ipynb 파일을 이용합니다.

torchvision 데이터 증강 예제

1. 먼저 torchvision을 포함해 필요한 패키지를 임포트합니다.

```python
# 패키지 임포트
from PIL import Image
import time
import torch
import torchvision
from torch.utils.data import Dataset
from torchvision import transforms
from matplotlib import pyplot as plt
```

2. 이 책에서는 영상분석을 다루므로 거의 모든 실습 코드에서 이미지나 동영상 처리에 필요한 OpenCV 함수를 사용합니다. 따라서 OpenCV 패키지를 임포트하는 코드가 포함돼야 합니다.

```python
import cv2
```

3. 실습에 사용할 데이터를 내려받아서 압축을 풉니다.

```
# 이미지 데이터 다운로드
!wget https://raw.githubusercontent.com/jetsonai/DeepLearning4Projects/master/Chap3/
data.zip
```

```
# zip 파일 압축 풀기
!unzip data.zip -d data
```

4. 이미지 파일을 읽는 함수와 보여주는 함수를 만들어 증강하고자 하는 이미지 cat_2.jpg를 보여줍니다.

```
# 이미지 보기
def cv_image_read(image_path):
    print(image_path)
    return cv2.imread(image_path)

def show_image(cv_image):
    rgb = cv2.cvtColor(cv_image, cv2.COLOR_BGR2RGB)
    plt.figure()
    plt.imshow(rgb)
    plt.show()


show_image(cv_image_read('./data/cat_2.jpg'))
```

【 출력 】

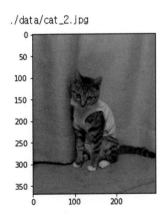

5. 이제 transform 패키지로 이미지를 열어 변형하는 TorchvisionDataset 클래스를 만듭니다.

```python
# Torchvision 데이터세트 클래스
class TorchvisionDataset(Dataset):
    def __init__(self, file_paths, labels, transform=None):
        self.file_paths = file_paths
        self.labels = labels
        self.transform = transform

    def __len__(self):
        return len(self.file_paths)

    def __getitem__(self, idx):
        label = self.labels[idx]
        file_path = self.file_paths[idx]
        # 이미지 읽기
        image = Image.open(file_path)
        # 이미지를 변형
        if self.transform:
            image = self.transform(image)
        return image, label
```

6. 그리고 이 클래스를 이용해 이미지를 로딩한 후 사이즈 변경과 랜덤으로 자르기, 수평 뒤집기를 실행하는 transform 실행을 정의한 torchvision_transform 객체를 만들어 봅니다.

```python
# Torchvision 이미지 변형 (사이즈 변경, 자르기, 수평 뒤집기)
torchvision_transform = transforms.Compose([
    transforms.Resize((220, 220)),
    transforms.RandomCrop(120),
    transforms.RandomHorizontalFlip(),
    transforms.ToTensor(),
])
```

7. 이제 **2**에서 봤던 cat_2.jpg 파일과 **3**에서 정의한 torchvision_transform을 이용해 데이터 증강을 테스트할 torchvision_dataset을 만들어 봅니다. 이 torchvision_dataset으로 torchvision_transform에 정의한 사이즈 변경과 랜덤으로 자르기, 수직 플립을 실행합니다.

```
# TorchvisionDataset 클래스 객체 생성
torchvision_dataset = TorchvisionDataset(
    file_paths=['./data/cat_2.jpg'],
    labels=[1],
    transform=torchvision_transform,
)

# 랜덤으로 2번 변형 수행
for i in range(2):
    sample, _ = torchvision_dataset[0]
    plt.figure()
    plt.imshow(transforms.ToPILImage()(sample))
    plt.show()
```

【 출력 】

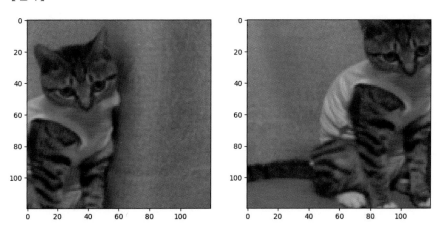

Albumentations 패키지를 이용한 데이터 증강 예제

1. 다음으로 Albumentations 패키지를 이용해 좀 더 다양한 데이터 증강을 테스트하겠습니다. 이번 코드 역시 ex1_data_augmentation.ipynb에 있습니다. 먼저 이번 예제의 데이터 증강 기능을 제공할 albumentations 패키지를 임포트합니다.

```
import albumentations
import albumentations.pytorch
```

2. 앞의 transform 패키지를 이용한 예제와 마찬가지로, 이미지를 오픈하고 Albumenta tions 패키지를 이용해 변형을 실행할 수 있는 AlbumentationsDataset 클래스를 만듭니다. 그리고 albumentations 이미지 변형(사이즈 변경, 랜덤 자르기, 90도 회전, 수직 플립, 가우시안 노이즈)을 실행하는 transform 실행을 정의한 albumentations_transform 객체를 만듭니다.

```python
# Albumentations 데이터세트 클래스
class AlbumentationsDataset(Dataset):
    def __init__(self, file_paths, labels, transform=None):
        self.file_paths = file_paths
        self.labels = labels
        self.transform = transform

    def __len__(self):
        return len(self.file_paths)

    def __getitem__(self, idx):
        label = self.labels[idx]
        file_path = self.file_paths[idx]
        # 이미지 읽기
        image = cv2.imread(file_path)
        # BGR opencv 이미지를 RGB 이미지로 변경
        image = cv2.cvtColor(image, cv2.COLOR_BGR2RGB)
        # 이미지 변경 수행
        if self.transform:
            augmented = self.transform(image=image)
            image = augmented['image']
        return image, label

# albumentations 이미지 변형(사이즈 변경, 랜덤 자르기, 90도 회전,
# 수평 뒤집기, 가우시안 노이즈)
albumentations_transform = albumentations.Compose([
    albumentations.Resize(220, 220),
    albumentations.RandomCrop(120, 120),
    albumentations.RandomRotate90(p=1),
    albumentations.HorizontalFlip(),
    albumentations.GaussNoise(p=1),
    albumentations.pytorch.transforms.ToTensor()
])
```

3. 이제 torchvision 데이터 증강 예의 **4**번 코드에서 본 cat_2.jpg 파일과 바로 위의**1**번 코드에서 정의한 albumentations_transform을 이용해 데이터 증강을 테스트할 albumentations_dataset을 만들어 봅니다. 이 albumentations_dataset으로 albumentations_transform에 정의한 사이즈 변경, 랜덤 자르기, 90도 회전, 수직 플립, 가우시안 노이즈를 실행합니다.

```
# AlbumentationsDataset 클래스 객체 생성
albumentations_dataset = AlbumentationsDataset(
    file_paths=['./data/cat_2.jpg'],
    labels=[1],
    transform=albumentations_transform,
)

# 랜덤으로 2번 변형 수행
for i in range(2):
  sample, _ = albumentations_dataset[0]

  plt.figure()
  plt.imshow(transforms.ToPILImage()(sample))
  plt.show()
```

【 출력 】

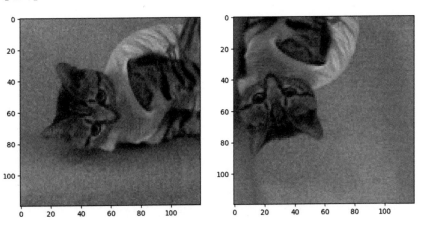

Albumentations에 관한 상세한 정보는 웹사이트¹⁵를 참조합니다.

---

15 https://albumentations.ai/

전이학습은 실제 딥러닝 연구 개발에 필수 과정이라고 볼 수 있는데, 실제로 딥러닝 훈련에 충분한 크기의 데이터세트를 갖추기는 어렵습니다. 따라서 매우 큰 데이터세트(예: 2.3절에서 소개한 ImageNet)에서 ConvNet을 사전 교육한 다음, 거기서 얻은 가중치를 이용해 ConvNet을 초기화한 후 훈련하는 것이 일반적입니다. [16]

세 가지 주요 전이학습 시나리오는 다음과 같습니다. [17]

1. 특징을 추출하기 위해 ImageNet 데이터세트로 사전 훈련된 ConvNet을 가져와서 마지막으로 FC 레이어를 제거합니다. 나머지 레이어는 새로운 데이터세트의 **특징 추출기**(Feature Extractor)로 활용합니다.

2. 새로운 데이터세트에서 ConvNet을 특징 추출기로 사용해 재교육하는 것뿐만 아니라 역전파를 계속해 사전 훈련된 네트워크의 가중치를 **미세 조정**(Fine Tuning)하는 것입니다. ConvNet의 모든 계층을 미세 조정할 수도 있고 이전 계층 중 일부를 고정된 상태로 유지하고 네트워크의 일부 상위 레벨만 미세 조정할 수도 있습니다.

3. 현대의 ConvNet은 ImageNet을 완전히 학습하는 데 몇 시간 혹은 며칠이 걸릴 수 있는데, 시간 절약을 위해 공개된 ConvNet 가중치(텐서플로에서 체크포인트라고 함)를 **사전 훈련된 모델**(Pretrained Model)로 활용합니다.

이러한 전이학습은 훈련 속도를 높여줄 뿐만 아니라 필요한 훈련 데이터도 훨씬 더 적습니다. 예를 들어 동물, 식물, 자동차 등 100개의 카테고리 이미지에 대해 잘 훈련된 분류 네트워크 모델이 있다고 가정하겠습니다. 그리고 이제 구체적인 자동차의 종류를 분류하는 네트워크 모델을 훈련하고자 합니다. 이 네트워크 모델들은 비슷한 점이 많고 피처 간의 유사도가 클 수밖에 없습니다. 따라서 이런 경우 첫 번째 모델을 이용해 전이학습을 해야 합니다. [18] 참고로 이후 이 책에서 나오는 파이토치 예제는 대부분 전이학습을 이용할 것이니 실습을 진행하면서 학습하겠습니다.

---

16 cs231n Lecture 7 | Training Neural Networks II, https://youtu.be/_JB0AO7QxSA
17 Transfer Learning, https://cs231n.github.io/transfer-learning/
18 ≪핸즈온 머신러닝≫(한빛미디어, 2018), 306쪽

3.3 _ 인기 있는 CNN 네트워크 구조

MNIST를 분석하기 위한 콘볼루션 예제는 최초의 CNN 네트워크인 LeNet입니다. LeNet은 1998년에 나온 손 글씨 숫자 이미지를 인식하는 네트워크로, 그림 3.8에서 볼 수 있는 것처럼 합성곱 계층과 풀링 계층을 반복하고 마지막에 FC 계층을 거치면서 분류 결과가 나오는 구성으로 되어 있습니다. [19]

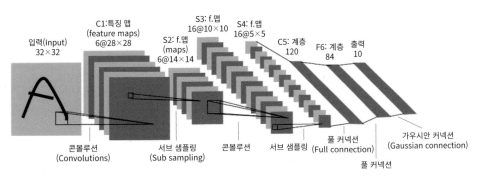

그림 3.8 LeNet(1998년)

2.3절의 LeNet 실습에 사용한 방법은 1998년 버전의 코드와는 크게 다른 점이 있습니다. 바로 2012년에 발견된 한 가지 방법을 다르게 적용한 것입니다. 사실 딥러닝 연구자들에게 인기가 많은 CNN 네트워크 아키텍처는 모두 2012년 이후에 나왔는데, 지금부터 그러한 잘 알려진 CNN 아키텍처를 살펴보려고 합니다.

원하는 영상분석을 위해 가장 적절한 CNN 구조를 설계하기 위해 CNN의 아키텍처를 어떻게 구성할지 결정하고자 한다면, 이미 이전 연구자들이 오랜 연구 끝에 완성한 네트워크들을 배우고 익혀 활용할 것을 권장합니다. 이를 위해 ILSVRC(ImageNet Large Scale Visual Recognition Challenge)라는 이미지 분류 경진 대회에서 1,000개의 클래스로 구성된 대량 이미지 데이터를 분류해 우승한 인기 있는 네트워크들을 충분히 이해하고 활용할 수 있어야 합니다.

---

19 〈Gradient-Based Learning Applied to Document Recognition〉, Yann LeCun Leon Bottou Yoshua Bengio and Patrick Haffner, 1998, http://vision.stanford.edu/cs598_spring07/papers/Lecun98.pdf

AlexNet: 최초의 CNN 기반 이미지 분류 대회 우승

CNN 네트워크는 많은 대회에서 소개되며 우승해 왔지만, 현대 사람들을 딥러닝에 주목하게 만든 주인공은 AlexNet입니다. 이 AlexNet에는 세 가지 주목할 점이 있습니다.

첫 번째 ILSVRC 우승 네트워크

그림 3.9에서 볼 수 있듯이[20] ImageNet 객체 인식 대회인 ILSVRC의 첫 번째 CNN 기반 우승 네트워크가 바로 2012년 AlexNet[21]이었습니다.

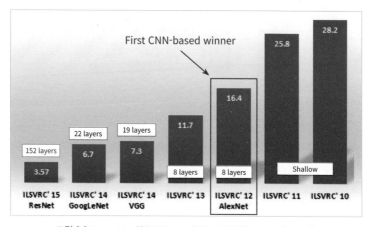

그림 3.9 ImageNet 최초로 CNN 기반으로 우승한 AlexNet(2012년)

2010년도 우승 모델의 에러율은 28.2%였고 이어진 2011년 대회 우승 모델의 에러율은 25.8%였습니다. 그리고 이때까지 우승 모델은 컴퓨터 비전의 최고 전문가들이 만든 것으로, 딥러닝을 사용하지 않았습니다. 하지만 2012년에 우승한 AlexNet은 16.4%의 에러율로 기존 모델과 큰 격차를 보이며 우승했고[22] 이후 많은 연구자가 딥러닝 영상분석을 시작하는 계기가 됐습니다.

---

20 cs231n Lecture 9 | CNN Architectures https://youtu.be/DAOcjicFr1Y

21 AlexNet: https://en.wikipedia.org/wiki/AlexNet

22 《텐서플로로 배우는 딥러닝》(영진닷컴, 2018), 145쪽

그런데 AlexNet의 구성은 기본적으로 LeNet과 크게 다르지 않습니다.[23] 그림 3.10에서 LeNet과 AlexNet의 아키텍처 구성요소를 보면 conv 레이어와 풀링 레이어를 거듭하며 마지막으로 FC 레이어를 거쳐 결과를 출력합니다.

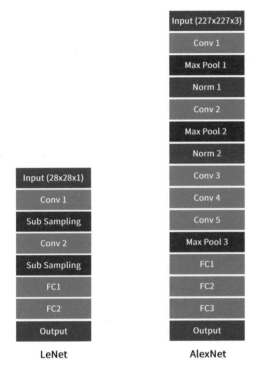

그림 3.10 LeNet과 AlexNet 레이어 비교

두 네트워크를 레이어별 역할로 살펴보면, Conv 레이어를 반복하며 이미지의 특징을 추출한 다음 마지막 FC 계층에서 행렬 곱의 연산으로 차원을 축소한 후 마지막에 소프트맥스 함수를 사용해 10개 클래스로 분류합니다. 이러한 구성요소만 봤을 때는 레이어의 개수 외에는 크게 차이가 없어 보입니다.

하지만 AlexNet은 ImageNet의 딥러닝 기반 최초 우승 외에도 2가지 '최초'의 기록을 갖고 있습니다.

---

23 〈ImageNet Classification with Deep Convolutional Neural Networks〉, Alex Krizhevsky, Ilya Sutskever, Geoffrey E. Hinton, 2012, http://www.cs.toronto.edu/~hinton/absps/imagenet.pdf

최초의 ReLu 함수 제시

그중 하나가 바로 conv 레이어 다음에 사용하는 활성화 함수에 최초로 ReLu 함수를 제시한 것입니다. ReLu 함수는 현대 딥러닝의 정확도를 높여서 딥러닝 역사의 전환점이 되는 공헌을 한 함수로, 이후 대부분의 딥러닝 네트워크에서 기본 활성화 함수로 ReLu를 사용합니다. 2.3절의 LeNet 실습에서도 다음과 같이 파이토치의 ReLu 함수를 사용했습니다.

```
L1 = tf.nn.relu(L1)
```

최초의 GPU 사용

AlexNet이 최초라는 기록의 세 번째는 바로 GPU 사용입니다. AlexNet은 2개의 GPU를 이용해서 학습하는데, 다음 그림 3.11에서 위쪽 부분은 1번째 GPU에서, 아래쪽 부분은 2번째 GPU에서 연산을 수행합니다. [24]

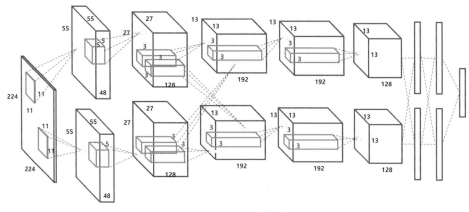

그림 3.11 AlexNet(2012년)

전체 5개의 Conv 레이어와 3개의 FC 레이어 중 Conv1, Conv2, Conv4, Conv5는 각자의 GPU에서 연산하고, Conv3와 FC 레이어는 특징 맵을 공유하는 구조입니다.

---

24 AlexNet: https://medium.com/@shangethrajaa/alexnet-a-deep-learning-breakthrough-aaddb9ac0078

이전의 딥러닝 모델들은 이미지 데이터의 가로세로 픽셀값에 색상 RGB 값까지 있는 행렬 데이터를 곱셈 연산하는 데 상당한 비용이 들었습니다. 토론토 대학의 알렉스 크리제브스키(Alex Krizhevsky)는 딥러닝에 필요한 수조에 달하는 수학 연산을 GPU를 통해 처리하며[25] 수많은 샘플 이미지로 학습시켜 완성한 AlexNet으로 ImageNet에서 우승했습니다. GPU는 병렬 연산에 최적화된 장치인데, 이를 이용해 수십억 개의 뉴런과 수조 개의 연산을 대량으로 반복할 수 있게 했고 그 결과로 학습 기간을 주 단위에서 일 단위로 감소시키며 딥러닝 연구자들이 이후 연구에 GPU를 사용하는 계기를 만들어 줬습니다.

VGGNet: 단순하면서 성능이 좋은 네트워크

2013년 ILSVRC에서는 ZFNet이라는 네트워크가 AlexNet의 하이퍼파라미터를 개선해 우승했습니다. 그리고 다음 해 2014년 ILSVRC에서 준우승과 우승을 차지한[26] VGGNet과 GoogLeNet은 여러 가지 장점으로 많은 딥러닝 연구자가 꾸준히 활용하고 있습니다(그림 3.12). 이번에는 VGGNet을 살펴보겠습니다.

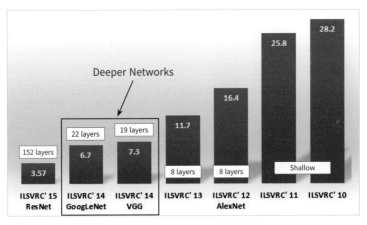

그림 3.12 ILSVRC의 VGGNet과 GoogLeNet(2014년)

25 GPU: 인공지능의 발전을 가속화하는 새로운 컴퓨팅 모델 https://blogs.nvidia.co.kr/2016/02/15/accelerating-ai-artificial-intelligence-gpus/
26 cs231n Lecture 9 | CNN Architectures https://youtu.be/DAOcjicFr1Y

2014년에 ILSVRC에서 준우승한 모델인 VGGNet은 모델을 창안한 연구자들이 속한 옥스퍼드 대학교의 Visual Geometry Group에서 나온 이름입니다. 그들은 실험을 통해 표 3.1과 같이 6개 CNN 모델의 성능을 비교했습니다. [27]

표 3.2 6가지 VGGNet의 구성

ConvNet 구성					
A	A-LRN	B	C	D	E
11 layers	11 layers	13 layers	16 layers	16 layers	19 layers
input (224 x 224 RGB)					
conv3-64	conv3-64	conv3-64	conv3-64	conv3-64	conv3-64
	LRN	conv3-65	conv3-65	conv3-65	conv3-65
maxpool					
conv3-128	conv3-128	conv3-128	conv3-128	conv3-128	conv3-128
		conv3-128	conv3-128	conv3-128	conv3-128
maxpool					
conv3-256	conv3-256	conv3-256	conv3-256	conv3-256	conv3-256
conv3-256	conv3-256	conv3-256	conv3-256	conv3-256	conv3-256
			conv1-256	conv3-256	conv3-256
					conv3-256
maxpool					
conv3-512	conv3-512	conv3-512	conv3-512	conv3-512	conv3-512
conv3-512	conv3-512	conv3-512	conv3-512	conv3-512	conv3-512
			conv1-512	conv3-512	conv3-512
					conv3-512
maxpool					
conv3-512	conv3-512	conv3-512	conv3-512	conv3-512	conv3-512
conv3-512	conv3-512	conv3-512	conv3-512	conv3-512	conv3-512
			conv1-512	conv3-512	conv3-512
					conv3-512
maxpool					
FC-4096					
FC-4096					
FC-1000					
softmax					

표에서 오른쪽으로 갈수록 네트워크 구성의 깊이와 레이어 수가 증가하는 것을 볼 수 있습니다. 각 네트워크의 Conv 레이어는 conv[필터 사이즈]-[필터 개수]의 방식으로 표기돼 있습니다. 이 중 16레이어와 19레이어로 구성된 VGG16과 VGG19가 오류율이 낮아서 많이 사용됩니다.

27 〈Very Deep Convolutional Networks for Large-Scale Image Recognition〉, Karen Simonyan & Andrew Zisserman, 2014, https://arxiv.org/pdf/1409.1556.pdf

그림 3.13을 보면 VGGNet은 AlexNet의 레이어 배치가 유사해 보이지만, 상세히 살펴보면 몇 가지 다른 점이 있습니다.[28]

- VGGNet에서는 AlexNet에서 사용한 큰 사이즈의 필터가 없고 3×3 필터와 1×1 필터만 사용합니다.
- AlexNet보다 레이어의 수가 늘어날 수 있습니다(11~19).
- 1×1 콘볼루션을 사용했습니다.

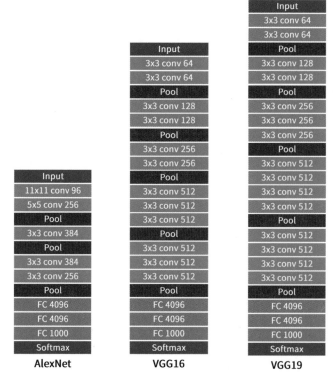

그림 3.13 AlexNet과 VGG16, VGG19

이 중 첫 번째 특징인 큰 사이즈의 필터가 없고 3×3 필터가 다수 사용된 것에 대한 이점은 딥러닝에서 레이어를 깊게 하는 것에 대한 이점과 같은데, 5×5의 콘볼루션 연산 1회는 3×3 콘볼루션 연산을 2회 수행해 대체할 수 있기 때문입니다.[29] 이때 전자의 파라미

---

28 《텐서플로로 배우는 딥러닝》(영진닷컴, 2018), 147쪽
29 《밑바닥부터 시작하는 딥러닝》(한빛미디어, 2017), 267쪽

터 수가 5×5=25개인데, 후자는 3×3×2=18개로, 파라미터 수가 적은 사이즈의 필터를 반복해 사용하면 전체 네트워크의 파라미터 개수를 줄일 수 있음을 알 수 있습니다.

VGGNet은 2014년 GoogLeNet 다음으로 준우승한 네트워크이기는 하지만, 작은 크기의 필터를 반복하는 단순한 구조로 높은 정확도를 얻을 수 있는 네트워크라서 많은 딥러닝 연구자가 다른 네트워크에서 활용하기도 하고 자신만의 네트워크를 개발할 때 기본으로 참조하는 등 널리 사용됩니다.

GoogLeNet: 구글이 만들고 모두가 사용하는 네트워크

GoogLeNet은 이전 절에 기술했던 바와 같이 ILSVRC의 2014년 우승 모델입니다. 'GoogLeNet'이라는 이름에서 'GoogLe'은 구글을 가리키며 르쿤(Yan LeCun) 교수에 경의를 표하는 의미로 'LeNet'이라는 단어도 포함돼 있습니다. [30] 하지만 이 네트워크는 이후 버전인 v2, v3, v4가 있고, Inception v1이 정식 명칭입니다.

GoogLeNet의 특징은 다음과 같습니다. [31]

- 22계층으로 이뤄졌습니다(당시에는 가장 깊은 네트워크).
  - 네트워크의 마지막에 AGP [32]가 FC 계층을 대체했습니다.
  - 8계층인 AlexNet에 비해 22계층의 GoogLeNet의 파라미터 개수가 12배나 적습니다.
- 그래디언트 소실 문제를 해결하기 위해 만들어진 인셉션 모듈입니다.

그림 3.14에서 위의 특징들을 살펴볼 수 있습니다.

---

30 Review: GoogLeNet: https://medium.com/coinmonks/paper-review-of-googlenet-inception-v1-winner-of-ilsvlc-2014-image-classification-c2b3565a64e7

31 《Going deeper with convolutions》, Christian Szegedy, Wei Liu, Yangqing Jia, 2014

32 AGP(Average Global Pooling)는 이 장의 끝에서 설명합니다.

Convolution

Pooling

Softmax

Concat / Normalize

그림 3.14 GoogLeNet

다소 복잡해 보이기는 하지만, 일반 계층 13개와 인셉션 모듈(원으로 표시된 모듈)로 이뤄진 계층 9개, 그리고 이들을 모두 합한 전체 계층은 총 22개입니다. 22개 계층 외에 일반적으로 보조 분류기라고 불리는 계층 2개도 옆쪽에서 확인할 수 있습니다.

GoogLeNet은 Network In Network(NIN) [33]라는 네트워크에서 다층 퍼셉트론[34], 1×1 콘볼루션층(Convolution Layer), GAP(Global Average Pooling)의 세 가지 개념을 발췌했습니다.

이 세 가지는 사실 GoogLeNet의 흥미롭고 딥러닝 역사적으로도 의미가 있는 내용이므로 하나씩 살펴보겠습니다.

다층 퍼셉트론(MLP) → 인셉션 모듈

당시 많은 연구자가 깊은 네트워크를 통해 성능을 높이고자 노력했지만, 네트워크 레이어가 깊을수록 많은 파라미터를 가지게 되는 단점이 생겼습니다. [35] 파라미터의 개수가 많아지면 두 가지 문제가 생기는데, 많은 연산에 의해 오버피팅이 일어날 가능성이 커집니다. 또한 레이어의 가중치들이 많은 학습에 의해 0에 가까워지면 **그래디언트 소실**[36] 문제를 겪게 됩니다. 즉, 많은 연산으로 슈퍼컴퓨터 리소스를 과하게 사용하면서도 원하는 성능을 내기가 불가능한 구조가 됩니다.

참고로 그래디언트 소실 문제란 말 그대로 앞에 언급한 레이어들의 가중치가 여러 가지 이유로 0에 가까워지는 경우 딥러닝 학습이 더 이상 진행되지 않는 문제를 말합니다. 그래디언트는 딥러닝 학습에 사용하는 가중치의 변화량을 뜻하는데, 그 가중치들이 0에 수렴해 변화량이 없어진다면 당연히 그래디언트 또한 사라집니다.

GoogLeNet의 개발자는 NIN의 MLP를 참고해 **인셉션 모듈(Inception Module)**이라는 기술을 개발했는데, 이것은 동일한 입력에 대해 서로 다른 크기/유형의 회선을 갖고 모든 출력을 쌓는 것입니다. 콘볼루션 연산 후에 풀링, FC로 마무리되는 일련의 과정을 모

---

33 〈Network In Network〉, Min Lin, Qiang Chen, Shuicheng Yan, https://arxiv.org/pdf/1312.4400.pdf
34 다층 퍼셉트론을 멀티레이어 퍼셉트론(MultiLayer Perceptron, MLP)이라고도 합니다.
35 GoogLeNet: https://poddeeplearning.readthedocs.io/ko/latest/CNN/GoogLeNet/
36 그래디언트 소실: 배니싱 그래디언트(Vanishing gradient problem) https://en.wikipedia.org/wiki/Vanishing_gradient_problem

듈이라고 하고, 이러한 모듈을 다양한 스케일의 필터를 이용해 **마이크로 네트워크(Micro Network)**라는 단일 구조의 모듈로 완성할 수 있습니다. 인셉션 모듈은 이러한 모듈을 여러 겹으로 적층해 구현하는 방법이 이미지로부터 추상적인 정보를 추출하는 데 효과적이라는 점에 착안해 개발한 것입니다.

인셉션 모듈은 그림 3.15의 (a)와 같이 개발됐다가 차원 축소를 위해 1×1 콘볼루션을 사용하는 버전으로 개선됐습니다. [37]

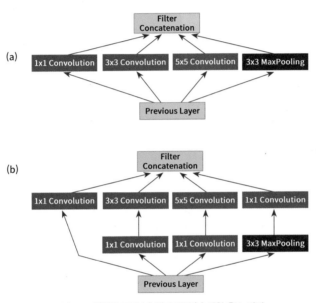

그림 3.15 인셉션 모듈 (a) 초기 버전 (b) 차원 축소 버전

1×1 콘볼루션층(Convolution Layer)

1×1 콘볼루션은 ReLU와 함께 사용되기 때문에 NIN의 개발자는 이로써 더 많은 비선형성을 도입해 네트워크의 표현력을 향상하는 데 사용했습니다. 그런데 GoogLeNet에서는 1×1 콘볼루션을 계산을 줄이는 용도로 차원 축소 모듈로 사용했습니다.

---

37 〈Going deeper with convolutions, Christian Szegedy〉, Wei Liu, Yangqing Jia, 2014

그림 3.16과 같이 5×5 콘볼루션이 있다고 할 때 얼마만큼 계산하는지 살펴보겠습니다.

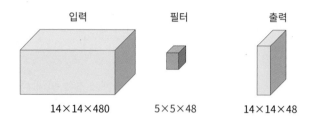

입력   필터   출력

14×14×480   5×5×48   14×14×48

총 계산 수: (14×14×48)×(5×5×480)=112.9M

그림 3.16 5×5 콘볼루션의 계산 수

총계산 수는 앞의 그림과 같이 112.9M로 입력 사이즈가 크지 않음에도 불구하고 파라미터의 수에 따른 총계산 수가 상당히 큽니다.

이와 비교해, 그림 3.17의 1×1 콘볼루션을 중간에 삽입해 구성한 모듈에서는 총계산 수가 어떻게 달라지는지 살펴보겠습니다.

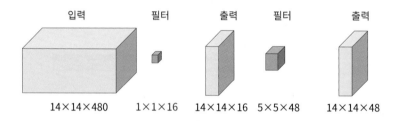

입력   필터   출력   필터   출력

14×14×480 1×1×16 14×14×16 5×5×48 14×14×48

1 단계: (14×14×16)×(1×1×480) = 1.5M

2 단계: (14×14×48)×(5×5×16) = 3.8M

총 계산 수: 1.5M + 3.8M = 5.3M

그림 3.17 1×1 콘볼루션이 추가된 모듈의 계산 수

놀랍게도 1×1 콘볼루션을 먼저 시행했다는 것만으로 총계산 수가 112.9M에서 5.3M으로 감소하는 것을 볼 수 있습니다. 계산할 데이터 차원이 축소되는 효과가 명확히 보입니다.

GAP(Global Average Pooling)

GoogLeNet의 진정 흥미로운 점은 이전 네트워크들과 달리 네트워크의 마지막 레이어는 FC 레이어로 구성돼 있지 않다는 것입니다. 앞서 기술한 특징에 "AlexNet에 비해 파라미터 개수가 12배나 적다"라고 되어 있었는데, 파라미터 수가 많이 필요한 FC 계층이 없으므로 사실 당연한 결과입니다.

기존에 일반적으로 사용하던 구조인 CNN + FC에서 FC의 역할은 분류기입니다. FC 계층의 결과가 소프트맥스를 거쳐 최종 분류 결과가 얻어집니다. 하지만 FC는 전체 CNN보다 더 많은 파라미터를 가지고 있기 때문에 계산이 오래 걸리고, 입력층의 사이즈가 고정된다는 단점이 있습니다. 그리고 당연히 특징 맵이 갖고 있던 위치 정보가 모두 사라집니다.

GoogLeNet은 이러한 FC를 대체해 GAP를 도입했습니다. 즉, CNN 레이어의 마지막 FC 대신 GAP 계층을 거쳐 소프트맥스 계층으로 가는 것입니다. GAP는 풀링 방식이므로 특징 맵의 특징을 효과적으로 추출할 뿐만 아니라 오버피팅도 피할 수 있습니다.

그림 3.18 왼쪽에서 FC의 계산 방식은 마지막 특징 맵의 모든 입력 노드가 연결되는 완전 연결 방식입니다.

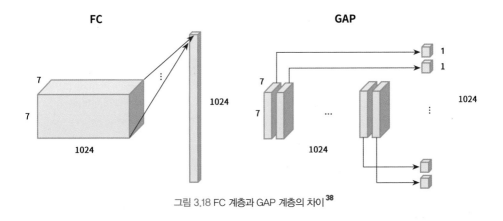

그림 3.18 FC 계층과 GAP 계층의 차이 [38]

---

38 〈Review: GoogLeNet (Inception v1) – Winner of ILSVRC 2014 (Image Classification)〉, https://medium.com/coinmonks/paper-review-of-googlenet-inception-v1-winner-of-ilsvlc-2014-image-classification-c2b3565a64e7

FC에서는 배열의 곱셈으로써 각 출력 노드가 얻어집니다. 따라서 7×7×1024의 입력층으로부터 1×1024의 벡터를 출력하기 위한 가중치의 파라미터 수는 다음과 같습니다.

가중치의 파라미터 수: $7 \times 7 \times 1024 \times 1024 = 51.4M$

하지만 그림 3.18의 오른쪽을 보면 GAP의 계산 방식은 GAP(Global Average Pooling)로 그냥 7×7 사이즈의 특징 맵을 평균해 얻은 1×1 값을 1024번 수행해 나열하는 것이 전부입니다.

가중치의 파라미터 수: 0

배열의 곱셈도, 합성곱도 없으니 가중치가 없는 것은 당연합니다.

이러한 GAP 덕분에 GoogLeNet의 파라미터 수가 감소함으로써 오버피팅도 감소되는 효과로 최고 정확도를 0.6% 정도 향상했습니다. 덕분에 최근 CNN 계열에서 분류기로서 GAP를 사용하는 추세가 생겼습니다.

위에 언급한 3가지 특징 외에도 보조 분류기(Auxiliary Classifiers)라는 중간 소프트맥스 계층 2개를 나뭇가지처럼 별도로 가지고 있는데, 이러한 보조 분류기는 그림 3.19와 같은 구성으로 이뤄집니다.

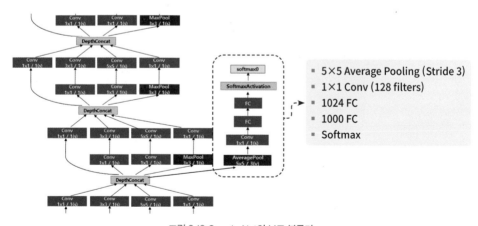

그림 3.19 GoogLeNet의 보조 분류기

이 보조 분류기는 그래디언트 소실 문제를 해결하고 정규화를 제공합니다.

ResNet: 가장 깊고 성능이 좋은 네트워크

CNN 네트워크로 정확도를 높이려면 더 깊은 네트워크를 사용해야 하지만, 네트워크의 깊이가 특정 임곗값을 넘어서면서 기존 CNN은 제대로 작동하지 않습니다. 하지만 ResNet을 사용하면 더 깊은 네트워크 학습을 할 수 있습니다. [39]

심층 신경망의 대부분 성공은 계층이 추가됨으로써 이뤄졌는데, 왜냐하면 그렇게 추가된 CNN의 계층들이 더 복잡한 기능을 점진적으로 학습했기 때문입니다. 예를 들어, 2장의 그림 2.8과 같이 첫 번째 계층의 가장자리(edge) 형태를 학습하고, 두 번째 계층은 모양(shape)을 학습하고, 세 번째 계층은 물체(object)를 학습하고, 네 번째 계층은 더 나아가 구체적인 대상을 학습하는 방식이기 때문입니다.

그런데 ResNet 논문에 따르면[40] 20 레이어 CNN과 56 레이어 CNN의 학습 및 테스트 에러[41]의 그래프에서 나타난 것과 같이, 20 레이어 네트워크보다 56 레이어 네트워크의 손실값이 더 큽니다. 이로써 더 많은 계층의 네트워크는 학습 성능은 좋아질 수 있지만, 오버피팅에 의한 실패가 생길 수 있다는 것입니다.

더 깊은 네트워크가 수렴하기 시작하면 성능 저하 문제가 발생합니다. 즉, 네트워크 깊이가 증가하면 정확도가 포화한 다음 빠르게 저하됩니다. 훈련 정확도의 악화는 모든 시스템이 최적화하기 쉽지는 않다는 것을 보여줍니다. 56 레이어 네트워크의 실패는 최적화, 네트워크 초기화 또는 유명한 그래디언트 소실/폭발 문제일 수 있습니다.

논문에 따르면, 더 깊은 네트워크가 얕은 네트워크보다 성능이 떨어지는 이유를 설명하기 위해 경험적 결과를 찾아서 반대 방향으로 작업하는 것이 더 나은 경우가 있습니다.

---

39 〈Deep Residual Learning for Image Recognition〉, Kaiming He, Xiangyu Zhang, Shaoqing Ren, Jian Sun, 2015, https://openaccess.thecvf.com/content_cvpr_2016/papers/He_Deep_Residual_Learning_CVPR_2016_paper.pdf

40 Introduction to ResNets: https://towardsdatascience.com/introduction-to-resnets-c0a830a288a4

41 학습 및 테스트 오류 : 논문의 그림 1 제목이 "Training error and test error on CIFAR-10 with 20-layer and 56-layer"plain" networks"인데 여기서 error는 손실값의 의미입니다.

잔차 블록

기존 신경망은 그림 3.20과 같이 입력값 x로 우리가 원하는 출력값 y를 얻을 수 있게 해주는 함수 H(x)를 찾고자 합니다.

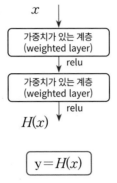

그림 3.20 일반 네트워크의 계층

예를 들어 x가 입력값인 고양이 사진이고, y가 출력값으로 분류 클래스 번호를 내놓는 계층을 가진 네트워크라고 해보겠습니다. H(x) 함수를 통해 y가 원하는 출력값 10이 나오게 훈련합니다. H(x) − y를 최소화하는 것이 훈련의 목적이라는 뜻입니다.

그림 3.21에서 새로운 신경망 계층인 잔차 블록(Residual Block)[42]의 도입으로 깊은 네트워크를 훈련할 때 생기는 문제를 해결할 수 있습니다.

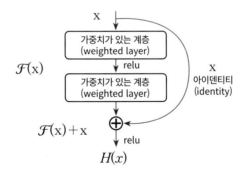

그림 3.21 잔차 학습 블록[43]

---

[42] '레지듀얼 블록(Residual Block)'이라고도 합니다.

[43] 〈Deep Residual Learning for Image Recognition〉, Kaiming He, Xiangyu Zhang, Shaoqing Ren, Jian Sun, 2015, https://openaccess.thecvf.com/content_cvpr_2016/papers/He_Deep_Residual_Learning_CVPR_2016_paper.pdf

잔차 블록은 스택된(쌓인) 모든 레이어가 원하는 기본 매핑에 직접 적합해지게 하는 대신 이러한 레이어들이 잔차 매핑에 명시적으로 적합해지게 합니다. 예를 들어 x가 입력값인 고양이 사진이고 y가 출력값으로 분류 클래스 번호가 나오는 계층을 가진 (그림 3.20과 동일한) 네트워크 구조라도 잔차 블록을 적용하면 y가 고양이 사진 x와 매핑되게 하기 위해 훈련합니다. 즉, F(x) + x = H(x)라는 수식에서 F(x)가 최소가 돼야 입력 x와 출력 H(x)가 최대로 매핑될 수 있습니다.

그러면 F(x) = H(x) − x라고 표현할 때 F(x)를 최소화한다는 것은 H(x) − x를 최소화하기 위한 학습을 해야 한다는 뜻이 됩니다. 이때 F(x) = H(x) − x를 '잔차'라고 부르며 이 잔차를 학습시켜야 하기 때문에 이를 잔차 학습(Residual learning)이라고 합니다.

이때 F(x) + x에서 F(x)가 0이 되게 학습한다는 것은 F(x) + x를 미분했을 때 F'(x) + 1이기 때문에 각 레이어의 그래디언트가 최소 1이 된다는 뜻입니다. 그러므로 그래디언트 소실 현상이 해결될 수 있습니다.

그림 3.21에서 보는 F (x) + x의 공식은 숏컷 연결(Shortcut Connection)로 피드 포워드(정방향) 신경망으로 구현할 수 있습니다. 숏컷 연결은 해당 그림에 표시된 하나 이상의 레이어를 건너뛰는 연결입니다. 숏컷 연결에서는 입력과 출력값이 동일한 아이덴티티 매핑(identity mapping)을 수행하고, 그 수행한 출력이 스택된 레이어의 출력에 추가됩니다.

이러한 숏컷 연결로 만든 블록을 아이덴티티 블록(identity block)이라고 하는데, ResNet은 이러한 아이덴티티 블록과 콘볼루션 블록(convolution block)으로 구성됩니다. 콘볼루션 블록은 아이덴티티 블록 식인 F(x) + x와 달리 x에 1×1 콘볼루션을 연산한 후 F(x)에 더하는 형태입니다.

그림 3.22에서 ResNet의 구조(Architecture)를 볼 수 있습니다. [44]

---

44 〈Deep Residual Learning for Image Recognition〉, Kaiming He, Xiangyu Zhang, Shaoqing Ren, Jian Sun, 2015, https://openaccess.thecvf.com/content_cvpr_2016/papers/He_Deep_Residual_Learning_CVPR_2016_paper.pdf

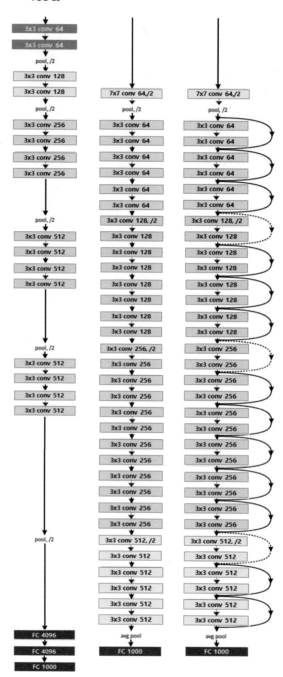

그림 3.22 ResNet의 구조

플레인 네트워크

ResNet의 기본 네트워크 구조(그림 3.22 중간)는 주로 왼쪽 그림인 VGG 네트워크의 철학에서 영감을 얻었습니다. 콘볼루션 레이어에는 주로 3×3 필터가 있으며 다음의 세 가지 간단한 규칙을 따릅니다.

1. 같은 특징 맵의 경우 필터 수가 같다.

2. 특징 맵의 크기가 절반으로 줄어들면 각 레이어의 시간 복잡성을 유지하기 위해 필터 수가 두 배가 된다.

3. VGGNet과는 다르게 분류를 위해 GAP(global average pooling)과 하나의 FC 계층을 사용한다.

잔차 네트워크

위의 플레인 네트워크를 기반으로 두 장의 레이어마다 숏컷 연결이 삽입되어(그림 3.22 오른쪽) 잔차 네트워크(Residual Network)가 적용된 버전이 됩니다. 입력과 출력의 차수가 동일한 경우 아이덴티티 블록을 직접 사용할 수 있습니다(그림 3.22에서 실선 숏컷).

차수가 증가하면(그림의 점선 숏컷) 입력 x와 출력 H(x)의 차수를 맞추기 위해 다음의 두 가지 옵션을 고려합니다.

1. 차원을 늘리기 위해 제로 패딩(zero padding)으로 아이덴티티 매핑을 수행.

2. 차원을 일치시키기 위해 1×1 콘볼루션 블록 사용

ResNet 네트워크는 일반 네트워크보다 더 빠르게 수렴되므로 레이어가 깊을수록 더 나은 훈련 결과를 얻습니다. 즉, ResNet은 네트워크가 더 깊을 경우 그 성능이 향상됩니다.

논문에서는 숏컷의 역할을 알아보는 테스트를 했는데[45], 18계층과 34계층 플레인 네트워크의 오류율과 숏컷을 적용한 18계층과 34계층 ResNet의 오류율을 비교했습니다. 그 결과, 명백하게 플레인 네트워크는 망이 깊어지면서 오류가 커졌으나, ResNet에서는 망이 깊어지면서 오류가 작아진 것을 확인했습니다. 숏컷을 이용해 잔차를 최소화하도록 학습한 결과입니다.

---

45 〈Deep Residual Learning for Image Recognition〉, Kaiming He, Xiangyu Zhang, Shaoqing Ren, Jian Sun, 2015.

따라서 최종적으로 깊이가 다른 ResNet 중에서 152개 계층을 이용한 ResNet-152는 4.49%의 상위 5개 검증 에러율을 달성했으며, 깊이가 다른 6개의 모델을 조합하면서 최상위 5개의 유효성 검사 오류가 3.57%가 되는 결과를 얻어 ILSVRC-2015에서 1위를 수상했습니다[46](그림 3.23).

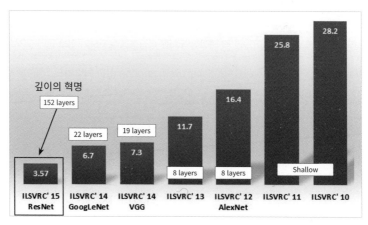

그림 3.23 ILSVRC의 ResNet(2015년)

3.4 _ ResNet 파이토치 예제

지금까지 다양한 딥러닝 영상분석을 위한 학습 과정을 살펴봤는데, 이러한 학습 과정은 실제 딥러닝 훈련 시 보편적으로 사용하는 방법이므로 이번 예제에서 어떻게 분류 모델을 활용하는지 살펴볼 수 있습니다.

이번 실습의 예제 코드는 Chap3 폴더의 ex2_classification.ipynb 파일에 있으며, 2장의 CNN 예제와 마찬가지로 코랩의 GPU를 사용하겠습니다.

파이토치 분류 모델 훈련

이번 예제는 파이토치로 개와 고양이 분류 모델을 훈련하는 내용입니다.

---

[46] cs231n Lecture 9 | CNN Architectures https://youtu.be/DAOcjicFr1Y

개와 고양이 분류 모델 훈련 클래스

1. 일단 실습에 사용할 데이터를 내려받고 압축을 풀겠습니다.

```
# 이미지 데이터 다운로드
!wget https://storage.googleapis.com/mledu-datasets/cats_and_dogs_filtered.zip
```

```
# zip 파일 압축 풀기
!unzip -qq cats_and_dogs_filtered.zip
```

2. ResNet을 이용해 개와 고양이를 분류하는 모델 훈련을 준비하기 위해 torch와 torchvision으로부터 필요한 패키지를 임포트하고 pytorch의 버전을 확인합니다.

```
# 패키지 임포트
import os
from torch.utils.data import Dataset
import torchvision.transforms as transforms
from PIL import Image
```

```
# pytorch 버전 확인
import torch
print(torch.__version__)
```

3. 1번 코드에서 내려받은 데이터를 로딩하고 활용할 데이터세트의 클래스를 정의합니다. 이 데이터세트 클래스 내에서 __save_label_map__ 함수로 데이터세트 폴더 이름을 이용해 라벨 파일을 만들어 저장하고, __num_classes__ 함수로는 분류할 클래스의 숫자를 반환하게 합니다.

```
# 데이터세트 정의 클래스
class PyTorchCustomDataset(Dataset):
    def __init__(
        self, root_dir="/content/cats_and_dogs_filtered/train", transform=None
    ):
        self.image_abs_path = root_dir
        self.transform = transform
        self.label_list = os.listdir(self.image_abs_path)
        self.label_list.sort()
        self.x_list = []
        self.y_list = []
```

```
        for label_index, label_str in enumerate(self.label_list):
            img_path = os.path.join(self.image_abs_path, label_str)
            img_list = os.listdir(img_path)
            for img in img_list:
                self.x_list.append(os.path.join(img_path, img))
                self.y_list.append(label_index)
        pass

    def __len__(self):
        return len(self.x_list)

    def __getitem__(self, idx):
        image = Image.open(self.x_list[idx])
        if image.mode != "RGB":
            image = image.convert('RGB')
        if self.transform is not None:
            image = self.transform(image)
        return image, self.y_list[idx]

    def __save_label_map__(self, dst_text_path = "label_map.txt"):
        label_list = self.label_list
        f = open(dst_text_path, 'w')
        for i in range(len(label_list)):
            f.write(label_list[i]+'\n')
        f.close()
        pass

    def __num_classes__(self):
        return len(self.label_list)
```

4. 이제 네트워크를 정의하겠습니다. 이번 분류 모델은 ResNet-18로, 사전 훈련(pretrained) 모델을 이용
해 전이학습을 하려고 합니다.

```
# 4. 네트워크 정의
import torch
from torchvision import models
import torch.nn as nn
import torch.nn.functional as F
```

```
class MODEL(nn.Module):
    def __init__(self, num_classes):
        super().__init__()
        self.network = models.resnet18(pretrained=True)
        self.classifier = nn.Sequential(
            nn.Dropout(),
            nn.Linear(1000, num_classes),
            nn.Sigmoid()
        )

    def forward(self, x):
        x = self.network(x)
        return self.classifier(x)
```

개와 고양이 분류 모델 훈련

이번 실습에서는 ResNet을 이용해 개와 고양이를 분류하는 모델을 훈련합니다. 코드는 앞에서와 마찬가지로 ex2_classification.ipynb 파일에 있습니다.

1. 개와 고양이 분류를 위한 훈련 메인 함수를 정의합니다. GPU를 이용합니다. 그리고 에포크는 12, 배치 사이즈는 32로 정합니다.

```
def trainmain():
    USE_CUDA = torch.cuda.is_available()
    DEVICE = torch.device("cuda" if USE_CUDA else "cpu")
    img_width, img_height = 224, 224
    EPOCHS = 12
    BATCH_SIZE = 32
```

2. train, validation 폴더에 각각 다운로드된 훈련 데이터와 검증 데이터는 224, 224로 사이즈가 조절되어 train_loader와 test_loader에 로딩됩니다.

```
# 데이터세트 로딩
train_data = TrainDataset(
    root_dir = "/content/cats_and_dogs_filtered/train",
    transform = transform_train
)
```

```
test_data = TestDataset(
    root_dir = "/content/cats_and_dogs_filtered/validation",
    transform = transform_test
)

train_loader = torch.utils.data.DataLoader(
    train_data, batch_size=BATCH_SIZE, shuffle=True
)
test_loader = torch.utils.data.DataLoader(
    test_data, batch_size=BATCH_SIZE, shuffle=True
)
```

3. 데이터세트를 로딩하고 모델 객체를 생성하면서 PyTorch_Classification_Model.pt 모델 파일명을 지정합니다. 훈련을 시작하기 전에 두 개의 클래스로 분리할 수 있게 개와 고양이 분류 모델 훈련 클래스 1번 코드에서 정의한 MODEL 클래스를 이용해 모델을 준비합니다. 그리고 Adam으로 최적화 함수를 지정하고 학습률은 0.0001로 합니다.

```
# 모델 객체 생성, PyTorch_Classification_Model.pt 모델 파일명 지정
model = MODEL(num_classes).to(DEVICE)
model_str = "PyTorch_Classification_Model"
model_str += ".pt"

# 최적화 함수와 학습률 지정
optimizer = optim.Adam(model.parameters(), lr=0.0001)
scheduler = optim.lr_scheduler.StepLR(optimizer, step_size=10, gamma=0.1)
acc = 0.0
```

4. 정해진 에포크만큼 train_loader를 이용해 훈련 데이터로 model 함수를 호출해 훈련하고, test_loader를 이용해 검증 데이터로 model 함수를 호출해 검증을 진행합니다. 그리고 에포크마다 손실값과 정확도를 저장하게 합니다.

```
# 에포크만큼 훈련, 검증
for epoch in range(1, EPOCHS + 1):
    model.train()
    tr_loss = 0.0
    tr_correct = 0.0
    for data, target in (train_loader):
        data, target = data.to(DEVICE), target.to(DEVICE)
```

```python
        optimizer.zero_grad()
        output = model(data)
        loss = F.cross_entropy(output, target)
        tr_loss += F.nll_loss(output, target, reduction='sum').item()
        pred = output.data.max(dim=1, keepdim=True)[1]
        tr_correct += pred.eq(target.view_as(pred)).sum().item()
        loss.backward()
        optimizer.step()
    scheduler.step()
    tr_ep_loss = tr_loss/len(train_loader.dataset)
    tr_ep_accuracy = 100. * tr_correct/len(train_loader.dataset)

    model.eval()
    te_loss = 0
    te_correct = 0
    with torch.no_grad():
        for data, target in (test_loader):
            data, target = data.to(DEVICE), target.to(DEVICE)
            output = model(data)
            loss = F.cross_entropy(output, target)
            te_loss += F.cross_entropy(output, target, reduction='sum').item()
            pred = output.max(1, keepdim=True)[1]
            te_correct += pred.eq(target.view_as(pred)).sum().item()
    te_ep_loss = te_loss / len(test_loader.dataset)
    te_ep_accuracy = 100. * te_correct / len(test_loader.dataset)
    print('[{}] Train Loss: {:.4f}, Train Accuracy: {:.2f}% Test Loss: {:.4f},
Test Accuracy: {:.2f}%'.format(
            epoch, tr_ep_loss, tr_ep_accuracy, te_ep_loss, te_ep_accuracy
        )
    )

    if acc < te_ep_accuracy:
        acc = te_ep_accuracy
        torch.save(model.state_dict(), model_str)
        print("model saved!")

    train_losses.append(tr_ep_loss)
    train_accuracy.append(tr_ep_accuracy)
    val_losses.append(te_ep_loss)
    val_accuracy.append(te_ep_accuracy)
```

5. 이제 훈련 메인 함수를 호출해 훈련을 시작합니다.

```
# 훈련 메인 함수 호출
trainmain()
```

【 출력 】

```
[1] Train Loss: -0.9071, Train Accuracy: 92.60% Test Loss: 0.3340, Test Accuracy:
98.10%
model saved!
[2] Train Loss: -0.9718, Train Accuracy: 97.65% Test Loss: 0.3372, Test Accuracy:
97.50%
[3] Train Loss: -0.9843, Train Accuracy: 98.80% Test Loss: 0.3364, Test Accuracy:
97.50%
[4] Train Loss: -0.9853, Train Accuracy: 98.90% Test Loss: 0.3341, Test Accuracy:
97.70%
[5] Train Loss: -0.9896, Train Accuracy: 99.30% Test Loss: 0.3339, Test Accuracy:
98.00%
[6] Train Loss: -0.9913, Train Accuracy: 99.35% Test Loss: 0.3326, Test Accuracy:
97.90%
[7] Train Loss: -0.9935, Train Accuracy: 99.50% Test Loss: 0.3329, Test Accuracy:
98.10%
[8] Train Loss: -0.9908, Train Accuracy: 99.25% Test Loss: 0.3386, Test Accuracy:
97.70%
[9] Train Loss: -0.9868, Train Accuracy: 98.85% Test Loss: 0.3336, Test Accuracy:
97.70%
[10] Train Loss: -0.9948, Train Accuracy: 99.60% Test Loss: 0.3340, Test Accuracy:
97.80%
[11] Train Loss: -0.9943, Train Accuracy: 99.50% Test Loss: 0.3312, Test Accuracy:
98.20%
model saved!
[12] Train Loss: -0.9971, Train Accuracy: 99.85% Test Loss: 0.3305, Test Accuracy:
98.40%
model saved!
```

CNN pytorch 에포크별 손실과 정확도

다음으로 모델 훈련 과정의 에포크별 손실과 정확도 그래프를 볼 수 있게 합니다.

코드 내용은 다음과 같습니다.

1. 그래프 라이브러리인 matplot 라이브러리를 임포트합니다.

```
import matplotlib.pyplot as plt
```

2. 에포크별로 파란색 동그라미로 훈련 손실(training loss)을 그려줍니다. 역시 에포크별로 빨간색 선으로 검증 손실(validation loss)을 그려줍니다.

```
# 훈련 데이터와 검증 데이터의 손실 그래프
plt.plot(range(1, len(train_losses)+1), train_losses, 'bo', label='training loss')
plt.plot(range(1, len(val_losses)+1), val_losses, 'r', label='validation loss')
# 그래프의 범례를 그린다.
plt.legend()
```

【 출력 】

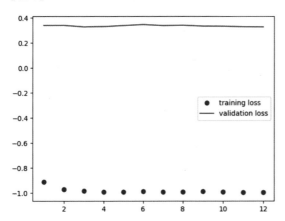

3. 에포크별로 파란색 동그라미로 훈련 정확도(training accuracy)를 그려줍니다. 역시 에포크별로 빨간색 선으로 검증 정확도(validation accuracy)를 그려줍니다.

```
# 훈련 데이터와 검증 데이터의 정확도 그래프
plt.plot(range(1, len(train_accuracy)+1), train_accuracy, 'bo', label='train accuracy')
plt.plot(range(1, len(val_accuracy)+1), val_accuracy, 'r', label='val accuracy')
# 그래프의 범례를 그린다.
plt.legend()
```

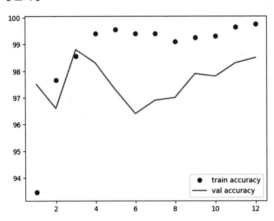

훈련을 마치고 나서 장치에서 ls 명령어를 이용하면 훈련할 때 지정한 이름으로 완성된
모델 파일이 존재하는 것을 볼 수 있습니다.

```
# PyTorch_Classification_Model.pt 모델 파일 확인
!ls
```

【 출력 】

```
cats_and_dogs_filtered       label_map.txt              sample_data
cats_and_dogs_filtered.zip  PyTorch_Classification_Model.pt
```

파이토치 분류 모델 추론

훈련이 잘 끝난 모델은 완성된 모델 파일을 이용해 추론할 수 있습니다.

분류 모델 테스트 준비

이제 분류 모델을 테스트하기 위한 이미지 파일 리스트를 만듭니다. 이 내용은 ex2_
classification.ipynb에 있습니다.

```
# 테스트 이미지 로딩
import os

PATH = "/content/cats_and_dogs_filtered/validation"
```

```
validation_cats_dir = PATH + '/cats'   # 검증용 고양이 사진 폴더
validation_dogs_dir = PATH + '/dogs'   # 검증용 개 사진 폴더

list_of_test_cats_images = os.listdir(validation_cats_dir)
list_of_test_dogs_images = os.listdir(validation_dogs_dir)

for idx in range(len(list_of_test_cats_images)):
    list_of_test_cats_images[idx] = validation_cats_dir + '/'+list_of_test_cats_images[idx]

for idx in range(len(list_of_test_dogs_images)):
    list_of_test_dogs_images[idx] = validation_dogs_dir + '/'+list_of_test_dogs_images[idx]

list_of_test_images = list_of_test_cats_images + list_of_test_dogs_images

# 로딩된 이미지 경로 프린트
print(list_of_test_cats_images[10])
print(list_of_test_images[501])
```

【 출력 】

```
/content/cats_and_dogs_filtered/validation/cats/cat.2400.jpg
/content/cats_and_dogs_filtered/validation/dogs/dog.2465.jpg
```

여기서 cat과 dog의 이미지 번호는 데이터세트 작성 시 임의로 만들어지기 때문에 매번 달라질 수 있습니다.

다음은 이미지를 보여주는 함수를 정의하고 개와 고양이 사진 파일을 보여주는 예제입니다.

```
from PIL import Image
import cv2
import numpy as np
import matplotlib.pyplot as plt

# 라벨맵 로딩 함수
def load_label_map(textFile):
    return np.loadtxt(textFile, str, delimiter='\t')

# 이미지를 읽는 함수
def cv_image_read(image_path):
    print(image_path)
```

```python
    return cv2.imread(image_path)

# 이미지를 보여주는 함수
def show_image(cv_image):
    rgb = cv2.cvtColor(cv_image, cv2.COLOR_BGR2RGB)
    plt.figure()
    plt.imshow(rgb)
    plt.show()

# 이미지를 분류 모델로 추론한 결과를 텍스트로 보여주는 함수
def print_result(inference_result, class_map):
    class_text = class_map[np.argmax(inference_result)]
    print(inference_result)
    print(class_text)

# 이미지를 분류 모델로 추론하는 함수
def inference_image(opencv_image, transform_info, model, DEVICE):
    image = Image.fromarray(opencv_image)
    image_tensor = transform_info(image)
    image_tensor = image_tensor.unsqueeze(0)
    image_tensor = image_tensor.to(DEVICE)
    result = model(image_tensor)
    return result

# 이미지를 보여주는 함수 실습
show_image(cv_image_read(list_of_test_images[10]))
show_image(cv_image_read(list_of_test_images[501]))
```

【 출력 】

/content/cats_and_dogs_filtered/validation/cats/cat.2400.jpg

/content/cats_and_dogs_filtered/validation/dogs/dog.2465.jpg

이 고양이와 개의 사진도 데이터세트 작성 시 임의로 선택되기 때문에 매번 달라질 수 있습니다.

분류 모델 추론 테스트

다음은 분류 모델의 추론 테스트를 하기 위한 함수 정의와 활용을 볼 수 있습니다. 코드 내용은 다음과 같습니다.

1. 테스트 함수는 추론을 위한 라벨 파일을 읽고 PyTorch_Classification_Model.pt라는 모델 파일을 로딩한 후, GPU 사용과 입력 이미지를 224×224로 변환을 지정해 이미지를 추론합니다. 추론된 결과로 라벨과 이미지를 화면에 표시합니다.

```
import os
import torch
import torchvision
import torchvision.transforms as transforms
import numpy as np

def testmain(image_path):
    USE_CUDA = torch.cuda.is_available()
    DEVICE = torch.device("cuda" if USE_CUDA else "cpu")

    img_width, img_height = 224, 224
    transform_info = transforms.Compose([
        transforms.Resize(size=(img_width, img_height)), transforms.ToTensor()
    ])
```

```python
# 라벨 파일 읽기
class_map = load_label_map('label_map.txt')
num_classes = len(class_map)

# 지정된 모델 로딩
model = MODEL(num_classes).to(DEVICE)
model_str = "PyTorch_Classification_Model"
model_str += ".pt"
model.load_state_dict(torch.load(model_str))
model.eval()

opencv_image = cv_image_read(image_path)
inference_result = inference_image(opencv_image, transform_info, model, DEVICE)
inference_result = inference_result.cpu().detach().numpy()
print_result(inference_result, class_map)
show_image(opencv_image)
```

2. 테스트 함수를 호출해 고양이와 개 이미지를 추론하고 그 결과를 보여줍니다.

```python
# 테스트 이미지로 테스트 메인 함수 실행 1
image_path = list_of_test_images[10]
testmain(image_path)

# 테스트 이미지로 테스트 메인 함수 실행 2
image_path = list_of_test_images[501]
testmain(image_path)
```

【 출력 】

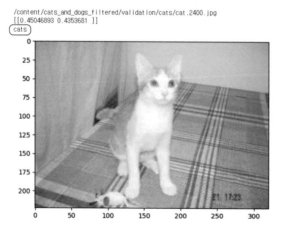

/content/cats_and_dogs_filtered/validation/dogs/dog.2465.jpg
[[1.8292472e-08 1.0000000e+00]]
dogs

이미지 분할과
객체 인식

다양한 분야에서 필요로 하는 딥러닝 영상분석 기술인 이미지 분할과 객체 인식은 앞서 학습한 딥러닝 이미지 분류를 기반으로 발전된 분야입니다. 특히 인간의 시각을 대체하거나 그 이상의 충분한 성능과 효과가 입증된 객체 인식의 경우 최근 딥러닝 영상분석 기법의 핵심 기본 기술로 자리 잡고 있다고 해도 과언이 아닙니다. 이번 장에서는 이러한 이미지 분할과 객체 인식 기술에 대한 개념과 종류, 그리고 개발 방법을 학습하겠습니다.

4.1 _ 이미지 분할

컴퓨터 비전 분야에서 이미지 분할[1]은 디지털 이미지를 여러 세그먼트(픽셀 세트)로 분할하는 프로세스로서 이미지의 표현을 좀 더 의미 있고 분석하기 쉬운 것으로 단순화하는 것입니다. 이러한 이미지 분할을 의미론적 분할[2]이라고도 합니다.

이미지 분할 개념

이미지 분할은 같은 객체 클래스에 속하는 이미지 픽셀을 함께 클러스터링해서 분류한 결과를 나타낼 수 있어 자율주행, 의료, 정밀 검사 등의 전문 분야에서 선호되는 영상분석 방법입니다.

---

1 Image segmentation, https://en.wikipedia.org/wiki/Image_segmentation
2 Image Semantic Segmentation, https://wiki.tum.de/display/lfdv/Image+Semantic+Segmentation

전통적인 이미지 분할은 객체와 관계없이 이미지의 모든 픽셀을 객체 클래스별로 분류하는 개념이었는데, 이 분야도 CNN 영상분석을 적용해 많은 발전이 이뤄지면서 객체 인식이 가능한 객체 분할까지도 효과적으로 수행하는 기법으로 발전했습니다.

딥러닝 기반 이미지 분할을 시내 도로 화면에 대해 수행하면 추론 과정에서는 그림 4.1과 같이 클래스별뿐 아니라 객체별로 클러스터링된 픽셀들을 같은 색상으로 표시하는 것을 볼 수 있습니다.

그림 4.1 시내 도로 화면에 대한 이미지 분할[3]

이미지 분할을 수행하면 이미지의 각 픽셀은 범주에 따라 분류되므로 픽셀 수준 예측 (pixel-level prediction)이라고 할 수 있습니다.

픽셀 수준 예측이란 그림 4.2와 같이 이미지의 각 픽셀이 어느 클래스에 속하는지 예측하는 것인데, 덴스 예측(dense prediction)[4]이라고 부르기도 합니다.

---

3   이미지 분할 결과 이미지: https://colab.research.google.com/drive/1q_eCYEzKxixpCKH1YDsLnsvgxl92ORcv?usp=sharing#scrollTo=p097LwAS T1v9

4   dense prediction: 컴퓨터 비전에서 픽셀 단위 밀도 예측은 이미지의 각 픽셀에 대한 레이블을 예측하는 작업입니다. 〈Dense Prediction on Sequences with Time-Dilated Convolutions for Speech Recognition〉, Tom Sercu, 2016, https://arxiv.org/pdf/1611.09288.pdf

그림 4.2 픽셀 수준 예측을 해주는 이미지 분할

모델의 평가지표

모델은 일반적으로 평균 IoU(Mean Intersection-Over-Union) 및 재현율(recall)과 정밀도(precision)나 mAP(mean Average Precision)으로 평가됩니다.

IoU

IoU는 자카드 인덱스(Jaccard index)라고 불리기도 하며, 기본적으로 대상(target)과 예측(prediction) 간의 겹쳐진 정도(percent overlap)를 정량화하는 방법입니다.

IoU를 측정하는 방법은 그림 4.3과 같이 대상(target)과 예측(prediction) 사이의 공통 픽셀 수를 총픽셀 수로 나누는 것입니다. 그 결과는 당연히 값이 클수록 실제 영역과 예측 영역이 많이 겹친다는 의미이기 때문에 좋은 예측이라고 평가됩니다.

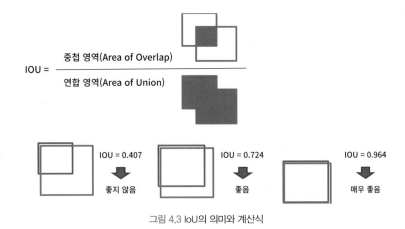

그림 4.3 IoU의 의미와 계산식

재현율과 정밀도

객체 인식의 정확도를 나타내는 표현에는 재현율(recall)과 정밀도(precision)라는 것도 있습니다.[5] 재현율은 감도라고도 하며 전체에서 인식된 객체의 비율입니다. 정밀도는 검색된 객체 중 올바르게 인식된 경우의 비율입니다.

즉, 사진에서 개를 인식하는 모델이 10마리의 개와 5마리의 고양이가 있을 때 8마리를 인식했다고 하겠습니다. 이때 인식한 개 8마리 중 5마리는 개가 맞지만, 나머지는 실제로 고양이라면 이 모델의 정밀도는 5/8이고 재현율은 5/10입니다.[6]

mAP

mAP는 다중 클래스 객체 감지 작업에서 모델의 전체 성능을 하나의 숫자로 요약하는 데 유용하며, 높은 mAP는 모델의 좋은 성능을 나타냅니다.[7]

어떤 모델이 위의 개와 고양이 인식 모델처럼 정밀도가 높고 재현율이 낮은 경우 그 모델의 정확도를 평가하기 쉽지 않기 때문에 이 두 값을 종합해서 평가하기 위한 것이 AP(Average Precision)입니다.[8] AP는 모든 객체 클래스에 대해 개별적으로 정밀도와 재현율 사이의 트레이드오프를 시각화한 그래프인 정밀도-리콜 곡선을 계산한 후 그래프의 아래 면적(Area Under the Curve, AUC)을 계산한 결과를 의미합니다. 그리고 모든 클래스의 AP 값을 평균 계산한 결과가 바로 mAP입니다.

FCN 이미지 분할

FCN 이미지 분할 방법은 콘볼루션 네트워크 자체가 최고의 의미적 이미지 분할(시맨틱 세그먼테이션: semantic segmentation) 기술이라고 할 수 있습니다. 이 기술의 핵심은 임의의 크기의 입력을 넣어서 효율적인 추론과 학습으로 원하는 크기의 출력을 생성하는 '완전한 콘볼루션(Fully Convolutional)' 네트워크를 구축하는 것입니다.

---

5   https://en.wikipedia.org/wiki/Precision_and_recall
6   정확도와 감도, 그리고 임곗값에 관해 조금 더 살펴보고자 한다면 이 책의 9장에 있는 그림 9.32를 참조합니다.
7   mAP : https://en.wikipedia.org/wiki/Evaluation_measures_(information_retrieval)#Mean_average_precision
8   AP : https://en.wikipedia.org/wiki/Evaluation_measures_(information_retrieval)#Average_precision

FCN은 AlexNet, VGGNet, GoogLeNet과 같은 분류(classification) 네트워크를 미세 조정해 이미지 분할을 위해 전이학습을 한 다음, 깊은 레이어의 의미(semantic) 정보와 얕은 레이어의 모양(appearance) 정보를 결합해 정확하고 자세한 세그먼트를 생성하는 딥러닝 네트워크 기법입니다(그림 4.4).

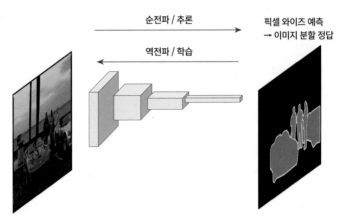

그림 4.4 FCN으로 이미지 분할을 위한 덴스 예측이 가능함

이러한 FCN은 기존 CNN 기반 분류 모델을 기반으로 만드는데, '이미지 분할 모델'이라는 목적을 위해 다음의 세 과정을 이용합니다.

- 완전한 콘볼루션화(fully convolutionalization)
- 디콘볼루션(deconvolution)
- 스킵 아키텍처(skip architecture)

이 세 가지 과정을 차례대로 살펴보겠습니다.

완전한 콘볼루션화

완전한 콘볼루션화는 이미지 분류 네트워크들이 내부 구조와 관계없이 분류를 위해 구성하고 있던 FC(Fully-Connected) 계층을 모두 Conv 계층으로 대체하는 것입니다.

CNN에서 마지막 특징 맵이 FC 계층으로 평활화하는 과정에서는 이미지의 위치 정보가 사라져 수용 영역(receptive field)[9] 개념도 사라져 버립니다. 그리고 FC 레이어가 행렬 곱셈 계산의 형태[10]로 가중치의 차원 수가 고정된 형태이기 때문에 이를 위해 특징 맵의 크기와 입력 이미지의 크기 역시 고정돼야 합니다. 이러한 FC 계층의 변환이 모두 Conv 계층으로 대체된다면 어떤 효과가 있을까요?

이미지 분할의 목적은 원본 이미지의 각 픽셀에 대해 클래스를 구분하는 것이므로 위치 정보가 매우 중요합니다. 그래서 그림 4.5와 같이 FC 계층을 모두 Conv 계층으로 대체한다면 특징 맵에 추출된 위치 정보도 대부분 보존할 수 있습니다.[11]

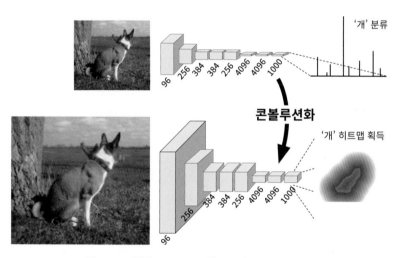

그림 4.5 FC 계층을 모두 Conv 계층으로 대체해 히트맵을 획득

이렇게 얻은 마지막 계층의 특징 맵은 어느 정도의 위치 정보와 클래스 정보를 갖고 있어 히트맵(heatmap)이라고도 불립니다.

이렇게 전부(fully) 콘볼루션 층들을 거치고 나면 특징 맵의 크기가 그림 4.6과 같이 H/32×W/32가 되는데, 그 특징 맵의 한 픽셀이 입력 이미지의 32×32 크기를 대표하게

---

9 수용 영역: 출력 레이어의 뉴런 하나에 영향을 미치는 입력 뉴런들의 공간 크기입니다.

10 그래서 FC를 밀집 계층(dense layer)라고도 합니다. 밀집 계층이란 깊게 연결된 신경망 계층입니다. 즉, 밀집 계층의 각 뉴런은 이전 계층의 모든 뉴런에서 입력을 받습니다.

11 〈Fully Convolutional Networks for Semantic Segmentation〉, Jonathan Long, 2015, 논문의 그림 2, https://arxiv.org/pdf/1411.4038.pdf

됩니다. 이때 이 특징 맵은 입력 이미지의 위치 정보를 대략 유지하고 있는 상태라고 할 수 있습니다.

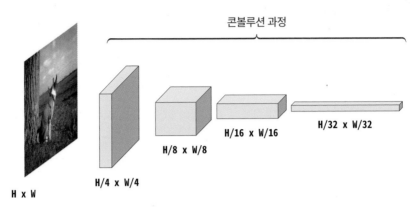

콘볼루션 과정

H x W
H/4 x W/4
H/8 x W/8
H/16 x W/16
H/32 x W/32

그림 4.6 FCN의 마지막 특징 맵의 크기는 H/32 × W/32

여기서 중요한 것은 마지막 특징 맵의 개수는 훈련된 클래스의 개수와 동일하다는 것입니다. 21개의 클래스로 훈련된 네트워크라면, 21개의 특징 맵을 산출했기 때문에 각 특징 맵은 하나의 클래스를 대표하게 됩니다. [12] 만약 고양이 클래스에 대한 특징 맵이라면 고양이의 위치에 있는 픽셀 값들이 높고, 강아지 클래스에 대한 특징 맵이라면 강아지의 위치에 있는 픽셀 값들이 높습니다. 이로써 네트워크 출력층의 특징 맵에서 유지하고 있는 원본 이미지의 위치 정보를 얻을 수 있게 됐습니다.

그리고 FCN의 이런 특징 맵 사이즈 설계 덕분에 딥러닝 네트워크의 입력 이미지 크기를 제한하는 제약에서 벗어나게 됐습니다.

디콘볼루션

FCN에서 콘볼루션 네트워크 레이어를 거쳐서 얻어진 출력 특징 맵을 이용한 이미지 분할의 결과물은 이미지 원본 크기에서 픽셀 단위 예측에 사용하기에는 해상도가 너무나 부족합니다. 이 상태를 '거친 결과 맵(coarse output map)' [13]이라고 합니다. 이미지 분할

---

12 이를 히트맵이라고 부릅니다.
13 해상도가 낮은 맵

의 결과물을 위해 이 상태를 디콘볼루션(deconvolution)이라는 과정을 통해 덴스 결과 맵(dense output map)이라고 하는 해상도가 높은 상태로 만들어줘야 합니다.

거친 맵에서 원래 이미지 크기로 복원하기 위해 덴스 맵으로 변경하는 과정은 그림 4.7에서 보는 것처럼 특징 맵을 만드는 과정인 다운샘플링(down sampling)과 대비해 업샘플링(up sampling)이라고 표현합니다.[14]

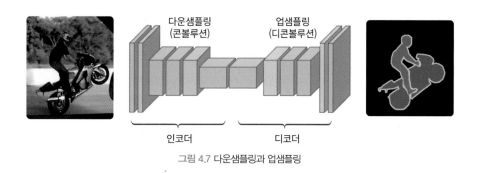

그림 4.7 다운샘플링과 업샘플링

이러한 업샘플링 과정을 통해 각 클래스에 해당하는 거친 맵을 원래 사이즈로 크기를 키워줍니다.

업샘플링된 특징 맵을 종합해서 최종적인 분할 맵(segmentation map)을 만드는 방법은 각 픽셀당 확률이 가장 높은 클래스를 선정하는 것입니다.

스킵 구조

그런데 단순히 업샘플링을 시행하면 특징 맵으로부터 원래 이미지 크기의 분할 맵을 얻게 되지만, 여전히 거친(coarse) 상태입니다. 따라서 FCN에서는 좀 더 상세한 분할 맵을 얻기 위해 스킵 컴바이닝(skip combining)이라는 기법을 제안했습니다. 스킵 컴바이닝은 콘볼루션과 풀링 단계로 이뤄진 이전 단계의 콘볼루션 층의 특징 맵을 참고해 업샘플링해 줄 때 정확도를 높이는 방법입니다(그림 4.8).[15]

---

14 이러한 다운샘플링, 업샘플링 과정을 각각 인코더, 디코더라고 부르기도 합니다.

15 〈Fully Convolutional Networks for Semantic Segmentation〉, Jonathan Long, 2015, 논문의 그림 3. https://arxiv.org/pdf/1411.4038.pdf

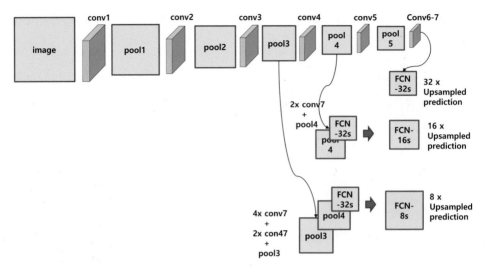

그림 4.8 업샘플링의 정확도를 높이는 스킵 컴바이닝

정확도를 높일 수 있는 이유는 이전 콘볼루션 층의 특징 맵들이 해상도 면에서는 더 좋기 때문입니다. 따라서 FCN-16s는 마지막 특징 맵을 2배 업샘플링한 후 바로 전 Conv 계층의 특징 맵(pool4)과 더해줍니다. 그 결과(pool + 2 × conv7)를 16배 업샘플링해서 얻은 특징 맵으로 분할 맵을 얻습니다. 또한 FCN-32는 같은 방식으로 한 단계 더 진행해 업샘플링하는 방법입니다.

그림 4.9를 보면 이러한 FCN의 훈련을 위한 이미지와 라벨, 그리고 모델 훈련이 완성된 후 추론한 이미지 분할 결과를 볼 수 있습니다.

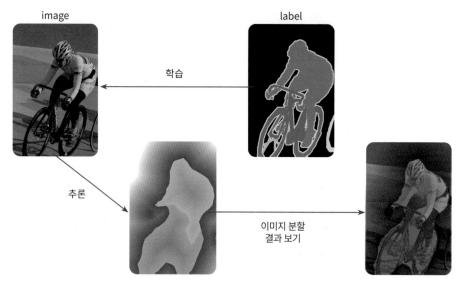

image   label
학습
추론
이미지 분할
결과 보기

그림 4.9 FCN 이미지와 라벨, 그리고 추론 후 이미지 분할 결과 [16]

이러한 FCN의 연구 결과로, 향후 CNN을 활용한 이미지 분석을 하기 위한 몇 가지 기본적이고 중요한 개념을 얻게 된 것은 매우 주목할 만한 일입니다. 그 개념은 다음과 같습니다.

- 콘볼루션 과정의 입력은 사이즈 제약이 필요 없다.
- 콘볼루션의 결과인 특징 맵에는 사물의 위치 정보가 들어 있다.
- 최종 특징 맵뿐 아니라 중간 레이어의 특징 맵도 유용하게 이용할 수 있다.

이러한 결과들은 이미지 객체 인식 분야에도 그대로 활용되어 발전의 토대가 됐습니다.

4.2 _ 이미지 객체 인식

이번 장에서 다루는 이미지 객체 인식의 기본 목표는 이미지에 있는 객체 중 원하는 클래스에 속하는 객체를 찾아 그 위치를 이미지상 좌표계에서 바운딩 박스(bounding box)로 나타내는 것입니다.

---

16 ⟨Fully Convolutional Networks for Semantic Segmentation⟩, Jonathan Long, 2015, 논문의 그림 4, https://arxiv.org/pdf/1411.4038.pdf

이미지 객체 인식의 기본 개념

객체 인식(Object Detection)은 한 이미지에 여러 클래스의 객체가 동시에 존재하는 상황을 가정합니다. 즉, 멀티 레이블 이미지 분류(multi-labeled classification)[17]와 바운딩 박스 회귀(bounding box regression)[18]의 두 기능이 합쳐 있다고 생각하면 됩니다.

객체 인식 = 멀티 레이블 이미지 분류 + 바운딩 박스 회귀

이미지 내에 특정 객체가 존재하는 위치 좌표가 있다면 그 좌표를 예측하기 위한 회귀 모델이 필요하고, 그 좌표 영역 내의 이미지가 특정 객체에 해당하는지 확인하기 위한 이미지 분류 모델이 필요합니다. 그 두 가지 모델은 입력 이미지에 CNN 네트워크를 이용해 특징이 추출된 특징 맵을 얻어낸 다음 각각 적용할 수 있습니다.

이에 대한 훈련도 이미지 분류 모델과 회귀 모델에서 계산되는 각각의 손실(Loss) 값을 더해 얻은 전체 손실 값을 경사 하강법으로 감소시키면서 진행됩니다(그림 4.10).[19]

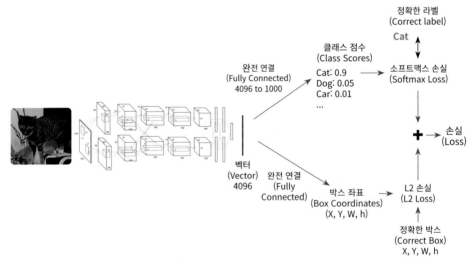

그림 4.10 객체 인식 = 멀티 레이블 이미지 분류 + 바운딩 박스 회귀

---

17 multi-labeled classification: 한 이미지에서 여러 클래스의 객체를 분류합니다.

18 bounding box regression: box의 좌푯값을 회귀 모델로 예측합니다.

19 http://cs231n.stanford.edu/slides/2017/cs231n_2017_lecture11.pdf

학습으로 손실 값의 최소화가 이뤄지면 최종적인 이미지 객체 인식 모델이 완성됩니다.

하지만 이 과정에서 꼭 필요하면서도 어려운 과제가 하나 있는데, 바로 '이미지 내에 특정 객체가 존재하는 위치 좌표'를 최초에 어떻게 얻어내는지에 대한 것입니다. 이미지에서 고양이를 찾아내는 경우, 그 이미지에는 고양이가 한 마리만 있을 수도 있고, 20마리가 넘게 존재할 수도 있고, 혹은 한 마리도 없을 수도 있기 때문에 그 좌표를 정하는 것은 상당히 어려운 일입니다.

그리고 두 가지 모델을 적용하기 위해 우선 CNN 네트워크로 특징 맵을 추출해야 하는데, 그 CNN 네트워크를 어떤 것을 이용할지도 선택이 필요합니다. 아마도 VGGNet, InceptionNet, ResNet과 같은 성능 좋은 분류 네트워크에서 분류하기 전의 마지막 특징 맵을 얻어낼 수 있을 것입니다. 그리고 이러한 특징 맵을 얻어내는 CNN 네트워크의 선택은 객체 인식 모델의 성능을 위해 매우 중요합니다.

그래서 AlexNet 이후 CNN 네트워크가 발전하는 동안 상당히 활발하게 이뤄지고 있는 연구 중 대표적인 분야가 바로 이미지 객체 인식입니다. 특히 2015년부터 그림 4.11과 같이 수많은 연구 논문이 쏟아져 나오며 비약적인 연구 발전이 이뤄지고 있습니다.

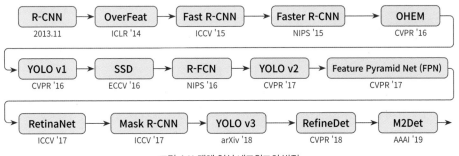

그림 4.11 객체 인식 네트워크의 발전

2018~2019년부터 이미지 객체 인식 네트워크들의 정확도와 속도가 인간을 대신할 수 있는 수준에 도달했으며, 자율주행 등의 기술에 적용하는 활발한 연구 개발이 이뤄지고 있습니다. 그리고 자연스럽게 다양한 사회 서비스와 산업에서 이러한 객체 인식 기술이 기본으로 활용될 수 있게 점전적으로 연구가 진행되고 있습니다.

이러한 상황에서 객체 인식 기술의 활용이 아주 쉽지 않은 이유는 의외의 진입 장벽 때문입니다. 이미지에서 특정 대상을 검출하고자 할 때 그림 4.10에서 언급한 멀티 레이블 이미지 분류와 바운딩 박스 회귀를 위한 기본적인 영역을 정하기 어려운 문제가 있습니다.

그림 4.12와 같이, 이미지 내에서 대상 객체의 존재 여부, 개수 및 위치를 알지 못한다면 객체 인식 자체를 어떻게 시작할지 결정하기가 어렵다는 문제가 있습니다. [20]

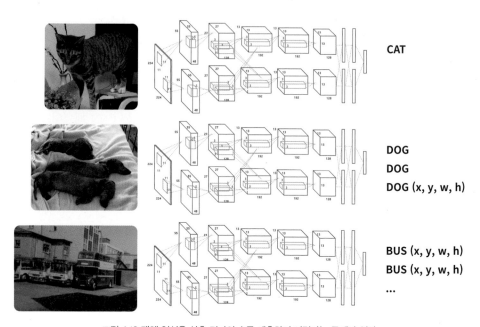

그림 4.12 객체 인식은 산출 결과의 수를 예측하기 어렵다는 문제가 있다.

이미지에 대상 객체가 존재하는 기본 영역이 있다면 그 영역에서 차례로 원하는 대상이 있는지에 대한 분류와 정확한 영역인지에 대한 회귀(regression) 모델, 이 두 가지에 대한 다중 손실(multi Loss)을 감소시키기 위해 훈련할 수 있을 것입니다. 그러므로 이미지 객체 인식을 위해서는 대상 객체들의 탐색을 위한 영역 제안이 필요합니다.

---

20 http://cs231n.stanford.edu/slides/2017/cs231n_2017_lecture11.pdf

Faster R-CNN

전통적인 영역 제안(Region Proposal)은 슬라이딩 윈도(sliding window)[21]나 HOG(Histogram of Oriented Gradients)[22] 알고리즘 기반의 영역 제안 방식을 적용한 셀렉티브 서치(selective search)[23] 기법이 있습니다.

딥러닝을 적용한 객체 인식 네트워크로서 최초로 성공적으로 평가되는 Fast R-CNN도 영역 제안에 셀렉티브 서치 방법을 활용했습니다.

그런데 Fast R-CNN은 테스트 시간 2.3초 중 영역 제안 시간이 2초 정도로 적지 않은 시간이 소요된다는 문제가 있습니다(그림 4.13).[24]

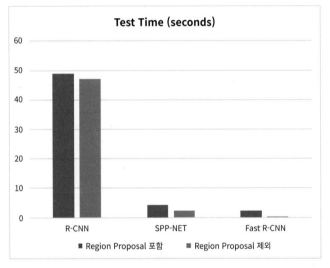

그림 4.13 Fast R-CNN의 속도 문제

따라서 Fast R-CNN의 속도를 보완하기 위해 영역 제안 기능의 개선이 필요했습니다. 기존에 사용되던 방법인 셀렉티브 서치는 CPU에서 계산되는 알고리즘이며, CNN과 무관하게 외부에서 진행하는 프로세스입니다.

---

21 슬라이딩 윈도(sliding window): 컴퓨터 비전의 맥락에서 슬라이딩 윈도는 고정된 너비와 높이의 직사각형 영역이 이미지를 가로질러 '슬라이드'하면서 객체 인식 등을 수행하는 방법입니다.

22 HOG(Histogram of oriented gradients): 물체 감지를 위해 컴퓨터 비전 및 이미지 처리에 사용되는 기능 설명자입니다. 이 기술은 이미지의 영역화된 부분에서 그래디언트 방향의 발생 횟수를 계산합니다. https://en.wikipedia.org/wiki/Histogram_of_oriented_gradients

23 셀렉티브 서치(selective search): 물체 감지 작업을 위한 영역 제안 알고리즘입니다. https://paperswithcode.com/method/selective-search

24 http://cs231n.stanford.edu/slides/2017/cs231n_2017_lecture11.pdf

그림 4.13 그래프에 비교군으로 사용된 R-CNN과 SPP-NET은 모두 Fast R-CNN의 전신으로 잘 알려져 있습니다. R-CNN은 이미지에서 영역 제안 알고리즘을 통해 제안된 약 2000개의 영역을 각각 CNN 네트워크를 통과시킨 후 분류 및 회귀 과정을 통해 객체를 검출하는 네트워크입니다. 그리고 SPP-NET은 이미지 전체를 1번의 CNN 네트워크를 통과시킨 후 영역제안 알고리즘을 통해 제안된 영역을 SPP(Spatial Pyramid Pooling)이라는 풀링 방법으로 입력 이미지 크기 제약을 없애도록 하는데 이 SPP는 4.5.3항에서 다시 설명할 예정입니다.

개선된 버전인 Faster R-CNN 객체 인식 시스템은 두 개의 모듈로 구성됩니다. 그림 4.14에서 보는 것과 같이 첫 번째 모듈은 영역(Region)을 제안하는 네트워크이고, 두 번째 모듈은 FCN에서 제안된 영역을 사용하는 Fast R-CNN 검출기입니다. 이렇게 이뤄진 Faster R-CNN은 객체 인식을 위한 통합 네트워크입니다.[25]

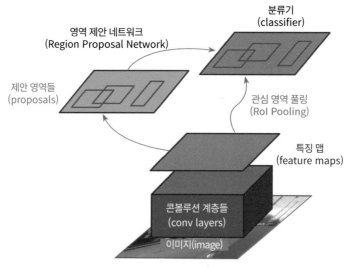

그림 4.14 RPN과 Fast R-CNN으로 구성된 Faster R-CNN

Faster R-CNN은 GPU의 이점을 최대한 활용하고 CNN 내부에서 진행하기 위해 RPN(영역 제안 네트워크: Region Proposal Network)을 도입했습니다.

---

25 〈Faster R-CNN: Towards Real-Time Object Detection with Region Proposal Networks〉, Shaoqing Ren, Kaiming He, Ross Girshick, Jian Sun, 2015, https://arxiv.org/pdf/1506.01497.pdf 논문의 그림 2.

RPN은 이미지를 입력받아 사각형 형태의 각 위치의 객체 경계(object bounds)와 사물의 존재 점수(objectness score)를 동시에 예측하는 FCN입니다. 그리고 Fast R-CNN 객체 탐지 네트워크와 CNN 레이어들을 공유하는 구조입니다.

영역 제안을 위해 마지막 특징 맵 위로 작은 네트워크를 이용합니다. 이 작은 네트워크는 입력 특징 맵의 N×N 공간 창을 입력받아 영역을 제안하는데, 그 결과는 바운딩 박스를 위한 회귀 계층과 분류 계층에 제공됩니다.

앵커 박스

앵커 박스(Anchor Box)는 슬라이딩 윈도의 각 위치에서 바운딩 박스의 후보로 사용되는 상자입니다(그림 4.15).[26]

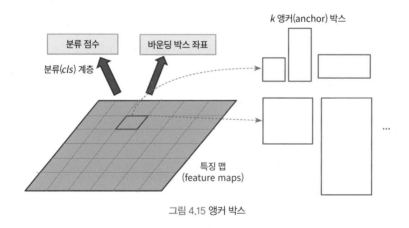

그림 4.15 앵커 박스

이 방식은 동일한 크기의 슬라이딩 윈도를 이동하며 윈도의 위치를 중심으로 사전에 정의된 다양한 비율/크기의 앵커 박스를 적용해 특징을 추출하는 것입니다. 논문에서는 3가지 크기와 3가지 비율, 총 9개의 앵커 박스를 사용했습니다.

특정 앵커가 검출 레이블(positive label)로 할당되려면 그것이 가장 높은 IoU를 가지고 있는 앵커이며 IoU > 0.7이라는 조건을 만족해야 합니다.

---

26 〈Faster R-CNN: Towards Real-Time Object Detection with Region Proposal Networks〉, Shaoqing Ren, Kaiming He, Ross Girshick, Jian Sun, 2015, https://arxiv.org/pdf/1506.01497.pdf 논문의 그림 3.

학습

Faster R-CNN은 RPN과 Fast R-CNN 간에 특징을 공유하기 위해 4단계에 걸쳐서 모델을 번갈아 학습시키는 대체 학습(Alternating Training) 기법을 취합니다.

1. ImageNet 데이터세트로 미리 훈련된 모델을 불러온 다음, RPN을 학습시킨다.
2. 1단계에서 RPN에서 제안된 결과를 이용해 Fast R-CNN을 학습시킨다.
3. 공유하고 있는 CNN 레이어를 고정하고 RPN을 위한 레이어만 미세 조정한다.
4. 마지막으로 Fast R-CNN에 해당하는 레이어만 미세 조정한다.

손실 함수

RPN의 손실 함수는 다음과 같습니다.

$$L(\{p_i\}, \{t_i\}) = \frac{1}{N_{cls}} \Sigma_i L_{cls}(p_i, p_i^*)$$
$$+ \lambda \frac{1}{N_{reg}} \Sigma_i p_i^* L_{reg}(t_i, t_i^*)$$

- p_i: 앵커의 예측된 확률(Predicted probability of anchor)
- p_i^*: 정답 레이블(Ground-truth label)
  - 1: anchor는 검출(positive)
  - 0: anchor는 미검출(negative)
- lambda: 밸런싱 파라미터. Ncls와 Nreg 차이로 발생하는 불균형을 방지하기 위해 사용된다. lambda 값은 10 정도로 설정한다.
- t_i: 예측된 바운딩 박스(Predicted Bounding box)
- t_i^*: 정답 박스(Ground-truth box)

결과

Faster R-CNN은 영역 제안에 대한 작업을 RPN에 넘김으로써 그림 4.16과 같이 추론 시간이 0.2초 소요되어 기존 방법보다 시간을 많이 단축했습니다.[27]

---

27 http://cs231n.stanford.edu/slides/2017/cs231n_2017_lecture11.pdf

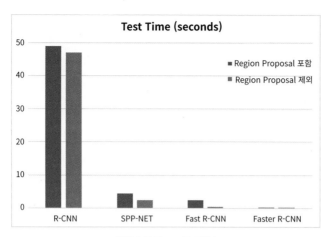

그림 4.16 Faster R-CNN

그리고 2개의 네트워크에서 이뤄지는 바운딩 박스 회귀의 결과로 표 4.1에서 보듯이 현재까지도 매우 높은 정확도를 가진 객체 인식 네트워크라는 평가를 받고 있습니다.

표 4.1 Fast R-CNN 검출 결과 PASCAL VOC 2007 & PASCAL VOC 2012[28]

method	# proposals	data	mAP(%)
RPN+VGG, unshared	300	07	68.5
RPN+VGG, shared	300	07	69.9
RPN+VGG, shared	300	07 + 12	73.2
RPN+VGG, shared	300	COCO + 07 + 12	78.8

4.3 _ YOLO: 최초의 실시간 객체 인식 네트워크

앞에서 설명한 Faster R-CNN의 객체 검출 기본 기능은 분류와 바운딩 박스 회귀를 수행하는 Fast R-CNN과 후보 영역에 객체가 있는지 판단해 제안해 주는 RPN의 두 가지로 네트워크가 구성됩니다. 따라서 정확도는 뛰어나지만, 작업 시간은 길어질 수밖에 없다는 단점이 있습니다. 즉, 실시간 객체 인식을 하기 어려운 구조입니다.

---

28 〈Faster R-CNN: Towards Real-Time Object Detection with Region Proposal Networks〉, Shaoqing Ren, Kaiming He, Ross Girshick, Jian Sun, 2015, https://arxiv.org/pdf/1506.01497.pdf 논문의 표 3 참조.

YOLO가 제안하는 실시간 객체 인식 방안은 이 두 가지 네트워크를 하나로 합해 효율성을 극대화하는 것입니다.

YOLO 이후의 네트워크가 대부분 YOLO와 같이 하나의 네트워크에서 객체 인식을 처리하는 방식을 채택하게 됨으로써, 객체 인식 네트워크는 크게 Faster R-CNN으로 대표되는 투 스테이지(2-stage) 네트워크와 YOLO와 SSD로 대표되는 원 스테이지(1-stage) 네트워크로 분류됩니다. 대략 투 스테이지 네트워크는 정확한데 느리고, 원 스테이지 네트워크는 빠른데 정확도는 다소 떨어진다는 평가를 받지만, 근래 들어 원 스테이지의 경우에도 정확도가 크게 향상됐습니다.

여기서는 최초의 원 스테이지 네트워크이자 실시간 객체 인식 네트워크인 YOLO에 대해 버전 1부터 버전 3까지의 특징을 살펴보겠습니다.

YOLO: You Only Look Once

조셉 레드몬(Joseph Redmon)이 2016년에 발표한 YOLO[29]는 'You only look once'의 줄임말로, 이미지를 한 번에 단일 신경망에 통과시켜 바운딩 박스의 위치와 크기, 신뢰도 점수(confidence score), 그리고 클래스를 예측하는 방법입니다. 발상의 전환은 그림 4.17과 같이 하나의 네트워크에서 후보 영역에 객체가 있는지 판단하는 객체성(objectness)[30]을 이미지 분류와 바운딩 박스 회귀와 함께 진행하는 것입니다.[31]

---

29 〈You Only Look Once: Unified, Real-Time Object Detection〉, Joseph Redmon, Santosh Divvala, Ross Girshick, Ali Farhadi, 2016, https://pjreddie.com/media/files/papers/yolo.pdf

30 objectness: 객체가 존재하는 상태(The state of being an object). https://en.wiktionary.org/wiki/objectness

31 〈You Only Look Once: Unified, Real-Time Object Detection〉, Joseph Redmon, Santosh Divvala, Ross Girshick, Ali Farhadi, 2016, https://pjreddie.com/media/files/papers/yolo.pdf 그림 2 참조

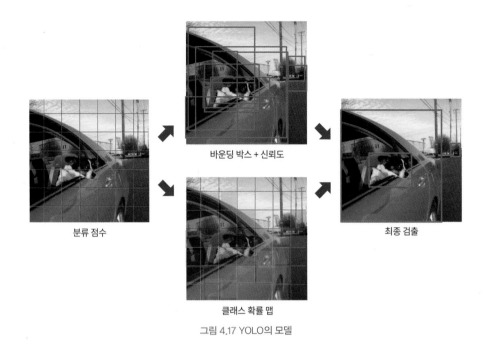

바운딩 박스 + 신뢰도

분류 점수

최종 검출

클래스 확률 맵

그림 4.17 YOLO의 모델

모델

입력 이미지를 S×S 그리드 영역으로 나눈 후(논문은 S=7) 각 그리드 영역에서 먼저 물체가 있을 만한 후보 바운딩 박스를 B개(논문에서는 2개) 예측합니다.

각 후보 박스에서 신뢰도(confidence)를 계산합니다. 신뢰도 점수(confidence score)는 해당 그리드에 물체가 있을 확률 Pr(Object)과 예측한 박스와 정답(ground truth) 박스가 겹치는 영역의 비율을 나타내는 IoU를 곱해서 계산합니다.

$$pr(\text{Object}) \cdot IOU_{pred}^{truth}$$

그리드마다 C개의 클래스에 대해(논문은 20개) 해당 클래스가 될 확률을 계산하며, 수식은 다음과 같습니다.

$$pr(\text{Class}_i | \text{Object})$$

이렇게 YOLO는 입력 이미지를 그리드(grid)로 나누고, 그리드별로 바운딩 박스 회귀와 분류를 동시에 수행합니다. 참고로 각 바운딩 박스는 다음과 같이 구성됩니다.

- **x, y 좌표**: 바운딩 박스의 중심점 좌표로, 그리드 셀(cell) 안에서 정의되며 0~1로 정규화됩니다.
- **width, height**: 전체 이미지의 너비, 높이의 비율로 정의되는데, 바운딩 박스의 크기를 나타내며, 이것도 0~1로 정규화됩니다.
- **Confidence**: 신뢰도는 예측된 바운딩 박스와 정답 바운딩 박스 사이의 IoU입니다.

네트워크 설계

224×224 크기의 GoogLeNet 분류 모델로 사전 학습시키고, 이후에는 입력 이미지로 448×448 크기의 이미지를 받습니다. 그리고 앞쪽 20개의 콘볼루션 레이어는 고정한 채, 뒷단의 4개 레이어만 객체 인식 태스크에 맞게 학습시킵니다.

YOLO 네트워크는 24개의 Conv 레이어와 2개의 FC 레이어로 구성됩니다. 하지만 GoogLeNet의 인셉션 모듈 대신 3×3 Conv 레이어 뒤에 1×1 Conv 레이어를 활용해[32] 이전 레이어의 특징 맵 부피를 줄였습니다(그림 4.18).[33]

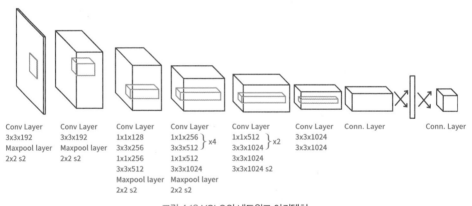

그림 4.18 YOLO의 네트워크 아키텍처

ImageNet 분류 작업에서 해상도의 절반(224×224 입력 이미지)으로 콘볼루션 계층을 통해 사전 훈련을 합니다(검출할 때는 시각적 정보를 위해 해상도를 448×448로 증가시킬 필요도 있습니다). 이 모델에서 마지막 레이어의 결과는 7×7×30 텐서가 됩니다.

---

32 1×1 레이어에 대해서는 3.3절에서 다룬 GoogLeNet을 참조하세요.

33 〈You Only Look Once: Unified, Real-Time Object Detection〉, Joseph Redmon, Santosh Divvala, Ross Girshick, Ali Farhadi, 2016, https://pjreddie.com/media/files/papers/yolo.pdf 그림 3 참조

마지막 레이어의 텐서를 좀 더 자세히 살펴보면, 그림 4.19와 같이 그리드당 2개의 베이스 박스(Base Box)가 있다고 했기 때문에 30차원 벡터 앞쪽의 10개의 수는 베이스 박스 항목 x, y, w, h, c의 2개에 해당합니다.

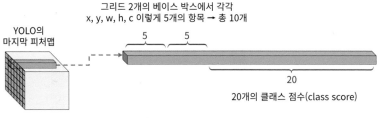

그림 4.19 YOLO의 텐서 구조

하나의 박스는 바운딩 박스 좌푯값 4개와 신뢰도(Confidence) C를 포함해 (x, y, w, h, C)라는 5차원의 벡터이며 박스가 2개이기 때문에 10차원 벡터가 됩니다.

그다음에 오는 20차원 벡터는 해당 인덱스가 특정 클래스일 확률값이며, 여기서는 클래스가 20인 데이터세트를 사용했기 때문에 20차원 벡터로 표현됩니다.

이제 클래스 점수(Class Score)를 구합니다. 박스의 신뢰도는 Pr(obj) * IoU이며, 클래스별 확률값은 $Pr(class_i \mid object)$입니다. 따라서 특정 클래스일 확률값은 각 박스의 신뢰도를 클래스별 확률값과 곱하면 얻을 수 있는데, 따라서 $Pr(class_i)$ * IoU가 됩니다.

이제 이 작업을 그림 4.20과 같이 모든 베이스 박스(Base Box)마다 적용하면 됩니다.

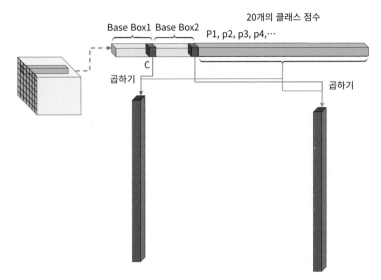

그림 4.20 2개 베이스 박스에 대한 20차원 텐서

이러한 베이스 박스의 클래스 점수 벡터를 7×7 그리드 숫자만큼 시행하면 2×7×7개의 벡터를 얻습니다. 이제 내림차순 정렬을 한 후 마지막으로 NMS 과정을 거치면 각 그리드별, 클래스별로 가장 신뢰도가 높은 박스 정보를 얻어낼 수 있습니다.

여기서 NMS(Non Maximum Suppression)란 다수의 제안된 영역에서 몇 가지 기술에 따라 필터링하는 기술을 말합니다.

- **입력**: 제안된 영역 목록 B, 해당 신뢰도 점수 S, 중첩 임곗값 N.
- **출력**: 필터링된 영역 목록 D. (초깃값은 비어 있는 상태)

알고리즘은 다음과 같습니다.

1. 신뢰도 점수가 가장 높은 제안을 선택하고 B에서 제거하고 D에 추가합니다.

2. 이제 D에 있는 제안의 IoU를 다른 모든 제안과 함께 계산합니다. 그 결과 IoU가 임곗값 N보다 큰 경우 B에서 제거합니다.

3. 다시 B의 나머지 영역 중 가장 신뢰도가 높은 것을 B에서 제거하고 D에 추가합니다.

4. 다시 한번 이 제안과 B의 모든 제안으로 IoU를 계산합니다. 그리고 임곗값보다 높은 경우 B에서 제거합니다.

5. 이 과정을 B에 아무것도 남지 않을 때까지 반복합니다.

이와 같이 NMS 알고리즘은 그림 4.21과 같이 객체 인식의 결과를 나타낼 때 필요한 과정입니다. 그런데 임곗값에 따라 결과가 달라질 수 있기 때문에 객체 인식 모델에서 임곗값의 선택은 중요한 과정이 될 수 있습니다. [34]

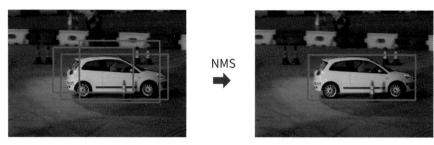

그림 4.21 객체 인식 모델에서 NMS의 역할

손실 함수

YOLO의 손실 함수는 매우 세밀하게 구성돼 있습니다. 객체 인식에 사용되는 여러 가지 성분에 대한 오차를 별도로 구한 후 모두 더해 총손실(total loss)을 구하는 방식입니다.

$$\lambda_{\text{coord}} \sum_{i=0}^{S^2} \sum_{j=0}^{B} \mathbb{1}_{ij}^{obj} \left[(x_i - \hat{x}_i)^2 + (y_i - \hat{y}_i)^2 \right] \ (1)$$

$$+ \lambda_{\text{coord}} \sum_{i=0}^{S^2} \sum_{j=0}^{B} \mathbb{1}_{ij}^{obj} \left[(\sqrt{w_i} - \sqrt{\hat{w}_i})^2 + (\sqrt{h_i} - \sqrt{\hat{h}_i})^2 \right] \ (2)$$

$$+ \sum_{j=0}^{B} \mathbb{1}_{ij}^{obj} (C - \hat{C}_i)^2 \ (3)$$

$$+ \lambda_{\text{coord}} \sum_{i=0}^{S^2} \sum_{j=0}^{B} \mathbb{1}_{ij}^{noobj} (C - \hat{C}_i)^2 \ (4)$$

$$+ \sum_{i=0}^{S^2} \mathbb{1}_{ij}^{obj} \sum_{c \in class} (p_i(c) - \hat{p}_i(c))^2 \ (5)$$

- (1): 그리드에 있는 객체의 바운딩 박스 중 x, y 좌표 오차

- (2): 그리드에 있는 객체의 바운딩 박스 중 w, h 좌표 오차

- (3): 객체가 있는 경우에 대한 신뢰도 오차

---

34 https://towardsdatascience.com/non-maximum-suppression-nms-93ce178e177c

- (4): 객체가 있는 경우에 대한 신뢰도 오차

- (5): 클래스별 확률값 오차

이러한 모델 구조와 손실 함수를 이용해 훈련한 후 완성된 YOLO 사물인식 모델을 원작자인 조셉 레드몬이 청중에게 설명하고 실시간 테스트하며 TED에서 발표한 영상이 있으니 감상하기를 추천합니다.

⟨How computers learn to recognize objects instantly | Joseph Redmon⟩, https://www.youtube.com/watch?v=Cgxsv1riJhI

결과

YOLO의 장점은 다음과 같습니다.

1. 빠르다.
2. 다른 알고리즘과 비슷한 정확도를 가진다.
3. 다른 도메인에서 좋은 성능을 보인다.

YOLO는 이 중 실시간 객체 인식이 가능한 수준의 빠른 추론 속도의 장점이 가장 인상적이라 할 수 있습니다. 표 4.2에서 YOLO 모델의 실시간 추론 성능을 볼 수 있습니다. [35]

표 4.2 YOLO의 Pascal VOC 2007 실시간 추론 성능

Real Time Detection	Train	mAP	FPS
YOLO	2007+2012	63.4	45
R-CNN Minus R	2007	53.5	6
Fast R CNN	2007+2012	70	0.5
Faster R CNN VGG-16	2007+2012	73.2	7
Faster R CNN ZF	2007+2012	62.1	18

단점으로는 YOLO의 '겹치는 물체에 대한 검출이 잘 안 된다'가 가장 잘 알려져 있는데, 논문에는 다음과 같은 내용이 언급돼 있습니다.

---

35 ⟨You Only Look Once: Unified, Real-Time Object Detection⟩, Joseph Redmon, Santosh Divvala, Ross Girshick, Ali Farhadi, 2016, https://pjreddie.com/media/files/papers/yolo.pdf, 논문의 표 1 참조

1. 각 그리드 셀은 하나의 클래스만을 예측하기 때문에 객체가 겹쳐 있으면 제대로 예측하기 어렵다.

2. 바운딩 박스의 형태가 트레이닝 데이터를 통해서만 학습되므로 새로운 형태의 경우 정확히 예측하지 못한다.

3. 박스 위치가 다소 부정확하다.

YOLOv2: 더 좋은, 더 빠른, 더 강력한

YOLO의 다음 버전인 YOLOv2는 논문[36]에서 성능과 속도를 모두 개선해서 SSD(Single Shot MultiBox Detector)[37]보다 뛰어나다고 강조하고 있습니다. YOLOv2는 네트워크의 크기를 조절해 FPS(Frames Per Second)와 mAP(Mean Average Precision)을 균형 있게 조절할 수 있습니다.

SSD300은 이미지 입력 데이터의 크기가 300×300이고 SSD512는 512×512인 네트워크입니다. SSD300은 빠르지만 성능이 낮고, SSD512는 느리지만 성능이 높습니다.

하지만 YOLOv2는 네트워크를 키우면 SSD512보다 더 빠르면서 성능이 좋고, 네트워크를 작게 해도 SSD300보다 빠르며 성능이 좋기 때문에 어떤 경우에도 SSD의 성능을 능가합니다(표 4.3).

표 4.3 YOLOv2의 Pascal VOC 2007 실시간 추론 성능[38]

Real Time Detection	Train	mAP	FPS
Fast R CNN	2007+2012	70.0	0.5
Fast R CNN VGG-16	2007+2012	73.2	7
Fast R CNN ResNet	2007+2012	76.4	5
YOLO	2007+2012	63.4	45
SSD300	2007+2012	74.3	46
SSD500	2007+2012	76.8	19
YOLOv2 288x288	2007+2012	69.0	91
YOLOv2 352x352	2007+2012	73.7	81
YOLOv2 416x416	2007+2012	76.8	67
YOLOv2 480x480	2007+2012	77.8	59
YOLOv2 544x544	2007+2012	78.6	40

---

36 〈YOLO9000: Better, Faster, Stronger〉, Joseph Redmon, Ali Farhadi, 2016, https://arxiv.org/pdf/1612.08242.pdf
37 4.4절 참고
38 〈YOLO9000: Better, Faster, Stronger〉, Joseph Redmon, Ali Farhadi, 2016, https://arxiv.org/pdf/1612.08242.pdf, 논문의 표 3 참고

위의 표 4.3을 보면, YOLOv2는 76.8% mAP에서 SSD500의 속도보다 높은 67FPS 속도를 얻었습니다. 그리고 40FPS 속도에서 ResNet SSD를 사용하는 Faster R-CNN보다 높은 성능인 78.6% mAP를 얻었습니다.

이러한 YOLOv2의 성능 향상 요인을 표 4.4에 정리했습니다.

표 4.4 YOLOv2의 성능 향상 요인

#	항목	설명
1	배치 정규화	모든 콘볼루션 레이어에 배치 정규화를 추가
2	고해상도 이미지 분류 (High Resolution Classifier)	ImageNet 데이터로 이미지 분류 네트워크를 먼저 학습시켜서 고해상도 이미지에도 잘 작동하게 함
3	콘볼루셔널(Convolutional)	FC(Fully Connected) 레이어를 콘볼루션 레이어로 대체
4	앵커 박스(Anchor Boxes)	바운딩 박스를 처음부터 직접 예측 → 앵커 박스를 초깃값으로 사용해 예측
5	새로운 네트워크 (new network)	Darknet-19를 특징 추출기로 사용
6	차원 클러스터링 (Dimension Clusters)	실제 바운딩 박스들을 클러스터링해 최적의 앵커 박스를 찾음
7	위치 예측 (Location prediction)	바운딩 박스가 그리드 셀에서 벗어나지 않게 제약을 둠
8	패스스루(pass-through) 네트워크	26×26 크기의 중간 특징 맵을 13×13 레이어에 병합(concatenate)
9	멀티 스케일링 훈련 (Multi-Scale Training)	학습 데이터의 크기를 320×320, 352×352, …, 608×608로 조정(resize)하면서 다양한 스케일로 학습시킴
10	세밀한 특징 맵 (Fine-Grained Features)	최종 특징 맵의 크기를 7×7에서 13×13으로 키움

이 중 특징적인 내용 몇 개만 살펴보겠습니다.

배치 정규화

배치 정규화는 3장에서도 다룬 내용으로, 특징 맵을 채널별로 정규화하기 위해 미니 배치 단위로 특징 맵의 각 채널의 평균과 표준 편차를 구한 다음 이 평균과 표준 편차를 이용해 정규화합니다. 배치 정규화의 핵심은 정규화된 특징 맵에 다시 한번 채널별로 감마(γ)를 곱해주고 베타(β)를 더해주는 식을 만든 다음, 이것을 배치 정규화 레이어(Batch Normalization Layer)로서 CNN 네트워크에 추가한 후 역전파 과정을 통해 훈련 시간 동안 최적화한다는 데 있습니다. YOLOv2에서는 모든 콘볼루션 레이어에 배치 정규화를 추가해 mAP가 2% 향상됐습니다.

고해상도 이미지 분류

이것은 객체 인식 네트워크에서 크게 권장되는 방법으로 2단계 학습 방법이라고 합니다. 먼저 뒤에서 소개할 Darknet-19를 이미지 분류 네트워크로 사용해 이미지넷(ImageNet) 데이터를 10에포크로 학습시킵니다. 학습시킨 마지막 Conv 레이어와 평균 풀링(Avgpool), 소프트맥스(Softmax)를 제거하고 객체 인식 레이어 4개를 추가합니다. 이 최종 네트워크로부터 2단계 학습인 바운딩 박스와 객체 검출에 대한 학습이 되는 형태입니다.

이렇게 학습을 2단계로 나눠서 하는 것은 처음부터 바운딩 박스와 클래스 분류를 같이 학습시키기가 어려워 전이학습 기법을 사용하는 것입니다. 전이학습은 네트워크의 앞 단을 선행학습 시키고 2단계 학습 과정에서 앞쪽 레이어의 가중치를 미세 조정하는 것입니다.

YOLOv2에서는 이 고해상도 이미지 분류(High Resolution Classifier)를 적용해 mAP를 4% 향상했습니다.

콘볼루셔널과 멀티 스케일링 훈련

YOLOv2는 FCN 방식을 도입해 입력 레이어와 특징 맵의 크기를 원하는 방식으로 조절할 수 있게 했습니다. 추가로 추론 속도도 향상되고, 더불어 최종 그리드 셀들의 수용 영역(receptive field)[39]이 더 커지는 효과도 생겼다고 합니다.

---

39 수용 영역(receptive field)은 출력 레이어의 뉴런 하나에 영향을 미치는 입력 뉴런들의 공간 크기를 말합니다.

특히 최종 특징 맵의 크기가 홀수가 되게 했는데, 이로써 그리드 셀이 특징 맵의 중앙 부분에 위치할 수 있게 되고, 이 중앙 그리드 셀은 이미지에서 중앙의 객체를 검출하는 데 효과적이라고 합니다. 예를 들어 객체의 크기가 매우 큰 경우 그 위치가 영상의 중앙인 경우가 많기 때문입니다.

YOLOv2는 FCN이기 때문에 다양한 해상도로 입력 이미지를 취할 수 있습니다. FCN에서는 CNN 최종 특징 맵까지 진행하면서 이미지를 1/32로 줄이는 구조이므로 입력 이미지가 커지면 최종 그리드의 셀 크기가 커집니다. 그러므로 네트워크는 다양한 해상도의 입력 데이터를 소화할 수 있습니다. 입력 이미지의 큰 범위는 $320 \times 320 \sim 608 \times 608$인데, 다양한 학습을 위해 10번의 배치마다 학습 데이터는 {320, 352, …, 608} 크기로 크기를 조정(resize)합니다.

표 4.3에서 볼 수 있듯이 228×228 입력의 경우 90 FPS이고 mAP는 Fast R-CNN과 비슷합니다.

앵커 박스와 차원 클러스터(Anchor Boxes & Dimension Clusters)

앵커 박스를 이용하면 학습 초기 단계에서 모델이 불안정해지는 문제를 해결할 수 있는데, 학습 불안정의 주요 원인은 학습 초기에 박스의 (x, y) 위치가 너무 랜덤하게 예측되기 때문입니다. 앵커 박스를 사용하면서 공간 위치로부터의 클래스 예측 메커니즘도 분리했습니다.

모든 앵커 박스에 대해서 그것이 객체일 확률을 예측하고 클래스를 분류하는 방식인데, 예측된 바운딩 박스가 객체일 때 그것이 어떤 클래스인지를 예측하기 때문에 조건부 확률이 됩니다.

이러한 앵커 박스를 사용하면서 mAP에 대한 성능은 69.5에서 69.2로 조금 떨어졌으나, 재현율(recall)은 81%에서 88%로 크게 상승하는 효과를 얻었습니다.

앵커 박스의 크기와 스케일은 Faster R-CNN의 그것과 마찬가지로 사전 정보 없이 미리 정의됩니다. 이때 큰 상자가 작은 상자보다 더 많은 오류를 생성하므로 표준 유클리드 거리 기반 k-평균 클러스터링을 사용하는 것은 충분하지 않습니다.

YOLOv2는 좋은 IoU 점수로 이어지는 k-평균 클러스터링을 사용합니다. 논문에 의하면 k = 5는 모델 복잡성과 높은 재현율 간에 적절한 균형을 유지하는 최상의 값입니다. [40]

직접 측위 예측(Direct Location Prediction)

YOLOv1에는 위치 예측에 대한 제약이 없기 때문에 초기 훈련에서 불안정성이 있어 예측된 바운딩 박스가 실제 위치에서 멀리 떨어져 있습니다. 그래서 YOLOv2에서는 그림 4.22와 같이 위치 예측 식을 업그레이드해서 앵커 박스 버전보다 mAP가 5% 증가했습니다. [41]

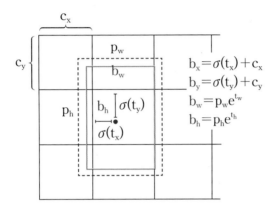

$$b_x = \sigma(t_x) + c_x$$
$$b_y = \sigma(t_y) + c_y$$
$$b_w = p_w e^{t_w}$$
$$b_h = p_h e^{t_h}$$

- (c_x, c_y): 그리드의 위치
- (b_x, b_y): 바운딩 박스의 위치 (c_x, c_y) + $\sigma(t_x)$ 및 $\sigma(t_y)$로 경계가 지정된 델타
- (p_w, p_h): 클러스터링에서 얻은 이전 앵커 상자
- (b_w, b_h): 바운딩 박스 크기: (p_w, p_h)는 (t_w, t_h)로 조정된다.

그림 4.22 바운딩 박스의 위치 정보

새로운 네트워크와 패스스루 네트워크(New network & Pass-through)

YOLOv2는 자체 개발된 Darknet-19를 백본 네트워크로 사용해 특징을 추출(feature extraction)했습니다. Darknet-19는 VGG-19와 유사하지만, 연산량이 훨씬 더 적습니다(표 4.5). [42]

---

40 〈YOLO9000: Better, Faster, Stronger〉, Joseph Redmon, Ali Farhadi, 2016, https://arxiv.org/pdf/1612.08242.pdf, 논문의 그림 2 참고

41 〈YOLO9000: Better, Faster, Stronger〉, Joseph Redmon, Ali Farhadi, 2016, https://arxiv.org/pdf/1612.08242.pdf, 논문의 그림 3 참조

42 〈YOLO9000: Better, Faster, Stronger〉, Joseph Redmon, Ali Farhadi, 2016, https://arxiv.org/pdf/1612.08242.pdf, 논문의 표 6 참조

표 4.5 Darknet-19의 아키텍처

Type	Filter	Size / Stride	Output
Convolutional	32	3 x 3	224 x 224
Maxpool		2 x 2/2	112 x 112
Convolutional	64	3 x 3	112 x 112
Maxpool		2 x 2/2	56 x 56
Convolutional	128	3 x 3	56 x 56
Convolutional	64	1 x 1	56 x 56
Convolutional	128	3 x 3	56 x 56
Maxpool		2 x 2/2	28 x 28
Convolutional	256	3 x 3	28 x 28
Convolutional	128	1 x 1	28 x 28
Convolutional	256	3 x 3	28 x 28
Maxpool		2 x 2/2	14 x 14
Convolutional	512	3 x 3	14 x 14
Convolutional	256	1 x 1	14 x 14
Convolutional	512	3 x 3	14 x 14
Convolutional	256	1 x 1	14 x 14
Convolutional	512	3 x 3	14 x 14
Maxpool		2 x 2/2	7 x 7
Convolutional	1024	3 x 3	7 x 7
Convolutional	512	1 x 1	7 x 7
Convolutional	1024	3 x 3	7 x 7
Convolutional	512	1 x 1	7 x 7
Convolutional	1024	3 x 3	7 x 7
Convolutional	1000	1 x 1	7 x 7
Maxpool		Global	1000
Softmax			

YOLO는 바운딩 박스 후보를 제안하기 위해 마지막 특징 맵만 사용했는데, 하나의 특징 맵은 검출하고자 하는 대상의 크기에 따라 정보가 불충분할 수 있으므로 SSD의 경우에는 크기가 다른 특징 맵에서 크기가 다른 바운딩 박스 후보를 제안하는 것으로 이 문제를 해결했습니다.

YOLOv2는 이러한 문제에 대한 해결 방법으로 그림 4.23과 같이 패스스루 레이어 (pass-through layer)를 사용했는데, 이것은 26×26 크기의 상위 레이어의 특징맵을 하위 레이어의 특징맵 13×13 레이어에 병합(concatenate)하는 방식을 사용했습니다.[43]

---

[43] https://www.programmersought.com/article/831212120/

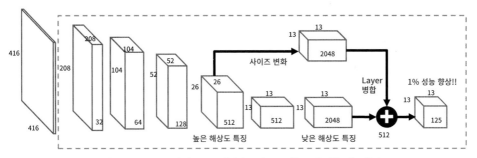

그림 4.23 YOLOv2의 패스스루 레이어 도입으로 작은 물체 검출 성능 향상

26×26 특징 맵에는 13×13 특징 맵에 비해 고해상도의 특징이 포함돼 있으므로 병합으로 효과를 높이고자 하는 것이며, 두 개의 크기가 다른 특징 맵을 그냥 붙일 수는 없어서 26×26의 특징 맵을 13×13×(2048) 특징 맵으로 변환한 후 26×26 특징 맵의 한 포인트에서 주위 2×2의 데이터를 4채널로 모양을 바꿔주도록 했습니다. 이러한 패스스루 레이어의 효과로 1%의 성능 향상을 얻었습니다.

최종 성능

표 4.6을 보면 YOLO 대비 이 장에서 설명한 기능들을 하나씩 추가할 때마다 몇 퍼센트의 성능이향상되어 YOLOv2 가 완성됐는지를 알 수 있습니다. [44] 그 결과 YOLOv2 네트워크는 더 작은 크기의 이미지에서 더 빠르게 실행됩니다.

표 4.6 YOLO 대비 YOLOv2에서 변경된 사항

YOLO									VOLOv2
batch norm		v	v	v	v	v	v	v	v
hi-res classifier			v	v	v	v	v	v	v
convolutional				v	v	v	v	v	v
anchor boxes				v	v				
new network					v	v	v	v	v
dimension prior						v	v	v	v
location precision						v	v	v	v
passthrough						v	v	v	v
multi scale								v	v
hi-res detector									v
	63.4	65.8	69.5	69.2	69.6	74.4	75.4	76.8	78.6

44 〈YOLO9000: Better, Faster, Stronger〉, Joseph Redmon, Ali Farhadi, 2016, https://arxiv.org/pdf/1612.08242.pdf, 논문의 표 2 참조

YOLOv3: 점진적 개선

YOLOv3는 Pascal Titan X 환경에서 30 FPS에 COCO 데이터세트에서 mAP 57.9%를 달성한 YOLOv2의 개선된 버전입니다. YOLOv3는 이름에서 알 수 있듯이, 초기 YOLO 모델에 약간 디자인의 변화를 준 것입니다. 320×320 YOLOv3는 22ms 정도로 빠르며, SSD와 거의 정확도가 유사하다는 것을 장점으로 꼽습니다.

참고로 조셉 레드몬의 다크넷은 다음 사이트에서 소개하고 있으니 방문해 유용한 정보를 얻기 바랍니다.

- https://pjreddie.com/darknet/yolo/

YOLOv3 논문[45]에 의하면, SSD 시리즈 네트워크 중 가장 정확하다고 이름난 RetinaNet과 비교해도 더 정확하면서도 빠르다고 합니다. YOLOv3 논문을 살펴보면 이 버전의 특징이 설명돼 있지만, 다른 논문에 비해 아주 짧습니다. 간단한 리뷰를 목적으로 이 버전의 특징을 살펴보겠습니다.

바운딩 박스 예측(Bounding Box Prediction)

YOLOv3에서는 바운딩 박스의 4개 좌표 tx, ty, tw, th를 예측합니다.

바운딩 박스[46], 너비와 높이를 클러스터 중심으로부터의 오프셋으로 예측합니다. 필터 적용 위치를 기준으로 상자의 중심 좌표를 예측할 때는 시그모이드 함수를 사용합니다. 이것은 YOLOv2와 같습니다(그림 4.22를 참고).[47]

클래스 예측(Class Prediction)

각 바운딩 박스는 다중 라벨 분류를 사용해 경계 상자에 포함될 수 있는 클래스를 예측합니다. YOLOv3에서는 소프트맥스 함수 대신 독립적인 로지스틱 회귀(independent logistic regression)[48]를 사용했습니다. 훈련 중에는 클래스 예측을 위해 바이너리 교차

---

45 〈YOLOv3: An Incremental Improvement〉, Redmon, Ali Farhadi, 2018, https://arxiv.org/pdf/1804.02767.pdf 논문의 그림 1

46 크기와 위치 정보가 있는 앵커 박스의 의미.

47 〈YOLOv3: An Incremental Improvement〉, Redmon, Ali Farhadi, 2018, https://arxiv.org/pdf/1804.02767.pdf 논문 그림 2 참조

48 Logistic regression, https://en.wikipedia.org/wiki/Logistic_regression

엔트로피(binary cross-entropy)를 사용했습니다. 이는 좀 더 복잡한 데이터세트(Open Image Dataset)를 학습하는 데 도움이 됩니다.

참고로 그림 4.24에서 선형회귀와 로지스틱 회귀의 차이점을 보면 로지스틱 회귀는 비선형성이 있는 분류 방법이라는 것을 알 수 있습니다. [49]

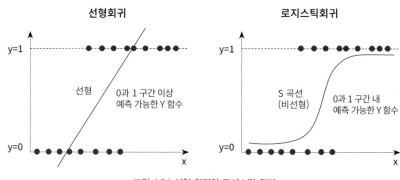

그림 4.24 선형 회귀와 로지스틱 회귀

어크로스 스케일 예측(Predictions Across Scales)

YOLOv3는 3개의 특징 맵을 사용해 각각에서 3개의 다른 스케일 박스를 예측합니다. 이러한 어크로스 스케일 예측은 FPN[50]과 유사합니다.

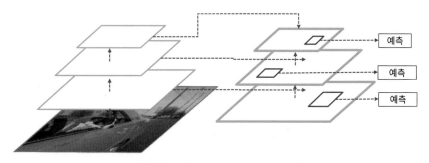

그림 4.25 FPN(Feature Pyramid Network)

49 https://www.javatpoint.com/linear-regression-vs-logistic-regression-in-machine-learning
50 《Feature Pyramid Networks for Object Detection》, Tsung-Yi Lin, Piotr Doll□r, 2016, https://arxiv.org/pdf/1612.03144.pdf

YOLOv3는 3차원 텐서를 출력값으로 얻는데, 거기에는 박스에 대한 정보와 객체성, 클래스에 대한 정보가 있습니다.

COCO 데이터세트에서 실험한 경우를 살펴보면 각 스케일에서 3개의 박스를 예측하므로 N x N x [3*(4+1+80)]의 형태로 출력됩니다. N은 특징 텐서(feature tensor)의 그리드 개수이고, 3개는 앵커 박스의 개수, (4+1+80)은 4개의 박스 시프트와 스케일링 값(box shift and scaling value), 1개의 객체성(objectness) 점수, 80개의 클래스 정보입니다.

그다음으로 이전 2번째 레이어에서 특징 맵을 가지고 와서 2배로 업스케일링(upscaling)하고, 제일 앞 단의 특징 맵을 가져와 둘을 합하기(concatenation)를 사용해 업샘플링된 특징 맵과 합칩니다. 이렇게 되면 의미 있는 의미적 정보(semantic information)를 이전 레이어의 특징 맵으로 얻을 수 있고, 파인 그레인드(fine-grained)[51] 정보를 제일 앞 단의 특징 맵에서 얻을 수 있습니다.

합쳐진 특징 맵을 사용하기(process) 위해 몇 개의 Conv 레이어를 추가합니다. 결국 크기는 2배지만, 유사한 텐서를 예측할 수 있게 됩니다.

YOLOv3는 여전히 k-평균(k-means)[52]을 이용한 앵커 박스 차원 클러스터링(anchor box dimension clustering)을 합니다. YOLOv3에서는 9개의 클러스터를 사용해 3개의 스케일(scale)에 대해 임의로 앵커 박스 차원(anchor box dimension)을 할당합니다. COCO 데이터세트의 경우에는 다음과 같은 9개의 클러스터(cluster)를 사용합니다.

$$(10 \times 13), (16 \times 30), (33 \times 23), (30 \times 61), (62 \times 45), (59 \times 119), (116 \times 90), (156 \times 198), (373 \times 326)$$

특징 추출기(Feature Extractor): Darknet-53

YOLOv3에서 가장 큰 변화는 백본 네트워크를 Darknet-53으로 변경했다는 것입니다. 이전 YOLOv2에서는 VGG 모델이 지나치게 복잡하다는 점에 착안해 훨씬 적은 파라미

---

[51] 파인 그레인드(fine-grained) 정보란 의미적으로 세분화된 정보라고 이해하면 됩니다. https://educalingo.com/ko/dic-en/fine-grained
[52] https://en.wikipedia.org/wiki/K-means_clustering

터를 사용하면서도 성능이 좋은 Darknet-19 아키텍처를 선보였습니다. Darknet-53에서는 Darknet-19에 레즈넷(ResNet)에서 제안된 스킵 커넥션(skip connection) 개념을 적용해 레이어를 훨씬 더 많이 쌓은 모습을 보여줍니다.

표 4.7에서 아키텍처를 살펴보면 먼저 3×3 콘볼루션과 1×1 콘볼루션으로 이뤄진 블록을 연속해서 쌓아갑니다. [53]

표 4.7 Darknet-53

	Type	Filter	Size / Stride	Output
	Convolutional	32	3 x 3	256 x 256
	Convolutional	64	3 x 3/2	128 x 128
1 x	Convolutional	32	1 x 1	
	Convolutional	64	2 x 2 / 2	
	Residual			128 x 128
	Convolutional	128	3 x 3 / 2	64 x 64
2 x	Convolutional	64	1 x 1	
	Convolutional	128	3 x 3	
	Residual			64 x 64
	Convolutional	256	3 x 3 / 2	32 x 32
8 x	Convolutional	128	1 x 1	
	Convolutional	256	3 x 3	
	Residual			32 x 32
	Convolutional	512	3 x 3 / 2	16 x 16
8 x	Convolutional	256	1 x 1	
	Convolutional	512	3 x 3	
	Residual			16 x 16
	Convolutional	1024	3 x 3 / 2	8 x 8
4 x	Convolutional	512	1 x 1	
	Convolutional	1024	3 x 3	
	Residual			8 x 8
	Avgpool		Global	
	Connected		10000	7 x 7
	Softmax			

그리고 맥스 풀링(Max Pooling) 대신에 콘볼루션의 스트라이드(stride)를 2로 취해 특징 맵의 해상도를 줄여 나갑니다. 또한 스킵 커넥션을 활용해 나머지(residual) 값을 전달하고 마지막 레이어에서 에버리지 풀링(Average Pooling)과 FC(Fully Connected) 레이어를 통과한 뒤, 소프트맥스를 거쳐 분류 결과를 출력합니다.

---

53 〈YOLOv3: An Incremental Improvement〉, Redmon, Ali Farhadi, 2018, https://arxiv.org/pdf/1804.02767.pdf, 논문의 표 1 참조

아키텍처만 봐서는 기존 ResNet과 큰 차이점이 없어 보입니다. 하지만 저자들은 표 4.8 과 표 4.9에서 보듯이 실험 결과 ResNet-101과 ResNet-152의 정확도는 큰 차이가 나지 않지만, FPS가 훨씬 더 높다는 점을 강조합니다. [54]

표 4.8 백본의 비교

Backbone	Top-1	Top-5	Bn Ops	BFLOP/s	FPS
Darknet-19	74.1	91.8	7.29	1246	171
ResNet-101	77.1	93.7	19.7	1039	53
ResNet-152	77.6	93.8	29.4	1090	37
Darknet-53	77.2	93.8	18.7	1457	78

표 4.9 YOLOv3의 결과

	Backbone	AP	AP50	AP75	APs	APm	AP L
2-stage-method							
Faster R-CNN+++	ResNet-101-C4	34.9	55.7	37.4	15.6	38.7	50.9
Faster R-CNN w TDM	Inception-ResNet-v2-TDM	36.8	57.7	39.2	16.2	39.8	52.1
1-stage-method							
YOLOv2	DarkNet-19	21.6	44	19.2	5	22.4	35.5
SSD513	ResNet-101-SSD	31.2	50.4	33.3	10.2	34.5	49.8
DSSD513	ResNet-101-DSSD	33.2	53.3	35.2	13	35.4	51.1
RetinaNet	ResNet-101-FPN	39.1	59.1	42.3	21.8	42.7	50.2
RetinaNet	ResNetXt-101-FPN	40.8	61.1	44.1	24.1	44.2	51.2
YOLOv3 608x608	DarkNet-53	33	57.9	34.4	18.3	35.4	41.9

YOLOv3는 원 스테이지 객체 인지 네트워크 중에서 SSD보다 훨씬 더 우수하며 DSSD(Deconvolutional Single Shot Detector)[55]와 유사한 성능을 제공합니다.

그리고 YOLOv3는 전반적으로 AP_s(작은 크기 객체 검출 정확도)에서 상대적으로 좋은 성능을 보이지만, AP_m(중간 크기 객체 검출 정확도)과 AP_L(큰 크기 객체 검출 정확도)에서 상대적으로 나쁜 성능을 보이는 것으로 나타났습니다.

---

54 〈YOLOv3: An Incremental Improvement〉, Redmon, Ali Farhadi, 2018, https://arxiv.org/pdf/1804.02767.pdf, 논문의 표 2, 표 3 참조
55 〈DSSD: Deconvolutional Single Shot Detector〉, Cheng-Yang Fu, 2017, https://arxiv.org/pdf/1701.06659.pdf

YOLOv3는 ResNet, FPN을 사용하는 투 스테이지 객체 인지 네트워크인 Faster R-CNN 의 변형 버전들보다 AP_s가 훨씬 더 좋습니다.

실제로 기술 보고서에는 YOLOv3에 대한 세부 정보가 많지 않아서 YOLOv3를 읽을 때 YOLOv2와 YOLOv3 논문을 같이 보는 것이 좋습니다.

그림 4.26과 같이 YOLOv2와 YOLOv3를 별도로 테스트해 보면 아주 큰 차이가 있지는 않으나, YOLOv3가 약간 더 무겁지만 오검 출률이 낮아서 더 정확하게 검출 바운딩 박스를 보여주는 것으로 보입니다.

특히 많은 사물이 있거나 어두워서 오검출률이 높은 영상의 경우 YOLOv2보다는 YOLOv3의 결과가 더 우수해 보입니다.

그림 4.26 YOLOv2(위)와 YOLOv3(아래)의 검출 결과

YOLOv3 이후 현재 시점인 2023년까지 YOLO는 버전 8까지 나와 있는데, 이 장에서는 버전 4까지 다루고 7장에서 YOLOv5와 VOLOv7을 소개하고 실습합니다.

4.4 _ SSD: Faster R-CNN과 YOLO의 장점을 취합

딥러닝 객체 인식을 해보려는 연구자들이 의외라고 생각하는 것 중 하나가 2016년에 나온 논문인 SSD(Single Shot MultiBox Detector)[56]가 왜 아직도 인기가 있는가 하는 점입니다. 이에 대해서는 많은 이유가 있겠지만, 이 네트워크를 개발한 의도와 동일하게 연구자 입장에서도 속도와 정확도라는 성능에서 어느 정도 만족할 만한 결과를 얻을 수 있으며 구조적으로 활용하기가 어렵지 않은 네트워크라는 것이 가장 큰 이유가 아닐까 합니다.

그러면 YOLO와 마찬가지로 원 스테이지 객체 인식 네트워크의 양대 산맥과 같은 입지를 가지고 있는 SSD를 살펴보겠습니다.

SSD: Single Shot MultiBox Detector

SSD는 YOLO와 마찬가지로 원 스테이지 객체 인식 네트워크입니다. 다양한 크기와 비율을 가진 디폴트 박스[57]를 이용해 특징 맵에서 바운딩 박스를 추출하는데, 예측을 위해 네트워크가 각 디폴트 박스에서 클래스 점수와 사물 모양에 잘 맞는 박스를 만들어 냅니다. 이때 가장 특이한 점은, SSD는 객체 인식을 위한 다중 크기 특징 맵(Multi-scale feature maps for detection) 네트워크인데 다양한 크기의 사물을 검출하기 위해 여러 크기의 다른 특징 맵에서 여러 크기의 예측을 수행한다는 것입니다.

SSD의 네트워크 계층은 VGG16의 conv4_3까지 사용하고 그다음부터는 객체 인식을 위한 계층들인데, VGG16 conv4_3에 이어서 Conv 레이어들을 추가합니다. 레이어가 깊어질수록 점점 특징 맵 크기가 감소하는데, 바로 이 특성을 이용해 다양한 배율에서의 객체 인식이 가능합니다.

그림 4.27과 같이 8×8 특징 맵에서는 작은 물체인 고양이를 찾고, 4×4 특징 맵에서는 큰 물체인 개를 찾는 것이 더 용이합니다.

---

[56] SSD: Single Shot MultiBox Detector, 2016, Wei Liu, Dragomir Anguelov, Dumitru Erhan, https://arxiv.org/pdf/1512.02325.pdf
[57] 앵커 박스와 같은 개념입니다.

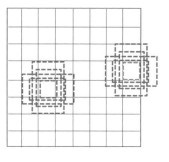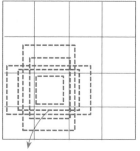

Loc: cx, cy, w, h
Conf: c1, c2, ⋯, cp

그림 4.27 SSD 프레임워크

그러면 SSD의 모델 구조를 살펴보겠습니다.

모델

이미지 데이터에서 사물 인식을 하려면 사물들을 찾아야(detect) 하는데, 사물이 무엇인지와 더불어 사물의 위치와 크기 정보까지 예측해야 합니다. 따라서 사물 인식의 기본 입력은 이미지 데이터이고, 결과물은 이미지에서 검출한 사물의 클래스와 그 사물의 위치 좌표입니다. SSD 네트워크의 모델은 그림 4.28과 같습니다. [58]

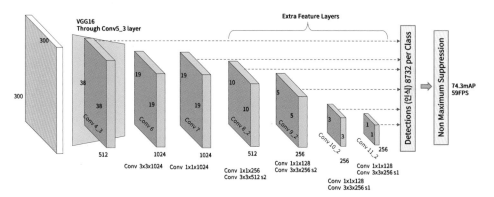

그림 4.28 SSD 모델의 구조

---

[58] 〈SSD: Single Shot MultiBox Detector〉, 2016, Wei Liu, Dragomir Anguelov, Dumitru Erhan, https://arxiv.org/pdf/1512.02325.pdf 그림 2 참조

SSD는 NMS를 거쳐 최종적으로 바운딩 박스와 신뢰도 점수를 산출해 내는 피드 포워드 CNN(Feed Forward Convolution Neural Network: FFCNN)입니다. SSD의 구조는 크게 다음 두 가지 특징을 가지고 있습니다.

1) 매칭 전략(Matching strategy)

SSD는 300×300 크기의 이미지들에 대해 ImageNet으로 미리 학습된 모델로 학습을 시작합니다. 학습하는 동안, 기본 박스(default box)는 정답 박스(ground truth box)와 대응해 학습됩니다. 따라서 기본 박스의 위치, 크기 그리고 비율은 다양하게 선택돼야 합니다. 8×8과 같은 높은 해상도의 특징 맵에서는 작은 물체를 잘 검출하고, 4×4와 같은 낮은 해상도에서는 큰 물체를 잘 검출할 것으로 예측할 수 있습니다.

그림 4.29에서 보는 것과 같이 각 단계의 특징 맵들을 이용해 사물 인식 프로세스를 수행합니다.

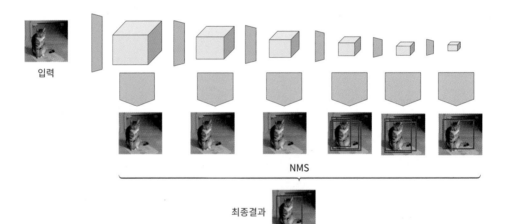

그림 4.29 SSD의 다중 스케일 객체 인식

2) 객체 인식 학습(Training objective)

SSD 학습은 멀티 박스와 멀티 클래스의 사물을 인식하는 것입니다. 모델을 학습하기 위해 사용하는 손실 함수를 알아보겠습니다.

i번째 기본 박스가 P 카테고리의 j번째 정답 박스에 매칭하는 인덱스를 다음과 같이 정의하겠습니다.

$$x_{ij}^{p} = \{1,\ 0\}$$

전체적인 객체 손실 함수는 위치(loc) 손실과 신뢰(conf) 손실의 가중치를 둔 합입니다.

$$L(x,\ c,\ l,\ g) = \frac{1}{N}(L_{conf}(x,\ c) + \alpha\, L_{loc}(x,\ l,\ g))$$

- N: 매칭되는 기본 상자의 수입니다. N이 0이면 손실도 0이 됩니다.

위치 손실은 예측 박스(l)와 정답 박스(g) 사이의 Smooth L1 손실입니다.

$$L_{loc}(x,\ l,\ g) = \sum_{i \in Pos}^{N} \sum_{m \in \{cx, cy, w, h\}} x_{ij}^{k}\, smooth_{L1}(l_i^m - \hat{g}_i^m)$$

$$\hat{g}_j^{cx} = (g_j^{cx} - d_i^{cx})/d_i^w \qquad \hat{g}_j^{cy} = (g_j^{cy} - d_i^{cy})/d_i^h$$

$$\hat{g}_j^w = \log\left(\frac{g_j^w}{d_i^w}\right) \qquad\qquad \hat{g}_j^h = \log\left(\frac{g_j^h}{d_i^h}\right)$$

- d: 기본 박스
- $cx,\ cy$: 기본 박스의 중심점
- $w,\ h$: 넓이, 높이

신뢰도 손실은 여러 클래스 신뢰도(c)에 대한 소프트맥스 손실입니다.

$$L_{conf}(x,\ c) = -\sum_{i \in Pos}^{N} x_{ij}^{p} \log(\hat{c}_i^{p}) - \sum_{i \in Neg} \log(\hat{c}_i^{0})$$

$$\hat{c}_i^{p} = \frac{exp(c_i^{p})}{\sum_p exp(c_i^{p})}$$

그리고 가중치 변수 α는 교차 검증에 의해 1로 설정됩니다.

기본 박스를 위한 스케일과 비율 선택

서로 다른 비율의 객체를 검출하기 위해 이미지들을 크기에 따라 처리하고 나중에 결과를 결합하는 것을 제안합니다. FCN[59]에서 언급했던 것과 같이 하위 레이어가 입력 객체의 더 자세한 정보를 가지고 있으므로 낮은 레이어의 특징 맵을 사용하면 이미지 분할 정보 품질이 향상됩니다. 그러므로 SSD에서는 객체 인지를 위해 하위 레이어와 상위 레이어의 특징 맵을 모두 사용합니다.[60]

특정한 특징 맵이 객체의 특정 배율에 반응하는 방법을 학습하게 디자인합니다. 예측을 위해 m 개의 특징 맵을 사용한다고 가정하겠습니다. 각 특징 맵에 대한 기본 상자의 배율은 다음과 같이 계산됩니다.

$$s_k = s_{min} + \frac{s_{max} - s_{min}}{m-1}(k-1), \ k \in [1, \ m]$$

이때 서로 다른 기본 박스의 비율을 다음과 같이 부여합니다.

$a_r \in \left\{ 1, \ 2, \ 3, \ , \ \frac{1}{2}, \ \frac{1}{3} \right\}$ 일 때,

넓이: $w_k^a = s_k \sqrt{a_r}$

높이: $h_k^a = s_k / \sqrt{a_r}$

그리고 비율이 1인 경우에 스케일을 한 가지 더 추가해 총 6가지의 기본 박스를 갖습니다.

$$s'_k \sqrt{s_k \ s_{k+1}}$$

결과는 표 4.10과 같습니다.[61]

---

59 4.1절 참고.

60 그림 4.27은 프레임워크에서 사용되는 두 가지 특징 맵(8×8 및 4×4)을 보여줍니다.

61 〈YOLOv3: An Incremental Improvement〉, Redmon, Ali Farhadi, 2018, https://arxiv.org/pdf/1804.02767.pdf, 논문의 표 7

표 4.10 SSD의 성능(Pascal VOC2007)

Method	mAP	FPS	batch size	#Boxes	Input resolution
Faster R-CNN	73.2	7	1	~6000	~1000x600
YOLO(VGG16)	66.4	21	1	98	448 x 448
SSD300	74.3	46	1	8732	300 x 300
SSD512	76.3	19	1	24564	512 x 512
SSD300	74.3	59	8	8732	300 x 300
SSD512	76.8	22	8	24534	512 x 512

이러한 SSD를 이용해 실제 프로젝트에 적용하려고 할 때 그림 4.30에서 볼 수 있는 것처럼 엔비디아 젯슨(Jetson)과 같은 일반적인 인공지능을 위한 임베디드 장치에서 정확도나 속도를 봤을 때 만족할 만한 결과가 나온다는 상당히 매력적인 장점을 가지고 있습니다.

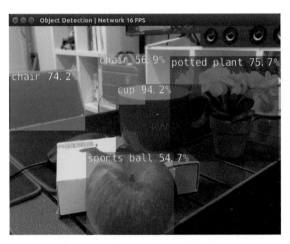

그림 4.30 젯슨 나노에서 테스트한 SSD의 객체 인식 화면

SSD와 엔비디아 젯슨 나노의 실습은 이 책의 2부와 3부에서 다룹니다.

4.5 _ 그 밖의 네트워크

지금까지 이미지 분할과 객체 인식에 대해 YOLO 버전 1~3과 SSD를 중심으로 설명했습니다. 이제 그 외 많은 연구자가 선호하는 이미지 분할과 객체 인식의 네트워크 중 이미지 객체 분할로 잘 알려진 Mask R-CNN, 경량화된 효율성 높은 네트워크 백본으로 잘 알려진 MobileNet v2, 그리고 YOLO의 최신 버전인 YOLOv4, 이렇게 세 가지만 간략히 소개하겠습니다.

Mask R-CNN: 이미지 객체 분할

FAIR(Facebook AI Research)의 유명한 Mask R-CNN은 인스턴스 분할, 경계 상자 객체 감지 및 사람 키포인트 감지 등 많은 작업에 활용하기 좋습니다. 그림 4.31에서 볼 수 있듯이 Mask R-CNN은 Faster R-CNN을 확장해 이미지 객체 분할에 적용하고자 개발했으며, Faster R-CNN에서 검출한 각각의 박스에 객체 마스크를 씌워주는 방식입니다.[62]

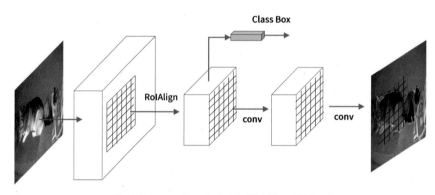

그림 4.31 Mask R-CNN은 이미지 객체 분할 프레임워크다.

Mask R-CNN은 Faster R-CNN을 확장하기 위해 각각의 RoI(Region of Interest)에 분할 마스크를 예측하는 작은 FCN 브랜치를 추가해, 기존 Faster R-CNN의 분류와 위치 검출과 병행해 진행되게 합니다. 이때 일어날 수 있는 정렬이 맞지 않는 문제는 RoIAlign[63]이라는 방법으로 정확도를 해결했습니다.

Mask R-CNN은 문헌에서 5,000개 이상의 인용이 있는 2017 ICCV 논문으로 매우 중요한 딥러닝 기반 컴퓨터 비전 논문 중 하나입니다. 그리고 이미지 객체 인식 결과가 바운

---

62 〈Mask R-CNN〉, Kaiming He Georgia Gkioxari, https://arxiv.org/pdf/1703.06870.pdf 그림 1 참조

63 RoI Align: https://towardsdatascience.com/understanding-region-of-interest-part-2-roi-align-and-roi-warp-f795196fc193

딩 박스가 이미지 분할의 형태로 나와 시각적인 효과가 크기 때문에 많은 딥러닝 영상 처리 장치에서 시연 테스트로 선호하며, 이미지 분할 네트워크 연구 분야에서는 FCN보다 더 인기가 많은 네트워크라고 할 수 있습니다. 그림 4.32와 같이 자율주행 차량 관련 시연에도 많이 활용됩니다.

그림 4.32 Mask R-CNN 적용 영상 [64]

MobileNet v2: 작지만 강력한 객체 인식

객체 인식은 많은 영상분석 장치에서 필요로 하는 만큼, 정확도와 속도를 모두 만족하는 객체 인식 네트워크가 필요합니다.

정확하다고 알려진 최신 딥러닝 네트워크 대부분은 실시간으로 작동하지 않고, 배치 사이즈가 커야 하며, 여러 개의 GPU로 학습해야 합니다. 일반적인 GPU에서 실시간으로 작동하며, 학습에 한 개의 GPU만 있어도 되는 CNN 네트워크를 만듦으로써 이 문제를 해결할 수 있습니다.

MobileNet v2에서 문제 해결을 위해 적용한 주요 기법은 다음과 같습니다.

64 https://developer.nvidia.com/blog/training-instance-segmentation-models-using-maskrcnn-on-tao-toolkit/

- 뎁스와이즈 분리 콘볼루션(Depthwise Separable Convolution) [65]

- 역잔차 & 선형 보틀넥(Inverted Residuals & Linear Bottlenecks) [66]

뎁스와이즈 분리 콘볼루션(Depthwise Separable Convolution)

계산 복잡도를 줄이면서도 Conv 레이어의 표현력을 유지하기 위한 방법으로 행의 방향과 열의 방향으로 필터를 분리해 적용하는 방법입니다.

예를 들어 그림 4.33의 위쪽 그림과 같이 $(3 \times 3 \times C)$ 필터를 적용하는 것이 일반적인 콘볼루션이라고 하면 뎁스와이즈 분리 콘볼루션에서는 그림 4.33의 하단 좌측 그림과 같이 뎁스와이즈(Depthwise) 콘볼루션을 위해 $(3 \times 1 \times C)$ 필터를 적용해 채널은 유지한 상태로 크기만 축소하도록 계산한 후 그림 4.33의 오른쪽 아래 그림과 같이 포인트와이즈(Pointwise) 콘볼루션을 위해 $(1 \times 3 \times C)$ 필터를 적용해 채널 또한 축소하는 방법입니다.

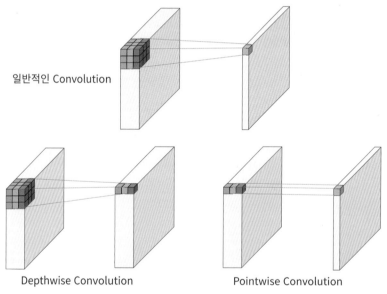

일반적인 Convolution

Depthwise Convolution   Pointwise Convolution

그림 4.33 일반적인 콘볼루션(상) vs. 뎁스와이즈 콘볼루션(하)

65 〈MobileNets: Efficient Convolutional Neural Networks for Mobile Vision Applications〉, Andrew G. Howard, Menglong, https://arxiv.org/pdf/1704.04861.pdf

66 〈MobileNet V2: Inverted Residuals and Linear Bottlenecks〉, Mark Sandler, Andrew Howard, https://arxiv.org/pdf/1801.04381.pdf

이렇게 행과 열의 방향으로 필터를 분리하면 파라미터의 개수를 줄일 수 있는데, (3×3×C) 필터의 파라미터 수는 9C이지만, 분리한 필터의 파라미터 수는 (3×1×C) +(1×3×C)= 6C가 됩니다. 이로써 품질에 영향을 주지 않으면서 연산 속도를 올릴 수 있습니다.

역 잔차 & 선형 보틀넥(Inverted Residuals & Linear Bottlenecks)

입력 채널 정보가 비선형성에 의해 특징 맵에 모두 매핑되지 못하는 것을 방지하고자 만든 방법입니다. 이때 그림 4.34와 같이 일반적인 잔차 모듈(residual block)에서 사용하는 wide → narrow → wide의 형태를 역잔차에서는 뒤집어서 narrow → wide → narrow의 형태로 스킵 커넥션을 합칩니다. 이런 방법으로 입력 정보를 보존하고 깊은 레이어까지 전달할 수 있게 됩니다. [67]

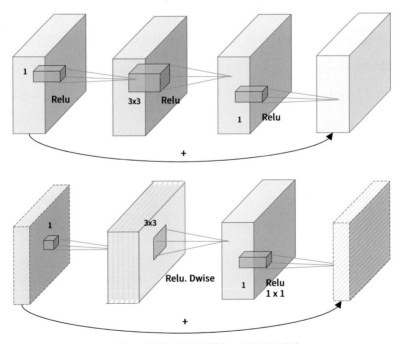

그림 4.34 일반적 잔차 블록(상) vs 역잔차 블록(하)

---

67 〈MobileNetV2: Inverted Residuals and Linear Bottlenecks〉, Mark Sandler, Andrew Howard, https://arxiv.org/pdf/1801.04381.pdf 그림 3 참조

이러한 MobileNet v2는 이미지 분류 네트워크지만, 객체 인지 네트워크인 SSD에서 특징 맵 추출을 담당하는 백본 역할로 많이 활용됩니다. 서버와 비교해 리소스가 부족한 에지 장치에서 잘 활용되는 네트워크라고 할 수 있습니다.

YOLOv4: 새로운 YOLO

YOLOv4는 최초 개발자인 조셉 레드몬(Joseph Redmon)이 은퇴한 후 알렉세이 보스코브스키(Alexey Bochkovskiy)라는 개발자가 이어받아 개발한 새로운 YOLO입니다. 이러한 새로운 버전에 대한 기대가 YOLOv3와 같이 성능 향상과 같은 것이 될 수도 있었는데, 새로운 개발자가 이 버전의 목적 자체를 '기존 GPU에서 실시간으로 작동하며, 학습에 한 개의 기존 GPU만 필요한 CNN을 만들고자 함'이라고 깔끔하게 정했기 때문에 MobileNet과 같은 실용주의 노선을 타는 네트워크라는 것을 알 수 있습니다.

YOLOv3까지만 해도 모델 학습의 경우에는 고성능의 Nvidia Titan[68] GPU를 2개 정도 갖추고 있어야 학습이 용이했고, 추론의 경우에는 임베디드 GPU 제품군에서 실행하는 경우 정확도와 속도를 모두 만족하기가 어려웠기 때문에 실용적인 콘셉트의 MobileNet과 YOLOv4의 연구 개발은 이런 점에서 상당히 바람직하다고 하겠습니다.

YOLOv4에서는 객체 인식 네트워크를 그림 4.35와 같이 입력(Input), 백본(Backbone), 넥(Neck), 헤드(Head)의 4단계로 이뤄져 있다고 보고, 원하는 네트워크를 개발하기 위해 이 4가지 구성요소를 어떤 방법으로 처리하는 것이 좋은지를 연구했습니다.[69]

---

68 https://en.wikipedia.org/wiki/Nvidia_Titan

69 〈YOLOv4: Optimal Speed and Accuracy of Object Detection〉, Alexey Bochkovskiy, Chien-Yao Wang, 2020, https://arxiv.org/pdf/2004.10934.pdf 그림 2 참조

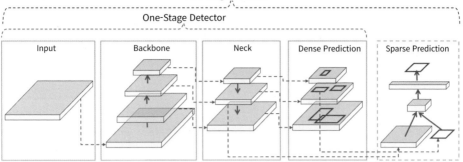

Input: Image, Patches, Image Pyramid, ...
Backbone: VGG16, ResNet-50, ResNeXt-101, Darknet53, ...
Neck: FPN, PANet, Bi-FPN, ...
Head:
    Dense Prediction: RPN, YOLO, SSD, RetinaNet, FCOS, ...
    Sparse Prediction: Faster R-CNN, R-FCN, ...

그림 4.35 객체 인식 네트워크의 구조

YOLOv4의 연구는 학습 단계에서는 백 오브 프리비스(Bag of freebies), 그리고 추론 단계에서는 백 오브 스페셜(Bag of Specials)[70]이라는 방법을 사용했습니다.

이에 대해 간략히 소개하자면 다음과 같습니다.

백 오브 프리비스(Bag of freebies: BoF)

백 오브 프리비스(BoF)는 학습 전략을 바꾸거나 학습 비용을 높이는 방법들로, 다양한 데이터 증강, 일반화(regularization), 손실 함수들을 적용해 보며 가장 적합한 결과를 찾아내는 것이라고 할 수 있습니다.

1. 데이터 증강의 경우는 Pixel-wise 조정(밝기, 대비, 색조, 크기 조절), 객체 폐색(Object Occlusion) 시뮬레이팅[71]과 Mosaic, Mix, CutMix와 같은 다중 이미지 이용, Style transfer GAN과 같은 방법을 테스트해 적용했다.

---

70 〈YOLOv4: Optimal Speed and Accuracy of Object Detection〉, Alexey Bochkovskiy, 2020, Chien-Yao Wang, https://arxiv.org/pdf/2004.10934.pdf

71 객체 폐색(Object Occlusion) 시뮬레이팅 : 데이터 증강 시 프로그램을 통해 객체를 일부 가려지게 되는 데이터를 생성하는 것을 말합니다. 사물 인지 데이터는 객체가 잘 보이는 이미지를 사용하지만 실제 상황의 영상은 객체가 일부 가려져 있는 경우가 대부분이기 때문에 이 방법을 사용해 실제 상황 검출률을 높일 수 있습니다.

2. 데이터세트의 클래스 불균형 문제, 즉 데이터의 비율 중 객체보다 배경이 많기 때문에 생기는 불균형에 의해 오검출률이 높아지는 문제가 있는데, 이를 개선하기 위해 적용한 포컬 손실(Focal Loss)의 경우에는 객체에 가중치를 두는 방식으로 이를 해결한다.

3. 바운딩 박스의 손실 함수는 MSE보다 IoU 기반 손실 함수[72]가 더 성능이 좋았다. 여러 IoU 손실 함수를 테스트한 결과 정답 영역과 검출 영역이 겹치는 영역과 중심점 간의 거리, 종횡비까지 고려하는 CIoU가 가장 좋다.

4. 과적합을 막기 위한 정규화 방안으로는 Drop out, Drop path, Drop block 등의 방법을 테스트해 봤고 그중 Drop block을 적용했다.

백 오브 스페셜(Bag of Specials: BoS)

백 오브 스페셜(BoS)은 추론 비용이 조금 더 들더라도 정확도를 높이는 방법입니다. 즉, 다양한 수용 영역(Receptive Field), 특징 통합(Feature Integration), 활성화 함수(activation function), 어텐션 모듈(Attention Module), 정규화, 그리고 후처리(post processing)의 방법론을 적용한 테스트를 진행해 가장 좋은 결과가 나오는 것을 선택하는 방법이라고 할 수 있습니다.

수용 영역이란 필터 내 하나의 뉴런이 이전 레이어 원본에서 담당하는 커널 사이즈의 범위를 말합니다.[73] 백본에서 이 수용 영역을 키우기 위해 선택한 방법은 SPP(Spatial Pyramid Pooling)인데, SPP는 그림 4.36과 같이 특징 맵을 정해준 그리드에 맞추어 맥스 풀링(max pooling) 해주는 것입니다.

72 IoU loss: https://wikidocs.net/163050
73 수용 영역: https://www.baeldung.com/cs/cnn-receptive-field-size

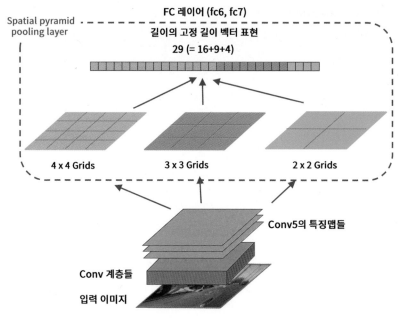

그림 4.36 SPP(Spatial Pyramid Pooling)

어텐션 모듈이란 CNN에서 Depth(Layer의 수)와 Width(Filter의 수), 병렬 블록 외에 주의력(Attention)에 대한 요소로 표현력을 높이는 방법으로, Channel과 Spatial 축에서 의미 있는 특징(Feature)을 강조하는 방법을 말합니다. 이러한 어텐션 모듈 중에서 논문에서는 SAM(Self-Attention Module)(그림 4.37)을 사용했을 때 연산 속도에 지장 없이 정확도를 높일 수 있었다고 합니다.

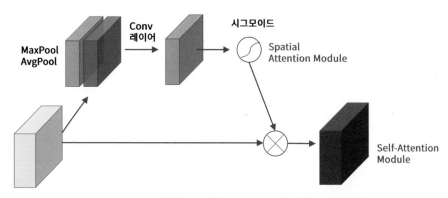

그림 4.37 SAM(Self Attention Module)

특징 통합(Feature Integration)
으로는 특징 맵을 통합하기 위한
FPN(Feature Pyramid Network)
이 유명한데, 여기서는 BiFPN과
같은 경량화된 방법을 테스트했습
니다. 그림 4.38에서 FPN과 BiFPN
의 차이를 비교해 이해할 수 있습
니다. [74]

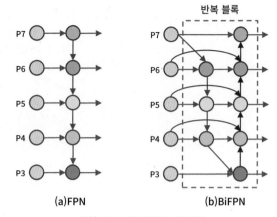

그림 4.38 FPN과 BiFPN의 차이

활성화 함수는 Leaky ReLU, Parametric ReLU, ReLU6, Mish(그림 4.39 참조) 등을 비
교했는데, 논문에 의하면 Mish[75]가 가장 효과가 좋았다고 합니다.

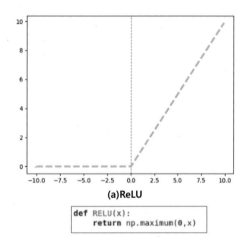

(a)ReLU

```
def RELU(x):
    return np.maximum(0,x)
```

74 〈EfficientDet: Scalable and Efficient Object Detection〉, MingxingTan, 2020, https://arxiv.org/pdf/1911.09070.pdf 그림 2 참조
75 〈Mish:A Self Regularized Non-Monotonic Activation Function〉, Diganta Misra, 2020, https://arxiv.org/pdf/1908.08681.pdf

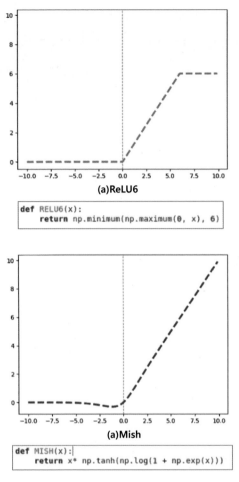

(a)ReLU6

```
def RELU6(x):
    return np.minimum(np.maximum(0, x), 6)
```

(a)Mish

```
def MISH(x):
    return x* np.tanh(np.log(1 + np.exp(x)))
```

그림 4.39 ReLU, ReLU6와 Mish의 차이

모델 아키텍처

YOLOv4의 모델 아키텍처는 크게 백본, 넥, 헤드로 이뤄져 있습니다.

백본(Backbone)

YOLOv4의 모델 아키텍처에서 입력으로부터 특징을 추출하는 백본은 CSPDarknet53을
사용했습니다. 분류기가 아닌 객체 검출을 위한 백본의 요구사항은 다음과 같습니다.

- **보다 높은 입력 해상도**: 작은 물체 인식을 위해

- **보다 많은 계층**: 수용 영역을 키우기 위해

- **보다 많은 파라미터**: 하나의 입력 이미지에 대해 서로 다른 크기의 다중 객체 인식을 위한 모델 성능을 높이기 위해

이 조건을 만족하면서도 빠르게 추론하도록 CSPNet(Cross Stage Partial DenseNet)[76]의 CSP 계층(그림 4.40 참조)을 Darknet53에 연결해 CSPDarknet53을 백본으로 사용했습니다.

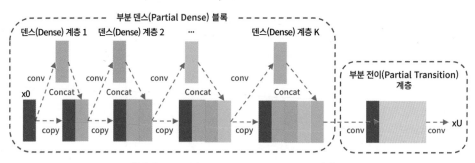

그림 4.40 CSPNet(Cross Stage Partial DenseNet)의 구조

넥(Neck)

모델 아키텍처에서 넥은 앞에서 추출한 특징을 수집하는 역할을 합니다. 넥 중 추가 블록 역할로 선택한 것은 BoS 실험 중 SPP(Spatial Pyramid Pooling)와 SAM(Self Attention Module)입니다.

SPP는 그림 4.36에서 본 것과 같이 수용 영역을 늘리기 위해 특징 맵을 정해준 그리드에 맞추어 max pooling을 한 것이고 백본의 마지막 계층에 연결해 사용했습니다. SAM은 그림 4.37에서 본 것과 같이 특징 맵에서 중요한 값을 강조하는 어텐션 역할을 하기 위해 선택됐지만, 최종적으로 사용되지 않았습니다.

---

76 〈A New Backbone that can Enhance Learning Capability of CNN〉, CY Wang, 2019, https://arxiv.org/pdf/1911.11929v1.pdf

넥 중 경로 집계(Path-aggregation) 블록으로는 YOLOv3의 FPN 대신에 PAN(Path Augmented Network)[77]을 사용했습니다. PAN은 상향식(Bottom-up) 경로 증강(Path Augmentation)을 통해 낮은 레벨 특징(low-level feature)의 정보를 높은 레벨 특징(high-level feature)[78]에 효과적으로 전달함으로써 객체 탐지 시 측위(localization) 성능을 향상시킨 네트워크입니다(그림 4.41 참조).

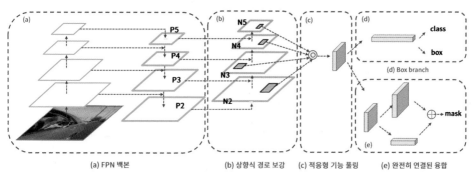

그림 4.41 PAN(Path Augmented Network)의 구조

헤드(head)

최종적으로 바운딩 박스 회귀와 객체 분류를 하는 헤드는 기존 YOLOv3와 같이 3가지 스케일로 예측하게 했습니다.

YOLOv4 네트워크의 구조

결론적으로 YOLOv4는 다음 그림 4.42와 같이 선택해 구성됐습니다.[79]

---

77 〈Path Aggregation Network for Instance Segmentation〉, Shu Liu, 2018, https://arxiv.org/pdf/1803.01534.pdf

78 low-level feature: 입력층에 가까운 계층의 특징
high-level feature: 출력층에 가까운 계층의 특징

79 〈Yolo v4 Object Detection – How it Works & Why it's So Amazing〉, https://youtu.be/_JzOFWx1vZg

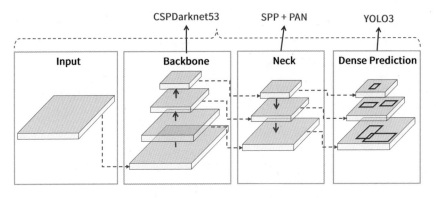

YOLOv4 = YOLOv3 + CSPDarknet53 + SPP + PAN + Bof + BOS

그림 4.42 YOLOv4 네트워크의 구조

YOLO는 버전 업그레이드를 거치며 딥러닝 객체 인식의 최신 기술을 흡수하고 발전시키면서 성장했습니다. 따라서 객체 인식 연구자와 개발자에게는 SSD와 함께 필수적으로 알고 익혀 둬야 할 네트워크입니다.

YOLOv4-tiny: 소형 장치용 tiny 버전

YOLOv4-tiny는 YOLOv4의 압축 버전입니다. 사실 YOLO의 tiny 버전은 YOLOv2부터 꾸준히 공개돼 왔고 기본 YOLO를 기반으로 네트워크 구조를 단순화하고 매개변수를 줄여 모바일 및 임베디드 장치 개발이 가능하도록 제안됐습니다. 이 책에서는 YOLOv4를 기준으로 tiny 버전을 소개하겠습니다.

YOLOv4-tiny는 더 빠른 훈련과 더 빠른 감지가 가능합니다. YOLOv4에는 3개의 YOLO 헤드가 있지만 YOLOv4-tiny는 2개뿐입니다. 그리고 사전 훈련된 137개의 컨볼루션 계층에서 훈련된 YOLOv4와 달리 YOLOv4-tiny는 29개의 사전 훈련된 컨볼루션 계층에서 훈련됐습니다.

1080ti GPU 장치에서 실험했을 때 YOLOv4-tiny의 FPS(초당 프레임 수)는 YOLOv4의 약 8배입니다. 그러나 MS COCO 데이터 세트 테스트 기준으로 YOLOv4-tiny의 정확도는 YOLOv4의 2/3로 떨어집니다. 그러므로 소형 장치에서 추론용으로 YOLO 버전을 선택한다면, 개발자는 속도와 성능 중 중요한 쪽을 선택해야 합니다. 일반적으로 실시간 객

체 감지에는 YOLOv4보다 YOLOv4-tiny가 낫습니다. 실시간 객체 감지 환경에서는 정밀도나 정확성보다 추론 속도가 더 중요하기 때문입니다.

4.6 _ YOLOv4 실습

이번 절에서는 YOLO를 이용한 객체 인식 프로젝트를 해보겠습니다. 다양한 목적에 따라 적절한 데이터세트를 모으고 라벨링한 후 DarkNet 기반의 YOLO 신경망을 학습해 객체 인식 프로젝트를 수행할 수 있습니다.

실습 과정에서 사전에 공개된 Pascal VOC 데이터세트를 활용해 YOLOv4-tiny 신경망을 수정해 학습하고 활용할 것입니다. 자기만의 데이터세트를 활용하는 경우를 위해 직접 데이터를 라벨링하는 방법도 함께 실습합니다.

실습 준비

이 절에서는 프로젝트의 실습에 사용될 코드가 공개된 저장소와 프로젝트의 실습에 사용될 데이터세트에 대해 알아봅니다.

이번 실습의 예제 코드는 Chap4 폴더의 `Train_YOLOv4_tiny_with_VOC_data_in_colab.ipynb` 파일에 있습니다.

Pascal VOC 데이터세트

실습 과정에서는 Pascal VOC 데이터세트를 활용합니다. 이 데이터세트는 대표적인 객체 인식과 영역 분할을 위한 데이터세트 중 하나이며, Pascal VOC 공식 홈페이지[80]에서 내려받을 수 있습니다.

Pascal VOC 데이터세트 다운로드

구글 코랩에서 Pascal VOC 데이터세트를 다운로드한 후 훈련용과 검증용 데이터를 분할해 YOLOv4 데이터세트를 준비합니다.

---

80 Pascal VOC 공식 홈페이지: http://host.robots.ox.ac.uk/pascal/VOC/voc2007/

1. 구글 코랩에서 다음과 같이 데이터세트를 다운로드한 후 tar 압축[81]을 풀고, 원본 압축 파일을 제거합니다.

```
!wget http://pjreddie.com/media/files/VOCtrainval_11-May-2012.tar
!tar -xf VOCtrainval_11-May-2012.tar
!rm VOCtrainval_11-May-2012.tar
```

2. 실습용 데이터세트는 라벨이 XML 형식으로 제공되며, 해당 포맷은 DarkNet을 활용해 객체 인식 신경망을 훈련할 때 사용할 수 있는 파일 포맷이 아닙니다.

    convert2Yolo라는 깃허브 저장소에서 Pascal VOC 데이터세트의 XML 파일을 DarkNet을 통한 훈련에 사용할 수 있게 변환하는 기능을 제공합니다. 이를 활용해 XML 파일 포맷을 txt 파일 포맷으로 변환하겠습니다.

    이 과정에 앞서 다음과 같이 Pascal VOC 데이터세트의 클래스 리스트가 있는 파일을 생성합니다.

```
classes = [
    "aeroplane\n", "bicycle\n", "bird\n", "boat\n", "bottle\n", "bus\n", "car\n",
    "cat\n", "chair\n", "cow\n", "diningtable\n", "dog\n", "horse\n", "motorbike\n",
    "person\n", "pottedplant\n", "sheep\n", "sofa\n", "train\n", "tvmonitor"
]
with open("vocnames.txt", 'w') as f:
    f.writelines(classes)
```

3. vocnames.txt 파일이 생성된 것을 확인한 후 다음과 같이 VOCdevkit/VOC2012 폴더 아래에 labels 폴더를 생성한 후 convert2Yolo 저장소를 활용해 XML 파일을 txt 파일로 변환합니다.

```
!mkdir VOCdevkit/VOC2012/labels/
!git clone https://github.com/ssaru/convert2Yolo.git
!cd convert2Yolo && python3 example.py --datasets VOC \
--img_path ../VOCdevkit/VOC2012/JPEGImages/ \
--label ../VOCdevkit/VOC2012/Annotations/ \
--convert_output_path ../VOCdevkit/VOC2012/labels/ \
--img_type ".jpg" \
--manifest_path ../ \
--cls_list_file ../vocnames.txt
```

---

81 https://www.freecodecamp.org/news/how-to-compress-files-in-linux-with-tar-command/

다운로드 완료 후 훈련을 위한 이미지가 있는 폴더의 경로는 다음과 같습니다.

```
/content/VOCdevkit/VOC2012/JPEGImages/
```

DarkNet을 통한 객체 인식 신경망을 훈련하기 위해 각 이미지 내 객체의 위치가 라벨링된 텍스트 파일이 있는 폴더의 경로는 다음과 같습니다.

```
/content/VOCdevkit/VOC2012/labels/
```

DarkNet에서 훈련할 때 이미지가 있는 폴더와 같은 경로에 labels 폴더가 있고, 그 폴더에 이미지와 동일한 이름의 라벨링된 텍스트 파일이 있어야만 훈련을 수행할 수 있습니다. 구체적인 파일 구조는 다음과 같습니다(객체 인식을 위한 데이터셋 경로를 $Object_Detection_Dataset로 나타냈습니다).

【 DarkNet에서 객체 인식 신경망 훈련을 위한 데이터세트 구조 】

```
$Object_Detection_Dataset/
    ├ images/
    │    └ 1.png
    │    └ 2.jpg
    │    └ 3.bmp
    └ labels/
         └ 1.txt
         └ 2.txt
         └ 3.txt
```

데이터 분할

앞에서 파일 포맷을 변환한 결과로 manifest.txt 파일이 생성됐습니다. 이는 훈련에 사용할 모든 이미지의 절대경로가 작성된 파일입니다. 다음 코드를 실행해 7:3의 비율로 훈련과 검증을 위해 이미지를 분배하겠습니다.

1. 일단 모든 이미지 절대경로를 리스트로 읽어옵니다.

```
with open("/content/manifest.txt") as f:
    files = f.readlines()
```

2. 모든 이미지의 절대경로를 7:3의 비율로 훈련용 리스트와 검증용 리스트에 분배하는데, 계산의 편의성을 위해 이미지 순서에서 10을 나눈 후 3보다 작으면 검증용으로 분배합니다.

```
for idx, img_path in enumerate(files):
    if idx % 10 < 3:
        val_list.append(img_path)
    else:
        train_list.append(img_path)
```

3. 각각의 이미지 절대경로 리스트를 텍스트 파일로 저장합니다.

```
with open("/content/train.txt", 'w') as f:
    f.writelines(train_list)
with open("/content/val.txt", 'w') as f:
    f.writelines(val_list)
```

이렇게 하면 Pascal VOC 데이터세트로 DarkNet 기반의 객체 인식 신경망을 훈련하기 위한 준비가 완료됩니다.

로보플로를 활용해 직접 데이터세트를 준비

직접 데이터세트를 준비하는 경우, 우선 어떤 목적으로 어떤 환경에서 객체 인식을 수행하고자 하는지 확인해야 합니다. 이후 최대한 해당 환경에서 이미지를 수집하는 것을 권장합니다.

동일한 환경에서 이미지를 수집하는 것이 제한되면 유사한 환경에서 이미지를 수집합니다. 이때 이미지는 최소 1,000장가량 모아야 훈련한 객체 인식 신경망이 사용할 만한 객체 인식 성능을 가지게 됩니다.

이미지를 모았으면 이미지 내 객체가 어디에 있는지 라벨링을 수행합니다. CVAT, LabelImg, LabelMe 등 온라인에 많은 라벨링 도구가 공개돼 있습니다. 여기에서는 로보플로(Roboflow) 의 라벨링 도구를 활용합니다. [82]

---

82 CVAT: https://github.com/openvinotoolkit/cvat
LabelImg: https://github.com/tzutalin/labelImg
LabelMe: https://github.com/wkentaro/labelme
Roboflow: https://roboflow.com/

로보플로는 구글 아이디 또는 깃허브 아이디로 가입해 활용할 수 있습니다. 로보플로 문서[83]에 라벨링 도구에 대한 설명이 있습니다. 절차를 간단히 설명하면 다음과 같습니다.

1. 로보플로 시작과 프로젝트 생성

① https://roboflow.com/annotate에 접속한 후 [Sign in]을 클릭해 로그인합니다.

② [Create New Project]를 클릭해 새 프로젝트를 생성합니다.

③ [Project Type]이 [Object Detection]인 것을 확인하고, [Project Name]에는 프로젝트명을, 그 외 빈칸에는 검출하고자 하는 객체 종류를 입력합니다.

④ 모든 빈칸을 채운 후, [Create Public Project]를 클릭하면 프로젝트가 생성됩니다.

2. 데이터 업로드와 팀원 초대

① [Select Files] 또는 [Select Folder]를 통해 라벨링할 데이터를 업로드할 수 있습니다.

② 데이터 선택을 완료하면 업로드하고자 선택한 이미지를 확인할 수 있습니다.

③ [Save and Continue] 버튼을 클릭해 데이터를 업로드합니다.

④ 화면에서 같이 작업할 팀원을 프로젝트에 초대할 수 있으며, 초대는 메일로 합니다.

3. 라벨링 시작

① [Assign Images]를 통해 이미지를 할당한 후 보이는 화면을 프로젝트 화면이라고 합니다.

② [Start Annotating]을 통해 이미지에 대한 라벨링을 시작합니다.

③ 라벨링 진행 중에는 마우스 드래그 앤드 드롭을 통해 객체를 감싸는 박스를 그릴 수 있습니다.

④ 박스가 다 그려지면 객체의 클래스를 입력할 수 있습니다.

4. 라벨링 완료

① 한 이미지에 대한 작업이 완료되면 상단의 화살표 버튼을 통해 다음 이미지 또는 이전 이미지에 대한 작업을 진행할 수 있습니다.

② 모든 이미지에 대한 작업이 완료되면 왼쪽 상단의 뒤로가기 버튼을 통해 프로젝트 화면으로 돌아올 수 있습니다.

5. 데이터세트 생성

① [Add Images to Dataset]를 통해 라벨링이 완료된 이미지를 데이터세트에 넣을 수 있습니다. 이때, 데이터세트를 훈련/검증/테스트용으로 나눌 수 있습니다.

---

83 https://docs.roboflow.com/annotate

② 작업이 완료되면 왼쪽의 사이드바에서 [Generate]를 클릭합니다.

③ [Preprocessing]에서 [Continue] 버튼을 클릭하고, 그 아래의 [Augmentation]에서도 [Continue] 버튼을 클릭합니다.

④ [Generate]에서 [Generate] 버튼을 클릭하면 데이터세트 생성이 완료됩니다.

6. 데이터세트 다운로드

① [Export Dataset] 버튼을 클릭해 데이터세트를 내려받을 준비를 합니다.

② Format은 'YOLO Darknet'으로 하고, [download zip to computer] 버튼을 클릭한 후 [Continue]를 통해 데이터세트를 다운로드합니다.

이 로보플로를 활용한 라벨링 방법은 독자의 이해를 돕기 위해 다음 주소의 동영상으로도 준비했습니다.

▪ https://www.youtube.com/watch?v=75JFJUcZ3Yw

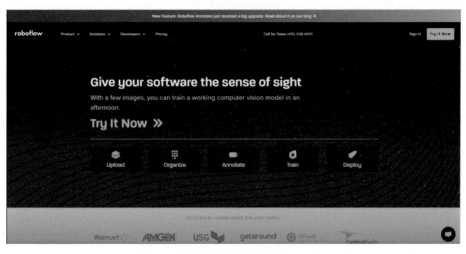

그림 4.43 로보플로 웹사이트

모든 이미지의 라벨링이 완료되면 왼쪽에서 데이터세트를 생성해 YOLO Darknet을 훈련하기 위한 txt 파일의 형태로 다운로드할 수 있습니다. 또는 코랩에서 바로 다운로드해 활용할 수 있는 다운로드 스크립트를 확인할 수 있습니다.

학습

DarkNet을 통해 객체 인식 신경망을 훈련하기 위한 데이터세트가 준비됐습니다. 이제 학습을 위해 DarkNet을 빌드하고 신경망 구조를 수정합니다. 이후 학습할 데이터세트를 정의한 파일을 생성한 후 학습을 진행하겠습니다.

다크넷 빌드

코랩에서 YOLOv4 네트워크 훈련을 하기 위해 다크넷 소스를 빌드하겠습니다.

1. 먼저 훈련 중 가중치를 안전하게 저장하기 위해 구글 드라이브를 마운트합니다.

```
from google.colab import drive
drive.mount('/content/gdrive')
```

2. DarkNet 저장소를 복사합니다. 이 저장소를 다운로드해 YOLOv4의 DarkNet 라이브러리를 빌드할 수 있습니다.

```
!git clone https://github.com/jetsonai/darknet.git
```

3. DarkNet이 OpenCV 영상 처리 라이브러리와 CUDA 병렬화, cuDNN 딥러닝 가속화 라이브러리를 활용하게 하도록 Makefile을 수정합니다.

이후의 명령은 darknet 폴더에서 실행합니다.

```
%cd darknet
!sed -i 's/OPENCV=0/OPENCV=1/' Makefile
!sed -i 's/GPU=0/GPU=1/' Makefile
!sed -i 's/CUDNN=0/CUDNN=1/' Makefile
```

그림 4.44에서 Makefile에서 수정된 부분을 확인할 수 있습니다.

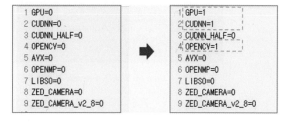

그림 4.44 Makefile 수정

DarkNet 빌드 및 테스트

DarkNet 소스를 빌드한 후 성공했는지 알아보기 위해 테스트해 보겠습니다.

1. make 명령으로 빌드를 수행합니다. 이때 빠른 빌드를 위해 -j $nproc 옵션으로 시스템의 모든 CPU 스레드를 활용해 빌드하게 합니다.

```
!make -j $nproc
```

2. 빌드가 정상적으로 수행됐는지 확인하기 위한 테스트를 수행합니다. COCO 데이터세트로 훈련된 YOLOv4-tiny의 가중치를 내려받은 후 darknet의 data 폴더에 dog.jpg를 추론합니다. 추론 결과는 darknet 폴더에 predictions.jpg로 저장되며, 그림 4.45와 동일하거나 유사할 것입니다.

그림 4.45 YOLOv4-tiny를 활용한 추론 결과와 폴더 내 파일 이미지

전이학습을 위한 신경망 구조 수정 및 학습 준비

이번에는 준비한 데이터세트를 활용해 YOLOv4-tiny의 전이학습을 해보겠습니다. 이 내용을 이해하고 나면 각자 선호하는 모델(YOLOv3, YOLOv3-tiny, YOLOv4 등)의 전이학습 역시 수행할 수 있습니다.

전이학습을 위한 준비

전이학습 준비를 하기 위해 YOLOv4-tiny의 가중치와 신경망 구조를 준비하겠습니다.

1. 우선 전이학습을 위해 구글 드라이브에 YOLOv4-tiny의 전이학습을 위한 가중치를 다운로드합니다.

```
!mkdir /content/gdrive/MyDrive/darknet_backup && cd /content/gdrive/MyDrive/
darknet_backup && wget https://github.com/AlexeyAB/darknet/releases/download/
darknet_yolo_v4_pre/yolov4-tiny.conv.29
```

2. YOLOv4 tiny의 신경망 구조를 복사한 후 수정해 보겠습니다. 준비한 데이터세트의 클래스 수에 따라 yolo 레이어의 클래스 수와 yolo 레이어 바로 직전 convolutional 레이어의 filters 수를 수정합니다. filters 수는 (5 + 클래스 수) × 3으로 계산해 수정하면 됩니다. 훈련할 Pascal VOC 데이터세트의 클래스 수가 20이므로 여기에서는 75로 수정합니다.
먼저 cfg/yolov4-tiny.cfg를 yolov4-tiny_voc.cfg로 복사합니다.

```
!cp cfg/yolov4-tiny.cfg ./yolov4-tiny_voc.cfg
```

3. 이제 다음 코드로 값을 수정해 줍니다. 별도로 데이터세트를 준비해 훈련할 때 원하는 클래스 수와 필터 수가 다르다면 yolo 레이어의 클래스와 그 위 콘볼루션 레이어의 필터 수를 그에 맞게 수정해야 합니다. 그림 4.46에서 이번 실습을 위해 수정된 신경망의 구조를 확인할 수 있습니다.

```
!sed -i "221s/.*/filters=75/g" yolov4-tiny_voc.cfg
!sed -i "229s/.*/classes=20/g" yolov4-tiny_voc.cfg
!sed -i "274s/.*/filters=75/g" yolov4-tiny_voc.cfg
!sed -i "280s/.*/classes=20/g" yolov4-tiny_voc.cfg
```

```
217 [convolutional]          217 [convolutional]
218 size=1                    218 size=1
219 stride=1                  219 stride=1
220 pad=1                     220 pad=1
221 filters=255               221 filters=75
222 activation=linear         222 activation=linear
223                           223
224                           224
225                           225
226 [yolo]                    226 [yolo]
227 mask = 3,4,5              227 mask = 3,4,5
228 anchors = 10,14,  23,27,  37,58,  81,82,  135,16    228 anchors = 10,14,  23,27,  37,58,  81,82,  135,16
229 classes=80                229 classes=20
230 num=6                     230 num=6
231 jitter=.3                 231 jitter=.3
232 scale_x_y = 1.05          232 scale_x_y = 1.05
            ...                          ...
270 [convolutional]          270 [convolutional]
271 size=1                    271 size=1
272 stride=1                  272 stride=1
273 pad=1                     273 pad=1
274 filters=255               274 filters=75
275 activation=linear         275 activation=linear
276                           276
277 [yolo]                    277 [yolo]
278 mask = 1,2,3              278 mask = 1,2,3
279 anchors = 10,14,  23,27,  37,58,  81,82,  135,169,   279 anchors = 10,14,  23,27,  37,58,  81,82,  135,
280 classes=80                280 classes=20
281 num=6                     281 num=6
282 jitter=.3                 282 jitter=.3
283 scale_x_y = 1.05          283 scale_x_y = 1.05
```

그림 4.46 config 파일 수정(좌: yolov4-tiny.cfg, 우: yolov4-tiny_voc.cfg)

4. 이제 DarkNet에서 신경망을 훈련할 때 데이터세트의 구체적인 정보를 입력하기 위한 vocdata_colab.txt 파일을 만들어 보겠습니다.

vocdata_colab.txt 파일은 훈련할 클래스의 수, 훈련할 데이터세트의 리스트가 적힌 파일의 경로, 각 클래스 이름이 적힌 파일의 경로, 훈련 중 가중치가 저장될 폴더의 경로가 필요하며 다음 코드로 생성합니다.

```python
vocdata = [
    "classes = 20\n",
    "train = /content/train.txt\n",
    "valid = /content/val.txt\n",
    "names = /content/vocnames.txt\n",
    "backup = /content/gdrive/MyDrive/darknet_backup"
]
with open("vocdata_colab.txt", 'w') as f:
    f.writelines(vocdata)
```

【 결과 파일: vocdata_colab.txt 】

```
classes = 20
train = /content/train.txt
valid = /content/val.txt
names = /content/vocnames.txt
backup = /content/gdrive/MyDrive/darknet_backup
```

심층 신경망 학습

앞에서 훈련을 위한 모든 준비를 마쳤습니다. 훈련을 수행하면 훈련 중 가중치는 실시간으로 구글 드라이브에 저장됩니다.

앞에서 빌드한 darknet 프로그램 darknet detector에 **train** 인자를 주어 실행시킴으로써 객체 인식 신경망을 훈련합니다. 다음 3개의 인자는 다음과 같은 의미를 갖습니다.

- vocdata_colab.txt: 훈련할 데이터세트 구조
- yolov4-tiny_voc.cfg: 신경망 구조
- yolov4-tiny.conv.29: 가중치를 읽어온 후 훈련을 시작하게 한다.

그리고 추가적인 2개의 인자는 다음과 같습니다.

- 2&> train_log.txt: 훈련을 수행하면서 상당히 많은 로그가 출력됩니다. 그러나 코랩 환경에서 로그가 쌓이면 웹브라우저의 메모리가 부족해져 훈련이 불가할 수 있습니다. 이 명령어를 실행해 로그를 텍스트 파일에 저장함으로써 그러한 문제를 피할 수 있습니다.
- -dont_show: GUI 환경에서는 훈련할 때 실시간으로 손실과 검증 데이터를 활용한 검증 값을 이미지로 보여줍니다. 그러나 코랩 환경에서는 이를 보여주는 것이 불가능하므로 -dont_show 인자를 넣어서 훈련에 따른 검증 값의 변화를 chart.png에 저장되게 합니다.

최종적으로 이번 실습을 위한 YOLOv4-tiny 훈련 명령어는 다음과 같습니다.

```
!./darknet detector train \
vocdata_colab.txt \
yolov4-tiny_voc.cfg \
/content/gdrive/MyDrive/darknet_backup/yolov4-tiny.conv.29 \
-dont_show  2&> train_log.txt
```

훈련이 종료되면, 젯슨 나노를 활용한 실습(8장)을 위해 vocnames.txt와 yolov4-tiny_voc.cfg 파일, 그리고 yolov4-tiny_voc_last.weights를 내려받아 둡니다.

코랩에서 이미지 추론 테스트

학습된 모델을 코랩에서 추론하는 실습을 해보겠습니다.

이번 실습의 예제 코드는 Chap4 폴더의 Inference_Image.ipynb 파일에 있으며, 코랩의 GPU를 사용하겠습니다.

DarkNet 추론 준비

1. 우선 추론 실습을 위해 DarkNet 저장소를 다운로드한 후 코랩에서 사용할 수 있게 빌드합니다. Makefile에서 LIBSO=1로 수정됐으므로 darknet을 빌드할 때 darknet.so 라이브러리 파일도 함께 생성됩니다.

```
!git clone https://github.com/jetsonai/darknet.git

%cd darknet
!sed -i 's/OPENCV=0/OPENCV=1/' Makefile
!sed -i 's/GPU=0/GPU=1/' Makefile
!sed -i 's/CUDNN=0/CUDNN=1/' Makefile
!sed -i 's/LIBSO=0/LIBSO=1/' Makefile

!make -j$nproc
```

2. 이제 COCO 데이터세트로 훈련한 YOLOv4-tiny를 이용해 추론을 수행하기 위해 가중치를 다운로드합니다.

```
!wget https://github.com/AlexeyAB/darknet/releases/download/darknet_yolo_v4_pre/yolov4-tiny.weights
```

객체 검출과 후처리 함수

1. darknet을 빌드할 때 생성된 darknet.so 라이브러리 파일을 사용하기 위한 파이썬의 wrapper 파일
   은 darknet.py입니다.

   먼저 darknet.py를 임포트합니다.

   ```
   import darknet
   ```

2. image_detection 함수는 입력 이미지를 받아서 추론하기 위한 함수입니다. 이 함수는 입력 이미지를
   전처리하는 darknet.make_image 함수를 호출하는데, 이 전처리를 통해 입력 이미지는 DarkNet에서
   사용할 수 있는 이미지 데이터가 됩니다.

   ```
   def image_detection(input_image, network, class_names, class_colors, thresh):
       width = darknet.network_width(network)
       height = darknet.network_height(network)
       darknet_image = darknet.make_image(width, height, 3)
   ```

3. inpute_image가 OpenCV 이미지인지 이미지 경로를 의미하는 문자열인지 확인합니다. 문자열인 경
   우 OpenCV 이미지로 읽어옵니다.

   ```
       if isinstance(input_image, str):
           cv_image = cv2.imread(input_image, cv2.IMREAD_COLOR)
       else:
           cv_image = np.copy(input_image)
   ```

4. OpenCV로 읽은 BGR 포맷 이미지를 RGB로 포맷 변경을 한 후 DarkNet 추론을 위해 신경망 입력 크
   기에 맞게 이미지 크기를 변경합니다.

   ```
       image_rgb = cv2.cvtColor(cv_image, cv2.COLOR_BGR2RGB)
       image_resized = cv2.resize(
           image_rgb, (width, height), interpolation=cv2.INTER_LINEAR
       )
   ```

5. DarkNet 추론을 위해 이미지 데이터를 복사한 후 추론을 수행합니다.

```
darknet.copy_image_from_bytes(darknet_image, image_resized.tobytes())
# 추론을 수행합니다.
detections = darknet.detect_image(
    network, class_names, darknet_image, thresh=thresh
)
```

6. draw_boxes 함수를 호출해 추론 결과가 그려진 이미지를 image 변수로 받아옵니다.

```
image = draw_boxes(detections, image_resized, class_colors)

return cv2.cvtColor(image, cv2.COLOR_RGB2BGR), detections
```

7. draw_boxes 함수는 객체 검출 결과를 이미지에 표시하면서 후처리하는 기능의 함수입니다. 인자로 받은 검출 결과인 detections 인자에는 라벨, 신뢰도, 바운딩 박스 정보가 들어 있습니다.

```
def draw_boxes(detections, image, colors, frame_number):
    origin = np.copy(image)
    for label, confidence, bbox in detections:
        left, top, right, bottom = darknet.bbox2points(bbox)
```

8. 검출한 객체 클래스에 따른 후처리를 작성하고자 한다면 이 부분에 작성할 수 있습니다.

```
if label == "car":
    print("car detected at {}:{} , {}:{}".format(top, bottom, left, right))
elif label == "person":
    print("person detected at {}:{} , {}:{}".format(
        top, bottom, left, right)
    )
```

9. 검출 결과인 바운딩 박스와 라벨, 그리고 신뢰도를 이미지에 표시해 반환합니다.

```
cv2.rectangle(image, (left, top), (right, bottom), colors[label], 1)
cv2.putText(
    image, "{} [{:.2f}]".format(label, float(confidence)), (left, top - 5),
    cv2.FONT_HERSHEY_SIMPLEX, 0.5, colors[label], 2
)
return image
```

YOLOv4-tiny 추론 실행

1. COCO dataset로 훈련된 yolov4-tiny 신경망을 준비합니다.

   - config_file : 네트워크 구조가 들어 있는 훈련에 사용했던 것과 같은 config 파일
   - data_file : 추론할 결과의 라벨 파일
   - weights : 추론에 사용할 가중치 파일
   - threshold : 화면에 표시하고자 하는 추론 결과의 신뢰도 경곗값

   ```
   config_file = "/content/darknet/cfg/yolov4-tiny.cfg"
   data_file = "/content/darknet/cfg/coco.data"
   weights = "/content/darknet/yolov4-tiny.weights"
   threshold = 0.25
   ```

2. 준비한 config_file, data_file, weights, threshold를 인자로 해 DarkNet 네트워크를 로딩합니다.

   ```
   network, class_names, class_colors = darknet.load_network(
       config_file, data_file, weights, batch_size=1
   )
   ```

3. 추론할 이미지 경로입니다. 추론을 원하는 다른 이미지를 코랩에 업로드한 후 그 이미지의 절대경로를
   image_path로 주면 추론 이미지로 사용할 수 있습니다.

   ```
   image_path = "/content/darknet/data/dog.jpg"
   ```

4. 이미지 추론을 수행하고 그 결과를 화면에 보여줍니다.

   ```
   result, detections = image_detection(
       image_path, network, class_names, class_colors, threshold
   )
   cv2_imshow(result)
   ```

【 출력 】

```
car detected at 59:126 , 256:378
```

5. 추론 결과인 detections의 전체 값을 화면에 프린트해 봅니다.

```
print(detections)
```

【 출력 】

```
[('car', '39.15', (316.9992980957031, 92.36946105957031, 121.79209899902344,
66.63666534423828)), ('bicycle', '60.54', (175.53623962402344, 209.13479614257812,
273.2455139160156, 273.7607727050781)), ('truck', '81.45', (316.41455078125,
90.46024322509766, 129.7697296142578, 65.88461303710938)), ('dog', '86.89',
(123.64759826660156, 269.74554443359375, 99.05237579345703, 242.96908569335938))]
```

실전!
프로젝트로
배우는
딥러닝
컴퓨터비전

Part 02

딥러닝을 활용한
영상분석 프로젝트

2부에서는 1부에서 학습한 내용을 토대로 딥러닝 영상분석을 활용하는 미니 프로젝트를 진행해 보겠습니다. 2부에서 진행하는 프로젝트는 코랩에서 훈련하고 윈도우에서 추론 실습하는 방식으로 구성했습니다.

미니 프로젝트를 통해 이미지 분류와 객체 인식을 실습하겠습니다. 첫 번째 프로젝트로 이미지 분류를 통해 재활용품 분류를 해봅니다. 그다음 프로젝트로 SSD 객체 인식 모델을 활용해 사물 인지 CCTV를 제작해 보고, 끝으로 YOLO 객체 인식 모델을 활용해 횡단보도 보행자 보호 시스템을 제작합니다.

2부의 구성

5장 이미지 분류를 활용한 재활용품 분류

6장 SSD 사물인지 CCTV

7장 YOLO를 활용한 횡단보도 보행자 보호 시스템

이미지 분류를 활용한
재활용품 분류

이 장에서는 이미지 분류를 활용한 재활용품 분류 프로그램을 제작할 것입니다.

분리수거를 진행하는 상황을 가정하고, 가정한 상황에서 어떻게 분리수거가 진행될 것인지에 따라 적절한 데이터를 수집해 재활용품 분리수거를 위한 분류 모델을 훈련하고, 실험해 보겠습니다.

5.1 _ 재활용품 분리수거 프로젝트 개요

이 프로젝트의 목표는 재활용품 분리수거를 수행하는 프로그램을 만드는 것입니다.

재활용품 분리수거를 위해 카메라는 컨베이어 벨트를 옆에서 촬영하고 있고, 한 번에 하나의 쓰레기만 촬영하게 되는 환경을 가정하겠습니다. 분리수거를 위한 쓰레기는 캔, 유리병, 플라스틱, 종이, 네 가지만 컨베이어 벨트에 들어온다고 가정합니다.

이번 프로젝트에서 목표로 하는 사용자 시나리오는 단순합니다. 그림 5.1과 같이 재활용품을 카메라에 비췄을 때 분류 결과가 화면에 나오게 하는 것입니다.

그림 5.1 재활용품 분리수거 테스트 화면

이 장에서 실습하는 내용을 활용하면 공공시설에서 재활용 쓰레기 분류 시스템을 구축하거나 로봇이 재활용품을 분리수거 하게 개발할 수 있습니다.

프로젝트의 실습에 사용할 코드와 데이터는 깃허브 저장소[1]의 **Chap5** 폴더에 있습니다. 파이썬 코드(.py 또는 .ipynb)는 다음과 같습니다.

- **Dataset_Class.py**: 데이터세트를 읽어오기 위한 데이터세트 클래스

- **Model_Class_From_the_Scratch.py**: 심층 신경망을 직접 구현

- **Model_Class_Transfer_Learning_MobileNet.py**: 전이학습을 활용한 심층 신경망 구현

- **Training_Class.py**: 학습 클래스

- **PyTorch_Recycle_Classification_Colab.ipynb**: 심층 신경망으로 학습(코랩에서 실습)

- **Inference_Image.ipynb**: 이미지 추론(코랩에서 실습)

- **Inference_Cam.py**: 재활용품 분류 추론(윈도우에서 실습)

데이터세트를 읽어오기 위한 데이터세트 클래스를 만든 뒤, 직접 신경망을 구현해 보고, 이후에는 전이학습을 위한 신경망을 구현하겠습니다. 그 후 직접 구현한 신경망과 전이학습을 위한 신경망 모두를 학습하고 코랩과 윈도우 환경에서 추론해 보겠습니다.

---

1 https://github.com/jetsonai/DeepLearning4Projects

5.2 _ 데이터세트 클래스

파이토치를 활용해 심층 신경망을 학습할 때 데이터를 효율적으로 불러오기 위해 데이터세트 클래스를 활용할 수 있습니다. 이미지 분류를 위한 다양한 데이터세트에 활용할 수 있는 데이터세트 클래스인 **Dataset_Class.py**를 작성했습니다. [2]

데이터세트 클래스를 제작하기 위해 다음과 같이 모듈을 불러옵니다.

```
import os
from torch.utils.data import Dataset
import torchvision.transforms as transforms
from PIL import Image
```

- os는 데이터에 접근할 때 경로명을 쉽게 다루기 위해 주로 사용합니다.
- 파이토치의 torch.utils.data.Dataset는 파이토치에서 심층 신경망을 학습할 때 다루는 데이터세트 클래스의 원형입니다. 이 클래스를 상속받은 데이터세트 클래스를 제작할 것입니다.
- 토치비전의 torchvision.transforms는 이미지 데이터를 읽은 후 심층 신경망을 학습하기 위해 입력할 때 사용하는 데이터 전처리 클래스입니다.
- PIL.image는 OpenCV와는 다른 파이썬 기본 이미지 라이브러리입니다.

파이토치 커스텀 데이터세트 클래스

데이터세트 클래스(PyTorch_Custom_Dataset_Class)의 핵심 구조는 다음과 같습니다.

```
class PyTorch_Custom_Dataset_Class(Dataset):
    def __init__(self):
        super().__init__()
        pass
    def __getitem__(self):
        pass
    def __len__(self):
        pass
```

---

2 (엮은이) 코랩에서 실습할 때는 예제 코드 저장소를 복제해서 임포트하므로 클래스 파일을 직접 작성하지 않아도 됩니다.

다음 내용은 **PyTorch_Custom_Dataset_Class** 클래스를 구성하는 각 함수에 대한 설명입니다.

- **__init__**: 파이토치의 데이터세트 클래스를 상속받은 후 초기화합니다. 동시에 데이터세트 클래스에서 사용하고자 하는 변수들을 초기화합니다.
- **__len__**: 데이터세트의 크기 혹은 길이를 반환합니다.
- **__getitem__**: 이미지와 정답을 불러옵니다. 이때 이미지는 PIL을 이용해서 읽어오며 정답은 클래스 이름 리스트에서 해당 클래스에 해당하는 인덱스로, 원핫 인코딩이 수행된 벡터가 아니고 정수여야 합니다. 이러한 제약은 파이토치에서 심층 신경망을 학습하는 과정에서 사용하는 손실함수와 관련이 있습니다.

위 세 개의 기본 함수를 작성하고 학습 이후의 편의성을 위해 다양한 함수를 데이터세트 클래스에 작성할 수 있습니다.

이미지 분류를 위한 데이터세트 클래스

데이터세트의 구조에 따라 혹은 데이터세트로 하고자 하는 작업에 따라 내용이 일부 달라질 수 있습니다. 다만 이 실습에서는 준비된 데이터세트 구조에 따라 이미지 분류를 학습할 수 있는 데이터세트 클래스(**PyTorch_Classification_Dataset_Class**)를 제작하겠습니다.

__init__ 메서드

__init__ 메서드는 상속받은 파이토치의 데이터세트 클래스를 초기화하고, 데이터세트 클래스에서 사용하는 변수들을 초기화하는 것이 목적입니다. 데이터세트 클래스에서는 이미지 데이터의 경로, 각 데이터가 어떤 클래스인지 등을 사용합니다.

1. 데이터세트 클래스의 초기화를 위해 다음 정보를 입력합니다.
   - 데이터세트 경로
   - 데이터세트 전처리 방법
2. 함수 내부에서는 다음 기능을 수행합니다.
   - 클래스 이름 리스트 생성

- 이미지 데이터의 경로를 보관할 리스트 생성

- 각 이미지의 클래스 정보를 보관할 리스트 생성

3. 데이터세트 경로 바로 아래에 있는 폴더들의 이름을 클래스 이름으로 간주합니다.

4. 이미지의 클래스 정보는 문자열이지만, 신경망은 클래스 정보를 숫자로 표현합니다. 신경망의 학습에 사용할 클래스 정보는 다음 표 5.1과 같이 클래스 이름 리스트에서 해당 클래스 이름이 위치한 인덱스로 합니다. 다음의 경우 클래스 1은 신경망에서 0번 클래스로 학습하게 됩니다.

표 5.1 클래스 정보 리스트 예시

클래스 이름 리스트	클래스 1	클래스 2	클래스 3
리스트의 인덱스	0	1	2

__init__ 메서드를 살펴보겠습니다.

1. 데이터세트의 경로를 지정해 그 경로에 데이터세트가 있는지 확인한 후 없다면 다운로드합니다.

```
def __init__(
    self, dataset_dir="/content/Recycle_Classification_Dataset", transform=None
):

    # 데이터세트가 지정한 경로에 있는지 확인합니다.
    if not os.path.isdir(dataset_dir):

        # 데이터세트가 지정한 경로에 없다면 데이터세트를 다운로드합니다.
        os.system(
            "git clone https://github.com/JinFree/Recycle_Classification_Dataset.git"
        )
        os.system("rm -rf ./Recycle_Classification_Dataset/.git")
    self.image_abs_path = dataset_dir
```

2. 이미지를 신경망에 입력하기 전 전처리 방법을 정의하는데, 기본 입력의 경우 None이 입력되고, 별도로 입력된 전처리 방법이 없는 경우 사전에 입력한 전처리 방법을 선언합니다.

사전에 입력한 전처리 방법은 다음과 같습니다.

- Resize를 통해 이미지를 256×256으로 크기를 조정합니다.

- RandomCorp를 통해 이미지에서 랜덤하게 224×224 영역을 추출합니다.

- ToTensor를 통해 0~255 값을 가진 데이터를 이후 0~1 사이의 값을 가진 텐서로 변환합니다.
- Normalize를 통해 정규화합니다.

```python
# 이미지를 신경망에 입력하기 전 전처리 방법을 정의하는 변수입니다.
# 기본 입력의 경우 None이 입력됩니다.
self.transform = transform

# 별도로 입력된 전처리 방법이 없는 경우 사전에 입력한 전처리 방법을 선언합니다.
if self.transform is None:

    # 사전에 입력한 전처리 방법은 다음과 같습니다.
    self.transform = transforms.Compose(
        [
            transforms.Resize(256),
            transforms.RandomCrop(224),
            transforms.ToTensor(),
            transforms.Normalize(
                mean=[0.485, 0.456, 0.406], std=[0.229, 0.224, 0.225]
            )
        ]
    )
```

3. 입력받은 경로 바로 아래에 있는 폴더의 이름이 분류할 클래스의 이름이라고 간주하고 클래스 이름의 리스트를 정렬합니다.

```python
# 입력받은 경로 바로 아래에 있는 폴더의 이름이 분류할 클래스의 이름이라고 간주합니다.
self.label_list = os.listdir(self.image_abs_path)

# 클래스 이름의 리스트를 정렬합니다.
self.label_list.sort()
self.x_list = []
self.y_list = []
```

4. self.image_abs_path 경로 내 모든 폴더를 순차적으로 확인하고 이미지만 있다고 가정하고 폴더 내 모든 파일의 경로를 리스트로 제작합니다.

```python
# self.image_abs_path 경로 내 모든 폴더를 순차적으로 확인합니다.
for label_index, label_str in enumerate(self.label_list):
```

```
# 이미지만 있다고 가정하고 폴더 내 모든 파일의 경로를 리스트로 제작합니다.
img_path = os.path.join(self.image_abs_path, label_str)
img_list = os.listdir(img_path)

for img in img_list:
    self.x_list.append(os.path.join(img_path, img))
    self.y_list.append(label_index)
```

__len__ 메서드

__len__ 메서드는 데이터의 길이를 반환합니다.

```
def __len__(self):
    return len(self.x_list)
```

__getitem__ 메서드

__getitem__ 메서드는 데이터의 인덱스를 입력받고 해당 인덱스의 이미지와 클래스 정보를 반환합니다.

이때, 이미지는 파이토치에서 지원하는 데이터세트 전처리 방식을 활용하기 위해 PIL 모듈의 Image로 엽니다.

일반적으로 이미지 분류를 위한 데이터세트를 준비할 때 컬러 이미지를 준비합니다. 간혹 컬러 이미지를 모으면서 흑백 이미지를 같이 모으는 경우가 있습니다. 이 경우에 대한 예외 처리를 위해 __getitem__ 함수를 다음과 같이 작성할 수 있습니다.

1. PIL 모듈의 Image 함수를 활용해 이미지를 열어서 이미지가 RGB 이미지가 아닌 경우 RGB 이미지로 바꿔줍니다.

```
def __getitem__(self, idx):
    # PIL 모듈의 Image 함수를 활용해 이미지를 열어옵니다.
    image = Image.open(self.x_list[idx])

    # 이미지가 RGB 이미지가 아닌 경우 RGB 이미지로 바꿔줍니다.
    # 간혹 RGB 이미지가 아닌 흑백 이미지를 활용하는 경우를 위한 예외 처리입니다.
    if image.mode != "RGB":
        image = image.convert('RGB')
```

PART 02 _ 딥러닝을 활용한 영상분석 프로젝트

2. 데이터세트의 이미지 데이터를 신경망에 입력하기 전에 필요한 전처리를 수행해 줍니다.

```
# 데이터세트를 신경망에 입력하기 전에 전처리를 수행해 줍니다.
if self.transform is not None:
    image = self.transform(image)

return image, self.y_list[idx]
```

PyTorch_Classification_Dataset_Class의 전체 코드

앞에서 설명한 세 함수가 있으면 파이토치를 활용한 이미지 분류 프로젝트를 수행할 수 있습니다.

학습 과정에서 사용할 수 있게 전체 클래스의 수를 출력하는 함수와 클래스 이름 리스트를 저장하는 함수를 추가로 작성해 커스텀 데이터세트 클래스를 작성할 수 있습니다.

데이터세트 클래스의 전체 코드가 들어 있는 **Dataset_Class.py**는 **Chap5** 폴더 아래에 있습니다.

```
class PyTorch_Classification_Dataset_Class(Dataset):
    def __init__(
        self, dataset_dir="/content/Recycle_Classification_Dataset", transform=None
    ):
        # 데이터세트 경로를 지정한 후 없으면 다운로드합니다.
        if not os.path.isdir(dataset_dir):
            os.system(
                "git clone https://github.com/JinFree/Recycle_Classification_Dataset.git"
            )

        # 내려받은 데이터세트에 대해 지정된 이미지 전처리를 수행하고
        # 라벨 파일에서 라벨도 읽어 들입니다.
        # 그리고 x 리스트에 전처리한 이미지 데이터를 넣고 y 리스트에 라벨 인덱스를 넣습니다.
        os.system("rm -rf ./Recycle_Classification_Dataset/.git")
        self.image_abs_path = dataset_dir
        self.transform = transform
        if self.transform is None:
            self.transform = transforms.Compose(
```

```
                    [
                        transforms.Resize(256),
                        transforms.RandomCrop(224),
                        transforms.ToTensor(),
                        transforms.Normalize(
                            mean=[0.485, 0.456, 0.406], std=[0.229, 0.224, 0.225]
                        )
                    ]
                )
            self.label_list = os.listdir(self.image_abs_path)
            self.label_list.sort()
            self.x_list = []
            self.y_list = []
            for label_index, label_str in enumerate(self.label_list):
                img_path = os.path.join(self.image_abs_path, label_str)
                img_list = os.listdir(img_path)
                for img in img_list:
                    self.x_list.append(os.path.join(img_path, img))
                    self.y_list.append(label_index)

    # __len__ 함수에서는 x 리스트의 길이를 반환합니다.
    def __len__(self):
        return len(self.x_list)

    # __getitem__ 함수에서는 인덱스에 맞는 이미지를 RGB 형태로 전처리된 상태로
    # 반환하며 인덱스에 맞는 y 리스트 값도 반환해 줍니다.
    def __getitem__(self, idx):
        image = Image.open(self.x_list[idx])
        if image.mode != "RGB":
            image = image.convert('RGB')
        if self.transform is not None:
            image = self.transform(image)
        return image, self.y_list[idx]

    # 클래스 이름 리스트를 저장하는 메서드입니다.
    # label_map.txt 파일에 클래스 이름인 라벨 리스트를 써서 저장합니다.
    def __save_label_map__(self, dst_text_path="label_map.txt"):
        label_list = self.label_list
        f = open(dst_text_path, 'w')
```

```
        for i in range(len(label_list)):
            f.write(label_list[i] + '\n')
        f.close()

    # 학습 과정에서 사용할 수 있게 전체 클래스의 수인 라벨 리스트의 수를 출력해 줍니다.
    def __num_classes__(self):
        return len(self.label_list)
```

5.3 _ 심층 신경망 구현

먼저 심층 신경망을 직접 구현합니다.

모듈 임포트

직접 심층 신경망을 구현하는 경우 파이토치와 파이토치 네트워크, 파이토치 네트워크 함수들의모듈을 불러와야 합니다. 코드는 Model_Class_From_the_Scratch.py에 있습니다.

```
import torch
import torch.nn as nn
import torch.nn.functional as F
```

MODEL의 핵심 구조

심층 신경망 클래스 MODEL의 핵심 구조는 __init__ 함수와 forward 함수로 구성돼 있습니다.

```
class MODEL(nn.Module):
    def __init__(self):
        super().__init__()
        pass

    def forward(self, x):
        return x
```

__init__ 함수와 forward 함수는 신경망 클래스를 사용하기 위해 반드시 정의해야 합니다.

__init__에서는 forward에서 사용할 신경망을 정의합니다. forward에서는 신경망을 학습하거나 검증할 때 계산하는 경로를 정의합니다. 심층 신경망으로 데이터 입력이 주어지면 forward 함수에서는 정의한 신경망 구조에 따라 계산을 수행한 후 계산 결과를 반환합니다.

레고에 비유하자면, __init__에서 레고의 작은 블록을 어떤 크기를 몇 개 쓸 것인지 정의하고 forward에서 레고를 어떻게 조립할 것인지 정의한다고 이해하면 되겠습니다.

아래의 그림 5.2를 통해 이번 예제에서 사용할 신경망의 구조를 확인할 수 있습니다.

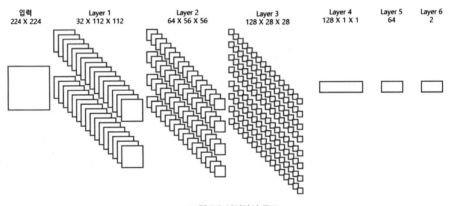

그림 5.2 신경망의 구조

입력부터 Layer 1, Layer 2, Layer 3까지 세 번은 콘볼루션 연산 → 배치 정규화 → ReLU 활성 함수 순의 연산을 수행합니다. Layer 3에서 Layer 4로 진행되는 연산은 파이토치 nn 모듈의 적응형 평균 풀링 연산입니다. 이후 Layer 4에서 Layer 5를 통해 Layer 6으로 진행되는 두 번의 연산은 FC 레이어를 통해 수행합니다. Layer 6의 출력에 시그모이드 활성 함수를 적용하는 것으로 신경망 구조를 작성하겠습니다.

__init__ 메서드 구현

이제 __init__ 메서드를 구현하겠습니다. 모델 클래스의 초기화를 위해 클래스 수를 입력받겠습니다.

신경망 클래스를 작성하는 방법은 다양하지만, 여기서는 기본적인 방법을 이용하겠습니다. 입력을 가로세로로 각각 224픽셀로 받는다고 가정하고 콘볼루션 연산 시 스트라이드를 2씩 주어 콘볼루션 연산 이후에 특징 맵의 크기가 줄어들게 설정합니다.

```python
def __init__(self, num_classes):
    super().__init__()

    # PyTorch의 Sequential 모듈을 활용합니다.
    # 신경망의 입력부터 출력까지 순차적으로 신경망 구조를 작성합니다.
    self.classifier = nn.Sequential(
        nn.Conv2d(3, 32, kernel_size=3, stride=2, padding=1),
        nn.BatchNorm2d(32),
        nn.ReLU(),
        nn.Conv2d(32, 64, kernel_size=3, stride=2, padding=1),
        nn.BatchNorm2d(64),
        nn.ReLU(),
        nn.Conv2d(64, 128, kernel_size=3, stride=2, padding=1),
        nn.BatchNorm2d(128),
        nn.ReLU(),
        nn.AdaptiveAvgPool2d(1),
        nn.Flatten(),
        nn.Linear(128, 64),
        nn.ReLU(),
        nn.Dropout(),
        nn.Linear(64, num_classes),
        nn.Softmax(dim=-1)
    )
```

forward 메서드 구현

이제 forward 함수에서는 __init__ 함수에서 정의한 신경망 구조에 따라 계산을 수행한 후 분류 결과를 반환합니다.

```
def forward(self, x):
    return self.classifier(x)
```

신경망 구조의 정의가 끝났습니다. 파이토치 공식 문서[3]를 참조하면 다른 형태의 신경망 구조도 작성할 수 있습니다.

5.4 _ 전이학습 심층 신경망 구현

이번에는 전이학습을 이용하는 신경망을 구현해 보겠습니다. 신경망에서의 전이학습은 3장에서 언급한 바와 같이 대규모 데이터세트로 학습한 신경망과 가중치를 다른 데이터 세트의 학습에 활용하는 것을 의미합니다. 여기에서는 이미지넷의 1,000개 클래스의 이미지 1백만 개를 학습 데이터로 사용해 사전 학습된 신경망과 가중치를 받아서 학습을 수행하겠습니다.

파이토치를 비롯한 많은 딥러닝 프레임워크에서 이미지 분류를 위한 신경망과 이미지넷 데이터를 활용해 학습한 가중치를 제공합니다. 파이토치의 경우 공식 홈페이지[4]에서 확인할 수 있습니다.

아래에 설명하는 코드는 **Model_Class_Transfer_Learning_MobileNet.py** 파일에 있습니다.

1. 파이토치에서 제공하는 모델을 사용하기 위해 토치비전의 모델 라이브러리를 임포트합니다.

   ```
   import torchvision.models as models
   ```

2. 전이학습을 통해 신경망을 학습하려면 다음과 같이 신경망 모델 클래스만 지정해 주면 됩니다. 여기서는 이 책의 4장에서 다룬 MobileNet v2 모델을 이용해 전이학습을 하게 했습니다. 코드에서 pretrained=True에 주목하기를 바랍니다. 해당 입력 없이 바로 신경망을 정의하고 학습하는 경우 사전에 학습이 완료된 가중치에서 추가 학습하지 않고 초기화된 가중치에서 학습을 진행하게 됩니다.

3.

---

3 파이토치 공식 문서: https://pytorch.org/docs/stable/index.html
4 https://pytorch.org/vision/stable/models.html#classification

```
class MobileNet(nn.Module):
    def __init__(self, num_classes, pretrained=True):
        super().__init__()

        # 전이학습을 위해 MobileNet v2 모델을 선언합니다.
        # pretrained에 True를 입력하면서 이미지넷으로 학습한 가중치를 불러옵니다.
        self.network = models.mobilenet_v2(pretrained=pretrained)

        # MobileNet의 마지막 레이어가 num_classes만큼의 클래스를 분류할 수 있게 수정합니다.
        num_ftrs = self.network.classifier[1].in_features
        self.network.classifier[1] = nn.Linear(num_ftrs, num_classes)
        self.classifier = nn.Sequential(nn.Softmax(dim=-1))

    def forward(self, x):
        x = self.network(x)
        x = self.classifier(x)
        return x
```

5.5 _ 심층 신경망 학습 클래스

이제 신경망의 학습을 진행하겠습니다. 학습을 위한 클래스를 제작한 후 구글 코랩에서
이를 활용해 신경망을 학습하겠습니다.

학습 클래스는 준비한 데이터세트를 이용해 구현한 심층 신경망 혹은 전이학습을 이용하
는 심층 신경망을 이용해 학습할 수 있게 구성했습니다. 코드는 Training_Class.py 파
일에 있습니다.

클래스의 구조

클래스의 구조는 다음과 같이 구성됩니다.

```
class PyTorch_Classification_Training_Class():
    def __init__(self):
        pass
```

```
    def prepare_network(self, x):
        pass

    def training_network(self):
        pass
```

__init__ 함수에서는 학습을 위한 초기화를 수행합니다. 그리고 경로, 배치 크기, 훈련용 데이터세트와 검증용 데이터세트를 분리할 비율을 입력받습니다.

prepare_network 함수에서 신경망을 초기화하겠습니다. 직접 구현한 신경망을 학습할 것인지, 전이학습을 위한 신경망을 학습한 것인지에 따라 다른 구조의 신경망을 초기화합니다.

training_network 함수에서 실제 훈련을 수행합니다. 훈련을 위한 하이퍼파라미터를 입력받은 후 이에 맞게 훈련을 수행합니다.

__init__ 메서드 구현

1. 데이터세트의 경로를 지정하고 데이터세트가 경로에 없는 경우 깃허브에서 데이터세트를 다운로드해 데이터세트를 준비합니다.

```
    def __init__(
        self,
        dataset_dir="/content/Recycle_Classification_Dataset",
        batch_size=16,
        train_ratio=0.75
    ):

        # 데이터세트가 경로에 없는 경우 깃허브에서 데이터세트를 다운로드해 데이터세트를 준비합니다.
        if not os.path.isdir(dataset_dir):
            os.system(
                "git clone https://github.com/JinFree/Recycle_Classification_Dataset.git"
            )
            os.system("rm -rf ./Recycle_Classification_Dataset/.git")
            dataset_dir = os.path.join(os.getcwd(), 'Recycle_Classification_Dataset')
```

2. CUDA를 사용할 수 있는지 확인한 후 **DEVICE** 변수를 설정합니다.

```
# CUDA를 사용할 수 있는 경우 self.USE_CUDA에는 True가 입력됩니다.
self.USE_CUDA = torch.cuda.is_available()

# CUDA를 사용할 수 있는 경우 GPU를 이용한 학습을 수행하기 위한
# self.DEVICE입니다.
self.DEVICE = torch.device("cuda" if self.USE_CUDA else "cpu")
```

3. 데이터세트의 Resize, RandomCrop, Normalize와 같은 전처리 방법을 설정합니다.

```
# Dataset Class에서와 같은 전처리 선언입니다.
self.transform = transforms.Compose(
    [
        transforms.Resize(256),
        transforms.RandomCrop(224),
        transforms.ToTensor(),
        transforms.Normalize(
            mean=[0.485, 0.456, 0.406], std=[0.229, 0.224, 0.225]
        )
    ]
)
```

4. Dataset 클래스 객체인 dataset를 생성하며 초기화합니다. (여기서 Dataset는 클래스 이름이고 dataset는 객체 이름입니다.)

```
# Dataset 클래스를 생성하며 초기화합니다.
dataset = Dataset(dataset_dir=dataset_dir, transform=self.transform)
```

5. Dataset 클래스를 통해 클래스 이름 리스트 파일로 저장합니다. 훈련이 끝난 후 추론 단계에서 해당 텍스트 파일을 활용할 예정입니다.

```
# 라벨 파일 저장
dataset.__save_label_map__()
```

6. 데이터세트를 특정 비율에 따라 훈련용 데이터세트와 검증용 데이터세트로 나누어 train_dataset, test_dataset 두 가지 데이터세트를 준비합니다. 이미지 분류 데이터세트의 경우 torch.utils. data.random_split을 써서 쉽게 나눌 수 있습니다.

```
# 데이터세트를 훈련용 데이터세트와 검증용 데이터세트로 분류
train_size = int(train_ratio * len(dataset))
test_size = len(dataset) - train_size
train_dataset, test_dataset = torch.utils.data.random_split(
    dataset, [train_size, test_size]
)
```

7. 훈련용 데이터로더와 검증용 데이터로더를 선언하고 초기화합니다. 이때 훈련용 데이터세트를 랜덤하게 불러올 수 있게 shuffle=True를 입력합니다.

```
self.train_loader = torch.utils.data.DataLoader(
    train_dataset, batch_size=batch_size, shuffle=True
)
self.test_loader = torch.utils.data.DataLoader(
    test_dataset, batch_size=batch_size, shuffle=False
)
```

8. 신경망 모델 변수를 선언하고 신경망 모델을 저장할 파일명 변수도 선언합니다.

```
# 신경망 모델과 이를 저장하기 위한 문자열을 선언해 둡니다.
self.model = None
self.model_str = None
```

prepare_network 메서드 구현

다음으로 prepare_network 메서드의 구현을 보겠습니다.

1. 직접 구현한 신경망 구조를 학습하는 경우, is_scratch에 True를 입력합니다. 이 경우 self.model 은 직접 구현한 신경망이 됩니다. is_scratch에 False를 입력하는 경우, 이미지넷으로 학습된 MobileNetv2로 학습합니다.

```
def prepare_network(self, is_scratch=True):
    if is_scratch:
        # is_scratch가 True이면 직접 구현해 학습한 신경망을 이용
        self.model = MODEL_From_Scratch(self.num_classes)
        self.model_str = "PyTorch_Training_From_Scratch"
    else:
        # is_scratch가 False이면 전이학습으로 훈련한 신경망을 이용
```

```
self.model = MobileNet(self.num_classes)
self.model_str = "PyTorch_Transfer_Learning_MobileNet"
```

2. self.model 변수를 초기화한 후 DEVICE로 이동합니다. GPU를 사용할 수 있는 경우, 모델은 GPU로 연산하게 설정됩니다.

```
self.model.to(self.DEVICE)
self.model_str += ".pt"
```

training_network 메서드 구현

1. 마지막으로 training_network 메서드를 구현하겠습니다. 학습률, 에포크 수, 그리고 학습률 스케줄 링에 필요한 변수를 입력할 수 있습니다.

```
def training_network(
    self, learning_rate=0.0001, epochs=10, step_size=3, gamma=0.3
):
```

2. 이전에 prepare_network 함수가 실행되지 않았으면 self.model == None입니다. 이 경우 전이학습 을 위한 신경망을 초기화합니다.

```
if self.model is None:
    self.prepare_network(False)
```

3. 파이토치에서 활용할 수 있는 최적화 알고리즘과 학습 스케줄러는 torch.optim에 대해 설명하는 문 서[5]에서 확인할 수 있습니다.

```
optimizer = optim.Adam(self.model.parameters(), lr=learning_rate)
```

4. 학습률 스케줄러로 StepLR을 사용하게 설정합니다. StepLR step_size만큼의 에포크가 지날 때마다 학습률에 gamma를 곱하는 학습률 스케줄러입니다.

```
scheduler = optim.lr_scheduler.StepLR(
    optimizer, step_size=step_size, gamma=gamma
)
acc = 0.0
```

---

5 torch.optim 문서: https://pytorch.org/docs/stable/optim.html

5. training_network 함수에서 실제 훈련을 수행하겠습니다.

신경망을 학습 상태로 설정하고 학습 에포크 수만큼 반복문을 실행시킵니다. 먼저 self.train_
loader로부터 이미지와 정답 정보를 받으면서 배치 크기만큼 반복문을 수행합니다.

학습은 DEVICE에 지정된 GPU에서 이뤄집니다. 학습을 위한 미분값을 0으로 초기화한 후 모델 계산으
로 순전파를 수행합니다. 교차 엔트로피를 통해 손실함수 계산을 수행한 결과로 loss 값을 얻을 수 있으
며, 이제 역전파 계산을 수행합니다. 마지막으로 최적화 방법에 따라 신경망의 변수를 업데이트합니다.

```python
for data, target in tqdm(self.train_loader):
    # data가 이미지, target이 정답입니다.
    data, target = data.to(self.DEVICE), target.to(self.DEVICE)

    # 학습을 위한 미분값을 0으로 초기화
    optimizer.zero_grad()

    # 모델 계산을 수행
    output = self.model(data)

    # 손실함수 계산을 수행
    loss = F.cross_entropy(output, target)

    # 역전파 계산을 수행
    loss.backward()

    # 최적화
    optimizer.step()

# 학습률 스케줄러를 업데이트합니다.
# 들여쓰기에 주의합니다. 한 에포크가 끝난 후 수행합니다.
scheduler.step()
```

6. 이번에는 신경망을 검증 상태로 설정한 후 학습을 수행합니다.

torch.no_grad()를 통해 파이토치의 autograd 엔진을 비활성화해 메모리 사용량을 줄이고 모델의
순전파 속도를 더 빠르게 할 수 있습니다.

검증 과정에서도 모델을 계산한 후 교차 엔트로피를 통해 손실함수 계산을 수행하는데, 이번에는
test_loss 값을 얻을 수 있습니다. 그리고 신경망의 출력인 output에서 가장 확률이 높은 것의 인덱
스를 받아오는데, 이것이 바로 예측값입니다. 정답과 이 예측값이 동일한 경우에 correct에 값을 추가
합니다.

```
            self.model.eval()

            test_loss = 0
            correct = 0

            with torch.no_grad():
                for data, target in tqdm(self.test_loader):
                    data, target = data.to(self.DEVICE), target.to(self.DEVICE)
                    output = self.model(data)

                    # 교차 엔트로피를 통해 손실값을 계산해 test_loss에
                    # 누적합니다.
                    Test_loss += F.cross_entropy(output, target, reduction='sum').item()

                    # 예측값 계산
                    pred = output.max(1, keepdim=True)[1]

                    # correct 값 계산
                    correct += pred.eq(target.view_as(pred)).sum().item()
```

7. 검증용 데이터세트의 정확도가 좋아지거나 마지막 에포크인 경우 이 모델을 저장합니다.

```
        # 모델 저장
        if acc < test_accuracy or epoch == epochs:
            acc = test_accuracy
            torch.save(self.model.state_dict(), self.model_str)
            print("model saved!")
```

8. 검증용 데이터세트에 대한 반복문이 끝난 후, 평균 손실값과 정확도를 계산한 후 출력합니다.

```
            test_loss /= len(self.test_loader.dataset)
            test_accuracy = 100. * correct / len(self.test_loader.dataset)
            print(
                '[{}] Test Loss: {:.4f}, Accuracy: {:.2f}%'.format(
                    epoch, test_loss, test_accuracy
                )
            )
```

이것으로 파이토치를 활용해 이미지를 분류하는 심층 신경망 모델을 학습할 준비가 끝났습니다.

5.6 _ 코랩에서 심층 신경망으로 학습

이제 코랩에서 실습하겠습니다. 코드는 PyTorch_Recycle_Classification_Colab. ipynb에 있습니다. 2부의 모든 코랩 예제는 GPU를 사용하게 설정합니다.

파이썬 클래스와 데이터세트 다운로드

학습을 위한 깃허브 저장소와 데이터세트를 내려받겠습니다. 우선 코랩 환경에서 훈련을 위해 깃허브 저장소를 다운로드합니다.

```
!git clone https://github.com/jetsonai/DeepLearning4Projects
```

실습에 필요한 데이터세트는 별도의 깃허브 저장소에 올려두었습니다. 다음과 같이 실행해 데이터세트를 내려받습니다. 내려받는 데 7분 정도 걸립니다.

```
!git clone https://github.com/jetsonai/Recycle_Classification_Dataset
```

데이터세트의 구조는 다음과 같습니다. 다른 이미지를 분류하고자 할 때도 다음과 같은 폴더 구조를 만든 후 이후의 코드로 실습할 수 있습니다.

[Recycle_Classification_Dataset 구조]

```
Recycle_Classification_Dataset/
    ├ can/
    │    └ images
    ├ glass/
    │    └ images
    ├ paper/
    │    └ images
    └ plastic/
         └ images
```

데이터세트 저장소를 내려받은 후에는, 이후 데이터세트에 접근할 때 오류가 발생하는 것을 방지하기 위해 해당 폴더 내의 .git 폴더를 지웁니다.

```
!rm -rf ./Recycle_Classification_Dataset/.git
```

코랩에서 재활용품 분류를 위한 신경망의 학습 준비가 완료됐습니다.

학습

심층 신경망 모델의 학습을 위해 Training_Class.py 내의 PyTorch_Classifiction_
Training_Class를 임포트합니다.

```
from DeepLearning4Projects.Chap5.Training_Class import PyTorch_Classification_
Training_Class
training_class = PyTorch_Classification_Training_Class()
```

처음부터 학습

우선 처음부터(from scratch) 학습해 보겠습니다. 학습률 0.0001, 에포크 10, 그리고 학
습률은 3에포크마다 0.3씩 곱해 감소하도록 설정해 신경망 학습을 수행합니다.

```
print("Learning from scratch")
training_class.prepare_network(True)
training_class.training_network(learning_rate=0.0001, epochs=10, step_size=3, gamma=0.3)
```

학습은 코랩에서 약 2시간 5분 정도 소요되며, 이때 출력은 다음과 같습니다. 신경망의
초기화 과정에서 랜덤 넘버에 대한 시드를 통일하지 않았으므로, 학습 과정에서 출력하
는 손실값과 정확도는 학습할 때마다 다를 수 있습니다.

```
Learning from scratch
100%|████████████████████| 442/442 [08:04<00:00,  1.10s/it]
100%|████████████████████| 148/148 [02:39<00:00,  1.08s/it]
  0%|          | 0/442 [00:00<?, ?it/s][1] Test Loss: 1.2288, Accuracy: 50.19%
model saved!
100%|████████████████████| 442/442 [08:01<00:00,  1.09s/it]
100%|████████████████████| 148/148 [02:38<00:00,  1.07s/it]
  0%|          | 0/442 [00:00<?, ?it/s][2] Test Loss: 1.2169, Accuracy: 51.30%
model saved!

…
```

```
100%|██████████████| 442/442 [08:00<00:00,  1.09s/it]
100%|██████████████| 148/148 [02:39<00:00,  1.08s/it]
 0%|            | 0/442 [00:00<?, ?it/s][8] Test Loss: 1.1114, Accuracy: 63.10%
model saved!
100%|██████████████| 442/442 [08:00<00:00,  1.09s/it]
100%|██████████████| 148/148 [02:39<00:00,  1.07s/it]
 0%|            | 0/442 [00:00<?, ?it/s][9] Test Loss: 1.1032, Accuracy: 63.61%
model saved!
100%|██████████████| 442/442 [08:00<00:00,  1.09s/it]
100%|██████████████| 148/148 [02:39<00:00,  1.08s/it][10] Test Loss: 1.1045,
Accuracy: 63.40%
model saved!
```

10에포크 학습 후 정확도 63.4%를 달성했습니다.

전이학습

이번에는 전이학습을 통한 학습을 해보겠습니다. 학습률 0.00001, 에포크 5, 그리고 학습률은 3에포크마다 0.3씩 곱해 감소하도록 설정해 신경망 학습을 수행합니다. 이미 이미지넷을 이용해 학습이 완료된 신경망의 마지막 레이어만 학습하면 되므로 학습률과 에포크를 더 낮게 설정했습니다.

```
print("Transfer learning")
training_class.prepare_network(False)
training_class.training_network(learning_rate=0.00001, epochs=5, step_size=3, gamma=0.3)
```

훈련은 코랩에서 1시간 10분 정도 소요되며, 이때 출력은 다음과 같습니다. 직접 구현한 신경망을 학습할 때와는 다르게 첫 에포크부터 높은 검증 정확도를 출력하는 것을 확인할 수 있습니다.

```
Transfer learning
Downloading: "https://download.pytorch.org/models/mobilenet_v2-b0353104.pth" to
/root/.cache/torch/hub/checkpoints/mobilenet_v2-b0353104.pth
100%
13.6M/13.6M [00:00<00:00, 52.1MB/s]
 0%|            | 0/442 [00:00<?, ?it/s]
```

```
100%|████████████████████| 442/442 [08:37<00:00,  1.17s/it]
100%|████████████████████| 148/148 [02:41<00:00,  1.09s/it]
  0%|               | 0/442 [00:00<?, ?it/s][1] Test Loss: 0.7959, Accuracy: 95.24%
model saved!
100%|████████████████████| 442/442 [08:36<00:00,  1.17s/it]
100%|████████████████████| 148/148 [02:41<00:00,  1.09s/it]
  0%|               | 0/442 [00:00<?, ?it/s][2] Test Loss: 0.7850, Accuracy: 96.01%
model saved!
100%|████████████████████| 442/442 [08:36<00:00,  1.17s/it]
100%|████████████████████| 148/148 [02:41<00:00,  1.09s/it]
  0%|               | 0/442 [00:00<?, ?it/s][3] Test Loss: 0.7766, Accuracy: 96.90%
model saved!
100%|████████████████████| 442/442 [08:37<00:00,  1.17s/it]
100%|████████████████████| 148/148 [02:42<00:00,  1.10s/it]
  0%|               | 0/442 [00:00<?, ?it/s][4] Test Loss: 0.7618, Accuracy: 98.47%
model saved!
100%|████████████████████| 442/442 [08:36<00:00,  1.17s/it]
100%|████████████████████| 148/148 [02:41<00:00,  1.09s/it][5] Test Loss: 0.7633,
Accuracy: 98.13%
model saved!
```

모델 다운로드

모든 학습이 끝나면 코랩에서 label_map.txt, PyTorch_Training_From_Scratch.
pt, 그리고 PyTorch_Transfer_Learning_MobileNet.py 파일을 다운로드합니다. 코
랩 화면에서 왼쪽 돋보기 모양 아이콘 아래에 있는 폴더 모양 아이콘을 클릭하면 파일을
확인할 수 있습니다. 그 상태에서 다운로드할 파일을 마우스 오른쪽 버튼으로 클릭한 후
[다운로드]를 클릭해 다운로드합니다.

5.7 _코랩에서 이미지 추론 테스트

재활용품 분리수거를 위한 이미지 분류 네트워크의 훈련을 완료했습니다. 이제 학
습된 모델을 코랩에서 추론해 보겠습니다. 이번 예제는 Chap5 폴더의 Inference_
Image.ipynb를 실행하면 됩니다.

1. 코랩에서 OpenCV를 통해 이미지를 다루고 화면에 출력하기 위한 라이브러리를 불러옵니다.

```
import cv2
import numpy as np
from google.colab.patches import cv2_imshow
```

2. 추론을 위한 클래스를 불러온 후 깃허브를 통해 공유한 사전에 훈련한 모델을 불러옵니다.

```
%cd /content/DeepLearning4Projects/Chap5
# 추론을 위한 클래스를 불러옵니다.
from Inference_Cam import Inference_Class

# inferenceClass를 초기화하고 모델을 불러옵니다.
inferenceClass = Inference_Class()
is_train_from_scratch = False
inferenceClass.load_model(is_train_from_scratch)
```

추론 클래스의 코드는 5.8절에서 살펴보겠습니다.

3. 이미지를 입력받았을 때 추론하기 위한 inference 함수를 선언합니다.

먼저 입력받은 input_image가 이미지의 경로인지 OpenCV 이미지인지를 확인합니다. 문자열이라면 경로로 판단해 이미지를 읽어오고, 그렇지 않으면 이미지로 판단해 복사를 수행합니다. inferenceClass 클래스의 inference_image 함수에 OpenCV 이미지를 입력해 추론을 실행하고 반환값으로 추론 결과가 그려진 이미지, 추론 결과 문자열, 해당 클래스일 확률, 이렇게 세 가지 변수를 받습니다. 이 이미지를 코랩에서 제공하는 cv2_imshow 함수를 통해 코랩에 출력합니다.

```
def inference(input_image):
    cv_image = []
    # 이미지 읽어오기
    if isinstance(input_image, str):
        cv_image = cv2.imread(input_image, cv2.IMREAD_COLOR)
    else:
        cv_image = np.copy(input_image)

    # 추론 실행
    result_frame, label_text, class_prob = inferenceClass.inference_image(cv_image)
    print("입력 이미지는 {} % 확률로 {}으로 분류됩니다.".format(
        (float)(class_prob) * 100, label_text)
```

```
    )

    # 코랩에 이미지를 출력합니다.
    cv2_imshow(result_frame)
    return result_frame
```

4. 이미지의 경로를 입력해 추론을 수행합니다.

직접 이미지를 업로드해 추론하는 경우, 다음과 같이 경로를 다시 /content로 이동해 추론을 실행합니다. colab에 이미지를 업로드해 추론하는 경우, 업로드한 이미지의 절대경로를 input_image_path에 입력해 실행하면 추론한 결과를 확인할 수 있습니다.

```
%cd /content
# 절대경로를 input_image_path에 입력해 실행
input_image_path = "/content/DeepLearning4Projects/Chap5/test_image_1.jpg"
result = inference(input_image_path)
```

5. 제공된 실습 코드를 따라 추론을 수행하면 다음과 같은 결과를 확인할 수 있습니다.

이후 파이토치가 설치된 윈도우 환경(또는 젯슨 나노)에서 추론을 수행할 수 있습니다.

5.8 _ 윈도우 환경에서 추론 실습

동영상에서 각각의 프레임에 촬영되는 영상이 어떤 재활용품인지 분류해서 그 결과를 알려주는 파이썬 코드를 살펴보고 실습하겠습니다.

이 실습은 윈도우에 설치한 파이썬으로 수행합니다. 그리고 파이토치는 학습이 완료된 후 추론을 수행할 때 신경망 클래스가 있는 파이썬 파일과 가중치 파일이 있어야만 합니다. 따라서 5.6절에서 학습이 완료되어 다운로드한 모델 파일도 있어야 합니다.

재활용품 분류 추론 코드

Chap5 폴더에서 Inference_Cam.py 파일을 확인할 수 있습니다. 이 프로그램은 깃허브에서 함께 내려받은 동영상에 나오는 재활용품 유형을 식별하고 결과를 화면에 출력합니다.

전체 코드

먼저 전체 코드를 훑어본 뒤에 함수별로 설명하겠습니다.

```python
#!python3
import torch
import cv2
from PIL import Image
import torchvision.transforms as transforms
import numpy as np
from Model_Class_From_the_Scratch import MODEL_From_Scratch
from Model_Class_Transfer_Learning_MobileNet import MobileNet
import argparse
import cv2

class Inference_Class():
    def __init__(self):
        USE_CUDA = torch.cuda.is_available()
        self.DEVICE = torch.device("cuda" if USE_CUDA else "cpu")
        self.model = None
        self.label_map = None
        self.transform_info = transforms.Compose([
            transforms.Resize(size=(224, 224)), transforms.ToTensor()
        ])

    def load_model(self, is_train_from_scratch, label_map_file="label_map.txt"):
        self.label_map = np.loadtxt(label_map_file, str, delimiter='\t')
```

```python
        num_classes = len(self.label_map)
        model_str = None
        if is_train_from_scratch:
            self.model = MODEL_From_Scratch(num_classes).to(self.DEVICE)
            model_str = "PyTorch_Training_From_Scratch"
        else:
            self.model = MobileNet(num_classes).to(self.DEVICE)
            model_str = "PyTorch_Transfer_Learning_MobileNet"
        model_str += ".pt"
        self.model.load_state_dict(torch.load(model_str, map_location=self.DEVICE))
        self.model.eval()

    def inference_video(self, video_source="test_video.mp4"):
        cap = cv2.VideoCapture(video_source)
        if cap.isOpened():
            print("Video Opened")
        else:
            print("Video Not Opened")
            print("Program Abort")
            exit()
        cv2.namedWindow("Output", cv2.WINDOW_GUI_EXPANDED)
        with torch.no_grad():
            while cap.isOpened():
                ret, frame = cap.read()
                if ret:
                    output = self.inference_frame(frame)
                    cv2.imshow("Output", output)
                else:
                    break
                if cv2.waitKey(33) & 0xFF == ord('q'):
                    break
            cap.release()
            cv2.destroyAllWindows()
        return

    def inference_frame(self, opencv_frame):
        opencv_rgb = cv2.cvtColor(opencv_frame, cv2.COLOR_BGR2RGB)
        image = Image.fromarray(opencv_rgb)
        image_tensor = self.transform_info(image)
```

```python
        image_tensor = image_tensor.unsqueeze(0)
        image_tensor = image_tensor.to(self.DEVICE)
        inference_result = self.model(image_tensor)
        inference_result = inference_result.squeeze()
        inference_result = inference_result.cpu().numpy()
        result_frame = np.copy(opencv_frame)
        label_text = self.label_map[np.argmax(inference_result)]
        label_text += " " + str(inference_result[np.argmax(inference_result)])
        result_frame = cv2.putText(
            result_frame, label_text, (10, 50), cv2.FONT_HERSHEY_PLAIN, fontScale=2.0,
            color=(0,0,255), thickness=3
        )
        return result_frame

    def inference_image(self, opencv_image):
        opencv_rgb = cv2.cvtColor(opencv_image, cv2.COLOR_BGR2RGB)
        image = Image.fromarray(opencv_rgb)
        image_tensor = self.transform_info(image)
        image_tensor = image_tensor.unsqueeze(0)
        image_tensor = image_tensor.to(self.DEVICE)
        with torch.no_grad():
            inference_result = self.model(image_tensor)

        inference_result = inference_result.squeeze()
        inference_result = inference_result.cpu().numpy()
        result_frame = np.copy(opencv_image)
        label_text = self.label_map[np.argmax(inference_result)]
        class_prob = str(inference_result[np.argmax(inference_result)])
        result_frame = cv2.putText(
            result_frame, label_text + " " + class_prob, (10, 50), cv2.FONT_HERSHEY_PLAIN,
            fontScale=2.0, color=(0,0,255), thickness=3
        )
        return result_frame, label_text, class_prob

if __name__ == "__main__":
    parser = argparse.ArgumentParser()
    parser.add_argument(
        "-s", "--is_scratch", required=False, action="store_true",
            help="inference with model trained from the scratch"
    )
```

```
parser.add_argument(
    "-src", "--source", required=False, type=str, default="./test_video.mp4",
    help="OpenCV Video source"
)
args = parser.parse_args()
is_train_from_scratch = False
source = args.source
if args.is_scratch:
    is_train_from_scratch = True
if source.isdigit():
    source = int(source)
inferenceClass = Inference_Class()
inferenceClass.load_model(is_train_from_scratch)
inferenceClass.inference_video(source)
```

코드 앞부분

동영상은 OpenCV를 통해 다루며 추론의 전처리 단계에서 **PIL.Image**로 바꿔야 하므로 **cv2**와 **PIL.Image**를 임포트했습니다.

전처리를 위해 transforms를 불러왔으며 추론을 위해 **torch**, **MODEL_From_Scratch**, **MobileNet**을 불러왔습니다.

후처리를 위해 **numpy**를 불러왔고 마지막으로 코드 실행 시 설정을 위해 **argparse**를 불러왔습니다. **argparse**를 통해 추론을 어떤 신경망에서 할 것인지, 어떤 동영상 스트림을 추론할 것인지를 입력해 실행할 수 있습니다.

```
import torch
import cv2
from PIL import Image
import torchvision.transforms as transforms
import numpy as np
from Model_Class_From_the_Scratch import MODEL_From_Scratch
from Model_Class_Transfer_Learning_MobileNet import MobileNet
import argparse
```

메인 블록

`Inference_Class` 코드를 보기 전에, 코드의 실행 방식을 설명하기 위해 코드 맨 아래의 메인 블록부터 보겠습니다.

```python
if __name__ == "__main__":
    parser = argparse.ArgumentParser()
    parser.add_argument(
        "-s", "--is_scratch", required=False, action="store_true",
        help="inference with model trained from the scratch"
    )
    parser.add_argument(
        "-src", "--source", required=False, type=str, default="./test_video.mp4",
        help="OpenCV Video source"
    )
    args = parser.parse_args()
    is_train_from_scratch = False
    source = args.source
    if args.is_scratch:
        is_train_from_scratch = True
    inferenceClass = Inference_Class()
    inferenceClass.load_model(is_train_from_scratch)
    inferenceClass.inference_video(source)
```

메인 블록에는 이 프로그램을 실행할 때 입력할 수 있는 인자가 두 개 준비돼 있습니다. **--is_scratch**를 입력하면 직접 구현해 학습한 신경망을 이용하고, 입력하지 않으면 전이학습으로 훈련한 신경망을 이용합니다. **--source** 뒤에 추론할 비디오 파일의 경로를 입력합니다. 생략할 경우 기본으로 **test_video.mp4**를 추론하게 됩니다.

다음과 같이 실행하면 직접 구현해 학습한 신경망을 이용해 **test_video.mp4**를 추론합니다.

```
python3 Inference_Cam.py --is_scratch
```

다음과 같이 실행하면 전이학습으로 훈련한 신경망을 이용해 **test_video.mp4**를 추론합니다.

```
python3 Inference_Cam.py --source test_video.mp4
```

argparse를 통해 추론할 신경망과 추론할 비디오를 확인한 후, inferenceClass라는 변수에 Inference_Class를 선언하고 초기화합니다. 이후 load_model 함수를 실행해 신경망을 불러오고 inference_video 함수를 통해 비디오 추론을 실행합니다.

추론을 위한 초기화 메서드

Inference_Class의 __init__과 load_model 메서드를 보겠습니다.

초기화 메서드인 __init__에서는 초기화 단계에서 CUDA를 사용할 수 있는지 확인한 후 이에 따른 self.DEVICE를 준비했습니다. 그 후 추론할 신경망과 클래스 이름 리스트 변수를 선언했습니다. 마지막으로 추론하기 위한 전처리를 준비했습니다. 훈련할 때는 256×256으로 리사이즈한 후 224×224로 랜덤하게 잘랐으나, 추론할 때는 바로 224×224로 리사이즈해서 신경망에 입력합니다.

```
def __init__(self):
    USE_CUDA = torch.cuda.is_available()
    self.DEVICE = torch.device("cuda" if USE_CUDA else "cpu")
    self.model = None
    self.label_map = None
    self.transform_info = transforms.Compose([
        transforms.Resize(size=(224, 224)),
        transforms.ToTensor()
    ])
```

load_model 메서드에서는 신경망을 준비합니다. 코드 실행 시 --is_scratch를 추가했다면 직접 구현해 훈련했던 신경망과 가중치를 불러옵니다. 추가하지 않았다면, MobileNetv2에서 전이학습의 신경망과 가중치를 불러옵니다. 클래스 이름 리스트는 label_map.txt를 불러옵니다. 별도의 분류 데이터세트로 학습했다면 label_map.txt에 해당 분류 데이터세트의 분류할 클래스 이름을 작성해야 합니다.

```python
def load_model(self, is_train_from_scratch, label_map_file="label_map.txt"):
    self.label_map = np.loadtxt(label_map_file, str, delimiter='\t')
    num_classes = len(self.label_map)
    model_str = None
    if is_train_from_scratch:
        self.model = MODEL_From_Scratch(num_classes).to(self.DEVICE)
        model_str = "PyTorch_Training_From_Scratch"
    else:
        self.model = MobileNet(num_classes).to(self.DEVICE)
        model_str = "PyTorch_Transfer_Learning_MobileNet"
    model_str += ".pt"
    self.model.load_state_dict(torch.load(model_str, map_location=self.DEVICE))
    self.model.eval()
```

영상 추론 함수

비디오를 받아오고 추론하는 inference_video 함수를 보겠습니다.

1. 우선 OpenCV가 비디오를 정상적으로 열 수 있는지를 확인합니다. 열지 못했다면 실행을 중지합니다. 이후 Output이라는 이름을 가진 창을 생성합니다. 추론 결과를 표시한 동영상을 보여줍니다.

```python
def inference_video(self, video_source="test_video.mp4"):
    cap = cv2.VideoCapture(video_source)
    if cap.isOpened():
        print("Video Opened")
    else:
        print("Video Not Opened")
        print("Program Abort")
        exit()
    cv2.namedWindow("Output", cv2.WINDOW_GUI_EXPANDED)
```

2. torch.no_grad()를 통해 파이토치의 자동 미분연산을 비활성화합니다. 추론을 좀 더 빠르게 할 수 있습니다. 이후 동영상이 열려 있는 동안 반복문을 수행합니다.

반복문에서는 cap.read()를 통해 프레임을 받아옵니다. 이때 ret는 프레임을 정상적으로 받아왔는지를 알 수 있는 값이며, frame이 실제 동영상 프레임입니다. 프레임을 정상적으로 받아온 경우 self.inference_frame 함수를 통해 추론합니다. 이후 후처리까지 끝난 결과 프레임을 output으로 받아와서 Output에 보여줍니다. 프레임을 정상적으로 받지 못한 경우 반복문을 종료합니다.

```
    with torch.no_grad():
        while cap.isOpened():
            ret, frame = cap.read()
            if ret:
                output = self.inference_frame(frame)
                cv2.imshow("Output", output)
            else:
                break
            if cv2.waitKey(33) & 0xFF == ord('q'):
                break
        cap.release()
        cv2.destroyAllWindows()
    return
```

다음 구문을 이용하면 동영상을 30FPS로 보여주다가 'q' 입력 시 반복문을 종료할 수 있습니다.

```
            if cv2.waitKey(33) & 0xFF == ord('q'):
                break
```

cv2.waitKey(33)의 33은 33ms 동안 이미지를 보여주겠다는 의미입니다. 1초는 1000ms이고, 초당 30프레임을 보기 위해서는 이미지 한 장당 33ms만 보여주면 되므로 이렇게 작성합니다.

반복문이 종료되면 동영상 스트림을 닫고 열려 있는 모든 창을 닫은 후 함수 실행을 종료합니다.

inference_frame 함수

프레임을 받고 추론하는 `inference_frame` 함수를 보겠습니다.

1. OpenCV는 영상 데이터를 BGR(Blue – Green – Red) 순서로 관리합니다. 반면에 PIL.Image는 영상 데이터를 RGB(Red – Green – Blue) 순서로 관리합니다. 따라서 OpenCV의 영상 데이터를 PIL. Image로 바꿀 때 반드시 BGR에서 RGB로 색공간 정보를 바꿔야 합니다. 이후 데이터가 PIL.Image 형태로 전환되고 클래스 초기화 함수에서 초기화한 전처리를 수행합니다. 이때 영상은 224×224로 리사이즈된 후 0~1 사이의 값으로 변환됩니다.

그 후에 `unsqueeze(0)`을 통해 4차원 텐서로 변환하고 `self.DEVICE`로 데이터를 이동합니다.

```
def inference_frame(self, opencv_frame):
    opencv_rgb = cv2.cvtColor(opencv_frame, cv2.COLOR_BGR2RGB)
    image = Image.fromarray(opencv_rgb)
```

```
image_tensor = self.transform_info(image)
image_tensor.unsqueeze(0)
image_tensor = image_tensor.to(self.DEVICE)
```

2. 이제 image_tensor를 입력해 모델을 실행시켜서 inference_result에 결괏값을 받습니다.

3차원 데이터는 전처리를 위해 리사이즈를 수행하고 0~1 사이의 값으로 바꿔준 후에도 다음 그림과 같이 3차원입니다. 그러나 신경망에 입력되는 데이터의 형태는 4차원 텐서입니다. 이로 인해 3차원 이미지 데이터를 전처리한 후 4차원 텐서로 한 차원을 추가해 주는 것입니다.

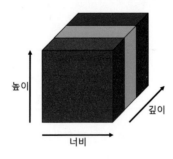

그림 5.3 컬러 이미지 데이터

신경망의 추론 결과를 squeeze로 차원을 줄이고 numpy 형태로 받아오는 경우 그 내부에 있는 정보는 다음과 같습니다.

["클래스 0일 확률" "클래스 1일 확률" "클래스 2일 확률" "클래스 3일 확률"]

신경망의 출력이 다음과 같다고 가정하겠습니다.

[0.1 0.8 0.05 0.05]

이때 신경망이 해당 프레임을 어떤 클래스로 분류했는지를 알기 위해 np.argmax를 사용합니다. np.argmax는 입력된 데이터에서 가장 값이 큰 데이터의 인덱스를 반환하는 함수입니다. 예시의 경우 1을 반환할 것입니다.

사람이 이를 활용하기 위해서는 해당 정보를 문자열로 받아올 필요가 있습니다. 이를 위해 클래스 이름 리스트를 훈련할 때 저장하고, 추론할 때 불러와서 활용합니다.

예를 들어, 이 예제에서 클래스 이름 리스트의 내용은 다음과 같습니다.

['can' 'glass' 'paper' 'plastic']

0번 인덱스에 'can', 1번 인덱스에 'glass', 2번 인덱스에 'paper', 3번 인덱스에 'plastic' 문자열이 있습니다. 예시의 경우 신경망은 입력 프레임이 'glass'일 확률이 0.8이라고 추론한 것입니다.

```
inference_result = self.model(image_tensor)
inference_result = inference_result.squeeze()
inference_result = inference_result.cpu().numpy()
```

3. 정보를 추출한 후 이미지에 글을 써주는 OpenCV의 putText 함수를 활용해 사람이 읽을 수 있게 출력 프레임에 해당 정보를 표시합니다.

```
result_frame = np.copy(opencv_frame)
label_text = self.label_map[np.argmax(inference_result)]
label_text += " " + str(inference_result[np.argmax(inference_result)])
result_frame = cv2.putText(
    result_frame, label_text, (10, 50), cv2.FONT_HERSHEY_PLAIN, fontScale=2.0,
    color=(0,0,255), thickness=3
)
return result_frame
```

이로써 윈도우에서 동영상 스트림을 통해 재활용품 분리수거를 할 수 있는 예제 코드를 전부 살펴봤습니다.

재활용품 분류 추론 실행

재활용품 분리수거를 위한 분류 신경망 추론을 위해 전체 추론 코드인 Inference_Cam. py 파일을 실행해 볼 수 있습니다. 기본적으로 분리수거 대상 쓰레기들을 촬영한 test_ video.mp4 영상을 추론해 추론 결과를 볼 수 있습니다.

```
cd ~/DeepLearning4Projects/Chap5/
python Inference_Cam.py
```

【 출력 】

5.9 _ 요약

이번 장에서는 재활용품을 분리하는 딥러닝 모델을 훈련한 후 활용할 수 있게 코랩과 윈도
우에서 개발하는 프로젝트를 수행했습니다. 분류 모델은 데이터셋을 만들고 활용하기가
비교적 쉬워서 처음에 도전하기에 적합하며, 도로의 신호등이나 표지판 인식처럼 사물 인
식 후 그 결과를 가지고 상세 분류하는 프로세스처럼 사물 인식 모델과 병합해 사용되기도
하므로 매우 유용한 방법론입니다.

질의응답 프로젝트 Q&A

Q: 재활용품이 섞여 있을 때는 분류가 잘 안되는데 해결 방법이 있나요?

A: 이 프로젝트는 카메라가 컨베이어 벨트를 촬영하고 있고, 한 번에 하나의 쓰레기만 촬영하는 환경
이라고 가정했습니다. 그렇기 때문에 캔, 유리병, 플라스틱, 종이의 네 가지 재활용품 중 하나로 분
류하는 모델을 훈련했습니다.

이렇게 훈련한 분류 모델은 일반 쓰레기는 분류할 수 없으며, 카메라가 캔과 유리병을 동시에 촬
영했을 때는 정상적인 분류를 수행하지 못합니다.

가정했던 환경이 아닌 다른 환경에서 사용하고자 하는 경우, 그에 맞게 기능을 새로 구성해야 합
니다. 여러 재활용품이 섞여 있는 경우 분류 모델이 아닌 객체 인식 모델이 필요합니다.

SSD 사물인지 CCTV

딥러닝을 활용한 두 번째 영상 프로젝트는 CCTV 프로젝트입니다. 이번 장에서는 객체 인식 네트워크 중 SSD 객체 인식 네트워크를 이용해 사람, 차, 버스를 인지하는 CCTV 프로젝트를 해보겠습니다.

6.1 _ 프로젝트 목표와 사용자 시나리오

사무실의 퇴근 시간 이후나 공공시설의 폐관 시간 이후의 CCTV 영상에서 사람이 감지되는 경우에 관리자에게 통지가 가게 하면 유용할 것입니다. 또는 인적이 드문 지방 국도의 CCTV 영상에서 사람이나 자동차가 감지되는 경우 그 시간을 기록하게 하면 유용할 것입니다.

이번 장에서는 CCTV로 사람, 자동차, 버스를 감지하는 프로젝트를 진행해 보겠습니다. 또한 이번 사물 인지 CCTV 프로젝트는 대상 사람, 자동차, 버스를 감지했을 때 로그 파일에 감지 시간과 정보를 기록하겠습니다.

이번 장에서 진행하고자 하는 테스트의 개요를 그림 6.1에 나타냈습니다.

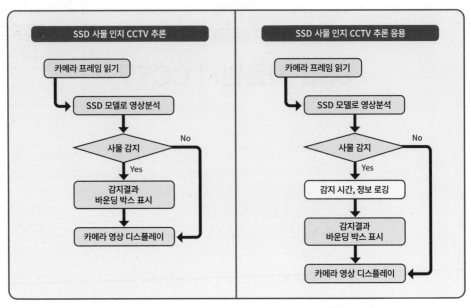

그림 6.1 사물 인지 CCTV 테스트 개요(좌: 기본 테스트, 우: 응용 테스트)

6.2 _ 실습 준비

이제 프로젝트의 실습에 사용할 코드가 공개돼 있는 저장소와 프로젝트의 실습에 사용할 데이터세트에 대해 알아보겠습니다. 그러고 나서 파이토치를 활용해 SSD 객체 인식 모델을 학습하기 위한 데이터세트 클래스를 제작하겠습니다.

구글 드라이브 구성 및 소스 코드 다운로드

코랩을 구글 드라이브에 연결해서 진행하면 내려받은 데이터와 훈련 결과 파일이 코랩 사용 시간이 만료돼도 구글 드라이브에 남아있을 수 있습니다. 그래서 이번에는 코랩과 구글 드라이브를 연결해 실습을 진행하기 위해 구글 드라이브에 실습에 필요한 폴더를 만들겠습니다.

❶ 구글 드라이브 사이트에서
[+새로 만들기] 버튼 클릭

❷ [폴더]를 선택

❸ [새 폴더] 팝업이 뜨면
'ssd'라고 입력하고
ssd 폴더를 생성한다.

❹ [내 드라이브] 아래에 'ssd'
폴더가 생성되었으면 준비 완료

그림 6.2 구글 드라이브에 ssd 폴더 만들기

이번 장의 예제 역시 주피터 노트북 파일과 파이썬 실습 코드로 구성돼 있으며, Chap6 폴더의 Pytorch_SSD_Training.ipynb 파일에 있습니다.

SSD 훈련 준비

프로젝트 실습 코드를 다운로드하고 SSD 훈련에 필요한 패키지를 설치합니다.

1. 코랩에서 구글 드라이브를 연결합니다.

```
from google.colab import drive
drive.mount('/content/gdrive')
```

2. 실행시키면 구글 드라이브를 연결하기 위한 팝업이 뜨는데, 그림 6.3과 같이 진행하면 됩니다.

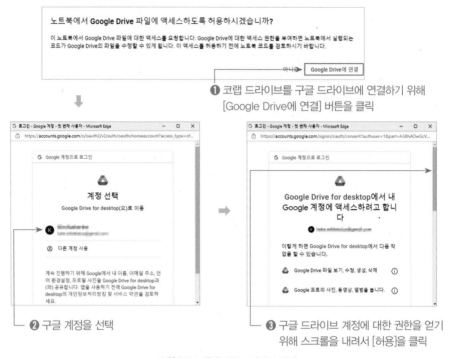

그림 6.3 코랩에 구글 드라이브 연결

3. 구글 드라이브에 생성한 ssd 폴더로 이동합니다.

```
cd /content/gdrive/MyDrive/ssd/
```

4. 프로젝트 실습을 위해 우선 SSD 네트워크 훈련 및 테스트에 필요한 소스 코드를 내려받고 환경을 갖추기 위해 다음과 같이 git을 이용해 pytorch-ssd 저장소를 받아옵니다.[6]

```
!git clone https://github.com/jetsonai/pytorch-ssd
```

5. 실습을 위해 pytorch-ssd 폴더로 이동합니다.

```
cd pytorch-ssd
```

---

6   원본 깃허브 사이트는 https://github.com/dusty-nv/pytorch-ssd입니다.

6. 객체 인식 모델은 전이학습을 하지 않으면 분류 모델에 비해 훈련하기가 까다롭고 훈련 시간이 오래 걸립니다. pytorch-ssd 폴더로 이동한 후 다음과 같이 파이토치 SSD MobileNetV1로 미리 학습된 모델 파일을 다운로드합니다.

```
# 파이토치 SSD MobileNetV1로 미리 학습된 모델 파일 다운로드
!wget https://nvidia.box.com/shared/static/djf5w54rjvpqocsiztzaandq1m3avr7c.pth -O
models/mobilenet-v1-ssd-mp-0_675.pth
```

7. 필요한 패키지들을 requirements.txt를 이용해 한꺼번에 설치합니다.

```
!pip3 install -v -r requirements.txt
```

저장소와 모델 파일은 한 번만 내려받으면 구글 드라이브 ssd 폴더에 저장됩니다. 따라서 본 예제를 다시 실행할 때는 전부 다시 실행할 필요 없이 1 → 2 → 3 → 5 → 7의 순서로 진행하면 됩니다.

오픈 이미지 데이터세트 다운로드

프로젝트에 필요한 데이터세트로 구글의 공개 데이터세트인 오픈 이미지 데이터세트[7]를 이용하겠습니다. 오픈 이미지 데이터세트에서 사람, 자동차, 버스 클래스의 데이터세트를 data 폴더 아래 cctv라는 폴더를 만들어서 최대 5,000개까지 받겠다고 지정해 내려받을 수 있습니다.

구글 코랩에서 다음과 같이 실행해 SSD 모델 데이터세트를 다운로드합니다.

```
!python3 open_images_downloader.py --class-names "Person, Car, Cat" --data=data/cctv
--max-images=4500 --num-workers=2
```

다른 데이터세트를 내려받고자 하면 pytorch-ssd 폴더에 있는 open_images_classes.txt 파일에 있는 601개의 다운로드 가능한 클래스 이름 중 선택해 class-names 인자에 넣어주면 됩니다.

---

[7] Open Image dataset: https://opensource.google/projects/open-images-dataset

open_images_classes.txt

```
Accordion, Adhesive tape, Aircraft, Airplane, Alarm clock, Alpaca, Ambulance, Animal, Ant,
Antelope, Apple…
Backpack, Bagel, Baked goods, Balance beam, Ball, Balloon, Banana, Band-aid, Banjo, Barge,
Barrel …
…
```

이미지 수는 너무 작으면 훈련이 안 되고 너무 많으면 코랩에서 훈련이 너무 오래 걸리므로 클래스당 700~1,500개 정도가 적당합니다. 이번 프로젝트에서는 3개 클래스이므로 전체 4,500개로 했습니다.

코랩에서 모두 내려받는 데 20분 정도 소요되며, 내려받은 데이터세트의 구조는 다음과 같습니다.

【 내려받은 오픈 이미지 데이터세트 폴더 구조 】

```
pytorch-ssd
   └ data
      └ cctv
          ├ test/
          |    └ [테스트 이미지 파일들]
          ├ train/
          |    └ [훈련 이미지 파일들]
          ├ validation/
          |    └ [검증 이미지 파일들]
          ├ class-descriptions-boxable.csv
          ├ sub-test-annotations-bbox.csv
          ├ sub-train-annotations-bbox.csv
          ├ sub-validation-annotations-bbox.csv
          ├ test-annotations-bbox.csv
          ├ test-annotations-bbox.csv
          └ validation-annotations-bbox.csv
```

코랩이 구글 드라이브에 연결돼 있으므로 구글 드라이브의 해당 폴더로 들어가면 그림 6.4와 같이 내려받은 데이터세트 파일을 확인할 수 있습니다.

그림 6.4 구글 코랩에서 데이터세트 파일 확인

데이터세트 클래스(OpenImagesDataset)

오픈 이미지 데이터세트를 이용하기 위한 클래스는 `pytorch-ssd/vision/datasets` 폴더의 open_images.py 파일에 있습니다. 이번에 살펴볼 `OpenImagesDataset` 클래스는 오픈 이미지 데이터세트를 파일에서 읽어와서 이미지와 라벨을 관리해 주는 클래스입니다.

__init__

`__init__`는 `OpenImagesDataset` 클래스의 이미지 데이터세트를 초기화하며, 이미지 경로와 이미지 전처리, 데이터의 정보 수집 등을 담당합니다.

```python
# 이미지 경로와 이미지 전처리, 데이터의 정보 수집 등 이미지 데이터세트 초기화
def __init__(self, root,
             transform=None, target_transform=None,
             dataset_type="train", balance_data=False):
    self.root = pathlib.Path(root)
    self.transform = transform
    self.target_transform = target_transform
    self.dataset_type = dataset_type.lower()

    self.data, self.class_names, self.class_dict = self.read_data()
    self.balance_data = balance_data
    self.min_image_num = -1
    if self.balance_data:
        self.data = self._balance_data()
    self.ids = [info['image_id'] for info in self.data]

    self.class_stat = None
```

_getitem

_getitem은 데이터의 인덱스를 입력받고 이미지 데이터와 바운딩 박스의 좌표 정보, 라벨 정보를 반환합니다.

```python
# 데이터의 인덱스를 입력받고 데이터를 읽고 인덱스의 이미지와 클래스 정보를 반환
def _getitem(self, index):
    image_info = self.data[index]
    image = self._read_image(image_info['image_id'])
    # 데이터세트 보존을 위한 박스 객체 복사
    boxes = copy.copy(image_info['boxes'])
    boxes[:, 0] *= image.shape[1]
    boxes[:, 1] *= image.shape[0]
    boxes[:, 2] *= image.shape[1]
    boxes[:, 3] *= image.shape[0]
    # 데이터세트 보존을 위한 라벨 객체 복사
    labels = copy.copy(image_info['labels'])
    if self.transform:
        image, boxes, labels = self.transform(image, boxes, labels)
    if self.target_transform:
```

```
        boxes, labels = self.target_transform(boxes, labels)
    return image_info['image_id'], image, boxes, labels


def __getitem__(self, index):
    _, image, boxes, labels = self._getitem(index)
    return image, boxes, labels
```

get_annotation

get_annotation은 데이터의 인덱스를 입력받고 라벨 정보를 반환합니다.

```
# 데이터의 인덱스를 입력받고 라벨 정보를 반환
def get_annotation(self, index):
    image_id, image, boxes, labels = self._getitem(index)
    is_difficult = np.zeros(boxes.shape[0], dtype=np.uint8)
    return image_id, (boxes, labels, is_difficult)
```

get_image

get_image는 데이터의 인덱스를 입력받고 이미지를 반환합니다.

```
# 데이터의 인덱스를 입력받고 이미지를 반환
def get_image(self, index):
    image_info = self.data[index]
    image = self._read_image(image_info['image_id'])
    if self.transform:
        image, _ = self.transform(image)
    return image
```

_read_data

_read_data는 OpenImagesDataset 클래스의 csv 형태의 애너테이션 파일에서 정보를 얻기 위해 pandas[8] 패키지를 이용합니다. 먼저 **ImageID** 값을 읽어서 이미지 경로를 조합하고, 바운딩 박스 정보인 **"XMin"**, **"YMin"**, **"XMax"**, **"YMax"** 값을 읽고 라벨 정보인

---

8 https://pandas.pydata.org/

"ClassName" 값을 읽어 정보를 얻어냅니다. 이로써 이미지 데이터와 바운딩 박스, 그리고 라벨 정보를 반환합니다.

```python
# 애너테이션 파일에서 이미지 정보, 박스, 라벨 정보를 읽음
def _read_data(self):
    annotation_file = f"{self.root}/sub-{self.dataset_type}-annotations-bbox.csv"
    logging.info(f'loading annotations from: {annotation_file}')
    annotations = pd.read_csv(annotation_file)
    logging.info(f'annotations loaded from:  {annotation_file}')
    class_names = ['BACKGROUND'] + sorted(list(annotations['ClassName'].unique()))
    class_dict = {class_name: i for i, class_name in enumerate(class_names)}
    data = []
    for image_id, group in annotations.groupby("ImageID"):
        img_path = os.path.join(self.root, self.dataset_type, image_id + '.jpg')
        if os.path.isfile(img_path) is False:
            logging.error(
                f'missing ImageID {image_id}.jpg - dropping from annotations'
            )
            continue
        boxes = group.loc[:, ["XMin", "YMin", "XMax", "YMax"]].values.astype(
            np.float32
        )
        # 교차 엔트로피 함수를 만족시키기 위해 라벨을 64비트로 만든다.
        labels = np.array(
            [class_dict[name] for name in group["ClassName"]], dtype='int64'
        )

        data.append({'image_id': image_id, 'boxes': boxes, 'labels': labels})
    print('num images:  {:d}'.format(len(data)))
    return data, class_names, class_dict
```

_read_image

_read_image는 파일에서 이미지를 읽어서 흑백 이미지라면 GRAY 이미지 데이터로, 컬러 이미지라면 BGR에서 RGB 이미지 데이터로 반환해 줍니다. [9]

---

[9] https://www.geeksforgeeks.org/convert-bgr-and-rgb-with-python-opencv/

```
# 파일에서 이미지를 읽는 함수
def _read_image(self, image_id):
    image_file = self.root / self.dataset_type / f"{image_id}.jpg"
    image = cv2.imread(str(image_file))
    if image.shape[2] == 1:
        image = cv2.cvtColor(image, cv2.COLOR_GRAY2RGB)
    else:
        image = cv2.cvtColor(image, cv2.COLOR_BGR2RGB)
    return image
```

_balance_data

_balance_data는 데이터세트에 클래스별 숫자 밸런스를 맞춰줍니다.

```
# 데이터세트에 클래스별 숫자 밸런스를 맞춰줌
def _balance_data(self):
    logging.info('balancing data')
    label_image_indexes = [set() for _ in range(len(self.class_names))]
    for i, image in enumerate(self.data):
        for label_id in image['labels']:
            label_image_indexes[label_id].add(i)
    label_stat = [len(s) for s in label_image_indexes]
    self.min_image_num = min(label_stat[1:])
    sample_image_indexes = set()
    for image_indexes in label_image_indexes[1:]:
        image_indexes = np.array(list(image_indexes))
        sub = np.random.permutation(image_indexes)[:self.min_image_num]
        sample_image_indexes.update(sub)
    sample_data = [self.data[i] for i in sample_image_indexes]
    return sample_data
```

> **TIP** 모델 학습
>
> 코랩에서 Pytorch_SSD_Training.ipynb의 실습을 하고 있다면 데이터세트를 다운로드한 다음, 바로 모델 학습을 수행합니다. 이때 딥러닝 학습 시간이 2시간 이상 걸리므로, 다운로드가 끝나면 바로 실행시켜 놓은 후 다음 절의 'SSD MobileNet v1 학습하기'까지 보는 것을 권장합니다.
>
> 다음 명령으로 SSD 객체 인식 모델 학습을 실행합니다.

```
!python3 train_ssd.py --data=data/cctv --model-dir=models/cctv --batch-size=16
--epochs=35
```

딥러닝 학습이 시작되는 것을 확인하고 나서 다음 내용을 계속 살펴보면 됩니다. 참고로 에포크 수 35는 딥러닝 학습을 어느 정도 충분히 진행하면서도 코랩의 시간 제한에 의해 연결이 끊기지 않을 정도의 시간입니다.

※ 코랩의 시간 제한에 의해 연결이 끊어진다면, '구글 드라이브 구성 및 소스 코드 다운로드'에서 기술했듯이 Chap6 폴더의 Pytorch_SSD_Training.ipynb 파일을 열어 전부 다시 실행할 필요 없이 ① → ② → ③ → ⑤ → ⑦의 순서로 진행한 후에 위의 명령으로 SSD 객체 인식 모델 학습을 실행하면 됩니다.

6.3 _ 네트워크 학습

이제 SSD 객체 인식을 위한 사람, 자동차, 버스 데이터세트와 데이터세트를 위한 클래스가 준비됐으니 학습을 위해 심층 신경망 클래스를 살펴본 후 학습을 진행하겠습니다.

SSD MobileNet v1 심층 신경망

SSD MobileNet v1은 4장에서 배운 SSD 객체 인식 심층 신경망이 백본으로 MobileNet v1을 사용하는 구조입니다. MobileNet v1의 네트워크 아키텍처는 다음과 같습니다. [10]

---

[10] 〈MobileNets: Efficient Convolutional Neural Networks for Mobile Vision Applications〉, Andrew G., 2017, https://arxiv.org/pdf/1704.04861.pdf 논문의 표 참조.

표 6.1 MobileNet v1 아키텍처

Type / Stride	Filter Shape	Input Size
Conv / s2	3 x 3 x 3 x 32	224 x 224 x 3
Conv dw / s1	3 x 3 x 32 dw	112 x 112 x 32
Conv / s1	1 x 1 x 32 x 64	112 x 112 x 32
Conv dw / s2	3 x 3 x 64 dw	112 x 112 x 64
Conv / s1	1 x 1 x 64 x 128	56 x 56 x 64
Conv dw / s1	3 x 3 x 128 dw	56 x 56 x 128
Conv / s1	1 x 1 x 128 x 128	56 x 56 x 128
Conv dw / s2	3 x 3 x 128 dw	56 x 56 x 128
Conv / s1	1 x 1 x 128 x 256	28 x 28 x 128
Conv dw / s1	3 x 3 x 256 dw	28 x 28 x 256
Conv / s1	1 x 1 x 256 x 256	28 x 28 x 256
Conv dw / s2	3 x 3 x 256 dw	28 x 28 x 256
Conv / s1	1 x 1 x 256 x 512	14 x 14 x 256
5 x Conv dw / s1 Conv / s1	3 x 3 x 512 dw 1 x 1 x 512 x 512	14 x 14 x 512 14 x 14 x 512
Conv dw / s2	3 x 3 x 512 dw	14 x 14 x 512
Conv / s1	1 x 1 x 512 x 1024	7 x 7 x 512
Conv dw / s2	3 x 3 x 1024 dw	7 x 7 x 1024
Conv / s1	1 x 1 x 1024 x 1024	7 x 7 x 1024
Avg Pool / s1	Pool 7 x 7	7 x 7 x 1024
FC / s1	1024 x 1000	1 x 1 x 1025
Softmax / s1	Classifier	1 x 1 x 1000

Conv는 2장에서 배운 콘볼루션 계층이고 Conv dw는 4장에서 배운 뎁스와이즈 분리 콘볼루션 계층을 말합니다.

MobileNet v1은 4장에서 소개한 MobileNet v2의 이전 버전입니다. Mobile Net은 구글에서 다음을 목표로 만든 네트워크입니다.

- 충분히 높은 정확도
- 낮은 계산 복잡도
- 낮은 에너지 사용
- 작은 모델 사이즈

MobileNet의 첫 번째 버전에는 계산 복잡도를 줄이면서 Conv 레이어의 표현력을 유지하고자 하는 아이디어로 만들어진 뎁스 와이즈 분리 콘볼루션이 구현돼 있으며, 이름에서 알 수 있듯이 서버 시스템이 아닌 모바일이나 에지 장치에서 잘 활용되는 네트워크로 만들어졌음을 알 수 있습니다.

이 SSD 객체 인식 모델은 백본 네트워크로 MobileNet v1을 사용해 역시 모바일이나 에지 장치에서 사용하기에 매우 적합하다고 할 수 있습니다.

SSD MobileNet v1의 구조는 그림 6.5와 같습니다. MobileNet v1에서 추출된 특징 맵에서 객체의 위치 회귀와 분류를 각각 진행해 객체 인식 결과를 얻어내고, 중복되는 결과를 추려내기 위해 4장에서 배웠던 NMS를 수행해 최종 객체 인식 결과를 산출해 냅니다.

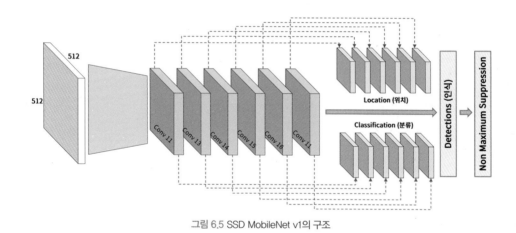

그림 6.5 SSD MobileNet v1의 구조

SSD MobileNet v1 학습 클래스

SSD MobileNet v1을 구현하는 데 필요한 CNN 백본인 MobileNet 클래스, 객체 인식을 위한 SSD 클래스, 그리고 SSD MobileNet v1 클래스의 코드를 살펴보겠습니다.

MobileNet v1 클래스는 `pytorch-ssd/vision/nn` 폴더에 있는 `mobilenet.py` 파일에서 볼 수 있습니다.

MobileNet v1 클래스 설명

가장 먼저 CNN 백본인 MobileNet v1 클래스를 살펴보겠습니다.

1. 파이토치의 신경망 그래프의 빌딩 블록 패키지 torch.nn[11]과 신경망 함수 패키지 torch.nn. functional[12]를 임포트합니다.

```
import torch.nn as nn
import torch.nn.functional as F
```

2. MobileNetv1 클래스에는 BN(배치 정규화)이 있는 Conv 레이어 함수인 conv_bn 함수와 DW(뎁스 와이즈)가 있는 Conv 레이어 함수인 conv_dw 함수가 있습니다.

```
# MobileNet v1 클래스
class MobileNetV1(nn.Module):
    def __init__(self, num_classes=1024):
        super(MobileNetV1, self).__init__()

        # BN이 있는 Conv 레이어
        def conv_bn(inp, oup, stride):
            return nn.Sequential(
                nn.Conv2d(inp, oup, 3, stride, 1, bias=False),
                nn.BatchNorm2d(oup),
                nn.ReLU(inplace=True)
            )

        # DW가 있는 Conv 레이어
        def conv_dw(inp, oup, stride):
            return nn.Sequential(
                nn.Conv2d(inp, inp, 3, stride, 1, groups=inp, bias=False),
                nn.BatchNorm2d(inp),
                nn.ReLU(inplace=True),

                nn.Conv2d(inp, oup, 1, 1, 0, bias=False),
                nn.BatchNorm2d(oup),
                nn.ReLU(inplace=True),
            )
```

---

11 torch.nn: https://pytorch.org/docs/stable/nn.html
12 torch.nn.functional: https://pytorch.org/docs/stable/nn.functional.html

3. 다음으로 MobileNetv1 클래스에서는 BN(배치 정규화)이 있는 Conv(콘볼루션) 레이어 함수와 뎁스와이즈 분리 콘볼루션(Depthwise Separable Convolution)이 있는 Conv 레이어 함수를 정의한 후 이 함수들을 이용해 MobileMet v1 모델의 CNN 아키텍처를 정의했습니다. 이 CNN 네트워크로 객체 검출 네트워크에서 특징 추출기 혹은 백본의 역할을 수행할 수 있습니다.

```python
# CNN 모델 아키텍처
self.model = nn.Sequential(
    conv_bn(3, 32, 2),
    conv_dw(32, 64, 1),
    conv_dw(64, 128, 2),
    conv_dw(128, 128, 1),
    conv_dw(128, 256, 2),
    conv_dw(256, 256, 1),
    conv_dw(256, 512, 2),
    conv_dw(512, 512, 1),
    conv_dw(512, 512, 1),
    conv_dw(512, 512, 1),
    conv_dw(512, 512, 1),
    conv_dw(512, 512, 1),
    conv_dw(512, 1024, 2),
    conv_dw(1024, 1024, 1),
)
self.fc = nn.Linear(1024, num_classes)
```

4. 마지막으로 forward 함수에서는 입력을 받아 모델 연산을 수행시키고 F.avg_pool2d 함수로 1024 벡터 계산을 한 후 fc 계산 결과를 반환해 순전파를 진행합니다.

```python
# 순전파 함수
def forward(self, x):
    x = self.model(x)
    x = F.avg_pool2d(x, 7)
    x = x.view(-1, 1024)
    x = self.fc(x)
    return x
```

SSD 클래스 설명

SSD 클래스 코드는 **pytorch-ssd/vision/ssd** 폴더에 있는 **ssd.py** 파일에서 볼 수 있습니다.

SSD 객체 인식을 하기 위한 SSD 클래스의 코드는 다음과 같습니다.

1. SSD 클래스를 정의하기 위해 __init__ 함수에서는 클래스 수, 기본(백본) 네트워크, 원본 레이어 인덱스, 추가 레이어, 분류 헤더, 회귀 헤더, 테스트 여부 등을 지정합니다. 이 클래스 초기화 함수에서는 원본 레이어 인덱스 레이어를 모듈 리스트에 추가해 레이어들을 등록해 줍니다.

```
# SSD 클래스
class SSD(nn.Module):
    def __init__(
        self, num_classes: int, base_net: nn.ModuleList,
        source_layer_indexes: List[int], extras: nn.ModuleList,
        classification_headers: nn.ModuleList, regression_headers: nn.ModuleList,
        is_test=False, config=None, device=None
    ):
        super(SSD, self).__init__()

        # 클래스 수, 기본 (백본) 네트워크, 원본 레이어 인덱스,
        # 추가 레이어, 분류 헤더, 회귀 헤더, 테스트 여부 등을 지정
        self.num_classes = num_classes
        self.base_net = base_net
        self.source_layer_indexes = source_layer_indexes
        self.extras = extras
        self.classification_headers = classification_headers
        self.regression_headers = regression_headers
        self.is_test = is_test
        self.config = config

        # 원본 레이어 인덱스 레이어를 모듈 리스트에 추가해 레이어들을 등록

        self.source_layer_add_ons = nn.ModuleList(
            [
                t[1]
                for t in source_layer_indexes
```

```
                    if isinstance(t, tuple) and not isinstance(t, GraphPath)
            ]
    )
```

2. forward 함수를 시작하고 원본 레이어 인덱스의 레이어에서 위치 헤더와 분류 헤더를 계산합니다. 그리고 추가 레이어의 위치 헤더와 분류 헤더도 계산합니다.

```
# 순전파 함수
def forward(self, x: torch.Tensor) -> Tuple[torch.Tensor, torch.Tensor]:
    confidences = []
    locations = []
    start_layer_index = 0
    header_index = 0
    # 원본 레이어 인덱스의 레이어에서 위치 헤더와 분류 헤더 계산
    for end_layer_index in self.source_layer_indexes:
        if isinstance(end_layer_index, GraphPath):
            path = end_layer_index
            end_layer_index = end_layer_index.s0
            added_layer = None
        elif isinstance(end_layer_index, tuple):
            added_layer = end_layer_index[1]
            end_layer_index = end_layer_index[0]
            path = None
        else:
            added_layer = None
            path = None
        for layer in self.base_net[start_layer_index: end_layer_index]:
            x = layer(x)
        if added_layer:
            y = added_layer(x)
        else:
            y = x
        if path:
            sub = getattr(self.base_net[end_layer_index], path.name)
            for layer in sub[:path.s1]:
                x = layer(x)
            y = x
            for layer in sub[path.s1:]:
                x = layer(x)
```

```python
            end_layer_index += 1
        start_layer_index = end_layer_index
        confidence, location = self.compute_header(header_index, y)
        header_index += 1
        confidences.append(confidence)
        locations.append(location)

    for layer in self.base_net[end_layer_index:]:
        x = layer(x)

    # 추가 레이어에서 위치 헤더와 분류 헤더 계산
    for layer in self.extras:
        x = layer(x)
        confidence, location = self.compute_header(header_index, x)
        header_index += 1
        confidences.append(confidence)
        locations.append(location)

    confidences = torch.cat(confidences, 1)
    locations = torch.cat(locations, 1)
```

3. 테스트 케이스라면 소프트맥스로 계산한 신뢰도와 박스의 값들을 반환하고, 아니라면 신뢰도와 위치 값을 반환합니다.

```python
    # 테스트 케이스라면 소프트맥스로 계산한 신뢰도와 박스의 값을 리턴
    # 아니면 신뢰도와 위치 값 리턴
    if self.is_test:
        confidences = F.softmax(confidences, dim=2)
        boxes = box_utils.convert_locations_to_boxes(
            locations, self.priors, self.config.center_variance,
self.config.size_variance
        )
        boxes = box_utils.center_form_to_corner_form(boxes)
        return confidences, boxes
    else:
        return confidences, locations
```

4. compute_header 함수는 분류 헤더로부터 클래스 신뢰도, 그리고 회귀 헤더에서 위치를 계산해 줍니다.

```
# 클래스 신뢰도와 위치 계산 함수
def compute_header(self, i, x):
    confidence = self.classification_headers[i](x)
    confidence = confidence.permute(0, 2, 3, 1).contiguous()
    confidence = confidence.view(confidence.size(0), -1, self.num_classes)

    location = self.regression_headers[i](x)
    location = location.permute(0, 2, 3, 1).contiguous()
    location = location.view(location.size(0), -1, 4)

    return confidence, location
```

5. init_from_base_net 함수는 기본 네트워크(백본)에 분류 헤더와 회귀 헤더를 추가해 시작하는 함수입니다.

```
# 기본 네트워크(백본)에서 시작하는 함수
def init_from_base_net(self, model):
    self.base_net.load_state_dict(
        torch.load(model, map_location=lambda storage, loc: storage),
        strict=True
    )
    self.source_layer_add_ons.apply(_xavier_init_)
    self.extras.apply(_xavier_init_)
    self.classification_headers.apply(_xavier_init_)
    self.regression_headers.apply(_xavier_init_)
```

6. init_from_pretrained_ssd 함수는 미리 훈련된 SSD 모델의 가중치를 로딩한 후 분류 헤더와 회귀 헤더를 추가해 시작하는 함수입니다.

```
# 미리 훈련된 SSD 네트워크에서 시작하는 함수
def init_from_pretrained_ssd(self, model):
    state_dict = torch.load(model, map_location=lambda storage, loc: storage)
    state_dict = {k: v for k, v in state_dict.items() if not (k.startswith("cla
ssification_headers") or k.startswith("regression_headers"))}
    model_dict = self.state_dict()
    model_dict.update(state_dict)
```

```
        self.load_state_dict(model_dict)
        self.classification_headers.apply(_xavier_init_)
        self.regression_headers.apply(_xavier_init_)
```

7. init 함수는 SSD 네트워크의 초기화 함수로서, 기본 네트워크와 추가 레이어, 그리고 분류 헤더와 회귀 헤더에 자비에 초기화를 적용해 줍니다.

```
# SSD 초기화 함수
def init(self):
    self.base_net.apply(_xavier_init_)
    self.source_layer_add_ons.apply(_xavier_init_)
    self.extras.apply(_xavier_init_)
    self.classification_headers.apply(_xavier_init_)
    self.regression_headers.apply(_xavier_init_)
```

8. load 함수는 SSD 모델로부터 가중치를 로딩합니다.

```
# SSD 모델 로딩 함수
def load(self, model):
    self.load_state_dict(
        torch.load(model, map_location=lambda storage, loc: storage)
    )
```

9. save 함수는 학습된 SSD의 가중치를 모델 파일로 저장해 주는 함수입니다.

```
# 학습된 SSD의 가중치를 모델 파일로 저장
def save(self, model_path):
    torch.save(self.state_dict(), model_path)
```

SSD MobileNet v1 학습 클래스 설명

SSD MobileNet v1 네트워크 생성 함수는 `pytorch-ssd/vision/ssd` 폴더에 있는 `mobilenetv1_ssd.py` 파일에서 볼 수 있습니다.

create_mobilenetv1_ssd 함수

`create_mobilenetv1_ssd` 함수는 SSD MobileNet v1 네트워크 생성 함수입니다.

1. 여기서 기본(백본) 네트워크 모델로 MobileNet v1을 지정하고 원본 레이어 인덱스를 12와 14로 정해 줍니다.

```
# SSD MobileNet v1 네트워크 생성 함수
def create_mobilenetv1_ssd(num_classes, is_test=False):
    # MobileNet v1 기본(백본) 네트워크 모델
    base_net = MobileNetV1(1001).model  # 드롭아웃 레이어 비활성화

    # 원본 레이어 인덱스
    source_layer_indexes = [
        12,
        14,
    ]
```

2. ModuleList는 Conv2d 함수와 ReLU 함수를 설계에 따라 추가함으로써 네트워크 모델 레이어들을 구성합니다. 이러한 ModuleList를 생성해 추가 레이어 extras에 할당합니다.

```
# 추가 네트워크 모델 레이어들 구성
extras = ModuleList([
    Sequential(
        Conv2d(in_channels=1024, out_channels=256, kernel_size=1),
        ReLU(),
        Conv2d(
            in_channels=256, out_channels=512, kernel_size=3, stride=2,
            padding=1
        ),
        ReLU()
    ),
    Sequential(
        Conv2d(in_channels=512, out_channels=128, kernel_size=1),
        ReLU(),
        Conv2d(
            in_channels=128, out_channels=256, kernel_size=3, stride=2,
            padding=1
        ),
        ReLU()
    ),
    Sequential(
```

```
            Conv2d(in_channels=256, out_channels=128, kernel_size=1),
            ReLU(),
            Conv2d(
                in_channels=128, out_channels=256, kernel_size=3, stride=2,
                padding=1
            ),
            ReLU()
        ),
        Sequential(
            Conv2d(in_channels=256, out_channels=128, kernel_size=1),
            ReLU(),
            Conv2d(
                in_channels=128, out_channels=256, kernel_size=3, stride=2,
                padding=1
            ),
            ReLU()
        )
    ])
```

3. 바운딩 박스 위치를 회귀하기 위한 Conv2d를 구성해 regression_headers를 생성합니다.

```
# 바운딩 박스 위치 회귀 헤더
regression_headers = ModuleList([
    Conv2d(in_channels=512, out_channels=6 * 4, kernel_size=3, padding=1),
    Conv2d(in_channels=1024, out_channels=6 * 4, kernel_size=3, padding=1),
    Conv2d(in_channels=512, out_channels=6 * 4, kernel_size=3, padding=1),
    Conv2d(in_channels=256, out_channels=6 * 4, kernel_size=3, padding=1),
    Conv2d(in_channels=256, out_channels=6 * 4, kernel_size=3, padding=1),
    Conv2d(in_channels=256, out_channels=6 * 4, kernel_size=3, padding=1),
])
```

4. 분류를 추론하기 위한 Conv2d를 구성해 classification_headers를 생성합니다.

```
# 분류 헤더
classification_headers = ModuleList([
    Conv2d(
        in_channels=512, out_channels=6 * num_classes, kernel_size=3, padding=1
    ),
```

```
        Conv2d(
            in_channels=1024, out_channels=6 * num_classes, kernel_size=3, padding=1
        ),
        Conv2d(
            in_channels=512, out_channels=6 * num_classes, kernel_size=3, padding=1
        ),
        Conv2d(
            in_channels=256, out_channels=6 * num_classes, kernel_size=3, padding=1
        ),
        Conv2d(
            in_channels=256, out_channels=6 * num_classes, kernel_size=3, padding=1
        ),
        Conv2d(
            in_channels=256, out_channels=6 * num_classes, kernel_size=3, padding=1
        )
    ])
```

5. 클래스 수, 기본 네트워크 모델, 원본 레이어 인덱스, 추가 레이어, 분류 헤더, 회귀 헤더, 테스트 여부 등을 지정해 SSD 네트워크를 시작합니다.

```
    return SSD(
        num_classes, base_net, source_layer_indexes, extras, classification_headers,
        regression_headers, is_test=is_test, config=config
    )
```

SSD MobileNet v1 학습하기

6.2절의 끝부분에서 우리는 다음과 같이 훈련을 시작했습니다. [13]

```
!python3 train_ssd.py --data=data/cctv --model-dir=models/cctv --batch-size=16
--epochs=35
```

pytorch-ssd 폴더에 있는 train_ssd.py 파일은 구글의 오픈 이미지 데이터세트 (Open Image dataset) [14]로 SSD 모델을 학습시킬 수 있는 파이썬 코드로 구성돼 있습니

---

[13] 코랩을 너무 오래 사용하면 중간에 연결이 끊어질 수 있어 최소한으로 훈련하려고 35에포크로 설정했지만, 여건이 된다면 45에포크 정도를 권장합니다.

[14] 구글의 오픈 이미지 데이터세트(Open Image dataset): https://tensorflow.blog/2016/10/02/open-images-dataset/, https://storage.googleapis.com/openimages/web/download_v7.html

다. 여기에서 CCTV 사물 인지를 위해 내려받은 데이터세트를 SSD MobileNet v1 네트워크로 학습시키는 함수를 확인할 수 있습니다. 이제 이 **train_ssd.py** 파일을 살펴보겠습니다.

SSD MobileNet v1 학습 코드

train_ssd.py 파일에서 패키지 임포트, 데이터세트 인자, 훈련 함수와 테스트 함수 코드를 먼저 살펴보겠습니다.

1. 하위 디렉터리 vision에 있는 ssd, dataset, config 등의 패키지를 임포트합니다.

```
from vision.ssd.mobilenetv1_ssd import create_mobilenetv1_ssd
from vision.datasets.open_images import OpenImagesDataset
from vision.nn.multibox_loss import MultiboxLoss
from vision.ssd.config import mobilenetv1_ssd_config
from vision.ssd.data_preprocessing import TrainAugmentation, TestTransform
```

2. 실행 인자 파서 ArgumentParser를 생성합니다.

```
parser = argparse.ArgumentParser(
    description='Single Shot MultiBox Detector Training With PyTorch')
```

3. 이 파서를 이용해 실행 인자로 들어온 값을 파싱해 데이터세트, 딥러닝 네트워크, 미리 훈련된 모델, SGD 등의 변수를 세팅합니다.

```
# 데이터세트 인자
parser.add_argument(
    "--dataset-type", default="open_images", type=str,
    help='Specify dataset type. Currently supports voc and open_images.'
)
# 네트워크 인자
parser.add_argument(
    '--net', default="mb1-ssd",
    help="The network architecture, it can be mb1-ssd, mb1-lite-ssd, mb2-ssd-lite
or vgg16-ssd."
)
# 미리 훈련된 모델 인자.
```

```python
parser.add_argument('--base-net', help='Pretrained base model')
parser.add_argument(
    '--pretrained-ssd', default='models/mobilenet-v1-ssd-mp-0_675.pth', type=str,
    help='Pre-trained base model'
)
# SGD 인자
parser.add_argument(
    '--lr', '--learning-rate', default=0.01, type=float, help='initial learning
rate'
)
# 학습에 관련된 배치 사이즈, 에포크 수 등의 인자
parser.add_argument(
    '--batch-size', default=4, type=int, help='Batch size for training'
)
parser.add_argument(
    '--num-epochs', '--epochs', default=30, type=int, help='the number epochs'
)
parser.add_argument(
    '--num-workers', '--workers', default=2, type=int,
    help='Number of workers used in dataloading'
)
parser.add_argument(
    '--validation-epochs', default=1, type=int,
    help='the number epochs between running validation'
)
parser.add_argument(
    '--debug-steps', default=10, type=int, help='Set the debug log output
frequency.'
)
parser.add_argument(
    '--use-cuda', default=True, type=str2bool, help='Use CUDA to train model'
)
parser.add_argument(
    '--checkpoint-folder', '--model-dir', default='models/',
    help='Directory for saving checkpoint models'
)
```

4. train 함수는 에포크별로 훈련 데이터를 이용해 네트워크 모델을 계산합니다. 훈련 데이터는 로더로부터 이미지 데이터, 박스 정보, 라벨을 받아와서 모델 계산을 수행하며, 신뢰도와 위치 값을 결괏값으로 받으면 훈련 결과로 얻은 손실값을 통해 역전파와 최적화를 진행합니다.

```python
# 훈련 함수
def train(loader, net, criterion, optimizer, device, debug_steps=100, epoch=-1):
    net.train(True)
    running_loss = 0.0
    running_regression_loss = 0.0
    running_classification_loss = 0.0
    for i, data in enumerate(loader):
        images, boxes, labels = data
        images = images.to(device)
        boxes = boxes.to(device)
        labels = labels.to(device)

        optimizer.zero_grad()
        # 훈련 데이터 네트워크 모델 계산
        confidence, locations = net(images)
        # 훈련 데이터 손실값 계산, 역전파, 최적화
        regression_loss, classification_loss = criterion(
            confidence, locations, labels, boxes
        )
        loss = regression_loss + classification_loss
        loss.backward()
        optimizer.step()

        running_loss += loss.item()
        running_regression_loss += regression_loss.item()
        running_classification_loss += classification_loss.item()
        if i and i % debug_steps == 0:
            avg_loss = running_loss / debug_steps
            avg_reg_loss = running_regression_loss / debug_steps
            avg_clf_loss = running_classification_loss / debug_steps
            running_loss = 0.0
            running_regression_loss = 0.0
            running_classification_loss = 0.0
    logging.info(
```

```
        f"TRIAIN Epoch: {epoch},   " +
        f"Avg Loss: {avg_loss:.4f}, " +
        f"Avg Regression Loss {avg_reg_loss:.4f}, " +
        f"Avg Classification Loss: {avg_clf_loss:.4f}"
    )
```

5. test 함수는 테스트 데이터를 이용해 네트워크 모델을 계산합니다. 테스트 데이터는 로더로부터 이미지 데이터, 박스 정보, 라벨을 받아와서 모델 계산을 수행하며 신뢰도와 위치 값을 결괏값으로 받으면 테스트 과정의 손실값을 얻을 수 있습니다.

```
# 테스트 함수
def test(loader, net, criterion, device):
    net.eval()
    running_loss = 0.0
    running_regression_loss = 0.0
    running_classification_loss = 0.0
    num = 0
    for _, data in enumerate(loader):
        images, boxes, labels = data
        images = images.to(device)
        boxes = boxes.to(device)
        labels = labels.to(device)
        num += 1

        with torch.no_grad():
            # 테스트 데이터 네트워크 모델 계산
            confidence, locations = net(images)
            # 테스트 데이터 손실값 계산
            regression_loss, classification_loss = criterion(
                confidence, locations, labels, boxes
            )
            loss = regression_loss + classification_loss

        running_loss += loss.item()
        running_regression_loss += regression_loss.item()
        running_classification_loss += classification_loss.item()
    return running_loss / num, running_regression_loss / num,
running_classification_loss / num
```

학습 준비

`train_ssd.py` 파일의 메인 실행 블록의 앞부분을 살펴보겠습니다.

1. 메인 실행 블록을 시작하며 체크포인트 경로를 통해 파일 유무를 확인합니다.

```python
if __name__ == '__main__':
    timer = Timer()

    logging.info(args)

    # 체크포인트 폴더(모델 폴더) 확인
    if args.checkpoint_folder:
        args.checkpoint_folder = os.path.expanduser(args.checkpoint_folder)

        if not os.path.exists(args.checkpoint_folder):
            os.mkdir(args.checkpoint_folder)
```

2. 인자에 따라 네트워크를 지정합니다.

```python
    # 네트워크 지정
    if args.net == 'vgg16-ssd':
        create_net = create_vgg_ssd
        config = vgg_ssd_config
    elif args.net == 'mb1-ssd':
        create_net = create_mobilenetv1_ssd
        config = mobilenetv1_ssd_config
```

3. 훈련 데이터, 테스트 데이터의 전처리 준비를 합니다.

```python
    # 훈련 데이터, 테스트 데이터 전처리 준비
    train_transform = TrainAugmentation(
        config.image_size, config.image_mean, config.image_std
    )
    target_transform = MatchPrior(
        config.priors, config.center_variance, config.size_variance, 0.5
    )
    test_transform = TestTransform(
        config.image_size, config.image_mean, config.image_std
    )
```

4. for 문을 돌며 OpenImagesDataset 클래스를 이용해 dataset_path의 데이터를 dataset에 읽어 들입니다.

```
# 데이터세트 로딩
logging.info("Prepare training datasets.")
datasets = []
for dataset_path in args.datasets:
    dataset = OpenImagesDataset(dataset_path,
            transform=train_transform, target_transform=target_transform,
            dataset_type="train", balance_data=args.balance_data)
    label_file = os.path.join(args.checkpoint_folder, "labels.txt")
    store_labels(label_file, dataset.class_names)
    logging.info(dataset)
    num_classes = len(dataset.class_names)
    datasets.append(dataset)
```

5. dataset를 ConcatDataset 함수로 합쳐서 train_dataset를 만든 후 DataLoader 함수로 train_loader를 준비합니다.

```
# 훈련 데이터세트 객체 만들기
logging.info(f"Stored labels into file {label_file}.")
train_dataset = ConcatDataset(datasets)
logging.info("Train dataset size: {}".format(len(train_dataset)))
train_loader = DataLoader(train_dataset, args.batch_size,
                        num_workers=args.num_workers,
                        shuffle=True)
```

6. dataset_type이 'open_images'라면 OpenImagesDataset 클래스를 이용해 dataset_path의 데이터를 val_dataset에 읽어 들입니다. val_dataset를 Concat Dataset 함수로 합쳐서 val_dataset를 만든 후 DataLoader 함수로 val_loader를 준비합니다.

```
# 검증 데이터세트 객체 만들기
logging.info("Prepare Validation datasets.")
if args.dataset_type == "voc":
    val_dataset = VOCDataset(
            dataset_path, transform=test_transform,
            target_transform=target_transform, is_test=True
    )
```

```
elif args.dataset_type == 'open_images':
    val_dataset = OpenImagesDataset(
        dataset_path, transform=test_transform,
        target_transform=target_transform, dataset_type="test"
    )
    logging.info(val_dataset)
logging.info("Validation dataset size: {}".format(len(val_dataset)))

val_loader = DataLoader(
    val_dataset, args.batch_size, num_workers=args.num_workers, shuffle=False
)
```

네트워크 객체 생성

이어서 **train_ssd.py** 파일의 메인 실행 블록 뒷부분에 있는 네트워크 객체 생성 코드를
살펴보겠습니다.

1. 미리 훈련된 모델이 있는 경우 net.init_from_pretrained_ssd 함수를 호출합니다.

```
# 미리 훈련된 모델이 있는 경우 처리
timer.start("Load Model")
if args.resume:
    logging.info(f"Resume from the model {args.resume}")
    net.load(args.resume)
elif args.base_net:
    logging.info(f"Init from base net {args.base_net}")
    net.init_from_base_net(args.base_net)
elif args.pretrained_ssd:
    logging.info(f"Init from pretrained ssd {args.pretrained_ssd}")
    net.init_from_pretrained_ssd(args.pretrained_ssd)
```

2. MultiboxLoss 함수로 손실함수와 SGD 최적화 처리를 수행합니다.

```
# 손실함수와 최적화 처리
criterion = MultiboxLoss(config.priors, iou_threshold=0.5, neg_pos_ratio=3,
                         center_variance=0.1, size_variance=0.2,
                         device=DEVICE)
optimizer = torch.optim.SGD(params, lr=args.lr, momentum=args.momentum,
                            weight_decay=args.weight_decay)
```

```
logging.info(f"Learning rate: {args.lr}, Base net learning rate: {base_net_lr},
    "
    + f"Extra Layers learning rate: {extra_layers_lr}.")
```

3. 학습률과 학습률 감소 정책을 지정합니다.

```
# 학습률과 학습률 감소 정책 지정
if args.scheduler == 'multi-step':
    logging.info("Uses MultiStepLR scheduler.")
    milestones = [int(v.strip()) for v in args.milestones.split(",")]
    scheduler = MultiStepLR(
        optimizer, milestones=milestones, gamma=0.1, last_epoch=last_epoch
    )
elif args.scheduler == 'cosine':
    logging.info("Uses CosineAnnealingLR scheduler.")
    scheduler = CosineAnnealingLR(optimizer, args.t_max, last_epoch=last_epoch)
else:
    logging.fatal(f"Unsupported Scheduler: {args.scheduler}.")
    parser.print_help(sys.stderr)
    sys.exit(1)
```

4. 지정한 에포크 수만큼 train 함수를 호출해 훈련합니다.

```
# 지정한 에포크 수만큼 훈련
logging.info(f"Start training from epoch {last_epoch + 1}.")

for epoch in range(last_epoch + 1, args.num_epochs):
    scheduler.step()
    train(train_loader, net, criterion, optimizer,
        device=DEVICE, debug_steps=args.debug_steps, epoch=epoch)

    if epoch % args.validation_epochs == 0 or epoch == args.num_epochs - 1:
        val_loss, val_regression_loss, val_classification_loss = test(
            val_loader, net, criterion, DEVICE
        )
        logging.info(
            f"Validation Epoch: {epoch}, " +
            f"Validation Loss: {val_loss:.4f}, " +
            f"Validation Regression Loss {val_regression_loss:.4f}, " +
```

```
                f"Validation Classification Loss: {val_classification_loss:.4f}"
            )
            model_path = os.path.join(
                args.checkpoint_folder,
                f"{args.net}-Epoch-{epoch}-Loss-{val_loss}.pth"
            )
            net.save(model_path)
            logging.info(f"Saved model {model_path}")

    logging.info("Task done, exiting program.")
```

【 출력 】

```
training loss is  0.58 and training accuracy is 49242/60000      82.07


022-02-03 04:09:49 - Using CUDA...
2022-02-03 04:09:49 - Namespace(balance_data=False, base_net=None,
base_net_lr=0.001, batch_size=16, checkpoint_folder='models/cctv',
dataset_type='open_images', datasets=['data/cctv'], debug_steps=10,
extra_layers_lr=None, freeze_base_net=False, freeze_net=False, gamma=0.1, lr=0.01,
mb2_width_mult=1.0, milestones='80,100', momentum=0.9, net='mb1-ssd', num_epochs=35,
num_workers=2, pretrained_ssd='models/mobilenet-v1-ssd-mp-0_675.pth',
resume=None, scheduler='cosine', t_max=100, use_cuda=True, validation_epochs=1,
weight_decay=0.0005)
2022-02-03 04:09:49 - Prepare training datasets.
2022-02-03 04:09:49 - loading annotations from: data/cctv/sub-train-annotations-
bbox.csv
2022-02-03 04:09:49 - annotations loaded from:  data/cctv/sub-train-annotations-
bbox.csv
num images:  3958


...

2022-02-03 06:15:11 - Saved model models/cctv/mb1-ssd-Epoch-31-Loss-
3.0013391421391415.pth
2022-02-03 06:18:50 - TRIAIN Epoch: 32,  Avg Loss: 3.2794, Avg Regression Loss
1.3022, Avg Classification Loss: 1.9771
2022-02-03 06:18:57 - Validation Epoch: 32, Validation Loss: 2.9086, Validation
Regression Loss 0.9935, Validation Classification Loss: 1.9151
```

```
2022-02-03 06:18:57 - Saved model models/cctv/mb1-ssd-Epoch-32-Loss-
2.9085617523926954.pth
2022-02-03 06:22:43 - TRIAIN Epoch: 33,  Avg Loss: 3.4204, Avg Regression Loss
1.3861, Avg Classification Loss: 2.0343
2022-02-03 06:22:51 - Validation Epoch: 33, Validation Loss: 2.9394, Validation
Regression Loss 1.0077, Validation Classification Loss: 1.9317
2022-02-03 06:22:51 - Saved model models/cctv/mb1-ssd-Epoch-33-Loss-
2.939375693981464.pth
2022-02-03 06:26:31 - TRIAIN Epoch: 34,  Avg Loss: 3.3641, Avg Regression Loss
1.3447, Avg Classification Loss: 2.0194
2022-02-03 06:26:38 - Validation Epoch: 34, Validation Loss: 2.9031, Validation
Regression Loss 0.9852, Validation Classification Loss: 1.9180
2022-02-03 06:26:38 - Saved model models/cctv/mb1-ssd-Epoch-34-Loss-
2.9031306826151333.pth
2022-02-03 06:26:38 - Task done, exiting program.
```

설정한 에포크만큼 학습이 끝나면 **pytorch-ssd/models/cctv** 디렉터리에 모델 파일이 저장돼 있을 것입니다.

평균 손실이 2를 넘기 때문에 에포크를 45 정도로 설정하는 것이 바람직하지만, 코랩의 GPU 사용 시간이 제한적이기 때문에 간단한 실습을 위해 여기서 딥러닝 학습을 끝낸 후 추론 실습으로 넘어가겠습니다.

코랩에서 추론 테스트

학습된 모델을 코랩에서 추론하는 실습을 해보겠습니다.

이번 실습의 예제 코드는 Chap6 폴더의 Pytorch_SSD_Infer.ipynb 파일에 있으며, 코랩의 GPU를 사용합니다.

MobileNet v1 코랩 추론 준비

1. 이번 예제도 다음과 같이 코랩에서 구글 드라이브를 연결하면서 시작합니다.

```
from google.colab import drive
drive.mount('/content/gdrive')
```

2. 추론 실습을 위해 구글 드라이브의 ssd 폴더로 이동합니다.

```
cd /content/gdrive/MyDrive/ssd/
```

3. '실습 준비'(6.2절)에서 내려받은 pytorch-ssd 폴더로 이동합니다.

```
cd pytorch-ssd
```

4. 추론 예제에서는 다음과 같이 코랩에서 이미지를 보여주는 함수가 필요합니다.

```python
def imShow(path):
    import cv2
    import matplotlib.pyplot as plt
    %matplotlib inline

    image = cv2.imread(path)
    height, width = image.shape[:2]
    resized_image = cv2.resize(
        image,(3*width, 3*height), interpolation = cv2.INTER_CUBIC
    )

    fig = plt.gcf()
    fig.set_size_inches(18, 10)
    plt.axis("off")
    plt.imshow(cv2.cvtColor(resized_image, cv2.COLOR_BGR2RGB))
    plt.show()
```

5. 'SSD MobileNet v1 학습하기'에서 학습해 얻은 모델 파일 중 가장 오래 학습한 파일을 찾아보겠습니다.

```
!ls -al models/cctv/mb1-ssd-Epoch-34*
```

【 출력 】

-rw------- 1 root root 27687533 [날짜] [시간] models/cctv/**[34번째 모델 파일 이름]**.pth

mb1-ssd-Epoch-34-Loss-2.9031306826151333.pth라는 이름으로 파일이 만들어졌는데, 파일명은 학습할 때마다 다를 것입니다. 파일명을 마우스로 드래그해서 복사합니다.

6. 모델 파일의 이름을 mb1-ssd-cctv.pth로 바꾸겠습니다. 아래 코드에서 [34번째 모델 파일 이름] 부분을 **5**에서 복사한 실제 파일 이름으로 바꿔 실행합니다.

```
!mv models/cctv/[34번째 모델 파일 이름].pth models/cctv/mb1-ssd-cctv.pth
```

필자는 다음과 같이 변경한 코드를 실행했습니다.

```
!mv models/cctv/mb1-ssd-Epoch-34-Loss-2.9031306826151333.pth models/cctv/mb1-ssd-
cctv.pth
```

이제 구글 드라이브로 가서 ssd/pytorch-ssd/data/cctv/test/ 폴더의 이미지 2개를 각각 testimage1.jpg와 testimage2.jpg로 이름을 바꿉니다.

먼저 testimage1.jpg를 확인합니다. 테스트 이미지는 각자 임의로 선택하기 때문에 다음 그림과는 다른 이미지가 보일 것입니다.

```
imShow('data/cctv/test/testimage1.jpg')
```

【 출력 】

7. testimage2.jpg도 확인합니다.

```
imShow('data/cctv/test/testimage2.jpg')
```

【 출력 】

MobileNet v1 추론 클래스 설명

SSD MobileNet v1의 추론 코드는 `pytorch-ssd` 폴더에 있는 `run_ssd_example.py` 파일에서 볼 수 있습니다.

1. 실행 인자 파서로 네트워크, 모델 폴더, 라벨 폴더, 이미지 폴더 값을 세팅합니다.

```
# 실행 인자 파서로 네트워크, 모델 폴더, 라벨 폴더, 이미지 폴더 세팅
if len(sys.argv) < 5:
    print(
        'Usage: python run_ssd_example.py <net type>  <model path> <label path>
<image path>'
    )
    sys.exit(0)
net_type = sys.argv[1]
model_path = sys.argv[2]
label_path = sys.argv[3]
image_path = sys.argv[4]
```

2. 라벨 파일을 읽어 클래스 이름을 세팅합니다.

```
# 라벨 파일을 읽어 클래스 이름 세팅
class_names = [name.strip() for name in open(label_path).readlines()]
```

3. 모델 타입에 따라 지정된 모델 경로의 파일을 읽어 모델을 생성합니다. 여기서는 create_
mobilenetv1_ssd 함수를 이용해 생성합니다.

```
# 모델 로딩
if net_type == 'vgg16-ssd':
    net = create_vgg_ssd(len(class_names), is_test=True)
elif net_type == 'mb1-ssd':
    net = create_mobilenetv1_ssd(len(class_names), is_test=True)
elif net_type == 'mb1-ssd-lite':
    net = create_mobilenetv1_ssd_lite(len(class_names), is_test=True)
elif net_type == 'mb2-ssd-lite':
    net = create_mobilenetv2_ssd_lite(len(class_names), is_test=True)
elif net_type == 'sq-ssd-lite':
    net = create_squeezenet_ssd_lite(len(class_names), is_test=True)
else:
    print(
        "The net type is wrong. It should be one of vgg16-ssd, mb1-ssd and mb1-
ssd-lite."
    )
    sys.exit(1)
net.load(model_path)
```

4. 지정된 네트워크 타입에 따라 추론 객체를 생성합니다.
여기서는 create_mobilenetv1_ssd_predictor 함수를 이용해 생성합니다.

```
# 네트워크 지정
if net_type == 'vgg16-ssd':
    predictor = create_vgg_ssd_predictor(net, candidate_size=200)
elif net_type == 'mb1-ssd':
    predictor = create_mobilenetv1_ssd_predictor(net, candidate_size=200)
elif net_type == 'mb1-ssd-lite':
    predictor = create_mobilenetv1_ssd_lite_predictor(net, candidate_size=200)
elif net_type == 'mb2-ssd-lite':
```

```
        predictor = create_mobilenetv2_ssd_lite_predictor(net, candidate_size=200)
    else:
        predictor = create_vgg_ssd_predictor(net, candidate_size=200)
```

5. 이미지 경로의 파일을 읽고 opencv의 BGR 타입에서 모델의 추론을 위해 RGB 타입으로 변환합니다.

```
# 이미지 파일을 읽고 추론을 위해 변환
orig_image = cv2.imread(image_path)
image = cv2.cvtColor(orig_image, cv2.COLOR_BGR2RGB)
```

6. 모델에 이미지 파일을 입력해 추론을 실행하고 결괏값으로 바운딩 박스, 라벨, 정확도를 받습니다.

```
# 모델에 이미지 파일을 입력해 추론
boxes, labels, probs = predictor.predict(image, 10, 0.4)
```

7. 모델의 추론 결과인 박스와 라벨을 이미지에 표시합니다.

```
# 박스와 클래스명을 이미지에 표시
for i in range(boxes.size(0)):
    box = boxes[i, :]

    cv2.rectangle(
        orig_image, (int(box[0]), int(box[1]), int(box[2]), int(box[3])),
        (255, 255, 0), 4
    )

    label = f"{class_names[labels[i]]}: {probs[i]:.2f}"
    Data = "classID:{} box({}, {}, {}, {}) conf:{}".format(
        labels[i], int(box[0]), int(box[1]), int(box[2]), int(box[3]), probs[i]
    )
    print(Data)
    cv2.putText(
        orig_image, label,
        (int(box[0]) + 20, int(box[1]) + 40),
        (box[0] + 20, box[1] + 40),
        cv2.FONT_HERSHEY_SIMPLEX,
        1,  # 폰트 크기
        (255, 0, 255),
        2  # 선의 유형
    )
```

8. 파일 이름을 지정해 위에서 만든 결과 이미지를 파일로 저장합니다.

```
# 결과 이미지 파일 저장
path = "run_ssd_example_output.jpg"
cv2.imwrite(path, orig_image)
print(f"Found {len(probs)} objects. The output image is {path}")
```

MobileNet v1 추론 실행

testimage1.jpg의 추론을 위해 다음 명령을 실행합니다.

```
!python3 run_ssd_example.py mb1-ssd models/cctv/mb1-ssd-cctv.pth models/cctv/labels.txt
data/cctv/test/testimage1.jpg
```
추론 결과를 표시합니다.

```
imShow('data/cctv/test/run_ssd_example_output.jpg')
```

【 출력 】

testimage2.jpg의 추론을 위해 다음 코드를 실행합니다.

```
!python3 run_ssd_example.py mb1-ssd models/cctv/mb1-ssd-cctv.pth models/cctv/labels.txt
data/cctv/test/testimage2.jpg
```

추론 결과를 확인합니다.

```
imShow('data/cctv/test/run_ssd_example_output.jpg')
```

【 출력 】

모델 다운로드

3부의 젯슨 나노 실습을 위해 코랩의 추론 테스트가 끝난 후 labels.txt와 mb1-ssd-cctv.pth를 내려받아 둡니다(그림 6.6).

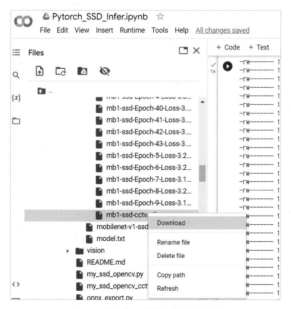

그림 6.6 코랩에서 모델과 라벨 파일 다운로드

6.4 _ 윈도우 환경에서 프로젝트 추론 실습

윈도우에서 SSD 네트워크를 opencv 코드와 함께 사용하겠습니다. 이번 실습은 파이썬과 파이토치가 설치된 윈도우 환경에서 수행한다고 가정합니다.

SSD 사물 인지 CCTV 추론(동영상 및 카메라 영상 추론) 코드 설명

SSD MobileNet v1 모델을 활용한 SSD 사물 인지 CCTV 추론 코드는 pytorch-ssd 폴더에 있는 inference_ssd_windows.py 파일[15]에서 볼 수 있습니다.

우선 전체 코드를 한번 훑어본 후, 이어서 함수 단위로 나누어 설명하겠습니다.

전체 코드

inference_ssd_windows.py 파일의 전체 코드는 다음과 같습니다.

```
# 시스템, opencv, 그리고 하위 디렉터리 vision에 있는 ssd 패키지 임포트
import cv2
import numpy as np
from vision.ssd.vgg_ssd import create_vgg_ssd, create_vgg_ssd_predictor
from vision.ssd.mobilenetv1_ssd import create_mobilenetv1_ssd, create_mobilenetv1_ssd_pre
dictor
from vision.ssd.mobilenetv1_ssd_lite import create_mobilenetv1_ssd_lite, create_mobilenet
v1_ssd_lite_predictor
from vision.ssd.squeezenet_ssd_lite import create_squeezenet_ssd_lite, create_squeezenet_
ssd_lite_predictor
from vision.ssd.mobilenet_v2_ssd_lite import create_mobilenetv2_ssd_lite, create_mobilene
tv2_ssd_lite_predictor
from vision.utils.misc import Timer
import sys

# 객체 인식 결과를 이미지에 표시하는 함수
def imageProcessing(frame, predictor, class_names):
    # 추론을 위해 변환
```

---

15 https://github.com/jetsonai/pytorch-ssd/blob/main/inference_ssd_windows.py

```python
        image = cv2.cvtColor(frame, cv2.COLOR_BGR2RGB)
        # 모델에 이미지 파일을 입력해 추론
        boxes, labels, probs = predictor.predict(image, 10, 0.4)
        # 추론 결과인 박스와 클래스명을 이미지에 표시
        for i in range(boxes.size(0)):
            # 신뢰도 0.5 이상의 박스만 표시
            if probs[i] > 0.5:
                # 바운딩 박스 표시
                box = boxes[i, :].detach().cpu().numpy().astype(np.int64)
                cv2.rectangle(frame, (box[0], box[1]), (box[2], box[3]), (255, 255, 0), 4)
                label = f"{class_names[labels[i]]}: {probs[i]:.2f}"
                cv2.putText(frame, label,
                    (box[0] + 20, box[1] + 40),
                    cv2.FONT_HERSHEY_SIMPLEX,
                    1,  # 글자 크기
                    (255, 0, 255),
                    2)  # 선의 유형
    return frame


# 영상 딥러닝 프로세싱 함수
def videoProcess(openpath, model_path, label_path):
    # 라벨 파일을 읽어 클래스 이름들을 세팅
    class_names = [name.strip() for name in open(label_path).readlines()]
    # 모델 파일을 읽어 모델 로딩
    net = create_mobilenetv1_ssd(len(class_names), is_test=True)
    net.load(model_path)
    # 네트워크 지정
    predictor = create_mobilenetv1_ssd_predictor(net, candidate_size=200)
    # 카메라나 영상으로부터 이미지를 가져오기 위해 연결 열기
    cap = cv2.VideoCapture(openpath)
    if cap.isOpened():
        print("Video Opened")
    else:
        print("Video Not Opened")
        print("Program Abort")
        exit()
    # 영상을 보여주기 위한 opencv 창 생성
```

```python
        cv2.namedWindow("Output", cv2.WINDOW_GUI_EXPANDED)
        try:
            while cap.isOpened():
                # 이미지 프레임 읽어오기
                ret, frame = cap.read()
                if ret:
                    # 이미지 프로세싱을 진행한 후 그 결과 이미지 보여주기
                    result = imageProcessing(frame, predictor, class_names)
                    cv2.imshow("Output", result)
                else:
                    break
                if cv2.waitKey(int(1000.0/120)) & 0xFF == ord('q'):
                    break
        except KeyboardInterrupt:
            print("key int")
            cap.release()
            cv2.destroyAllWindows()
            return
        # 프로그램 종료 후 사용한 리소스를 해제한다.
        cap.release()
        cv2.destroyAllWindows()
        return


# 인자가 3보다 작으면 종료, 인자가 3이면 카메라 추론 시작, 인자가 3보다 크면 영상 파일 추론
if len(sys.argv) < 3:
    print('Usage: python run_ssd_example.py <model path> <label path> <image path>')
    sys.exit(0)
if len(sys.argv) == 3:
    gst_str = 0
    print("camera 0")
else:
    gst_str = sys.argv[3]
    print(gst_str)
model_path = sys.argv[1]
label_path = sys.argv[2]
# 영상 딥러닝 프로세싱 함수 호출
videoProcess(gst_str, model_path, label_path)
```

SSD 사물 인지 추론 코드 단계별 설명

SSD를 이용해서 사물 인지를 수행하는 **inference_ssd_windows.py**의 코드를 단계별로 설명하겠습니다.

1. imageProcessing 함수는 객체 인식 결과를 이미지에 표시하는 함수입니다. 우선 입력 이미지를 추론하기 위해 BGR에서 RGB로 변환한 후 predict 함수에 입력해서 추론을 실행합니다. 그 결괏값으로 boxes, labels, probs를 얻습니다. 그래서 신뢰도 0.5 이상의 바운딩 박스와 라벨을 이미지에 표시합니다. imageProcessing 함수의 기능을 차례로 정리하면 다음과 같습니다.

① 입력값 추론을 위해 BGR → RGB 변환

② 모델에 이미지 파일을 입력해 추론

③ 신뢰도 0.5 이상의 박스만 표시

④ 추론 결과인 박스와 클래스명을 이미지에 표시

⑤ 바운딩 박스 표시

```python
# 객체 인식 결과를 이미지에 표시하는 함수
def imageProcessing(frame, predictor, class_names):
    # 추론을 위해 변환
    image = cv2.cvtColor(frame, cv2.COLOR_BGR2RGB)
    # 모델에 이미지 파일을 입력해 추론
    boxes, labels, probs = predictor.predict(image, 10, 0.4)
    # 추론 결과인 박스와 클래스명을 이미지에 표시
    for i in range(boxes.size(0)):
        # 신뢰도 0.5 이상의 박스만 표시
        if probs[i] > 0.5:
            # 바운딩 박스 표시
            box = boxes[i, :].detach().cpu().numpy().astype(np.int64)
            cv2.rectangle(
                frame, (box[0], box[1]), (box[2], box[3]), (255, 255, 0), 4
            )
            label = f"{class_names[labels[i]]}: {probs[i]:.2f}"
            cv2.putText(
                frame, label, (box[0] + 20, box[1] + 40),
                cv2.FONT_HERSHEY_SIMPLEX,
                1,  # 폰트 크기
```

```
                    (255, 0, 255),
                    2  # 선의 유형
                )
        return frame
```

2. videoProcess 함수는 영상 딥러닝 프로세싱 함수입니다. 우선 라벨 파일을 읽어 클래스 이름을 세팅하고 create_mobilenetv1_ssd 함수로 모델을 생성한 후 파일을 읽어 모델을 로딩합니다. 이제 모델의 create_mobilenetv1_ssd_predictor를 통해 추론 객체를 준비합니다.

```
# 영상 딥러닝 프로세싱 함수
def videoProcess(openpath, net_type, model_path, label_path):
    # 라벨 파일을 읽어 클래스 이름 세팅
    class_names = [name.strip() for name in open(label_path).readlines()]
    # 모델 파일을 읽어 모델 로딩
    net = create_mobilenetv1_ssd(len(class_names), is_test=True)
    net.load(model_path)
    predictor = create_mobilenetv1_ssd_predictor(net, candidate_size=200)
```

3. videoProcess 함수에서 모델이 로딩되면 영상으로부터 이미지를 가져오기 위해 VideoCapture 함수로 카메라와 연결을 열고 영상을 보여주기 위한 opencv 창을 생성합니다. 이제 while 문 안에서 이미지 프레임을 읽어오고 이미지 프로세싱을 진행한 후 그 결과 이미지를 보여줍니다.

```
# 영상으로부터 이미지를 가져오기 위해 연결 열기
cap = cv2.VideoCapture(openpath)
if cap.isOpened():
    print("Video Opened")
else:
    print("Video Not Opened")
    print("Program Abort")
    exit()
# 영상을 보여주기 위한 opencv 창 생성
cv2.namedWindow("Output", cv2.WINDOW_GUI_EXPANDED)
try:
    while cap.isOpened():
        # 이미지 프레임 읽어 오기
        ret, frame = cap.read()
        if ret:
```

```
            # 이미지 프로세싱 진행 후 그 결과 이미지 보여주기
            result = imageProcessing(frame, predictor, class_name)
            cv2.imshow("Output", result)
        else:
            break
        if cv2.waitKey(int(1000.0/120)) & 0xFF == ord('q'):
            break
```

4. 사용자가 [Ctrl+C]를 눌러 키보드 인터럽트가 발생하거나 프로그램이 종료되면 그전에 사용한 리소스를 해제합니다.

```
    except KeyboardInterrupt:
        print("key int")
        all_stop()
        cap.release()
        cv2.destroyAllWindows()
        return
    # 프로그램 종료 후 사용한 리소스를 해제한다.
    cap.release()
    cv2.destroyAllWindows()
    return
```

5. 이 프로그램은 실행 시 입력 인자의 수가 3보다 작으면 종료하고, 3이면 카메라 추론을 시작하고, 3보다 크면 영상 파일 추론을 실행합니다.

실행 인자로 모델 파일 경로, 라벨 경로를 세팅한 후 비디오 파일 경로를 넣어 영상 딥러닝 프로세싱 함수 videoProcess를 호출합니다.

```
if len(sys.argv) < 3:
    print('Usage: python run_ssd_example.py <model path> <label path> <image
path>')
    sys.exit(0)
if len(sys.argv) == 3:
    gst_str = 0
    print("camera 0")
else:
    gst_str = sys.argv[3]
    print(gst_str)
```

```
model_path = sys.argv[1]
label_path = sys.argv[2]
# 영상 딥러닝 프로세싱 함수 호출
videoProcess(gst_str, model_path, label_path)
```

SSD 사물 인지 CCTV 추론 응용(객체 감지 로깅) 코드 설명

객체가 감지됐을 때 시간과 감지된 객체 정보를 파일에 기록하는 기능을 추가했습니다.

객체 감지 로그 추가 코드

파일 이름 생성 함수를 이용해 타임스탬프가 포함된 파일 이름으로 타임 로그와 검출된 클래스와 검출 신뢰도를 기록할 수 있습니다.

1. inference_ssd_windows_cctv.py 파일의 getLogFileName 함수는 다음과 같이 타임스탬프가 포함된 파일 이름 생성 함수이며, getTimeLog 함수는 로그 파일에 넣을 '연월일시분초' 포맷의 문자열을 반환하는 함수입니다.

```
# 타임스탬프가 포함된 파일 이름 생성 함수
def getLogFileName():
    timestamps = time.time()
    return "log_{}.txt".format(timestamps)

# 로그 파일에 넣을 연월일시분초 문자열
def getTimeLog():
    secs = time.time()
    tm = time.localtime(secs)
    return "{}:{}:{}:{}:{}:{}".format(
        tm.tm_year, tm.tm_mon, tm.tm_mday, tm.tm_hour, tm.tm_min, tm.tm_sec
    )
```

2. 파일을 생성하고 쓰는 코드는 다음과 같이 getLogFileName 함수로 파일 이름을 만들어서 그 이름으로 파일을 생성합니다. 그리고 getTimeLog 함수로 얻어온 타임 로그와 라벨, 신뢰도를 로그에 남길 수 있습니다.

```
import time
```

```
# 로그 파일 생성
logfilename = getLogFileName()
f = open(logfilename, 'w')

# 타임 로그, 라벨, 신뢰도를 로그에 남김.
Data = "[{}] classID: {} conf:{}\n".format(getTimeLog(), labels[i], probs[i])
f.write(Data)

f.close()
```

위의 기능이 추가된 전체 코드는 `pytorch-ssd` 폴더에 있는 `inference_ssd_windows_cctv.py` 파일에서 볼 수 있습니다.

SSD 사물 인지 CCTV를 위해 OpenCV 기반 SSD Mobile v1 추론 기능에 사물 인지 정보를 로그 파일로 남겨주는 코드는 다음과 같습니다.

imageProcessing 함수 변경 사항

`imageProcessing` 함수는 객체 인식 결과를 이미지에 표시하는 함수이며, 다음과 같이 구성됩니다. 이는 앞에서 살펴본 SSD 사물 인지 추론 코드의 `imageProcessing` 함수와 거의 같되, 이번 프로그램이 CCTV인 만큼 사람이 감지됐던 기록을 시간과 함께 파일로 남기기 위해 추론 결과를 로그로 남기는 기능을 추가했습니다.

① 입력값 추론을 위해 BGR → RGB 변환

② 모델에 이미지 파일을 입력해 추론

③ 신뢰도 0.5 이상의 박스만 표시

④ 추론 결과인 박스와 클래스명을 이미지에 표시

⑤ 타임 로그, 라벨, 신뢰도를 로그에 남김(추가!!)

⑥ 바운딩 박스 표시

```
# 객체 인식 결과를 이미지에 표시하는 함수
def imageProcessing(frame, predictor, class_names, f):
    # 추론을 위해 변환
    image = cv2.cvtColor(frame, cv2.COLOR_BGR2RGB)
```

```
# 모델에 이미지 파일을 입력해 추론
boxes, labels, probs = predictor.predict(image, 10, 0.4)
# 추론 결과인 박스와 클래스명을 이미지에 표시
for i in range(boxes.size(0)):
    # 신뢰도 0.5 이상의 박스만 표시
    if probs[i] > 0.5:
        # 타임로그, 라벨, 신뢰도를 로그에 남김.
        Data = "[{}] classID: {} conf:{}\n".format(
            getTimeLog(), labels[i], probs[i]
        )
        f.write(Data)
        box = boxes[i, :].detach().cpu().numpy().astype(np.int64)
        cv2.rectangle(
            frame, (box[0], box[1]), (box[2], box[3]), (255, 255, 0), 4
        )
        label = f"{class_names[labels[i]]}: {probs[i]:.2f}"
        cv2.putText(frame, label,
            (box[0] + 20, box[1] + 40),
            cv2.FONT_HERSHEY_SIMPLEX,
            1,   # 폰트 크기
            (255, 0, 255),
            2)   # 선의 유형
return frame
```

SSD 사물 인지 CCTV 추론 실행

이제 윈도우에서 동영상 파일에 대해 사물 인지 CCTV 추론 코드(inference_ssd_
windows_cctv.py)를 실행해 보겠습니다.

동영상 파일의 사물 인지 CCTV 추론을 위해 다음 명령을 실행합니다.

```
python .\inference_ssd_windows_cctv.py .\models\ssd_example\ssd_cctv_sample.pth .\models\
ssd_example\labels.txt .\data\run3.mp4
```

【 결과 】

추론 결과는 영상으로 확인할 수 있습니다.

6.5 _ 요약

이번 장에서는 사람이나 차를 SSD MobileNet v1네트워크를 이용해 인지하는 모델을 딥러닝 훈련한 후 CCTV로 활용할 있게 코랩과 윈도우에서 개발하는 프로젝트를 진행했습니다. 쇼핑몰에서 고객이 선택된 상품을 인식하거나 방문객 중 마스크를 쓰지 않은 사람을 찾거나 생산 라인의 불량품을 인식하는 등의 흥미로운 프로젝트가 있다면 적절한 데이터세트와 딥러닝 네트워크를 준비해 훈련한 후 추론하며 활용할 수 있습니다.

그리고 이번 장에서 훈련된 모델은 9장에서 AI 모바일 로봇에도 활용합니다.

질의응답 프로젝트 Q&A

Q: CCTV라면 카메라 데이터를 중앙 서버에 보내 추론하는 구성을 생각할 수도 있는데, 그렇게 하는 경우도 있을까요?

A: CCTV 데이터를 중앙 GPU 서버로 보내 추론하게 구성하는 것도 좋은 방법입니다. 실제로 기존 CCTV와 중앙관제센터 구조의 유지보수 편의를 위해 그와 같이 구축하기도 합니다.
그러나 이러한 구성을 위해서는 중앙 GPU 서버가 동시에 처리할 수 있는 CCTV의 개수를 정해야 하며 CCTV와의 네트워크 구성과 처리할 수 있는 네트워크 연결 및 프로세스 관리 프로그래밍이 필요합니다.

YOLO를 활용한
횡단보도 보행자 보호 시스템

이번 장에서는 YOLO를 활용해 보행자 보호를 위한 프로젝트를 진행합니다.

7.1 _ 프로젝트 목표와 사용자 시나리오

교차로에서 우회전하는 차량 운전자의 부주의로 인해 횡단보도를 건너는 사람이 다치는 사고가 종종 발생합니다. 이를 막기 위해 다양한 방법이 제시되고, 또 실행되고 있습니다.[16] 그중 교차로에서 차량이 우회전할 때 횡단보도를 미리 확인하게 하는 방법이 있습니다. 횡단보도를 촬영하는 CCTV가 우회전하는 차량의 운전자가 확인할 수 있는 위치에 설치된 화면을 통해 횡단보도를 보여주고, 동시에 해당 횡단보도에 보행자가 검출된 경우 사람이 있다고 화면에 보여주는 것입니다.

이번 장에서는 CCTV로 횡단보도를 촬영하면서 보행자를 감지하는 프로젝트를 해보겠습니다. 또한 이번 프로젝트의 보행자 인지 CCTV는 보행자를 감지했을 때 화면에 보행자가 있으니 우회전을 금지한다는 내용을 표시하겠습니다[17].

이번 프로젝트에서는 보행자 인식을 위한 객체 인식 알고리즘으로 YOLOv5와 YOLOv7을 사용합니다. YOLOv4 이후 다양한 YOLO 알고리즘이 발표됐는데, 그중 3부의 실습

---

16 https://www.hankyung.com/life/article/202207107619Y
17 본 프로젝트에서는 실시간으로 경고하는 것이 목적이므로, 별도로 로그를 남기지는 않습니다.

환경인 젯슨 나노와 같은 임베디드 GPU에서 우수한 성능으로 TensorRT[18]를 활용해 추론 가속화가 가능한 것은 YOLOv5입니다.

YOLOv4 이후 모델 버전들의 언어와 프레임워크, 저장소 주소를 표 7.1에 정리했습니다.

표 7.1 YOLOv4 이후 모델 버전

YOLO 버전	언어 및 프레임워크	깃허브	논문
YOLOv4	C++− DarkNet	https://github.com/AlexeyAB/darknet	YOLOv4: Optimal Speed and Accuracy of Object Detection
YOLOv5	Python− PyTorch	https://github.com/ultralytics/yolov5	−
YOLOv6	Python− PyTorch	https://github.com/meituan/YOLOv6	YOLOv6 v3.0: A Full−Scale Reloading
YOLOv7	Python− PyTorch	https://github.com/WongKinYiu/ yolov7	YOLOv7: Trainable bag−of− freebies sets new state−of−the−art for real−time object detectors
YOLOv8	Python− PyTorch	https://github.com/ultralytics/ ultralytics	−

다음 그림은 이번 장에서 진행하고자 하는 테스트의 개요를 나타냅니다.

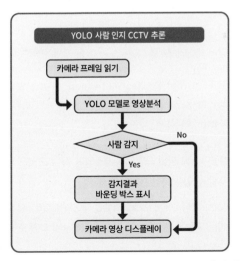

그림 7.1 우회전 시 횡단보호 보행자 보호를 위한 CCTV 추론 개요

---

18 TensorRT : AI가속기로, 이 책의 8.1장에 설명이 있습니다.

7.2 _ YOLOv5 실습 준비

이제 프로젝트의 실습에 사용될 코드가 공개된 저장소와 프로젝트의 실습에 사용될 데이터세트를 알아보겠습니다.

이번 절의 예제는 주피터 노트북 파일과 파이썬 스크립크로 구성됩니다. 우선 YOLOv5s를 훈련해 추론해 보고, 그 다음에는 YOLOv7-tiny를 훈련해 추론하겠습니다.

먼저 진행할 YOLOv5의 훈련 실습의 예제 코드는 **Chap7** 폴더에 있습니다.

`Train_YOLOv5_with_Pascal_VOC_in_colab.ipynb` 파일입니다.

데이터세트 준비

데이터세트를 다운로드하고 훈련할 수 있게 준비하는 과정은 4장에서 소개된 내용과 동일합니다. Pascal VOC 데이터세트를 다운로드하고 xml 파일 포맷을 txt 형태로 변환합니다. 이 과정에서 달라지는 점이 있다면, 이번에는 txt 파일을 이미지와 동일한 경로로 출력한다는 점입니다.

Pascal VOC 데이터세트 다운로드 및 변환

Pascal VOC 데이터세트를 다운로드하고, YOLOv5로 훈련할 수 있도록 변환합니다.

1. 구글 코랩에서 다음과 같이 데이터세트를 다운로드한 후 tar 압축을 풀고, 원본 압축 파일을 제거합니다.

```
!wget http://pjreddie.com/media/files/VOCtrainval_11-May-2012.tar
!tar -xf VOCtrainval_11-May-2012.tar
!rm VOCtrainval_11-May-2012.tar
```

2. 실습 데이터세트는 라벨링이 xml 파일 포맷으로 제공되며, 해당 포맷은 YOLOv5를 활용해 객체 인식 신경망을 훈련할 때 사용할 수 있는 파일 포맷이 아닙니다.

convert2Yolo라는 깃허브 저장소에서 Pascal VOC 데이터세트의 xml 파일 형태를 YOLOv5 훈련에 사용할 수 있도록 변환하는 기능을 제공합니다. 이를 활용해 xml 파일 포맷을 txt 파일 포맷으로 변환하겠습니다.

그전에 다음과 같이 Pascal VOC 데이터세트의 클래스 리스트가 있는 파일을 생성합니다.

```
classes = [
    "aeroplane\n", "bicycle\n", "bird\n", "boat\n", "bottle\n", "bus\n", "car\n",
    "cat\n", "chair\n", "cow\n", "diningtable\n", "dog\n", "horse\n", "motorbike\n",
    "person\n", "pottedplant\n", "sheep\n", "sofa\n", "train\n", "tvmonitor"
]
with open("vocnames.txt", 'w') as f:
    f.writelines(classes)
```

3. vocnames.txt 파일이 생성된 것을 확인한 후 다음과 같이 VOCdevkit/VOC2012 폴더 아래에 labels 폴더를 생성한 후 convert2Yolo 저장소를 활용해 xml 파일을 txt 파일로 변환합니다.

```
!git clone https://github.com/ssaru/convert2Yolo.git
!cd convert2Yolo && python3 example.py --datasets VOC \
--img_path ../VOCdevkit/VOC2012/JPEGImages/ \
--label ../VOCdevkit/VOC2012/Annotations/ \
--convert_output_path ../VOCdevkit/VOC2012/JPEGImages/ \
--img_type ".jpg" \
--manifest_path ../ \
--cls_list_file ../vocnames.txt
```

다운로드 완료 후 훈련을 위한 이미지가 있는 폴더의 경로는 다음과 같습니다.

```
/content/VOCdevkit/VOC2012/JPEGImages/
```

YOLOv5를 통한 객체 인식 신경망을 훈련하기 위해 각 이미지 내 객체의 위치가 라벨링 돼 있는 텍스트 파일은 이미지와 같은 폴더에 있습니다.

YOLOv5에서 훈련할 때 이미지와 같은 경로에 이미지와 동일한 이름의 라벨링된 텍스트 파일이 있어야만 훈련을 수행할 수 있습니다. 구체적인 파일 구조는 다음과 같습니다.

【 YOLOv5에서 객체 인식 신경망 훈련을 위한 데이터세트 구조 】

```
$VOC_Dataset/
    ├ 1.png
    ├ 1.txt
    ├ 2.jpg
    └ 2.txt
```

데이터 분할

이제 데이터를 훈련 데이터와 검증 데이터로 나눕니다.

YOLOv5에서는 데이터가 있는 폴더의 경로만 있으면 훈련할 수 있습니다. 따라서 이미지와 라벨 파일을 7:3으로 나누어 훈련용 데이터 폴더와 검증용 데이터 폴더에 분할해 복사합니다.

1. 우선 필요한 라이브러리를 불러오고, 모든 이미지 절대경로를 리스트로 읽어옵니다. 이때 훈련용 데이터와 검증용 데이터를 보관할 폴더를 생성합니다.

```python
import os
import shutil
from tqdm import tqdm
data_root = "/content/VOCData"
val_root = os.path.join(data_root, "val")
train_root = os.path.join(data_root, "train")
os.makedirs(val_root, exist_ok=True)
os.makedirs(train_root, exist_ok=True)

with open("/content/manifest.txt") as f:
    files = f.readlines()
```

2. 모든 이미지 절대경로를 7:3의 비율로 훈련용 폴더와 검증용 폴더에 분배합니다. 계산 편의상 이미지 순서에서 10을 나눈 후 3보다 작으면 검증용으로 분배합니다.

다음 코드를 실행해 7:3의 비율로 훈련과 검증을 위해 데이터를 분배하겠습니다.

```python
for idx, img_path in tqdm(enumerate(files)):
    img_src = img_path.split('\n')[0]
    txt_src = os.path.splitext(img_src)[0] + ".txt"
    img_name = os.path.split(img_src)[-1]
    text_name = os.path.split(txt_src)[-1]
    if idx % 10 < 3:
        img_dst = os.path.join(val_root, img_name)
        text_dst = os.path.join(val_root, text_name)
    else:
        img_dst = os.path.join(train_root, img_name)
        text_dst = os.path.join(train_root, text_name)
```

```
    shutil.copy2(img_src, img_dst)
    shutil.copy2(txt_src, text_dst)
```

이렇게 하면 Pascal VOC 데이터세트로 YOLOv5 기반의 객체 인식 신경망을 훈련하기 위한 준비가
완료됩니다.

> **TIP** 직접 데이터세트를 준비하는 경우
>
> 직접 데이터세트를 준비하는 경우, 4.6절에서 소개한 방법으로 데이터를 수집하고 라벨링을 수행합
> 니다.

YOLOv5 훈련

YOLOv5를 통해 객체 인식 신경망을 훈련하기 위한 데이터세트가 준비됐습니다.
YOLOv5 깃 저장소를 복사하고 학습할 데이터세트를 정의한 파일을 생성한 후 학습을
진행하겠습니다.

훈련 환경 준비

훈련을 위해 YOLOv5 깃 저장소와 YOLOv5 훈련 환경을 준비합니다.

1. YOLOv5 환경을 구성합니다.

```
!git clone -b v7.0 https://github.com/jetsonai/yolov5
%cd yolov5
%pip install -qr requirements.txt  # 필수 패키지 설치
```

2. 훈련에 앞서 YOLOv5로 추론할 수 있는 환경인지 테스트하겠습니다. YOLOv5를 이용한 객체 검출은
   이미지, 비디오, 이미지나 비디오가 있는 폴더 등 다양한 방식으로 할 수 있습니다. 여기서는 이미지가
   있는 폴더에 대해 추론하면서 테스트를 수행합니다.

```
python detect.py --source path/  # 경로 입력
```

다음 스크립트가 에러 없이 수행된다면 훈련할 준비가 된 것입니다. 다음 스크립트는 yolov5s.pt 가
중치 파일을 이용해 data/images 폴더 내의 이미지를 640×640 해상도의 입력 이미지로 추론하고,
그 결과 중 confidence가 0.25 이상인 객체만 검출하겠다는 의미를 가지고 있습니다.

검출한 후에는 검출 결과로 저장되는 이미지 중 하나를 화면에 보여줍니다.

```
!python detect.py --weights yolov5s.pt --img 640 --conf 0.25 --source data/images
import cv2
from google.colab.patches import cv2_imshow
cv2_imshow(cv2.imread('runs/detect/exp/zidane.jpg'))
```

스크립트 수행 시 다음과 같은 결과를 볼 수 있습니다.

【 출력 】

3. 이제 훈련을 위한 설정 파일을 준비합니다.

YOLOv5에는 기본적으로 VOC 데이터세트를 이용해 객체 인식 신경망을 훈련하기 위한 설정 파일이 있지만, 여기서는 별도로 yaml 파일을 제작합니다.

내용은 다음과 같습니다. 참고로 YOLOv5는 darknet을 사용하는 이전의 YOLOv4와는 다르게 데이터 세트가 있는 폴더 경로를 입력해서 훈련에 사용할 수 있습니다.

훈련 데이터세트의 경로, 검증 데이터세트의 경로, 각 클래스 인덱스당 클래스 이름이 저장됩니다.

```
train:
  - /content/VOCData/train
val:
  - /content/VOCData/val
# Classes
names:
  0: aeroplane
  1: bicycle
  2: bird
  3: boat
```

```
    4: bottle
    5: bus
    6: car
    7: cat
    8: chair
    9: cow
    10: diningtable
    11: dog
    12: horse
    13: motorbike
    14: person
    15: pottedplant
    16: sheep
    17: sofa
    18: train
    19: tvmonitor
```

4. 다음 스크립트를 실행해 vocdata.yaml 파일을 생성합니다. 위의 내용을 그대로 파일로 저장합니다.

```
text_lines = '''
train:
  - /content/VOCData/train
val:
  - /content/VOCData/val

# Classes
names:
  0: aeroplane
  1: bicycle
  2: bird
  3: boat
  4: bottle
  5: bus
  6: car
  7: cat
  8: chair
  9: cow
  10: diningtable
```

```
    11: dog
    12: horse
    13: motorbike
    14: person
    15: pottedplant
    16: sheep
    17: sofa
    18: train
    19: tvmonitor
'''
with open("/content/yolov5/vocdata.yaml", 'w') as f:
    f.write(text_lines)
```

YOLOv5 훈련

'데이터세트 준비'에서 준비한 데이터와 '훈련 환경 준비'에서 준비한 환경으로 YOLOv5 를 훈련합니다.

1. 이제 훈련을 수행합니다. 다음은 훈련 명령어입니다.

```
!python train.py --img 480 --batch 16 --epochs 20 --data vocdata.yaml --weights
yolov5s.pt --cache
```

- --img는 훈련 시 이미지를 480×480 해상도로 훈련하겠다는 의미입니다. 연산 능력이 낮은 젯슨 나노에서도 실행할 수 있게 해상도를 낮춰서 추론할 예정입니다. 따라서 훈련할 때부터 입력 해상도 를 줄여서 훈련했습니다.

- --batch는 훈련 시 사용할 배치 크기입니다. 훈련에 사용하는 그래픽카드의 메모리 용량에 따라 조 절할 수 있습니다.

- --data는 훈련에 사용할 데이터세트의 설정입니다. 위에서 제작한 파일을 입력합니다.

- --weights는 훈련을 시작할 때 불러올 가중치 파일입니다. 기본으로 제공되는 yolov5s.pt는 COCO 데이터세트를 활용해 훈련된 파일입니다.

- --cache는 훈련을 빠르게 하기 위해 사용합니다. 훈련 데이터세트와 검증 데이터세트를 읽은 후 이 진 파일로 저장합니다.

2. 훈련이 완료되면 weight 파일을 다운로드합니다.

```
from google.colab import files
files.download('/content/yolov5/runs/train/exp/weights/best.pt')
```

훈련 중 코랩에 문제가 생겨서 훈련을 완료하지 못했을 때는 예제 코드 깃허브 저장소의 Chap7 폴더에 있는 yolov5s_voc.pt를 사용해 나머지 실습을 진행할 수 있습니다.

질의응답 프로젝트 Q&A

Q: YOLOv5의 훈련을 colab이 아닌 윈도우에서 할 수 있나요?

A: 네, 가능합니다. 윈도우에서 python3를 비롯한 기타 의존성 패키지를 설치하면 추론뿐 아니라 훈련 또한 가능합니다.

7.3 _ 윈도우에서 YOLOv5 추론 실습

앞에서 YOLOv5를 VOC 데이터세트로 훈련해 20가지 클래스를 검출할 수 있는 best.pt 파일을 확보했습니다. 이 결과물을 활용해 윈도우에서 객체 인식 프로젝트를 진행하겠습니다.

윈도우에서 YOLOv5 추론 준비

이번 실습을 위한 환경을 준비하겠습니다. 윈도우 명령 프롬프트에서 다음 명령을 실행해 실습에 필요한 저장소를 복제하고 라이브러리를 설치합니다.

```
git clone https://github.com/jetsonai/DeepLearning4Projects
cd DeepLearning4Projects\Chap7
git clone -b v7.0 https://github.com/jetsonai/yolov5
python -m pip install tqdm thop seaborn ipython psutil pyyaml
```

가중치는 7.2절의 훈련 실습을 통해 코랩에서 생성한 best.pt 파일을 yolov5s_voc.pt 로 이름을 바꿔 사용합니다. 훈련을 마치지 못했다면 다음 명령으로 저장소의 파일을 복사해서 사용해도 됩니다.

```
copy yolov5s_voc.pt yolov5\
```

YOLOv5 추론 테스트

이제 윈도우에서 YOLOv5 추론을 정상적으로 수행하는지 확인합니다.

```
cd yolov5
```

테스트 비디오는 DeepLearning4Projects\Chap7\data에 있습니다. 그중 하나를 이용해 다음 명령어로 추론을 수행합니다.

```
python .\detect.py --weights .\yolov5s_voc.pt --img 640 --conf 0.25 --source ..\data\
crosswalk_cctv_01.mp4 --view-img
```

【 출력 】

이 과정을 통해 YOLOv5를 학습하고, 윈도우 환경에서 테스트해 보았습니다. USB 웹캠을 연결하는 경우 --source 이후에 0 또는 1 등 USB 웹캠 정보를 넣으면 웹캠으로부터 영상을 받아서 추론한 결과를 보여줄 수 있습니다.

7.4 _ YOLOv7 실습 준비

이번에는 YOLOv7-tiny를 훈련하고 추론해보도록 하겠습니다.

이번에 진행할 YOLOv7-tiny의 훈련 실습의 예제 코드는 Chap7 폴더에 있습니다.

Train_YOLOv7_with_Pascal_VOC_in_colab.ipynb 파일입니다.

YOLOv7 설명

YOLOv7은 YOLOv5와는 다르게 논문이 있습니다. 논문 제목인 〈Trainable bag-of-freebies sets new state-of-the-art for real-time object detectors(YOLOv7: 훈련 가능한 백 오브 프리비스는 실시간 객체 감지기를 위한 새로운 최첨단 기술을 설정한다)〉에서도 짐작할 수 있듯이, YOLOv7[19]은 저자가 특히 실시간 추론을 위해 YOLOv4에서 사용된 백 오브 프리비스(BoF)에 크게 비중을 두어 연구개발 됐습니다.

이 YOLOv7은 트랜스포머 기반의 검출기인 SWINL Cascade-Mask R-CNN[20]보다 속도 면에서 509%, 정확도 면에서 2% 뛰어난 성능을 보이고, 콘볼루션 기반의 검출기인 ConvNeXt-XL Cascade-Mask R-CNN[21]보다 속도 면에서 551%, 정확도 면에서 0.7% 뛰어난 성능을 보입니다.

> 여기서 트랜스포머(transformer) 모델[21]은 문장 속 단어와 같은 순차 데이터 내의 관계를 추적해 맥락과 의미를 학습하는 신경망입니다. 어텐션(attention)[22] 기법을 응용해 서로 떨어져 있는 데이터 요소들의 의미가 관계에 따라 미묘하게 달라지는 부분까지 감지해 낼 수 있습니다.
>
> 이 책에서도 몇 번 언급한 GPT 모델도 트랜스포머 모델을 기반으로 개발된 모델이며[23], 스탠퍼드대 연구진도 트랜스포머를 가리켜 향후 AI의 패러다임 변화를 견인할 '파운데이션 모델'이라고 했습니다. 이 트랜스포머에 관심이 있다면 다음 엔비디아의 블로그 글을 참조해 볼 것을 권장합니다.
>
> - https://blogs.nvidia.co.kr/2022/04/01/what-is-a-transformer-model/
> - https://blogs.nvidia.co.kr/2022/04/01/what-is-a-transformer-model-2/

19 〈YOLOv7: Trainable bag-of-freebies sets new state-of-the-art for real-time object detectors〉, Chien-Yao Wang, Alexey Bochkovskiy, 2022, https://arxiv.org/pdf/2207.02696.pdf
20 〈CascadeR-CNN: High Quality Object Detection and Instance Segmentation〉, Zhaowei Cai, Nuno Vasconcelos, 2019, https://arxiv.org/pdf/1906.09756.pdf
21 〈A ConvNet for the 2020s〉, ZhuangLiu, HanziMao, 2022, https://arxiv.org/pdf/2201.03545.pdf
22 트랜스포머(transformer) 논문 참조: 〈Attention Is All You Need〉, Ashish Vaswani, Noam Shazeer, 2017, https://arxiv.org/pdf/1706.03762.pdf
23 어텐션(attention): 모델의 예측 시점에 매번 이전 데이터의 연관된 부분에 집중해서 참고하는 기법, https://wikidocs.net/22893
24 GPT의 이름이 'Generative pre-trained transformers'의 약자인 것을 보아도 알 수 있습니다. https://en.wikipedia.org/wiki/Generative_pre-trained_transformer

YOLOv7의 특징

YOLOv7은 논문의 제2 저자가 YOLOv4의 저자와 동일합니다. 그렇기 때문에 어떤 점이 달라졌는지 특히 궁금할 수 있는데, 많이 알려진 차이점은 다음과 같습니다.

1. 보조 분류용 헤드

2. 매개변수 재정의 콘볼루션

3. E-ELAN 구조

보조 분류용 헤드

GoogleNet과 유사하게 코스(coarse)[25]한 손실(loss)을 전달하기 위한[26] 보조 분류용 헤드(auxiliary head)가 붙어서 훈련이 잘됩니다.[27]

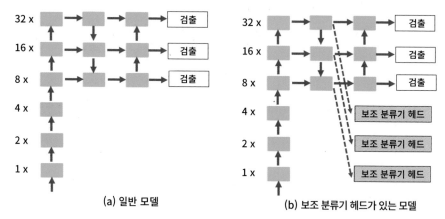

그림 7.2 일반 모델과 보조 분류기 헤드가 있는 모델

매개변수 재정의 콘볼루션

매개변수 재정의 콘볼루션(Reparameterized convolution) 구조를 추가해 훈련 시 다양한 최적화 연산을 해 훈련이 잘되는 구조를 적용합니다.

---

25 4.3절에서 언급한 'fine-grained'의 'fine'은 '세밀한'의 뜻이고, 'coarse'는 '세밀하지 않은', '크게 분류된' 정도로 보면 됩니다.
26 1.3절에서 설명했던 손실의 역전파를 말합니다.
27 YOLOv7 논문 그림 5 참조

그림 7.3의 (a)는 일반 다크넷의 블록이며 (b)는 CSPDarknet[28]의 블록입니다. 그리고 (c) RCSPDark 블록은 반전된(Reversed) CSPDarknet입니다. 매개변수 재정의 모델 설계에 의해 CSPDarknet의 블록에서 Dark 블록 부분인 1×1 및 3×3 콘볼루션 계층의 위치가 뒤집어져 있습니다.[29]

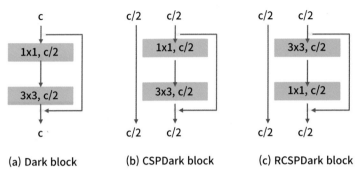

(a) Dark block   (b) CSPDark block   (c) RCSPDark block

그림 7.3 Dark 블록, CSPDark 블록, 그리고 RCSPDark 블록의 차이

E-ELAN 구조

E-ELAN 구조를 적용해 훈련 과정에서 다양한 그래디언트 경로(Gradient path)를 적용했는데, E-ELAN은 확장된 효율적인 계층 집계 네트워크입니다.

여기서 ELAN(Efficient Layer Aggregation Network)이란 입력 채널 수가 일정한 VoVNet에 CSP(Cross Stage Partial) 기능을 추가한 네트워크가 CSPVoV Net인데, 이 CSPVoVNet의 가장 짧고 가장 긴 모듈을 간소화한 네트워크입니다.

그림 7.4의 E-ELAN(Extended ELAN)은 원래 아키텍처의 Gradient 전송 경로를 전혀 변경하지 않고 추가된 기능의 카디널리티를 높이기 위해 그룹 콘볼루션을 사용하고, 서로 다른 그룹의 기능을 셔플 및 병합 카디널리티 방식으로 결합합니다. 이러한 작동 방식은 다양한 특징 맵에서 학습한 특징을 향상하고 매개변수 및 계산 사용을 개선할 수 있습니다.[30]

---

28 4.5절의 YOLOv4 백본 설명을 참조해 주세요.

29 YOLOv7 논문 그림 7 참조

30 YOLOv7 논문 그림 2 참조

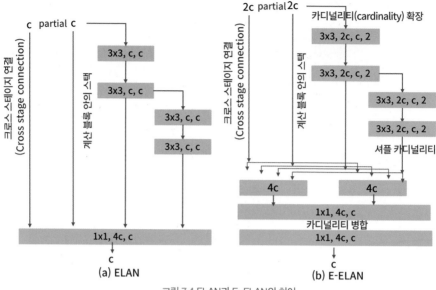

그림 7.4 ELAN과 E-ELAN의 차이

데이터세트 준비

데이터세트를 다운로드하고 훈련할 수 있게 준비하는 과정은 YOLOv5의 훈련 준비 과정에서 소개된 내용과 동일합니다.

YOLOv7 훈련

ipynb의 내용을 순차적으로 실행하면 YOLOv7를 통해 객체 인식 신경망을 훈련하기 위한 데이터세트가 준비됩니다. YOLOv7 깃 저장소를 복사하고 학습할 데이터세트를 정의한 파일을 생성한 후 학습을 진행하겠습니다. 이번 내용은 YOLOv5의 내용과 달라집니다.

훈련 환경 준비

훈련을 위해 YOLOv7 깃 저장소와 YOLOv7 훈련 환경을 준비합니다.

1. YOLOv7 환경을 구성합니다.

```
!git clone https://github.com/WongKinYiu/yolov7
%cd yolov7
%pip install -qr requirements.txt  # 필수 패키지 설치
```

2. 훈련에 앞서 YOLOv7로 추론할 수 있는 환경인지 테스트하겠습니다. YOLOv7를 이용한 객체 검출은 이미지, 비디오, 이미지나 비디오가 있는 폴더 등 다양한 방식으로 할 수 있습니다. 여기서는 이미지가 있는 폴더에 대해 추론하면서 테스트를 수행합니다.

```
python detect.py --source path/   # 경로 입력
```

다음 스크립트가 에러 없이 수행된다면 훈련할 준비가 된 것입니다. 다음 스크립트는 yolov7-tiny.pt 가중치 파일을 이용해 inference/images 폴더 내의 이미지를 640×640 해상도의 입력 이미지로 추론하고, 그 결과 중 confidence가 0.25 이상인 객체만 검출하겠다는 의미를 가지고 있습니다.

검출한 후에는 검출 결과로 저장되는 이미지 중 하나를 화면에 보여줍니다.

```
!python detect.py --weights yolov7-tiny.pt --img 640 --conf 0.25 --source
inference/images
import cv2
from google.colab.patches import cv2_imshow
cv2_imshow(cv2.imread('runs/detect/exp/zidane.jpg'))
```

스크립트 수행 시 다음과 같은 결과를 볼 수 있습니다.

【 출력 】

3. 이제 훈련을 위한 설정 파일을 준비합니다.

내용은 다음과 같습니다. 참고로 YOLOv7는 YOLOv5처럼 데이터세트가 있는 폴더 경로를 입력해서 훈련에 사용할 수 있습니다.

훈련 데이터세트의 경로, 검증 데이터세트의 경로, 각 클래스 인덱스별 클래스 이름이 저장됩니다.

```
train:  /content/VOCData/train
val:  /content/VOCData/val
```

```
# number of classes
nc: 20

# class names
names: [ 'aeroplane', 'bicycle', 'bird', 'boat', 'bottle',
         'bus', 'car', 'cat', 'chair', 'cow', 'diningtable',
         'dog', 'horse', 'motorbike', 'person', 'pottedplant',
         'sheep', 'sofa', 'train', 'tvmonitor' ]
```

4. 다음 스크립트를 실행해 vocdata.yaml 파일을 생성합니다. 위의 내용을 그대로 파일로 저장합니다.

```
text_lines = '''
train:  /content/VOCData/train
val:  /content/VOCData/val

# number of classes
nc: 20

# class names
names: [ 'aeroplane', 'bicycle', 'bird', 'boat', 'bottle',
         'bus', 'car', 'cat', 'chair', 'cow', 'diningtable',
         'dog', 'horse', 'motorbike', 'person', 'pottedplant',
         'sheep', 'sofa', 'train', 'tvmonitor' ]
'''
with open("/content/yolov5/vocdata.yaml", 'w') as f:
    f.write(text_lines)
```

YOLOv7 훈련

'데이터세트 준비'에서 준비한 데이터와 '훈련 환경 준비'에서 준비한 환경으로 YOLOv7
를 훈련합니다.

1. 이제 훈련을 수행합니다. 다음은 훈련 명령어입니다.

```
!python train.py --img 320 --batch 8 --epochs 20 --data vocdata.yaml --weights
yolov7-tiny.pt --cache
```

- --img는 훈련 시 이미지를 320×320 해상도로 훈련하겠다는 의미입니다. 연산 능력이 낮은 젯슨
  나노에서도 실행할 수 있게 해상도를 낮춰서 추론할 예정입니다. 따라서 훈련할 때부터 입력 해상도
  를 줄여서 훈련했습니다.

- --batch는 훈련 시 사용할 배치 크기입니다. 훈련에 사용하는 그래픽카드의 메모리 용량에 따라 조절할 수 있습니다.
- --data는 훈련에 사용할 데이터세트의 설정입니다. 위에서 제작한 파일을 입력합니다.
- --weights는 훈련을 시작할 때 불러올 가중치 파일입니다. 기본으로 제공되는 yolov7-tiny.pt는 COCO 데이터세트를 활용해 훈련된 파일입니다.
- --cache는 훈련을 빠르게 하기 위해 사용합니다. 훈련 데이터세트와 검증 데이터세트를 읽은 후 이진 파일로 저장합니다.

2. 훈련이 완료되면 weight 파일을 다운로드합니다.

```
from google.colab import files
files.download('/content/yolov7/runs/train/exp/weights/best.pt')
```

훈련 중 코랩에 문제가 생겨서 훈련을 완료하지 못했을 때는 예제 코드 깃허브 저장소의 Chap7 폴더에 있는 yolov7_tiny_voc.pt를 사용해 나머지 실습을 진행할 수 있습니다.

질의응답 프로젝트 Q&A

Q: YOLOv7의 훈련도 colab이 아닌 윈도우에서 할 수 있나요?

A: 네, 가능합니다. 윈도우에서 python3를 비롯한 기타 의존성 패키지를 설치하면 추론뿐 아니라 훈련 또한 가능합니다.

7.5 _ 윈도우에서 YOLOv7 추론 실습

앞에서 YOLOv7를 VOC 데이터세트로 훈련해 20가지 클래스를 검출할 수 있는 best.pt 파일을 확보했습니다. 이 결과물을 활용해 윈도우에서 객체 인식 프로젝트를 진행하겠습니다.

윈도우에서 YOLOv7 추론 준비

이번 실습을 위한 환경을 준비하겠습니다. YOLOv5 실습을 이미 진행했다고 가정하고 윈도우 명령 프롬프트에서 다음 명령을 실행해 실습에 필요한 저장소를 복제하고 라이브러리를 설치합니다.

```
git clone https://github.com/jetsonai/DeepLearning4Projects
cd DeepLearning4Projects\Chap7
git clone https://github.com/WongKinYiu/yolov7
python -m pip install tqdm thop seaborn ipython psutil pyyaml
```

가중치는 7.3절의 훈련 실습을 통해 코랩에서 생성한 best.pt 파일을 yolov7_tiny_voc.pt로 이름을 바꿔 사용합니다. 훈련을 마치지 못했다면 다음 명령으로 저장소의 파일을 복사해서 사용해도 됩니다.

```
copy yolov7_tiny_voc.pt yolov7\
```

YOLOv7 추론 테스트

이제 윈도우에서 YOLOv7 추론을 정상적으로 수행하는지 확인합니다.

```
cd yolov7
```

테스트 비디오는 DeepLearning4Projects\Chap7\data에 있습니다. 그중 하나를 이용해 다음 명령어로 추론을 수행합니다.

```
python .\detect.py --weights .\yolov7_tiny_voc.pt --img 640 --conf 0.25 --source ..\data\
crosswalk_cctv_01.mp4 --view-img
```

【 출력 】

이 과정을 통해 YOLOv7을 학습하고, 윈도우 환경에서 테스트해 보았습니다. YOLOv5와 동일하게, USB 웹캠을 연결하는 경우 --source 이후에 0 또는 1 등 USB 웹캠 정보를 넣으면 웹캠으로부터 영상을 받아서 추론한 결과를 보여줄 수 있습니다.

7.6 _ 요약

이번 7장에서는 횡단보도를 건너는 보행자를 보호하기 위한 프로젝트를 진행했습니다. 횡단 보도를 촬영한 CCTV 영상을 PC에서 추론하는 경우를 가정했습니다.

더 좋은 성능을 원하는 경우 더 길게 훈련하거나, 더 많은 데이터를 모아서 훈련하거나, YOLOv5s나 YOLOv7-tiny가 아닌 YOLOv5m, YOLOv5l, YOLOv7, YOLOv7-E6E 등 연산 성능이 더 많이 필요한 모델을 사용해 볼 수 있습니다.

질의응답 프로젝트 Q&A

Q: YOLOv7을 응용할 수 있는 다른 프로젝트를 추천해 주세요.

A: 네, YOLOv7 신호등 인지 프로젝트를 추천하고자 합니다.

우선 COCO 데이터 중 신호등 데이터셋을 받아서 준비해 주세요. 이 데이터셋으로 YOLOv7 신호등 인식 모델을 훈련해 완성합니다. 이 때 YOLOv7 훈련 및 테스트를 위해 7.4장을 참조해 주세요. 그리고 그 신호등 데이터셋을 이용해 빨간색, 노란색, 초록색 신호등 분류 데이터셋을 준비한 후 신호등 분류 모델을 훈련해 완성합니다. 이때 분류 모델의 훈련 및 테스트를 위해 5장을 참조합니다.

이제 거리 영상에서 YOLOV7 신호등 인식 모델을 이용해 신호등을 인식한 후, 신호등 영역 이미지를 추출해 신호등 분류 모델을 통해 최종적인 신호등 인지 결과를 얻을 수 있습니다.

---

31 COCO 데이터셋 중 traffic 데이터만 추출하는 다음의 깃헙 사이트를 참조해주세요. https://github.com/jetsonai/cocoTraffic

Part 03

젯슨 나노와
젯봇 활용

3부에서는 2부에서 진행했던 프로젝트 중 추론 파트를 임베디드 GPU 장치인 젯슨 나노에 카메라를 연결해서 보다 실제 환경에 적합하게 미니 프로젝트를 진행하고, 젯슨 나노가 장착된 AI 모바일 로봇을 활용하는 미니 프로젝트를 진행하겠습니다.

3부의 구성

8장 젯슨 나노 추론 프로젝트

9장 세 가지 AI 모바일 로봇 프로젝트

젯슨 나노 추론
프로젝트

이번 장에서는 엔비디아 젯슨 나노를 활용하는 미니 프로젝트 환경을 구성한 후, 2부에서 진행했던 프로젝트의 추론 실습 파트를 윈도우가 아닌 젯슨 나노에서 수행하겠습니다. 이를 통해, 현장에서 사용할 수 있는 영상처리 전용 장치를 개발하는 실질적인 미니 프로젝트를 완성합니다.

일반적인 개발 프로젝트는 대부분 윈도우 환경에서 진행될 수 있지만, 산업 현장이나 로봇과 같이 실제 상황에서는 임베디드 장치라고 불리는 소형 장치에서 독립적으로 작동하는 방식으로 개발하는 경우가 대부분입니다. PC의 윈도우 개발 환경이 편리하지만 전력 소모가 크고 하드웨어 비용이 크기 때문에 상대적으로 전력 소모가 적고 하드웨어 비용이 적은 임베디드 장치가 크게 선호되는 것입니다. 이러한 임베디드 장치를 선택할 때 아두이노나 라즈베리 파이와 같은 대중적인 제품이 선택의 1순위가 됩니다. 하지만 임베디드 환경은 PC에 비해 매우 낮은 사양의 장치 환경이기 때문에 딥러닝 영상 처리를 실시간으로 처리하는 것은 거의 불가능해, 결국 GPU와 같은 전용 영상처리 장치가 포함된 임베디드 환경이 요구됩니다.

이러한 측면에서 젯슨 나노(Jetson Nano)[1]라고 하는 장치는 NVIDIA GPU가 장착된 임베디드 리눅스 장치이면서 라즈베리 파이와 유사하지만 딥러닝 연산 성능이 뛰어난 특징이 있기 때문에, 저전력의 산업 장치나 기구 혹은 모바일 로봇을 위해서 상당히 추천할 만한 장치라고 할 수 있습니다.

그림 8.1 엔비디아 젯슨 나노

딥러닝 모델의 많은 연산은 일반적인 CPU 환경에서 추론 실습을 하기에는 너무 느리기 때문에 실시간 실행이 필요한 전용 장치를 사용해야 하는 경우에는 이러한 딥러닝 추론 전용 임베디드 장치를 사용하는 것이 좋습니다. 딥러닝을 실행할 수 있는 이러한 임베디드 장치를 활용한 프로젝트는 실제로 딥러닝 영상분석 기술을 자동차나 산업 현장 등의 시스템에서 활용하기 위한 기본 연구 활동이 될 수 있습니다.

그림 8.2 젯슨 나노를 딥러닝 영상분석에 활용하는 연구 활동의 예

---

1   https://www.nvidia.com/ko-kr/autonomous-machines/embedded-systems/jetson-nano/product-development/

8.1 _ 젯슨 나노 시작하기

실습 환경은 1~2부에서 사용한 구글 코랩과 더불어 엔비디아 젯슨 나노를 USB 카메라와 함께 이용하겠습니다. 구글 코랩 예제는 1~2부와 사용 방법이 같지만, 젯슨 나노에서 실습하는 예제는 별도의 환경 설정이 필요합니다.

젯슨 나노 실습을 위해 실습 환경을 세팅하겠습니다. 준비물로는 엔비디아 젯슨 나노, SD 카드(64GB 이상), 5V 4A 어댑터, 점퍼, USB 카메라, 모니터, 키보드, 마우스가 필요합니다. 딥러닝 실행 시 열이 많이 발생하므로 냉각팬도 사용하는 것이 좋습니다.

젯슨 나노 명세

젯슨 나노의 명세는 다음 표와 같습니다. 딥러닝 실습에 사용할 수 있는 라즈베리 파이 정도라고 생각해도 됩니다.

표 8.1 엔비디아 젯슨 나노 키트의 기술 명세 [2]

구성 요소	명세
CPU	쿼드 코어 ARM® Cortex®–A57 MPCore 프로세서
GPU	128개의 NVIDIA CUDA® 코어를 장착한 NVIDIA Maxwell™ 아키텍처
메모리	4GB 64비트 LPDDR4
스토리지	16GB eMMC 5.1 플래시
동영상 인코드	4K @ 30 (H.264/H.265)
동영상 디코드	4K @ 60 (H.264/H.265)
카메라	12레인(3×4 또는 4×2) MIPI CSI–2 DPHY 1.1(1.5Gbps)
연결성	기가비트 이더넷
디스플레이	HDMI 2.0 또는 DP1.2 | eDP 1.4 | DSI(1×2) 2 동시
UPHY	1 ×1/2/4 PCIE, 1× USB 3.0, 3× USB 2.0
I/O	1× SDIO / 2× SPI / 4× I2C / 2× I2S / GPIOs
크기	69.6 mm x 45 mm
외관	260핀 에지 커넥터

---

2 https://www.nvidia.com/ko-kr/autonomous-machines/embedded-systems/jetson-nano/product-development/

젯슨 나노 부팅하기

젯슨 나노를 실습에 활용하기 위해 SD 카드에 젯슨 나노 8장 실습 이미지를 올린 후 전원을 연결해 부팅한 후 사용해야 합니다.

SD 카드 기본 세팅

이번 장의 실습을 위해 미리 설치된 8장 실습 이미지를 SD카드에 플래싱한 후 젯슨 나노를 부팅할 예정입니다.

8장의 실습을 하기 위해 설치한 젯팩[3]과 소프트웨어는 다음과 같습니다.

표 8.2 미리 설치된 8장 실습 이미지의 소프트웨어 버전

이름	버전
Jetpack	4.5.1
Python	3.6.9
OpenCV	4.1.1
PyTorch	1.8.0
torchvision	0.9.0
TensorRT	7.1.3.0
torch2trt	0.4.0
Cython	0.29.15
matplotlib	3.3.4
numpy	1.18.5
Pillow	8.4.0
tqdm	4.64.1

젯슨 나노를 부팅하기 위해 미리 설치된 8장 실습 이미지를 다운로드합니다. 다음 주소의 깃허브 문서를 참조합니다.

---

3 젯팩(Jetpack)은 엔비디아에서 젯슨 보드 부팅을 위해 제공하는 기본 이미지로 다음 사이트에서 소개되어 있습니다. https://developer.nvidia.com/embedded/jetpack

- https://github.com/jetsonai/DeepLearning4Projects/tree/main/Chap8_1

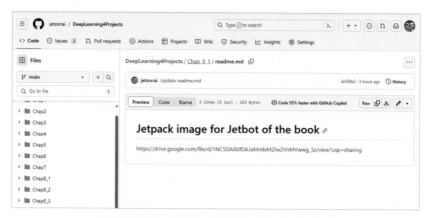

그림 8.3 젯슨 나노 8장 실습 이미지 링크가 있는 깃허브 사이트

이 링크에서 SD 카드 이미지를 내려받은 후에 밸레나 에처(balena etcher)라는 이미지
기록 프로그램을 이용해 SD 카드를 구우면 됩니다.

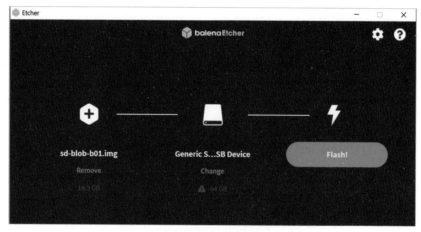

그림 8.4 SD 카드 플래싱

대용량 이미지 파일을 SD카드에 플래싱할 때 많이 사용되는 밸레나 에처는 다음 웹사이트에서 다운
로드할 수 있습니다.

- https://www.balena.io/etcher/

젯슨 나노 부팅

SD 카드 플래싱이 완료되면 젯슨 나노의 슬롯에 넣고, 5V 4A 전원 공급을 위한 점퍼를 끼운 후 어댑터를 연결하면 부팅됩니다.

그림 8.5 젯슨 나노에 SD 카드 장착하기[4]

프로젝트 실습을 위하여 젯팩 이미지부터 다운로드해서 단계적으로 설치할 수도 있지만 과정의 복잡도가 높고 많은 라이브러리들이 시간이 지나면서 버전과 의존성이 서로 달라지는 문제가 생겨 실습이 어려울 수 있으므로, 필자가 미리 준비한 8장의 실습 이미지를 이용하면 좋습니다. 그래서 8.1절의 실습 환경을 구성할 때 다음 주소의 유튜브 영상을 참조할 것을 권장합니다.

- https://youtu.be/oOKx6QraoP8

그림 8.6 프로젝트 딥러닝3부 젯슨 나노 실습 환경 세팅 영상

---

4 https://makernambo.com/122

부팅된 나노는 작은 컴퓨터나 다름없기 때문에 그림 8.7과 같이 모니터와 HDMI 포트로 연결하고, USB 포트에 키보드와 마우스를 연결하고 인터넷이 가능하게 랜선도 연결합니다. Wi-Fi 동글을 연결해 무선 인터넷을 사용해도 좋습니다. 그리고 카메라의 영상을 입력받아 딥러닝 모델을 추론하기 위해 USB 포트에 웹캠 카메라를 연결합니다.

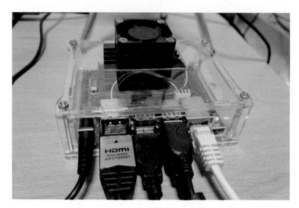

그림 8.7 젯슨 나노에 모니터, 키보드, 마우스, 랜선, 카메라를 연결한 모습

전원 케이블을 연결하면 그림 8.8과 같이 사용할 준비가 완료됩니다.

그림 8.8 젯슨 나노 사용 준비가 완료된 상태

젯슨 나노에서 브라우저를 사용하려면 메모리 사용량이 적은 크로미움 브라우저(chromium browser)를 사용하는 것이 좋습니다. 젯슨 나노를 부팅한 후 인터넷 브라우저를 사용하고자 한다면 젯슨 나노의 기본 브라우저인 크로미움 브라우저를 시작해 검색을 해볼 수 있습니다. 단, 사용 중 보안 목적으로 비밀번호 입력을 요구하는 팝업 창이 뜨면 반드시 "nvidia"라고 입력해서 키 락을 방지해야 합니다.

그리고 젯슨 나노의 크로미움 브라우저는 구글 로그인을 해도 유지되어 사용할 수가 없는 문제가 있기 때문에, 사용자가 구글 로그인 후 코랩을 사용하고자 한다면 반드시 크로미움 브라우저의 시크릿 창(incognito window)을 열어 사용해야 합니다.

그림 8.9 젯슨 나노 크로미움 브라우저 메뉴에서 "New incognito window"를 선택해 새 시크릿 창을 열기

기본 깃허브 소스 확인

실습을 위해 그림 8.10과 같이 젯슨 나노의 터미널을 열어줍니다.

그림 8.10 젯슨 나노에서 터미널 열기

8장 실습 이미지에는 젯슨 나노의 실습에 필요한 코드와 데이터를 미리 넣어뒀습니다. 따라서 젯슨 나노를 부팅하고 터미널에서 홈 폴더를 확인하면 DeepLearning4Projects 폴더가 있을 것입니다. 터미널에 다음 명령을 입력해 홈 폴더 아래의 StartJetsonNano 폴더로 이동해서 어떤 파일이 있는지 확인합니다.

```
cd DeepLearning4Projects/StartJetsonNano
ls
```

TIP 쿨링팬 작동시키기

젯슨 나노에서 딥러닝을 실습할 때는 열이 많이 발생하므로 쿨링팬으로 식혀주는 것이 좋습니다. 젯슨 나노의 터미널 창에서 다음 명령을 실행해 쿨링팬을 작동시킬 수 있습니다.

```
sudo sh -c 'echo 150 > /sys/devices/pwm-fan/target_pwm'
```

명령을 입력했을 때 비밀번호를 입력하라고 하면 앞에서 설정한 사용자 비밀번호를 입력합니다. 터미널에서는 비밀번호를 입력할 때 화면에 보이지 않으니 비밀번호를 키보드로 입력한 후 그냥 엔터 키를 누르면 됩니다.

젯슨 나노의 카메라 테스트

젯슨 나노에 라즈베리 파이 카메라2를 사용할 수도 있고 USB 카메라를 사용할 수도 있습니다. 카메라 종류에 따른 장단점을 표에 정리했습니다.

표 8.3 젯슨 나노에서 사용하는 카메라 종류별 특징

카메라 종류	장점	단점
라즈베리 파이 카메라 2	비교적 저렴하고 가볍다. 전력 소모가 적다.	재질이 약하고 화각이 부족할 수 있다. 지지대가 필요하다.
라즈베리 파이 카메라 2 어안렌즈	일반 버전과 동일한 장점을 지니면서도 모바일 로봇에서 사용하기에 충분한 화각을 제공한다.	재질이 약하다. 지지대가 필요하다.
일반 USB 카메라(화각 78 정도)	쉽게 구할 수 있고 가격대가 다양하며 튼튼하다.	전력 소모가 크다. 화각이 부족할 수 있다.
어안렌즈 USB 카메라	화각이 넓다.	전력 소모가 크다. 가격이 비싸다.

여러 카메라의 장단점을 확인하고 사용자가 만들고 싶은 로봇의 종류와 가격대에 따라 카메라를 선택하면 됩니다.

이번 장에서는 홈스쿨링이나 온라인 미팅에 많이 사용되는 USB 웹캠을 사용합니다.

내려받은 폴더의 **DeepLearning4Projects/StartJetsonNano** 폴더에 카메라 테스트 코드 파일이 있는데, 이 중 **usb-camera_test.py**를 살펴보고 실행하겠습니다.

USB 카메라 테스트 코드

usb-camera_test.py의 코드 내용은 다음과 같습니다.

1. 젯슨 나노에 연결한 USB 카메라를 사용하기 위해, OpenCV의 VideoCapture 함수에 전달할 문자열 gst_str에 USB 카메라 장치와 640×480의 해상도를 설정합니다.

```
# USB 카메라 장치와 해상도를 설정
gst_str = ("v4l2src device=/dev/video0 ! video/x-raw, width=640, height=480, form
at=(string)YUY2,framerate=30/1 ! videoconvert ! video/x-raw,width=640,height=480,
format=BGR ! appsink")
```

2. 이 코드는 OpenCV의 영상 프로세싱 함수를 사용해야 하므로 OpenCV 패키지를 임포트합니다.

```python
import cv2
import numpy as np
```

3. videoProcess는 영상을 처리하기 위한 기본 형태를 지닌 함수입니다. 가장 먼저 카메라나 영상으로 부터 이미지를 갖고 오기 위해 VideoCapture 함수로 카메라와 연결을 열고, 영상을 보여주기 위한 opencv 창을 생성합니다. 이제 while 문 안에서 이미지 프레임을 읽어와서 한 프레임씩 보여줍니다.

```python
# 영상 프로세싱 함수
def videoProcess(openpath):
    cap = cv2.VideoCapture(openpath)
    if cap.isOpened():
        print("Video Opened")
    else:
        print("Video Not Opened")
        print("Program Abort")
        exit()
    fps = cap.get(cv2.CAP_PROP_FPS)
    width = int(cap.get(cv2.CAP_PROP_FRAME_WIDTH))
    height = int(cap.get(cv2.CAP_PROP_FRAME_HEIGHT))
    # 영상을 보여주기 위한 opencv 창 생성
    cv2.namedWindow("Output", cv2.WINDOW_GUI_EXPANDED)

    while cap.isOpened():
        # 이미지 프레임 읽어오기
        ret, frame = cap.read()
        if ret:
            # 이미지 프로세싱을 진행한 후 그 결과 이미지 보여주기
            cv2.imshow("Output", frame)
        else:
            break
        if cv2.waitKey(int(1000.0/fps)) & 0xFF == ord('q'):
            break
```

4. 프로그램이 종료되면 그 전에 사용한 리소스를 해제합니다.

```
# 모든 작업이 완료되면 모든 리소스를 해제
    cap.release()
    cv2.destroyAllWindows()
    return
```

5. 실행 인자로 gst_str 값을 넣어 영상 딥러닝 프로세싱 함수 videoProcess를 호출합니다.

```
if __name__ == "__main__":
    videoProcessing(gst_str)
```

이제 젯슨 나노에 연결된 USB 카메라 테스트를 실행해 보겠습니다.

USB 카메라 테스트 실행

다음 명령으로 카메라가 정상 작동하는지 테스트합니다.

```
python3 usb-camera_test.py
```

【 출력 】

프로그램을 종료하려면 키보드의 [Q] 키를 누릅니다.

젯슨 나노 딥러닝 기본 세팅 확인

젯팩에는 딥러닝 프로세싱을 위한 GPU 드라이버와 GPU 사용을 위한 CUDA, 딥러닝 라이브러리를 사용하기 위한 CuDNN이 설치돼 있으며[5], 카메라와 사용자 그래픽 인터페이스 개발에 용이한 OpenCV 라이브러리까지 설치돼 있습니다. 미리 설치된 8장 실습 이미지에 추가로 설치된 딥러닝에 필요한 패키지를 확인하겠습니다.

딥러닝 패키지 설치 확인

설치한 파이토치와 토치비전 패키지가 정상적으로 실행되는지 확인합니다. 터미널에 다음과 같이 입력해 파이썬을 실행합니다.

```
python3
```

파이썬 셸이 실행되면 프롬프트 문자열이 >>>로 바뀝니다. 이 상태에서 다음과 같이 토치와 토치비전을 임포트해 봅니다. 이때 에러가 나지 않고 다음 >>> 프롬프트가 뜨면 설치가 정상적으로 된 것입니다.

```
>>> import torch
>>> import torchvision
>>>
```

스왑 확인

한 가지 더 할 일이 있는데, 바로 젯슨 나노에서 실습을 진행하는 동안 메모리 부족으로 프로그램이 종료하지 않도록 스왑 파일[6]을 확인하는 것입니다.

---

5   (엮은이) dpkg -l ¦ grep cuda 명령으로 확인할 수 있습니다.
6   Memory swap: memory paging이라고도 합니다. https://en.wikipedia.org/wiki/Memory_paging#Unix_and_Unix-like_systems

일반적인 프로그램에서는 메모리가 부족한 상황이 쉽게 오지 않지만, 젯슨 나노와 같은 소형 임베디드 장치에서 딥러닝 영상분석 모델 훈련이나 ONNX[7] 파일 변환 같은 작업을 하는 경우에는 프로그램에서 요구하는 메모리가 상당히 큽니다. 엔비디아에서 지원하는 젯슨 제품의 스왑 파일 설치를 진행한 후 리부팅해 주면 스왑 메모리가 추가로 확보되어 크게 걱정하지 않고 실습할 수 있습니다.

jtop으로 시스템 정보 보기

터미널에 다음과 같이 입력해서 jtop을 실행해 보겠습니다. 다양한 시스템 정보를 볼 수 있습니다.

```
jtop
```

다음과 같이 약 8G의 스왑 메모리가 잡힌 것을 볼 수 있습니다.

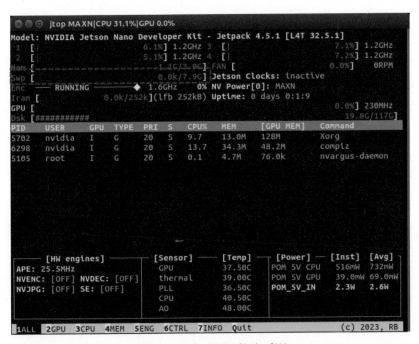

그림 8.11 jtop을 실행해 스왑 정보 확인

---

7 onnx 파일 포맷: https://onnx.ai/

AI 가속화 엔진

이동체가 따라가야 할 대상을 딥러닝 모델로 추론해 인지한 후 그에 따라 모터를 얼마나 움직일지 계산해 작동시키려고 할 때는 지연 시간이 큰 문제가 될 수 있습니다. 왜냐하면 추론으로 인한 지연 시간이 길면 실시간 반응이 불가능해서, 결국 현재 원하는 방향이 아니라 이전 프레임으로 추론된 값으로 움직이는 상황이 반복되기 때문입니다. 그러면 팔로잉 기능을 구현할 수 없습니다.

앞서 수행한 긴급 충돌 방지 프로젝트에서는 비교적 가벼운 분류 모델을 사용했기 때문에 AI 가속기를 군이 사용하지 않아도 어느 정도 원하는 작동 결과물이 나올 수 있었습니다. 하지만 차나 로봇, 혹은 로봇 팔이 빠르게 이동 중인 상황에서 카메라 영상으로 객체 인식 모델을 사용해야 하는 경우에는 지연 시간이 크면 사고의 위험이 커지기 때문에 AI 가속기의 필요성이 매우 높습니다.

---

8 SD카드가 정품이 아니라면 스왑이 설치되지 않는 경우도 있으니 구매할 때 정품인지 확인해야 합니다.

특히 이 책의 실습 환경인 젯슨 나노와 같은 저가 GPU 임베디드 제품으로 객체 인식과 같이 연산량이 많은 모델을 팔로잉 기능을 위해 테스트하는 상황에서는 하드웨어와 소프트웨어적으로 추론을 가속화하게 만들어진 AI 가속화 엔진 사용이 필수입니다.

따라서 이 절에서는 우선 AI 가속화 엔진을 학습하겠습니다. (이후 AI 가속화 엔진을 'AI 가속기'라고 부르겠습니다.)

AI 가속기

소프트웨어가 딥러닝 모델을 사용하는 경우 딥러닝의 정확도는 신뢰성에 영향을 미치는 중요한 요소지만, 추론 시간이 사용자의 기대보다 오래 걸리면 사용자 경험에 직접적인 영향을 미치게 됩니다. 그러므로 실용적인 가치가 떨어지지 않게 하기 위해 AI 가속기(AI accelerator)라는 것을 도입하는데, 이로써 애플리케이션 대기 시간을 줄이고 부드럽고 빠른 앱 경험을 제공할 수 있습니다.

개발자가 직접 딥러닝 모델을 빠르게 최적화하는 것에 비해 하드웨어 의존도가 있는 AI 가속기를 사용하는 것의 장점은 개발자들이 추론 배포를 위한 성능 조정보다 새로운 AI 모델과 기반 애플리케이션을 만드는 데 집중할 수 있다는 것입니다.

딥러닝 훈련에서는 엔비디아 GPU가 절대적인 데 반해, AI 가속기는 인텔, 엔비디아, 삼성, 테슬라, 애플 등에서 개발한 상당히 많은 종류의 제품이 있고 시장 요구가 큰 만큼 앞으로도 더 많은 업체에서 FPGA[9]나 ASIC[10]를 활용해 개발하고 출시할 것으로 보입니다.

TensorRT

이들 AI 가속기 중에서 가장 많이 알려진 것으로 엔비디아의 TensorRT[11]가 있는데, 추론 가속화 엔진이라고도 합니다. 이 책에서는 이 TensorRT를 사용해 보겠습니다.

---

9 FPGA: https://en.wikipedia.org/wiki/Field-programmable_gate_array

10 ASIC: https://en.wikipedia.org/wiki/Application-specific_integrated_circuit

11 TensorRT: https://developer.nvidia.com/tensorrt

TesorRT는 고성능 딥러닝 추론 엔진이며, 엔비디아의 GPU와 함께 사용됩니다. TensorRT는 딥러닝 추론 애플리케이션을 위해 짧은 지연 시간과 높은 처리량을 제공하는 딥러닝 추론 최적화 런타임 시스템[12]이라고 할 수 있습니다. TensorRT는 이러한 빠르고 정확한 처리를 위해, 양자화 인식 훈련 및 사후 훈련 양자화[13]를 사용하는 INT8과 FP16 최적화[14]를 제공합니다. 그림 8.12에서 TensorRT의 AI 가속 개념도를 볼 수 있습니다.

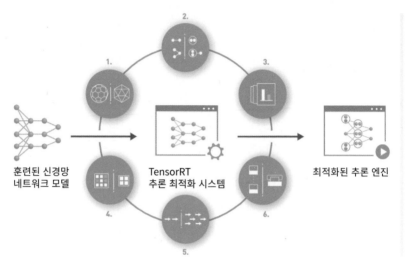

그림 8.12 TensorRT AI 가속 개념도 [15]

그림 8.12의 각 번호에 대한 설명은 다음과 같습니다.

1. **정밀도 감소**: 정확도를 유지하면서 모델을 양자화하는 FP16이나 INT8을 이용한 처리량(throughput)을 증가시킵니다.

2. **계층과 텐서[16]의 퓨전**: 커널에서 노드들을 융합해 GPU 메모리 및 대역폭 사용을 최적화합니다.

12 런타임: https://en.wikipedia.org/wiki/Runtime_system
13 〈Quantizing deep convolutional networks for efficient inference: A whitepaper〉, Raghuraman Krishnamoorthi, 2018, https://arxiv.org/pdf/1806.08342.pdf
14 INT8과 FP16 최적화: https://www.principledtechnologies.com/benchmarkxprt/blog/2019/09/05/understanding-the-basics-of-aixprt-precision-settings/
15 그림 참조: https://developer.nvidia.com/tensorrt
16 텐서(tensor): 여러 벡터 공간을 연결시킨 구조로, 선형 관계를 나타내는 다중 선형대수학의 대상입니다. 인공지능에서 텐서는 수학적으로 데이터의 다차원 배열이라고 보면 됩니다.

3. **커널 자동 튜닝**: 사용 장치의 GPU를 기반으로 최상의 데이터 레이어 및 알고리즘을 선택합니다.

4. **가변 텐서 메모리**: 메모리 공간을 최소화하고 텐서 메모리를 효율적으로 재사용합니다.

5. **다중 스트림 실행**: 확장 가능한 설계를 사용해 여러 입력 스트림을 병렬로 처리합니다.

6. **시간 융합**: 동적으로 생성된 커널을 사용해 시간 단계에 따라 순환 신경망(recurrent neural networks) [17]을 최적화합니다.

TensorRT를 사용하는 경우 추론 시간이 감소하면 자율주행 및 임베디드 애플리케이션에서 요구하는 애플리케이션 지연 시간이 감소되어 실시간 서비스가 가능해질 수 있습니다.

8.2 _ 젯슨 나노에서 재활용품 분류 추론

먼저, 5장에서 훈련한 재활용품 분류 모델을 이용해 재활용품을 분류하는 실습을 젯슨 나노에서 진행해 보겠습니다.

재활용품 분류 추론 준비

이 실습은 8.1절에서 설치한 젯슨 나노 환경에서 진행하면 됩니다. 그리고 파이토치는 학습이 완료된 후 추론을 수행할 때 신경망 클래스가 있는 파이썬 파일과 가중치 파일이 있어야만 합니다. 따라서 5.6절에서 학습이 완료되어 다운로드한 모델 파일도 있어야 합니다.

이제 젯슨 나노의 터미널을 열고 깃허브 저장소 폴더의 **Chap8_2** 폴더로 이동합니다.

```
cd DeepLearning4Projects/Chap8_2/
```

이곳에 `Inference_Cam.py` 파일이 있습니다. 이 파일은 젯슨 나노에 연결된 카메라 혹은 깃허브에서 같이 내려받은 동영상으로부터 재활용품 유형을 분류해 그 결과를 화면에 출력하는 파이썬 파일입니다. 코드는 **Chap5**에 있는 것과 비슷하므로 5장의 설명을 참조합니다.

---

[17] 순환 신경망(recurrent neural networks): https://en.wikipedia.org/wiki/Recurrent_neural_network

재활용품 분류 추론 실행

재활용품 분류 추론을 위해 이제 젯슨 나노의 터미널에서 살펴본 전체 추론 코드인 Inference_Cam.py 파일을 실행해 볼 수 있습니다. 카메라가 없는 경우에는 기본적으로 재활용품 캔을 촬영한 test_video.mp4 영상을 추론해 추론 결과를 볼 수 있습니다.

```
python3 Inference_Cam.py
```

【 출력 】

위와 같이 캔, 유리병, 종이와 플라스틱을 영상 입력해 분류 결과가 잘 나오는지 확인할 수 있습니다.

또한 다음과 같이 실행하면, 직접 구현해 학습한 신경망을 이용해 test_video.mp4를 추론합니다.

```
python3 Inference_Cam.py --is_scratch
```

카메라가 있다면 재활용품 분리 테스트를 위해 캔, 유리병, 종이, 플라스틱을 준비합니다. 다음과 같이 실행하면 전이학습으로 훈련한 신경망을 이용해 첫 번째로 연결한 USB 카메라를 이용해 추론합니다.

```
python3 Inference_Cam.py --source 0
```

--source 뒤에 추론할 비디오 파일의 경로 혹은 USB 카메라의 장치 번호를 입력합니다. USB 카메라의 장치 번호를 확인하려면 다음 명령을 실행합니다.

```
$ ls /dev/video*
/dev/video0
```

재활용품 분리 모델 추론 결과는 대략 그림 8.13과 같습니다.[18]

그림 8.13 재활용품 분리 모델 추론 결과

이 장에 있는 내용을 활용하면 여러분이 모은 분류용 데이터세트를 활용해 이미지 분류용 신경망을 학습하고, 젯슨 보드에 카메라를 연결해 원하는 대로 사용할 수 있을 것입니다.

---

18 각자 준비한 재활용품에 따라 결과가 다소 다를 수는 있습니다.

Q: 재활용품 분류 모델을 활용해 로봇이 분리수거 할 수 있는 시스템을 만들 수 있을까요?

A: 재활용품 분류 모델을 활용해 재활용품 분리수거 시스템을 구축하기 위한 많은 아이디어가 있을 수 있겠지만 가장 경제적인 시스템으로 추천할 수 있는 방법은 다음과 같습니다.

① 컨베이어에 재활용품을 올리고 카메라 앞을 지나가면 분류 모델에 의해 카테고리별로 분류됩니다.

② 컨베이어에 아두이노 등으로 길을 바꾸는 제어장치를 설치해 분류된 카테고리에 따라 길을 바꾸어 각각 분류 바구니에 떨어지도록 합니다.

③ 분류된 카테고리의 개체 숫자가 일정량 이상이 되면 수거 로봇이 와서 해당되는 분류 바구니를 분류 수거함으로 이동시켜 줍니다.

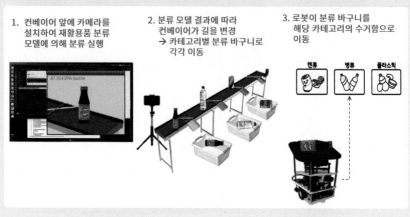

그림 8.14 재활용품 분류 모델을 활용한 재활용품 분리 수거 시스템

8.3 _ SSD 사물 인지 CCTV 젯슨 나노 추론

젯슨 나노에서 SSD 네트워크를 opencv 코드와 함께 사용해 보겠습니다. 이번 실습은 파이토치가 설치된 젯슨 나노에서 수행할 것을 가정하므로 8.1절에서 설명한 젯슨 나노 세팅을 완료한 후에 시작해야 합니다. 8.3장의 실습은 테스트할 때 편의성을 돕기 위해 다음 깃허브 사이트를 참조해 복사해서 붙여넣는 방식으로 진행해도 좋습니다.

▪ https://github.com/jetsonai/DeepLearning4Projects/tree/main/Chap8_3

정지 사진의 SSD 추론 테스트

젯슨 나노에서 git으로 내려받은 pytorch-ssd 저장소를 확인해보겠습니다. 리눅스에서는 소스 코드의 경로가 민감하기 때문에 폴더 위치를 통일하기 위해 홈 디렉터리에 pytorch-ssd 저장소가 다운로드돼 있습니다.

```
# 폴더 위치를 통일하기 위해 홈 디렉터리로 이동
cd
# pytorch-ssd 폴더로 이동합니다.
cd pytorch-ssd
```

이제 onnx 폴더를 생성한 후, 앞서 다운로드한 모델 파일과 라벨 파일을 이 폴더로 복사해 줍니다.

```
# onnx 파일 보관 폴더 생성
mkdir onnx

cp ~/Downloads/labels.txt ./onnx/
cp ~/Downloads/mb1-ssd-cctv.pth ./onnx/
```

이제 다음 명령으로 젯슨 나노에서 이미지 파일의 추론 테스트를 간단히 해볼 수 있습니다.

```
python3 run_ssd_example.py mb1-ssd onnx/mb1-ssd-cctv.pth ./onnx/labels.txt ./data/
drivingcar2.jpg
```

> 훈련한 모델 파일이 없다면 다음 명령으로 젯슨 나노에서 이미지 파일의 추론 테스트를 간단히 해볼 수 있습니다. (https://github.com/jetsonai/DeepLearning4Projects/tree/main/Chap8_3 참조)
>
> ```
> python3 run_ssd_example.py mb1-ssd ./models/ssd_example/ssd_cctv_sample.pth
>  ./models/ssd_example/labels.txt ./data/drivingcar.jpg
> ```

추론 결과 파일 run_ssd_output.jpg를 파일 탐색기에서 더블클릭하면 그림 8.15와 같이 사진 보기로 볼 수 있습니다.

그림 8.15 젯슨 나노에서 사진 추론 테스트

하지만 CCTV는 사진이 아니라 카메라 영상 추론이 필요합니다. SSD Mobile NetV1 모델로 동영상이나 카메라 영상을 추론하는 코드를 살펴보겠습니다.

동영상 및 카메라 영상 추론 코드

SSD MobileNet v1 모델을 활용한 SSD 사물 인지 CCTV 추론 코드는 pytorch-ssd 폴더에 있는 my_ssd_opencv.py 파일에서 볼 수 있습니다.

우선 젯슨 나노에서 실행할 추론 코드를 이해하는 시간을 가져보겠습니다. 전체 코드를 훑어본 후, 이어서 함수 단위로 나누어 설명하겠습니다.

전체 코드

my_ssd_opencv.py 파일의 전체 코드는 다음과 같습니다.

```
cam_str = ("v4l2src device=/dev/video0 ! video/x-raw, width=640, height=480, format=(
string)YUY2,framerate=30/1 ! videoconvert ! video/x-raw,width=640,height=480,format=B
GR ! appsink")

import cv2
import numpy as np
# 시스템, opencv, 그리고 하위 디렉터리 vision에 있는 ssd 패키지 임포트
from vision.ssd.vgg_ssd import create_vgg_ssd, create_vgg_ssd_predictor
```

```python
from vision.ssd.mobilenetv1_ssd import create_mobilenetv1_ssd,
    create_mobilenetv1_ssd_predictor
from vision.ssd.mobilenetv1_ssd_lite import create_mobilenetv1_ssd_lite,
 create_mobilenetv1_ssd_lite_predictor
from vision.ssd.squeezenet_ssd_lite import create_squeezenet_ssd_lite,
 create_squeezenet_ssd_lite_predictor
from vision.ssd.mobilenet_v2_ssd_lite import create_mobilenetv2_ssd_lite,
 create_mobilenetv2_ssd_lite_predictor
from vision.utils.misc import Timer
# opencv, system 패키지 임포트
import cv2
import sys

# 객체 인식 결과를 이미지에 표시하는 함수
def imageProcessing(frame, predictor, class_names):
    # 추론을 위해 변환
    image = cv2.cvtColor(frame, cv2.COLOR_BGR2RGB)
    # 모델에 이미지 파일을 입력해 추론
    boxes, labels, probs = predictor.predict(image, 10, 0.4)
    # 추론 결과인 박스와 클래스명을 이미지에 표시
    for i in range(boxes.size(0)):
        # 신뢰도 0.5 이상의 박스만 표시
        if probs[i] > 0.5:
            # 바운딩 박스 표시
            box = boxes[i, :]
            cv2.rectangle(frame, (box[0], box[1]), (box[2], box[3]), (255, 255, 0), 4)
            label = f"{class_names[labels[i]]}: {probs[i]:.2f}"
            cv2.putText(frame, label,
                (box[0] + 20, box[1] + 40),
                cv2.FONT_HERSHEY_SIMPLEX,
                1,  # 폰트 크기
                (255, 0, 255),
                2)  # 선의 유형
    return frame

# 영상 딥러닝 프로세싱 함수
def videoProcess(openpath, net_type, model_path, label_path):
    # 라벨 파일을 읽어 클래스 이름 세팅
```

```python
class_names = [name.strip() for name in open(label_path).readlines()]
# 모델 파일을 읽어 모델 로딩
net = create_mobilenetv1_ssd(len(class_names), is_test=True)
net.load(model_path)
# 네트워크 지정
predictor = create_mobilenetv1_ssd_predictor(net, candidate_size=200)

# 카메라나 영상으로부터 이미지를 가져오기 위해 연결 열기
cap = cv2.VideoCapture(openpath)
if cap.isOpened():
    print("Video Opened")
else:
    print("Video Not Opened")
    print("Program Abort")
    exit()
fps = cap.get(cv2.CAP_PROP_FPS)
width = int(cap.get(cv2.CAP_PROP_FRAME_WIDTH))
height = int(cap.get(cv2.CAP_PROP_FRAME_HEIGHT))
fourcc = int(cap.get(cv2.CAP_PROP_FOURCC))

# 영상을 보여주기 위한 opencv 창 생성
cv2.namedWindow("Output", cv2.WINDOW_GUI_EXPANDED)
try:
    while cap.isOpened():
        # 이미지 프레임 읽어오기
        ret, frame = cap.read()
        if ret:
            # 이미지 프로세싱 진행한 후 그 결과 이미지 보여주기
            result = imageProcessing(frame, predictor, class_names)
            cv2.imshow("Output", result)
        else:
            break
        if cv2.waitKey(int(1000.0/120)) & 0xFF == ord('q'):
            break

except KeyboardInterrupt:
    print("key int")
    all_stop()
```

```
        cap.release()
        cv2.destroyAllWindows()
        return
    # 프로그램 종료 후 사용한 리소스를 해제한다.
    cap.release()
    cv2.destroyAllWindows()
    return


# 인자가 4보다 작으면 종료, 인자가 4면 카메라 추론 시작, 인자가 4보다 크면 영상 파일 추론
if len(sys.argv) < 4:
    print('Usage: python run_ssd_example.py <net type>  <model path> <label path>
<image path>')
    sys.exit(0)

if len(sys.argv) == 4:
    gst_str = cam_str
    print("camera 0")
else:
    gst_str = sys.argv[4]
    print(gst_str)

net_type = sys.argv[1]
model_path = sys.argv[2]
label_path = sys.argv[3]

# 영상 딥러닝 프로세싱 함수 호출
videoProcess(gst_str, net_type, model_path, label_path)
```

SSD 사물 인지 추론 코드 단계별 설명

사물 인지를 위해 내려받은 데이터세트를 SSD MobileNet v1 네트워크로 학습시키는 코드(my_ssd_opencv.py 파일)를 단계별로 설명하겠습니다.

1. VideoCapture 함수에 전달할 camdev_str에 USB 카메라 장치와 640×480의 해상도를 설정합니다.

```
# USB 카메라 장치와 해상도를 설정
camdev_str = ("v4l2src device=/dev/video0 ! video/x-raw, width=640, height=480,
format=(string)YUY2,framerate=30/1 ! videoconvert ! video/x-raw,width=640,height=
480,format=BGR ! appsink")
```

2. imageProcessing 함수는 객체 인식 결과를 이미지에 표시하는 함수입니다. 우선 입력 이미지를 추론하기 위해 BGR에서 RGB로 변환한 후 predict 함수에 입력해서 추론을 실행합니다. 그 결괏값으로 boxes, labels, probs를 얻습니다. 그래서 신뢰도 0.45 이상의 바운딩 박스와 라벨을 이미지에 표시합니다. imageProcessing 함수의 기능을 차례로 정리하면 다음과 같습니다.

① 입력값 추론을 위해 BGR → RGB 변환

② 모델에 이미지 파일을 입력해 추론

③ 신뢰도 0.45 이상의 박스만 표시

④ 추론 결과인 박스와 클래스명을 이미지에 표시

⑤ 바운딩 박스 표시

```python
# 객체 인식 결과를 이미지에 표시하는 함수
def imageProcessing(frame, predictor, class_names):
    # 추론을 위해 변환
    image = cv2.cvtColor(frame, cv2.COLOR_BGR2RGB)

    # 모델에 이미지 파일을 입력해 추론
    boxes, labels, probs = predictor.predict(image, 10, 0.4)

    # 추론 결과인 박스와 클래스명을 이미지에 표시
    for i in range(boxes.size(0)):
        # 신뢰도 0.45 이상의 박스만 표시
        if probs[i] > 0.45:
            # 바운딩 박스 표시
            box = boxes[i, :]
            cv2.rectangle(
                frame, (box[0], box[1]), (box[2], box[3]), (255, 255, 0), 4
            )
            label = f"{class_names[labels[i]]}: {probs[i]:.2f}"
            cv2.putText(frame, label,
                (box[0] + 20, box[1] + 40),
                cv2.FONT_HERSHEY_SIMPLEX,
                1,  # 폰트 크기
                (255, 0, 255),
                2  # 선의 유형
            )
    return frame
```

3. videoProcess 함수는 영상 딥러닝 프로세싱 함수입니다. 우선 라벨 파일을 읽어 클래스 이름을 세팅하고 create_mobilenetv1_ssd 함수로 모델을 생성한 후 파일을 읽어 모델을 로딩합니다. 이제 모델의 create_mobilenetv1_ssd_predictor를 통해 추론 객체를 준비합니다.

```python
# 영상 딥러닝 프로세싱 함수
def videoProcess(openpath, net_type, model_path, label_path):
    # 라벨 파일을 읽어 클래스 이름 세팅
    class_names = [name.strip() for name in open(label_path).readlines()]

    # 모델 파일을 읽어 모델 로딩
    net = create_mobilenetv1_ssd(len(class_names), is_test=True)

    net.load(model_path)

predictor = create_mobilenetv1_ssd_predictor(net, candidate_size=200)
```

4. videoProcess 함수에서 모델이 로드되면 카메라나 영상으로부터 이미지를 가져오기 위해 VideoCapture 함수로 카메라와 연결을 열고 영상을 보여주기 위한 opencv 창을 생성합니다. 이제 while 문 안에서 이미지 프레임을 읽어오고 이미지 프로세싱을 진행한 후 그 결과 이미지를 보여줍니다.

```python
# 카메라나 영상으로부터 이미지를 가져오기 위해 연결 열기
    cap = cv2.VideoCapture(openpath)
    if cap.isOpened():
        print("Video Opened")
    else:
        print("Video Not Opened")
        print("Program Abort")
        exit()
    fps = cap.get(cv2.CAP_PROP_FPS)
    width = int(cap.get(cv2.CAP_PROP_FRAME_WIDTH))
    height = int(cap.get(cv2.CAP_PROP_FRAME_HEIGHT))
    fourcc = int(cap.get(cv2.CAP_PROP_FOURCC))

    # 영상을 보여주기 위한 opencv 창 생성
    cv2.namedWindow("Output", cv2.WINDOW_GUI_EXPANDED)

    try:
        while cap.isOpened():
            # 이미지 프레임 읽어 오기
```

```
        ret, frame = cap.read()
        if ret:
            # 이미지 프로세싱 진행 후 그 결과 이미지 보여주기
            result = imageProcessing(frame, predictor, class_names, f)
            cv2.imshow("Output", result)
        else:
            break

        if cv2.waitKey(int(1000.0/120)) & 0xFF == ord('q'):
            break
```

5. 사용자가 [Ctrl+C]를 눌러 키보드 인터럽트가 발생하거나 프로그램이 종료되면 그전에 사용한 리소스를 해제합니다.

```
except KeyboardInterrupt:
    print("key int")
    all_stop()
    cap.release()
    cv2.destroyAllWindows()
    return

# 프로그램 종료 후 사용한 리소스를 해제한다.
cap.release()
cv2.destroyAllWindows()
return
```

6. 이 프로그램은 인자가 4보다 작으면 종료하고, 인자가 4라면 카메라 추론을 시작하고, 인자가 4보다 크면 영상 파일 추론을 실행합니다.

```
if len(sys.argv) < 4:
    print(
        'Usage: python my_ssd_opencv.py <net type>  <model path> <label path> <image path>'
    )
    sys.exit(0)

if len(sys.argv) == 4:
    gst_str = camdev_str
    print("camera 0")
```

7. 실행 인자로 camdev_str, 네트워크 타입, 모델 파일 경로, 라벨 경로를 세팅한 후 이 값을 넣어 영상 딥러닝 프로세싱 함수 videoProcess를 호출합니다.

```python
net_type = sys.argv[1]
model_path = sys.argv[2]
label_path = sys.argv[3]

# 영상 딥러닝 프로세싱 함수 호출
videoProcess(camdev_str , net_type, model_path, label_path)
```

SSD 사물 인지 CCTV 추론 응용(객체 감지 로깅) 코드 설명

객체가 감지됐을 때 시간과 감지된 객체 정보를 파일에 로깅하는 기능을 구현할 수 있습니다.

객체 감지 로그 추가 코드

파일 이름 생성 함수를 이용해 타임스탬프가 포함된 파일 이름으로 타임 로그와 검출된 라벨과 신뢰도를 로깅할 수 있습니다.

1. my_ssd_opencv_cctv.py 파일의 getLogFileName 함수는 다음과 같이 타임스탬프가 포함된 파일 이름 생성 함수이며, getTimeLog 함수는 로그 파일에 넣을 '연월일시분초' 포맷의 문자열을 반환하는 함수입니다.

```python
#   타임스탬프가 포함된 파일 이름 생성 함수
def getLogFileName():
    timestamps = time.time()
    return "log_{}.txt".format(timestamps)

#   로그 파일에 넣을 연월일시분초 문자열
def getTimeLog():
    secs = time.time()
    tm = time.localtime(secs)
    return "{}:{}:{}:{}:{}:{}".format(
        tm.tm_year, tm.tm_mon, tm.tm_mday, tm.tm_hour, tm.tm_min, tm.tm_sec
    )
```

2. 파일을 생성하고 쓰는 코드는 다음과 같이 getLogFileName 함수로 파일 이름을 만들어서 그 이름으로 파일을 생성합니다. 그리고 getTimeLog 함수로 얻어온 타임 로그와 라벨, 신뢰도를 로그에 남길 수 있습니다.

```python
import time

# 로그 파일 생성
logfilename = getLogFileName()
f = open(logfilename, 'w')

# 타임 로그, 라벨, 신뢰도를 로그에 남김.
Data = "[{}] classID: {} conf:{}\n".format(getTimeLog(), labels[i], probs[i])
f.write(Data)

f.close()
```

위의 기능이 추가된 전체 코드는 pytorch-ssd 폴더에 있는 my_ssd_opencv_cctv.py 파일에서 볼 수 있습니다.

SSD 사물 인지 CCTV를 위해 OpenCV 기반 SSD Mobile v1 추론 기능에 사물 인지 정보를 로그 파일로 남겨주는 코드는 다음과 같습니다.

imageProcessing 함수 변경 사항

imageProcessing 함수는 객체 인식 결과를 이미지에 표시하는 함수이며, 다음과 같이 구성됩니다. 이는 '동영상 및 카메라 영상 추론 코드'의 imageProcessing 함수와 거의 같습니다만, 이번 프로그램이 CCTV인 만큼 사람이 감지됐던 기록을 시간과 함께 파일로 남기기 위해 추론 결과를 로그로 남기는 기능을 추가했습니다.

① 입력값 추론을 위해 BGR → RGB 변환

② 모델에 이미지 파일을 입력해 추론

③ 신뢰도 0.45 이상의 박스만 표시

④ 추론 결과인 박스와 클래스명을 이미지에 표시

⑤ 타임 로그, 라벨, 신뢰도를 로그에 남김(추가!!)

⑥ 바운딩 박스 표시

```python
# 객체 인식 결과를 이미지에 표시하는 함수
def imageProcessing(frame, predictor, class_names, f):
    # 추론을 위해 변환
    image = cv2.cvtColor(frame, cv2.COLOR_BGR2RGB)

    # 모델에 이미지 파일을 입력해 추론
    boxes, labels, probs = predictor.predict(image, 10, 0.4)

    # 추론 결과인 박스와 클래스명을 이미지에 표시
    for i in range(boxes.size(0)):
        # 신뢰도 0.45 이상의 박스만 표시
        if probs[i] > 0.45:
            # 타임 로그, 라벨, 신뢰도를 로그 파일에 쓴다.
            Data = "[{}] classID: {} conf:{}\n".format(
                getTimeLog(), labels[i], probs[i]
            )
            f.write(Data)
            # 바운딩 박스 표시
            box = boxes[i, :]
            cv2.rectangle(
                frame, (box[0], box[1]), (box[2], box[3]), (255, 255, 0), 4
            )
            label = f"{class_names[labels[i]]}: {probs[i]:.2f}"
            cv2.putText(
                frame, label,
                (box[0] + 20, box[1] + 40),
                cv2.FONT_HERSHEY_SIMPLEX,
                1,  # 폰트 크기
                (255, 0, 255),
                2  # 선의 유형
            )
    return frame
```

SSD 사물 인지 CCTV 추론 실행

이제 젯슨 나노에서 사물 인지 CCTV 추론 코드(my_ssd_opencv.py)를 실행해 보겠습니다.

동영상 파일에 대한 영상 추론 실행

젯슨 나노에 USB 카메라를 연결한 후, 동영상 파일의 사물 인지 CCTV 추론을 위해 다음 명령을 실행합니다.

```
python3 my_ssd_opencv.py mb1-ssd onnx/mb1-ssd-cctv.pth ./onnx/labels.txt ./data/run3.mp4
```

훈련한 모델 파일이 없다면 다음 명령으로 젯슨 나노에서 동영상 파일의 추론 테스트를 간단히 해볼 수 있습니다. (https://github.com/jetsonai/DeepLearning4Projects/tree/main/Chap8_3 참조)

```
python3 inference_ssd_nano.py ./models/ssd_example/ssd_cctv_sample.pth
  ./models/ssd_example/labels.txt ./data/run3.mp4
```

【 출력 】

추론 결과는 영상으로 확인할 수 있습니다. 젯슨 나노는 GPU가 있는 임베디드 장치지만, GPU 사양이 코랩에서 사용하는 것에 비해 상당히 떨어지기 때문에 동영상을 실시간으로 추론해서 보여주기는 어렵습니다. 그래서 추론 시간을 줄이기 위해 테스트 영상의 해상도를 320×186으로 줄였습니다.

카메라 영상에 대한 영상 추론 실행

이번 프로젝트의 목적이 사물을 인식하는 CCTV 테스트이기 때문에 동영상 파일이 아니라 카메라를 이용하는 CCTV와 같이 카메라 영상을 추론하는 기능이 기본으로 필요합니다.

이제 본격적으로 SSD MobileNet v1 모델을 이용한 카메라 영상 추론 테스트를 하고자 하는데, 방법은 간단합니다. **my_ssd_opencv.py** 코드에서 실행 인자로 동영상 파일 이름을 주면 동영상을 추론하지만, 다음과 같이 인자 없이 실행하면 기본으로 입력 소스로 카메라 영상을 사용합니다.

```
python3 my_ssd_opencv.py mb1-ssd onnx/mb1-ssd-cctv.pth ./onnx/labels.txt
```

> 훈련한 모델 파일이 없다면 다음 명령으로 젯슨 나노에서 카메라 영상의 추론 테스트를 간단히 해볼 수
> 있습니다(https://github.com/jetsonai/DeepLearning4Projects/tree/main/Chap8_3 참조).
> ```
> python3 inference_ssd_nano.py ./models/ssd_example/ssd_cctv_sample.pth
>   ./models/ssd_example/labels.txt
> ```

【 실시간 영상 추론 결과 】

참고로 카메라 추론 테스트는 '동영상 및 카메라 영상 추론 코드'와 같이 카메라 해상도를 640×480에 맞춰 진행합니다. **camdev_str**에 설정한 640×480의 해상도를 다시 한번 확인합니다.

```
# USB 카메라 장치와 해상도를 설정
camdev_str = ("v4l2src device=/dev/video0 ! video/x-raw, width=640, height=480, forma
t=(string)YUY2,framerate=30/1 ! videoconvert ! video/x-raw,width=640,height=480,forma
t=BGR ! appsink")
```

SSD 사물 인지 CCTV 추론 응용(객체 감지 로깅) 실행

CCTV에 언제 사람이 찍혔는지 로그를 남기기 위해 USB 카메라를 CCTV 높이에 위치한 후 my_ssd_opencv_cctv.py에서 카메라 영상의 추론을 시도해 볼 수 있습니다. 다음 코드와 같이 마지막 인자 없이 실행하면 됩니다.

```
python3 my_ssd_opencv_cctv.py mb1-ssd onnx/mb1-ssd-cctv.pth ./onnx/labels.txt
```

훈련한 모델 파일이 없다면 다음 명령으로 젯슨 나노에서 SSD 사물 인지 CCTV 추론 테스트를 간단히 해볼 수 있습니다(https://github.com/jetsonai/DeepLearning4Projects/tree/main/Chap8_3 참조).

```
python3 inference_ssd_nano_log.py ./models/ssd_example/ssd_cctv_sample.pth
  ./models/ssd_example/labels.txt
```

추론 결과는 실시간 영상으로 확인할 수 있습니다. 테스트에서는 빈 테이블을 보여주다가 사람이 테이블로 다가가 의자에 앉아 있다가 핸드폰을 가지고 가는 시나리오로 움직였습니다.

【 실시간 영상 추론 결과 】

생성된 로그 파일을 열어보면 그림 8.16과 같이 사람이 인식된 시간 로그를 확인할 수 있습니다.

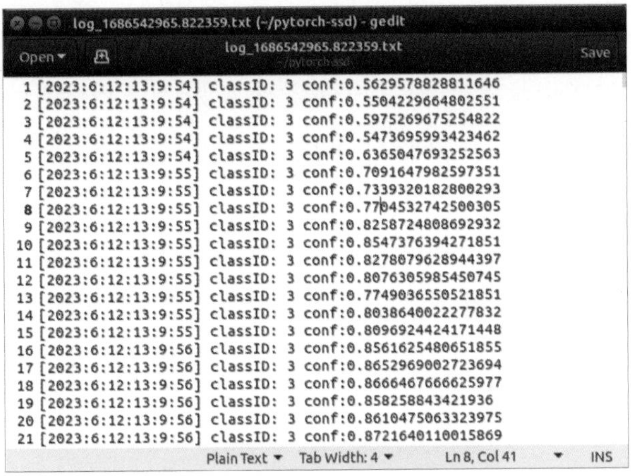

그림 8.16 사람이 인식된 시간 로그

프로젝트 Q&A

Q: 실제 CCTV는 일반적으로 카메라 여러 대를 사용하는데, 젯슨 나노도 카메라 여러 대의 구성으로 개발할 수 있을까요? 그리고 DVR과 연결할 수 있을까요?

A: 젯슨 나노에서도 다수의 카메라를 연결할 수 있습니다. 그러나 딥러닝을 통한 영상분석을 수행할 때의 처리 능력에 한계가 있기 때문에 초당 처리 가능한 프레임 수가 카메라 수에 반비례하게 낮아 집니다.

DVR과 연결하려면 rtsp 기능이 있는 제품으로 선택하면 네트워크 스트리밍 형태로 연결 가능합니다.

Q: 만약 다수의 CCTV와 젯슨 나노로 구성된 시스템에서 CCTV에서 사물을 인지했을 때 기록된 로그 파일을 확인하려면 매번 여러 대의 젯슨 나노에 일일이 접속하기는 불편할 텐데, 중앙에서 CCTV 들의 사물 감지 이벤트를 한데 모아서 보는 방법이 있을까요?

A: 중앙에서 여러 CCTV의 사물 감지 이벤트를 한데 모아서 보는 방법도 다양하게 있을 수 있는데, 한 가지 제시하자면 IoT 기능을 활용해 여러 대의 CCTV로부터 이벤트가 발생하는 경우 서버에서 nodejs를 이용해 모니터링하다가 이벤트가 발생한 해당 CCTV의 로그 파일을 복사해 올 수 있습니다.

8.4 _ YOLOv4 현장 촬영 블랙박스 젯슨 나노 추론

젯슨 나노에서 YOLOv5로 추론하는 실습에 앞서, 4장에서 훈련을 완료해 코랩 추론 테스트까지 마친 YOLOv4의 젯슨 나노 추론 실습을 해보겠습니다. 참고로 YOLO 모델은 애초에 리눅스 환경에서 개발됐고 윈도우에서 실습할 수 있게 된 것은 YOLOv5부터입니다. 따라서 윈도우 환경에서 실습하는 2부에서는 YOLOv4의 추론 실습이 불가능했습니다. 이제 리눅스 환경과 동일한 젯슨 나노에서 추론 실습을 해보겠습니다.

YOLOv4 추론 테스트는 그림 8.17과 같이 블랙박스에서 주변 영상을 YOLO 모델로 모니터링하다가 차량이 감지되면 차량의 감지된 영역만 이미지로 저장하게 합니다.

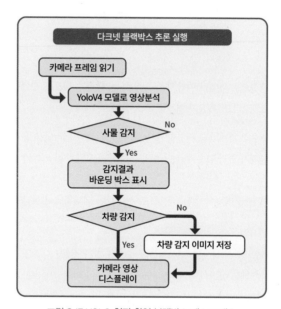

그림 8.17 YOLO 현장 촬영 블랙박스 테스트 개요

이 절의 코드는 Chap8_4 폴더의 darknet_video.py 파일에 있습니다.

추론 준비

이 실습을 수행하려면 4장의 YOLOv4 실습을 통해 코랩에서 생성한 vocnames.txt와 yolov4-tiny_voc.cfg 파일, 그리고 yolov4-tiny_voc_last.weights가 젯슨 나노에 다운로드돼 있어야 합니다. 또는 Chap8_4 폴더에 있는 파일을 바로 사용해도 됩니다.

darknet 빌드 준비

나노에서 Darknet을 빌드하고 테스트하기 위해서는 **DeepLearning4 Projects** 폴더의 **Chap8_4** 폴더에 있는 다음 파일을 이용합니다.

- **build_darknet_on_jetson_nano.sh**: darknet 빌드 및 기본 테스트를 진행하기 위한 스크립트 파일입니다.
- **Makefile_Nano**: 젯슨 나노에서 darknet을 빌드하고 파이썬에서 추론하기 위해 일부 수정한 파일입니다.
- **vocnames.txt**: VOC 데이터세트의 클래스 이름 파일입니다.
- **vocdata.txt**: VOC 데이터세트의 클래스 수와 **vocnames.txt**의 경로를 작성한 파일입니다. 추론할 때 이 파일이 필요합니다.
- **yolov4-tiny_voc.cfg**: VOC 데이터세트로 훈련한 yolov4-tiny 신경망의 구조입니다.
- **yolov4-tiny_voc_last.weights**: VOC 데이터세트로 훈련한 yolov4-tiny 신경망의 가중치입니다.

또한 darknet 저장소의 다음 파일들도 이용합니다.

- **darknet_video.py**: darknet 빌드 후 파이썬에서 비디오를 입력으로 받아서 객체 인식을 수행하기 위한 스크립트입니다. 원래 darknet 깃허브 내에 있는 파일로, 실습을 위해 일부 수정한 파일입니다.
- **blackbox_video.avi**: 실습을 위한 예제 동영상입니다.

이들 중 주요 파일의 내용을 살펴보겠습니다.

build_darknet_on_jetson_nano.sh 파일은 스크립트 파일로서, darknet 저장소를 내려받은 후 사전에 공유된 파일들을 **darknet** 폴더로 이동합니다. 이후 젯슨 나노에 맞게 수정된 Makefile을 복사해 빌드합니다. 빌드가 완료되면 coco 데이터세트로 훈련된 **yolov4-tiny.weights**를 내려받은 후 **darknet_detect**를 실행해 **dog.jpg** 이미지 파일을 인자로 1회 추론을 수행합니다.

build_darknet_on_jetson_nano.sh의 내용은 다음과 같습니다.

```
#!/bin/bash
git clone https://github.com/jetsonai/darknet.git
mv vocnames.txt darknet/
```

```
mv vocdata.txt darknet/
mv yolov4-tiny_voc.cfg darknet/
mv yolov4-tiny_voc_last.weights darknet/
mv darknet_video.py darknet/
mv blackbox_video.avi darknet/
cp Makefile_Nano darknet/Makefile
cd darknet && make -j $(nproc)
wget https://github.com/AlexeyAB/darknet/releases/download/darknet_yolo_v4_pre/yolov4-
tiny.weights
./darknet detect cfg/yolov4-tiny.cfg yolov4-tiny.weights data/dog.jpg
```

Darknet의 Makefile 중 젯슨 나노에서 빌드하는 데 중요한 항목은 다음과 같습니다.

```
GPU=1           # CUDA를 이용한 추론을 수행하기 위해 수정했습니다.
CUDNN=1         # CUDNN 라이브러리를 활용해 추론을 가속화하기 위해 수정했습니다.
CUDNN_HALF=0
OPENCV=1        # OpenCV를 활용해 이미지와 동영상을 읽기 위해 수정했습니다.
AVX=0
OPENMP=1        # 일부 CPU를 사용하는 연산의 가속화를 위해 수정했습니다.
LIBSO=1         # so 라이브러리를 빌드해 파이썬에서 darknet을 사용하기 위해 수정했습니다.
…
USE_CPP=1       # gcc가 아닌 g++를 사용해 빌드하기 위해 수정했습니다.
DEBUG=0

# 젯슨 나노의 CUDA Compute Capability에 맞춰 최적화해 빌드하기 위해 수정했습니다.
ARCH= -gencode arch=compute_53,code=[sm_53,compute_53]
```

vocdata.txt 파일은 이번 절과 같이 훈련한 결과 모델을 추론하는 경우를 위해 별도로
작성했습니다. vocdata.txt 파일의 내용은 다음과 같습니다.

```
# 검출할 클래스 수를 작성합니다.
# cfg 파일과 weights 파일, names.txt 파일의 클래스 수와 동일해야 합니다.
classes = 20

# vocnames.txt 파일의 경로를 작성합니다.
# 절대경로와 상대경로 모두 가능합니다.
# 상대경로로 작성하는 경우 darknet 실행 파일을 기준으로 작성합니다.
names = vocnames.txt
```

darknet 빌드 및 기본 테스트

다음 명령어를 통해 darknet을 빌드하고 추론을 준비한 후 기본 추론 테스트까지 진행합니다.

```
cd DeepLearning4Projects/Chap7
./build_darknet_on_jetson_nano.sh
```

젯슨 나노에서 DarkNet의 빌드가 완료되면 YOLOv4-tiny를 활용해 **data/dog.jpg**의 추론을 수행하며, 결과로 다음과 같은 이미지가 화면에 출력됩니다.

【 출력 】

다크넷 블랙박스 추론 코드

darknet_video.py는 파이썬에서 비디오를 입력으로 해 DarkNet을 통해 객체 인식을 수행할 수 있게 하는 스크립트입니다. 여기서는 실습을 위해 일부 수정했습니다.

darknet_video.py를 실행할 때 세 개의 스레드를 통해 프레임 취득 및 전처리, 추론, 후처리를 나누어 수행합니다. 내용은 그림 8.18과 같습니다.

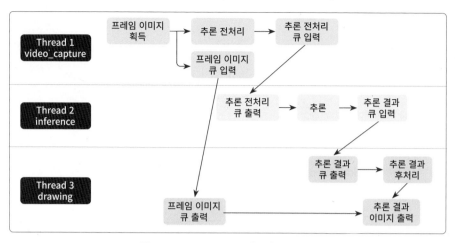

그림 8.18 darknet_video.py의 스레드 실행 구조

우선 전체 코드를 살펴본 후, 이어서 함수 단위로 나눠 설명하겠습니다. 코드는 깃허브
저장소의 **Chap8_4/darknet_video.py** 파일에 있습니다.

```python
import random
import os
import cv2
import time
import darknet
import argparse
from threading import Thread, enumerate
from queue import Queue
import numpy as np


def parser():
    parser = argparse.ArgumentParser(description="YOLO Object Detection")
    parser.add_argument(
        "--input", type=str, default="blackbox_video.avi",
        help="video source. If empty, uses webcam 0 stream"
    )
    parser.add_argument(
        "--out_filename", type=str, default="",
        help="inference video name. Not saved if empty"
    )
```

```python
    parser.add_argument(
        "--weights", default="yolov4-tiny_voc_last.weights", help="yolo weights path"
    )
    parser.add_argument(
        "--dont_show", action='store_true',
        help="windown inference display. For headless systems"
    )
    parser.add_argument(
        "--ext_output", action='store_true',
        help="display bbox coordinates of detected objects"
    )
    parser.add_argument(
        "--config_file", default="yolov4-tiny_voc.cfg", help="path to config file"
    )
    parser.add_argument(
        "--data_file", default="vocdata.txt", help="path to data file"
    )
    parser.add_argument(
        "--thresh", type=float, default=.25,
        help="remove detections with confidence below this value"
    )
    return parser.parse_args()

def str2int(video_path):
try:
        return int(video_path)
    except ValueError:
        return video_path

def check_arguments_errors(args):
    assert 0 < args.thresh < 1, "Threshold should be a float between zero and one (non-
inclusive)"
    if not os.path.exists(args.config_file):
        raise(ValueError(
            "Invalid config path {}".format(os.path.abspath(args.config_file)))
        )
    if not os.path.exists(args.weights):
        raise(ValueError("Invalid weight path {}".format(os.path.abspath(args.weights))))
```

```python
    if not os.path.exists(args.data_file):
        raise(ValueError(
            "Invalid data file path {}".format(os.path.abspath(args.data_file)))
        )
    if str2int(args.input) == str and not os.path.exists(args.input):
        raise ValueError("Invalid video path {}".format(os.path.abspath(args.input)))


def set_saved_video(input_video, output_video, size):
    fourcc = cv2.VideoWriter_fourcc(*"MJPG")
    fps = int(input_video.get(cv2.CAP_PROP_FPS))
    video = cv2.VideoWriter(output_video, fourcc, fps, size)
    return video


def convert2relative(bbox):
x, y, w, h  = bbox
    _height      = darknet_height
    _width       = darknet_width
    return x/_width, y/_height, w/_width, h/_height


def convert2original(image, bbox):
    x, y, w, h = convert2relative(bbox)
    image_h, image_w, __ = image.shape
    orig_x       = int(x * image_w)
    orig_y       = int(y * image_h)
    orig_width   = int(w * image_w)
    orig_height  = int(h * image_h)
    bbox_converted = (orig_x, orig_y, orig_width, orig_height)
    return bbox_converted


def video_capture(frame_queue, darknet_image_queue):
    while cap.isOpened():
        ret, frame = cap.read()
        if not ret:
            break
        frame_rgb = cv2.cvtColor(frame, cv2.COLOR_BGR2RGB)
        frame_queue.put(frame)
        frame_resized = cv2.resize(
            frame_rgb, (darknet_width, darknet_height), interpolation=cv2.INTER_LINEAR
        )
```

```
            img_for_detect = darknet.make_image(darknet_width, darknet_height, 3)
            darknet.copy_image_from_bytes(img_for_detect, frame_resized.tobytes())
            darknet_image_queue.put(img_for_detect)
    cap.release()


def inference(darknet_image_queue, detections_queue, fps_queue):
    while cap.isOpened():
        darknet_image = darknet_image_queue.get()
        prev_time = time.time()
        detections = darknet.detect_image(
            network, class_names, darknet_image, thresh=args.thresh
        )
        detections_queue.put(detections)
        fps = int(1/(time.time() - prev_time))
        fps_queue.put(fps)
        print("FPS: {}".format(fps))
        darknet.print_detections(detections, args.ext_output)
        darknet.free_image(darknet_image)
    cap.release()


def draw_boxes(detections, image, colors, frame_number):
    origin = np.copy(image)
    detection_index = 0
    for label, confidence, bbox in detections:
        left, top, right, bottom = darknet.bbox2points(bbox)
        if label == "car":
            car_img = origin[top:bottom, left:right]
            height, width = car_img.shape[0], car_img.shape[1]
            if height <= 0 or width <= 0:
                continue
            save_path = "./detected/frame_{}_index_{}.png".format(
                frame_number, detection_index
            )
            cv2.imwrite(save_path, car_img)
            detection_index += 1
        cv2.rectangle(image, (left, top), (right, bottom), colors[label], 1)
        cv2.putText(image, "{} [{:.2f}]".format(label, float(confidence)),
                    (left, top - 5), cv2.FONT_HERSHEY_SIMPLEX, 0.5,
                    colors[label], 2)
```

```
        return image

def drawing(frame_queue, detections_queue, fps_queue):
    random.seed(3)   # deterministic bbox colors
    video = set_saved_video(cap, args.out_filename, (video_width, video_height))
    frame_number = 0
    os.makedirs("./detected", exist_ok=True)
    while cap.isOpened():
        frame = frame_queue.get()
        detections = detections_queue.get()
        fps = fps_queue.get()
        detections_adjusted = []
        if frame is not None:
            for label, confidence, bbox in detections:
                bbox_adjusted = convert2original(frame, bbox)
                detections_adjusted.append((str(label), confidence, bbox_adjusted))
            image = draw_boxes(detections_adjusted, frame, class_colors, frame_number)
            frame_number += 1
            if not args.dont_show:
                cv2.imshow('Inference', image)
            if args.out_filename is not None:
                video.write(image)
            if cv2.waitKey(1) == 27:
                break
    cap.release()
    video.release()
    cv2.destroyAllWindows()


if __name__ == '__main__':
    frame_queue = Queue()
    darknet_image_queue = Queue(maxsize=5)
    detections_queue = Queue(maxsize=5)
    fps_queue = Queue(maxsize=5)
    args = parser()
    check_arguments_errors(args)
    network, class_names, class_colors = darknet.load_network(
            args.config_file,
            args.data_file,
```

```
        args.weights,
        batch_size=1
    )
darknet_width = darknet.network_width(network)
darknet_height = darknet.network_height(network)
input_path = str2int(args.input)
cap = cv2.VideoCapture(input_path)
video_width = int(cap.get(cv2.CAP_PROP_FRAME_WIDTH))
video_height = int(cap.get(cv2.CAP_PROP_FRAME_HEIGHT))
Thread(target=video_capture, args=(frame_queue, darknet_image_queue)).start()
Thread(
    target=inference, args=(darknet_image_queue, detections_queue, fps_queue)
).start()
Thread(target=drawing, args=(frame_queue, detections_queue, fps_queue)).start()
```

이제 환경 설정, 프레임 취득 및 전처리, 추론, 추론 결과 후처리, 스크립트 실행 시 추론
시작 과정까지 총 다섯 단계로 나눠 설명하겠습니다. 우선 환경 설정 부분입니다.

darknet_video.py 환경 설정 부분

1. 객체 검출 결과를 박스로 그릴 때 클래스별로 색을 다르게 하기 위해 random 패키지를 임포트합니다.

```
import random
```

2. DarkNet 추론을 위한 wrapper 함수가 정의된 darknet을 임포트합니다.

```
import darknet
```

3. 추론할 때 입력 인자를 파싱하기 위해 argparse 패키지를 임포트하며, 이는 비디오 경로, 신경망 구조,
가중치 등의 경로를 전달하기 위해 사용됩니다.

```
import argparse
```

4. 멀티스레딩을 해 비디오에서 프레임 입력, 추론, 후처리의 세 스레드를 구동하고자 Thread를 임포트합
니다.

```
from threading import Thread, enumerate
```

5. 독립된 스레드 간 데이터를 안전하게 전달하기 위해 Queue를 임포트합니다.

```
from queue import Queue
```

6. parser 함수는 입력 인자를 파싱해 입력 소스, 가중치 파일, 결과 비디오 저장 경로 값들을 취해 코드
내에서 활용하기 위한 함수입니다.

```
def parser():
    parser = argparse.ArgumentParser(description="YOLO Object Detection")
    # 비디오 소스를 입력하기 위해 사용합니다.
    # 기본값으로는 사전에 공유된 비디오를 입력합니다.
    # python3 darknet_video.py --input 0과 같이 입력하는 경우,
    # 0번 USB 카메라에서 비디오를 받아오며 객체 인식을 수행합니다.
    parser.add_argument(
        "--input", type=str, default="blackbox_video.avi",
        help="video source. If empty, uses webcam 0 stream"
    )
    # 추론 결과를 비디오로 저장할 때 사용합니다.
    parser.add_argument(
        "--out_filename", type=str, default="",
        help="inference video name. Not saved if empty"
    )
    # 가중치 파일을 입력하기 위해 사용합니다.
    # 가중치 파일을 훈련한 cfg 파일과 클래스 정보가 기록된 data 파일을 함께
    # 입력해야 합니다.
    # 기본값으로 YOLOv4-tiny를 VOC 데이터세트에 맞게 훈련한 가중치를
    # 입력합니다.
    parser.add_argument(
        "--weights", default="yolov4-tiny_voc_last.weights",
        help="yolo weights path"
    )
    # 추론 결과를 별도로 GUI에 보여주는지를 의미합니다.
    # python3 darknet_video.py --dont_show를 입력하면 추론을 수행하되 추론
    # 결과는 GUI로 볼 수 없습니다.
    parser.add_argument(
        "--dont_show", action='store_true',
        help="windown inference display. For headless systems"
    )
```

```
    # 추론 결과 각 객체의 위치 정보를 출력하는지를 설정합니다.
    parser.add_argument(
        "--ext_output", action='store_true',
        help="display bbox coordinates of detected objects"
    )
    # 추론할 신경망 구조를 선언합니다. 가중치 파일, data 파일의 클래스 정보와
    # 동일해야 합니다.
    parser.add_argument(
        "--config_file", default="yolov4-tiny_voc.cfg", help="path to config file"
    )
    # 추론할 신경망의 각 클래스가 무엇인지 문자열을 알기 위해 필요합니다.
    parser.add_argument(
        "--data_file", default="vocdata.txt", help="path to data file"
    )
    # 추론 결과를 실제 객체라고 결정하기 위한 confidence 문턱값입니다.
    # 값이 낮을수록 더 많은 객체가 추론됩니다.
    parser.add_argument(
        "--thresh", type=float, default=.25,
        help="remove detections with confidence below this value"
    )
    return parser.parse_args()
```

7. str2int 함수는 입력받은 비디오 소스가 0, 1 등 USB 카메라 번호인 경우, 해당 정보를 숫자로 cv2. VideoCapture에 전달하기 위해 숫자로 바꿔 줍니다.

```
def str2int(video_path):
    try:
        return int(video_path)
    except ValueError:
        return video_path
```

8. check_arguments_errors 함수는 parser로 입력한 인자가 정상인지 확인하는 함수입니다. 추론 기준치, 신경망 구조 파일 경로, 신경망 가중치 파일 입력 경로, 입력한 input 소스에 대해 확인합니다.

```
def check_arguments_errors(args):
    # 추론 기준치는 0에서 1 사이의 실수여야 합니다.
    assert 0 < args.thresh < 1, "Threshold should be a float between zero and one
(non-inclusive)"
```

```python
    # 신경망 구조 파일이 입력한 경로에 있는지 확인합니다.
    if not os.path.exists(args.config_file):
        raise(ValueError(
            "Invalid config path {}".format(os.path.abspath(args.config_file)))
        )
    # 신경망 가중치 파일이 입력한 경로에 있는지 확인합니다.
    if not os.path.exists(args.weights):
        raise(ValueError(
            "Invalid weight path {}".format(os.path.abspath(args.weights)))
        )
    # 데이터 파일이 입력한 경로에 있는지 확인합니다.
    if not os.path.exists(args.data_file):
        raise(ValueError(
            "Invalid data file path {}".format(os.path.abspath(args.data_file)))
        )
    # 입력한 input이 USB 카메라가 아닌 비디오 파일 경로 문자열인 경우,
    # 비디오 파일이 경로에 있는지 확인합니다.
    if str2int(args.input) == str and not os.path.exists(args.input):
        raise ValueError(
            "Invalid video path {}".format(os.path.abspath(args.input))
        )
```

9. set_saved_video 함수는 OpenCV를 통해 저장할 비디오를 생성하는 함수입니다.
   인자에 --out_filename를 입력한 경우, 해당 경로로 비디오를 저장합니다.

```python
def set_saved_video(input_video, output_video, size):
    fourcc = cv2.VideoWriter_fourcc(*"MJPG")
    fps = int(input_video.get(cv2.CAP_PROP_FPS))
    video = cv2.VideoWriter(output_video, fourcc, fps, size)
    return video
```

10. DarkNet을 통해 추론한 객체 정보는 신경망에 입력하는 이미지 좌표로 추론되는데,
    convert2relative 함수는 이를 0에서 1 사이의 상대좌표로 바꾸는 함수입니다.

```python
def convert2relative(bbox):
    """
    YOLO에서는 상대좌표를 사용합니다.
    """
```

```
        x, y, w, h  = bbox
        _height     = darknet_height
        _width      = darknet_width
        return x/_width, y/_height, w/_width, h/_height
```

11. convert2original 함수는 DarkNet을 통해 추론한 객체 정보를 입력한 image의 좌표에 맞게 다시
    계산하는 함수입니다. 이 함수를 통해 비디오의 프레임에 객체 박스를 그릴 수 있는 좌표를 계산합니다.

```
def convert2original(image, bbox):
    x, y, w, h = convert2relative(bbox)
    image_h, image_w, __ = image.shape
    orig_x        = int(x * image_w)
    orig_y        = int(y * image_h)
    orig_width    = int(w * image_w)
    orig_height   = int(h * image_h)
    bbox_converted = (orig_x, orig_y, orig_width, orig_height)
    return bbox_converted
```

추론 수행을 위한 라이브러리를 로드하고, 추론을 준비할 때 신경망과 가중치, 비디오
소스 등을 입력받고 이를 검증하는 함수, 비디오를 저장할 때 비디오 저장을 준비하는
함수, 추론 과정에서 좌표 정보를 계산하는 함수를 정의했습니다.

프레임 획득 및 전처리 함수

비디오 프레임을 받아 전처리하고, 추론하고, 추론 결과를 후처리하는 함수를 살펴보겠
습니다. 특이한 점은, 이 함수들은 스레드 함수이기 때문에 서로 다른 스레드 함수와 데
이터를 문제없이 빠르게 주고받기 위해 Queue를 사용한다는 것입니다.

1. video_capture 함수는 비디오의 각 프레임을 받기 위한 스레드 함수입니다.

```
def video_capture(frame_queue, darknet_image_queue):
    while cap.isOpened():
        ret, frame = cap.read()
        if not ret:
            break
        frame_rgb = cv2.cvtColor(frame, cv2.COLOR_BGR2RGB)
```

2. 받아온 프레임을 후처리를 위한 frame_queue에 입력합니다.

```
frame_queue.put(frame)
```

3. 비디오 추론을 위해 비디오의 각 프레임을 받아온 후 추론을 위해 전처리를 수행합니다.

```
frame_resized = cv2.resize(frame_rgb, (darknet_width, darknet_height),
                           interpolation=cv2.INTER_LINEAR)
img_for_detect = darknet.make_image(darknet_width, darknet_height, 3)
darknet.copy_image_from_bytes(img_for_detect, frame_resized.tobytes())
```

4. 전처리가 끝난 이미지 img_for_detect는 역시 스레드 함수인 추론 함수에서 사용하기 위해 darknet_image_queue에 입력됩니다.

```
# 추론을 위한 전처리를 수행하고 darknet_image_queue에 입력합니다.
darknet_image_queue.put(img_for_detect)
cap.release()
```

비디오에서 프레임을 받아온 후 원본 프레임은 후처리를 위한 스레드에 전달하는 큐에 입력하고, 원본 프레임으로 전처리를 수행한 데이터를 추론을 위한 스레드에 전달하는 큐에 입력합니다.

추론 함수

다음으로, 추론하는 스레드에서 실행하는 함수를 보겠습니다.

1. Inference 함수는 추론을 위한 스레드 함수입니다.

```
def inference(darknet_image_queue, detections_queue, fps_queue):
    while cap.isOpened():
```

2. 전처리가 수행된 데이터 darknet_image를 darknet_image_queue 큐에서 받아옵니다.

```
darknet_image = darknet_image_queue.get()
```

3. darknet의 detect_image 함수에 network, class_names, darknet_image, thresh 값을 넣어 추론을 실행합니다. 그 결괏값으로 detections를 받습니다.

```
detections = darknet.detect_image(network, class_names, darknet_image,
thresh=args.thresh)
```

4. 추론 결과 detections를 후처리 스레드에 넘기기 위해 detections_queue에 입력합니다.

```
detections_queue.put(detections)
```

5. 추론 시간을 계산합니다.

```
fps = int(1/(time.time() - prev_time))
fps_queue.put(fps)
print("FPS: {}".format(fps))
```

전처리 데이터를 큐에서 받아온 후 추론을 수행하고, 추론 결과를 큐에 입력하고 추론 시간을 초당 추론 횟수로 정리해 큐에 입력합니다.

객체 인식 결과를 이미지에 그리는 함수

객체 인식 결과를 이미지에 그리는 함수와 후처리 스레드에서 실행하는 함수를 보겠습니다.

1. draw_boxes 함수는 후처리 과정에서 객체 인식 결과를 이미지에 그리는 함수입니다. 객체 인식 결과에 따라 별도의 프로그래밍을 진행하고자 하는 경우, 이 함수를 수정하면 됩니다. 지금은 자동차가 인식된 경우 해당 자동차 영역을 잘라서 detected 폴더에 특정 규칙에 따라 저장하도록 작성돼 있습니다.

```
def draw_boxes(detections, image, colors, frame_number):
    origin = np.copy(image)
    detection_index = 0
    # 객체 인식 결과에서 각 객체에 따른 반복문을 수행합니다.
    for label, confidence, bbox in detections:
```

2. bbox2points 함수를 이용해 객체의 좌표 정보를 계산합니다.

```
left, top, right, bottom = darknet.bbox2points(bbox)
```

3. 객체의 좌표 정보를 계산한 후 검출한 객체가 자동차인 경우 별도의 후처리를 수행합니다. 본 실습에서는 정상적인 사각형인 경우, 해당 이미지를 별도의 경로 /detected에 저장하게 했습니다.

```
        # 객체가 자동차인 경우 별도의 후처리를 수행합니다.
        if label == "car":
            # 검출한 자동차 영역을 원본 이미지에서 car_img로 복사합니다.
            car_img = origin[top:bottom, left:right]
            # car_img의 가로, 세로 정보를 받아옵니다.
            height, width = car_img.shape[0], car_img.shape[1]
            # 정상적인 영역을 검출한 것인지 확인합니다.
            if height <= 0 or width <= 0:
                continue
            save_path = "./detected/frame_{}_index_{}.png".format(frame_number,
detection_index)
            cv2.imwrite(save_path, car_img)
            detection_index += 1
```

검출한 객체 영역에 박스를 그리고, 박스 위에 검출한 객체가 어느 확률로 추론된 것인지
표시합니다.

darknet_video.py 메인 블록

다음으로 darknet_video.py의 메인 코드 블록으로, 추론 시작까지 수행하는 코드 부분
을 보겠습니다.

1. 메인 블록에서는 각 스레드 간 안정적인 데이터 전달을 위한 큐를 선언한 후 추론에 사용할 설정을 입력
받고 각 설정이 정상인지 확인합니다. 이후 추론할 신경망을 준비하고 비디오 입력을 준비한 후 세 개의
스레드를 실행합니다. 각 스레드가 실행되면 프레임 획득 및 전처리, 추론, 후처리는 해당 스레드에서
실행합니다.

    메인 블록을 시작하며 스레드 사이에 데이터를 안전하게 이동하기 위한 Queue를 선언합니다. frame_
    queue는 영상 프레임 담당이고, darknet_image_queue는 darknet 네트워크에서 처리할 프레임 담
    당이며, detections_queue는 검출 결과 데이터 담당이고, fps_queue는 처리 속도 담당입니다.

```
if __name__ == '__main__':
    # 스레드 사이에 데이터를 안전하게 이동하기 위한 Queue를 선언합니다.
    frame_queue = Queue()
    darknet_image_queue = Queue(maxsize=1)
    detections_queue = Queue(maxsize=1)
    fps_queue = Queue(maxsize=1)
```

2. 스크립트 실행 시 입력하는 인자를 받아온 후 check_arguments_errors 함수를 이용해 각 인자가 정상인지 확인합니다.

```
Args = parser()
check_arguments_errors(args)
```

3. 인자로 받아온 .config_file, data_file, weights와 batch_size를 인자로 넣어 DarkNet으로 추론하기 위한 신경망을 로딩합니다.

로딩한 네트워크를 통해 DarkNet 추론 시 신경망에 입력하는 이미지의 가로, 세로 크기를 확인합니다.

```
Network, class_names, class_colors = darknet.load_network(
    args.config_file,
    args.data_file,
    args.weights,
    batch_size=1
)
# DarkNet 추론 시 신경망에 입력하는 이미지의 가로, 세로 크기를 확인합니다.
Darknet_width = darknet.network_width(network)
darknet_height = darknet.network_height(network)
```

4. 비디오 입력을 준비하고 원본 비디오의 가로세로 크기를 확인합니다.

```
Input_path = str2int(args.input)
cap = cv2.VideoCapture(input_path)
# 원본 비디오의 가로, 세로 크기를 확인합니다.
Video_width = int(cap.get(cv2.CAP_PROP_FRAME_WIDTH))
video_height = int(cap.get(cv2.CAP_PROP_FRAME_HEIGHT))
```

5. video_capture 함수를 실행하는 비디오를 읽어오는 스레드, inference 함수를 실행하는 추론 스레드, drawing 함수를 실행하는 후처리 스레드를 실행합니다.

```
# 스크립트 실행 시 입력하는 인자를 받아온 후 각 인자가 정상인지 확인합니다.
# DarkNet으로 추론하기 위한 신경망을 준비합니다.
# 비디오 입력을 준비합니다.
# 비디오를 읽어오는 스레드를 실행합니다.
Thread(target=video_capture, args=(frame_queue, darknet_image_queue)).start()
# 추론 스레드를 실행합니다.
Thread(
```

```
        target=inference, args=(darknet_image_queue, detections_queue, fps_queue)
    ).start()
    # 후처리 스레드를 실행합니다.
    Thread(target=drawing, args=(frame_queue, detections_queue, fps_queue)).start()
```

이로써 darknet_video.py의 내용을 모두 확인했습니다.

다크넷 블랙박스 추론 실행

DarkNet의 빌드가 완료된 후 darknet_video.py를 실행해 비디오를 추론할 수 있습니다.

```
python3 darknet_video.py \
--input blackbox_video.avi \
--weights yolov4-tiny_voc_last.weight \
--config_file yolov4-tiny_voc.cfg \
--data_file vocdata.txt \
--thresh 0.25
```

【 블랙박스 비디오 내 차량 검출 결과 】

이후 그림 8.19와 같이 detected 폴더 내에 각 차량이 별도로 저장된 이미지를 확인할 수 있습니다.

그림 8.19 detected 폴더에 저장된 검출된 차량 이미지

8.5 _ YOLOv5 횡단보도 보행자 보호 시스템 젯슨 나노 추론

7장에서 횡단보도 보행자 보호 시스템을 위한 모델을 훈련해 YOLOv5를 VOC 데이터세
트로 훈련해 20가지 클래스를 검출할 수 있는 best.pt 파일을 확보했습니다. 이제 이것
으로 젯슨 나노에서 프로젝트를 진행하겠습니다. 7장의 추론과 이번 젯슨 나노에서의
추론이 다른 점은 TensorRT를 이용한 추론 가속화를 해 실시간 추론이 가능하다는 것입
니다.

젯슨 나노에서 추론 준비

이 실습을 수행하기 위해서는 7.2절의 훈련 실습을 통해 코랩에서 생성한 best.pt 파일
이 필요합니다. 훈련을 완료하지 못한 경우 예제 깃허브에 있는 파일을 사용해도 됩니다.
이후 설명에서는 훈련이 완료된 best.pt 파일을 yolov5s_voc.pt 파일로 이름을 바꾼
것으로 간주하고 실습을 진행하겠습니다.

실습을 위한 데이터는 예제 깃허브에 있습니다. 다음 명령어를 통해 젯슨 나노에서 YOLOv5와 tensorrt 최적화 스크립트가 있는 **DeepLearning4Projects** 폴더 아래에 있는 **Chap8_5** 폴더로 이동하겠습니다.

```
cd ~/DeepLearning4Projects/Chap8_5
```

이 폴더에는 tensorrtx 깃허브 저장소를 받고, tensorrtx를 통해 TensorRT 최적화가 된 YOLOv5 모델을 파이썬에서 추론하기 위한 pycuda를 설치할 수 있는 스크립트가 들어있습니다.

```
prepare_env_in_jetson.sh
```

제공해드린 이미지에는 이미 설치되어 있기 때문에 설치를 할 필요는 없습니다.

TensorRT 최적화

젯슨 나노에서 YOLOv5 모델을 TensorRT를 통해 최적화하여 추론하기 위한 준비 과정은 다음과 같습니다.

1. YOLOv5 모델 훈련
2. Goole colab에서 tensorrtx 최적화 준비
3. 젯슨 나노에서 tensorrtx를 통해 TensorRT 최적화

여기에서는 Google colab에서 tensorrtx 최적화를 준비하겠습니다.

Google colab 환경 준비

DeepLearning4Projects/Chap8_5 폴더에 Convert_YOLOv5_For_tensorrtx.ipynb 파일이 있습니다. 젯슨 나노에서 구글 코랩에 접속하기 위해 8.1.2장에서 소개한 크로미움 브라우저로 새 시크릿창을 열어서 구글 계정으로 로그인합니다. 그리고 구글 코랩에 접속해 왼쪽 위 메뉴에서 [파일]을 클릭한 후 [노트 업로드]를 클릭해 Convert_YOLOv5_For_tensorrtx.ipynb 파일을 업로드합니다.

Google colab에서 tensorrtx 최적화 준비

YOLOv5 모델을 TensorRT로 최적화하기 위한 준비를 수행합니다.

1. YOLOv5와 tensorrtx, DeepLearning4Projects 저장소를 받아옵니다.

```
!git clone -b v7.0 https://github.com/jetsonai/yolov5
!git clone -b yolov5-v7.0 https://github.com/jetsonai/tensorrtx
!git clone https://github.com/jetsonai/DeepLearning4Projects
```

2. YOLOv5 실행 환경을 준비합니다.

```
!pip install -r yolov5/requirements.txt
```

3. 변환에 필요한 파일을 복사합니다.

```
!cp /content/DeepLearning4Projects/Chap8_5/weights/yolov5s_voc.pt /content/yolov5/
yolov5s_voc.pt
!cp /content/tensorrtx/yolov5/gen_wts.py /content/yolov5/.
```

4. 변환을 수행합니다.

```
!cd /content/yolov5/ && python gen_wts.py -w yolov5s_voc.pt -o yolov5s_voc.wts
```

5. 변환 결과 파일을 다운로드합니다.

```
from google.colab import files
files.download("/content/yolov5/yolov5s_voc.wts")
```

위 셀을 실행하면 자동으로 젯슨 나노의 **Downloads** 폴더에 **yolov5s_voc.wts** 파일이
다운로드됩니다.

TensorRT를 활용한 추론

이제 젯슨 나노에서 TensorRT를 활용한 추론을 하겠습니다. 우선 8.1절에서 소개한
TensorRT를 활용해 최적화하겠습니다.

TensorRT를 활용하기 위한 준비

TensorRT 최적화를 위해 **tensorrtx** 깃 저장소를 받아 두었습니다. 이를 이용해 최적화를 수행하겠습니다.

1. 홈 경로의 tensorrtx/yolov5 폴더에서 build 폴더를 생성한 후 yolov5s_voc.wts 파일을 build 폴더 아래로 이동합니다.

```
cd ~/tensorrtx/yolov5
mkdir build && cd build && cp ~/Downloads/yolov5s_voc.wts .
```

2. ~/tensorrtx/yolov5/src/config.h의 설정을 훈련한 모델과 추론 설정에 맞게 수정합니다.

```
…
constexpr static int kNumClass = 20;
…
constexpr static int kInputH = 480;
constexpr static int kInputW = 480;
…
```

yolov5s_voc.pt가 VOC 20개 클래스로 훈련된 모델이기 때문에 kNumClass를 20으로 수정합니다. 그리고 추론을 480×480 해상도로 수행할 것이기 때문에 각각 480으로 수정합니다.

3. 빌드를 수행합니다.

```
cmake ..
make
```

4. yolov5s_voc를 TensorRT 엔진 파일로 변환합니다.

```
./yolov5_det -s yolov5s_voc.wts yolov5s_voc.engine s
```

yolov5_det 프로그램을 통해 yolov5s_voc.wts 파일을 yolov5s_voc.engine으로 변환하되, 신경망 구조는 YOLOv5s에 기반한 것임을 알려주는 's'를 마지막 인자로 입력합니다.

5. 변환한 엔진 파일을 확인하기 위해 TensorRT로 추론을 수행합니다.

```
./yolov5_det -d yolov5s_voc.engine ../images
```

추론 시간을 로그로 남깁니다. 두 이미지 추론에 각각 117ms, 67ms가 소요된 것을 확인할 수 있습니다. 추론 결과 이미지는 실행 파일과 동일한 폴더에 생성됩니다.

【 출력 】

TensorRT를 활용해 추론 실행 코드

이제 TensorRT를 활용한 비디오 추론의 준비가 끝났습니다. 이 프로젝트의 주된 목적은 횡단보도를 바라보고 있는 CCTV에 보행자가 촬영된 경우, 횡단보도에 보행자가 있다고 우회전하는 차량에게 경고하는 것입니다. 이를 위해 사람을 검출하고, 검출된 사람이 있는 경우 이미지 프레임에 빨간 박스를 그리는 과정을 수행하겠습니다.

TensorRT 최적화된 yolov5 엔진을 파이썬에서 읽어와서 객체 인식을 수행하고, 사람이 있는 경우 사람에 박스를 그리고, 프레임 전체적으로 빨간 박스를 그리는 스크립트가 깃허브에 준비되어 있습니다. 경로는 다음과 같습니다.

```
DeepLearning4Projects/Chap8_5/detect_video.py
```

해당 스크립트 내 파일의 경로를 수정하면서 이 스크립트에서 무엇을 하는지 설명하겠습니다.

1. 수정할 파일 경로

gst_str에는 실습에 사용할 동영상 경로를 입력하면 됩니다. 여기서는 실제로 횡단보도를 건너는 보행자를 촬영한 동영상 두 개를 data 폴더에 준비했으므로 그것을 사용하겠습니다.

PLUGIN_LIBRARY는 TensorRT 최적화 과정에서 빌드한 so 파일의 경로를 입력합니다. tensorrtx/yolov5/build에 libmyplugins.so 파일이 있습니다. 해당 파일의 경로를 입력하면 됩니다.

engine_file_path는 TensorRT 최적화 과정에서 빌드한 엔진 파일의 경로를 입력합니다. PLUGIN_LIBRARY와 동일한 경로에 yolov5s_voc.engine이 있을 것입니다. 이 파일의 경로를 입력합니다.

```
gst_str = "../../DeepLearning4Projects/Chap10/data/crosswalk_cctv_02.mp4"
PLUGIN_LIBRARY = "../../tensorrtx/yolov5/build/libmyplugins.so"
engine_file_path = "../../tensorrtx/yolov5/build/yolov5s_voc.engine"
```

2. 필수 라이브러리를 불러옵니다.

```
import ctypes
import random
import threading
import time
import cv2
import numpy as np
import pycuda.driver as cuda
import tensorrt as trt
```

3. 추론에 필요한 상수를 지정합니다.

```
CONF_THRESH = 0.25
IOU_THRESHOLD = 0.4
LEN_ALL_RESULT = 38001
LEN_ONE_RESULT = 38
```

CONF_THRESH는 추론 결과로 검출되는 객체 중 confidence가 0.25 이상인 객체만 검출한 객체로 판단하기 위한 기준값입니다. 너무 낮으면 사람이 아닌 것도 사람으로 잡을 수 있고, 너무 높으면 사람도 사람이 아니라고 판단할 수 있으므로 적절한 조절이 필요합니다.

IOU_THRESHOLD는 YOLOv5s 구조를 통해 검출한 박스 중 다수의 겹쳐 있는 박스를 하나로 처리할 때 어느 정도 겹쳐 있는 박스까지 하나로 합칠지 결정하는 변수입니다. 너무 높으면 한 객체에 다수의 박스가 출력될 수 있고, 너무 낮으면 여러 객체가 겹쳐 있을 때 박스가 하나만 나올 수 있습니다. 검출한 객체의 개수가 중요한 경우 조절이 필요합니다.

나머지 변수는 한 이미지당 검출 가능한 박스 수와 전체 검출 가능한 박스 수를 의미하며, 수정하지 않습니다.

4. 추론 결과로 박스를 그려주는 함수를 선언합니다.

```python
def plot_one_box(x, img, color=None, label=None, line_thickness=None):
    tl = (
        line_thickness or round(0.002 * (img.shape[0] + img.shape[1]) / 2) + 1
    )
    # tl에는 선 두께 정보가 저장됩니다.
    # line_thickness가 None인 경우 이미지 크기에 비례해 선 두께를 계산합니다.
    color = color or [random.randint(0, 255) for _ in range(3)]
    # 박스를 그려줄 색 정보를 별도로 받지 않으면, 박스 색은 랜덤으로 정해집니다.
    c1, c2 = (int(x[0]), int(x[1])), (int(x[2]), int(x[3]))
    # 객체를 둘러싼 박스의 좌상단 좌표를 c1, 우하단 좌표를 c2에 저장합니다.
    cv2.rectangle(img, c1, c2, color, thickness=tl, lineType=cv2.LINE_AA)
    # 객체를 둘러싼 박스를 그려줍니다.
    if label:
        # 객체의 클래스 정보가 입력됐을 때 클래스를 같이 표시해 줍니다.
        tf = max(tl - 1, 1)  # font thickness
        t_size = cv2.getTextSize(label, 0, fontScale=tl / 3, thickness=tf)[0]
        c2 = c1[0] + t_size[0], c1[1] - t_size[1] - 3
        # 클래스 문자를 쓸 때 필요한 공간을 계산합니다.
        cv2.rectangle(img, c1, c2, color, -1, cv2.LINE_AA)
        # 클래스가 쓰일 공간을 사각형으로 채워줍니다.
        cv2.putText(
            img,
            label,
            (c1[0], c1[1] - 2),
            0,
            tl / 3,
            [225, 255, 255],
            thickness=tf,
            lineType=cv2.LINE_AA,
        )
```

5. 실질적으로 추론을 수행하는 클래스를 선언합니다.

```python
class YoLov5TRT(object):
# TensorRT 연산을 사용하기 위한 클래스입니다.
    def __init__(self, engine_file_path, person_only=True):
        # 클래스가 선언될 때 초기화하는 함수입니다.
        self.ctx = cuda.Device(0).make_context()
        # CUDA를 사용하기 위한 변수를 선언합니다.
        self.person_only = person_only
        # 사람의 검출 결과만 활용하기 위한 변수입니다.
        stream = cuda.Stream()
        # CUDA의 비동기 연산을 위해 stream을 선언합니다.
        TRT_LOGGER = trt.Logger(trt.Logger.INFO)
        runtime = trt.Runtime(TRT_LOGGER)
        # TensorRT 로거와 런타임을 선언합니다.
        with open(engine_file_path, "rb") as f:
            engine = runtime.deserialize_cuda_engine(f.read())
        # TensorRT 최적화한 엔진 파일을 읽어옵니다.
        context = engine.create_execution_context()
        # 추론을 위한 context를 생성합니다.
        host_inputs = []
        cuda_inputs = []
        host_outputs = []
        cuda_outputs = []
        bindings = []
        # 추론 환경을 구성하기 위한 리스트를 선언합니다.
        for binding in engine:
            # TensorRT 사용을 위한 선언부입니다.
            print('bingding:', binding, engine.get_binding_shape(binding))
            size = trt.volume(engine.get_binding_shape(binding)) *
engine.max_batch_size
            dtype = trt.nptype(engine.get_binding_dtype(binding))
            # CPU와 GPU 메모리를 선언합니다.
            host_mem = cuda.pagelocked_empty(size, dtype)
            cuda_mem = cuda.mem_alloc(host_mem.nbytes)
            # GPU 메모리를 파이썬에서 접근할 수 있게 합니다.
            bindings.append(int(cuda_mem))
            if engine.binding_is_input(binding):
```

```
            # input을 위한 메모리에 접근할 수 있게 합니다.
            self.input_w = engine.get_binding_shape(binding)[-1]
            self.input_h = engine.get_binding_shape(binding)[-2]
            host_inputs.append(host_mem)
            cuda_inputs.append(cuda_mem)
        else:
            # 객체 인식 결과 출력을 위한 메모리에 접근할 수 있게 합니다.
            host_outputs.append(host_mem)
            cuda_outputs.append(cuda_mem)
    # 위에서 선언한 추론을 위한 변수를 클래스 내에서 접근할 수 있게 합니다.
    self.stream = stream
    self.context = context
    self.engine = engine
    self.host_inputs = host_inputs
    self.cuda_inputs = cuda_inputs
    self.host_outputs = host_outputs
    self.cuda_outputs = cuda_outputs
    self.bindings = bindings
    self.batch_size = engine.max_batch_size
```

6. 추론을 위한 함수를 선언합니다.

```
def infer(self, raw_image_generator):
    threading.Thread.__init__(self)
    # 추론을 위한 context를 생성해 context stack에 넣습니다.
    self.ctx.push()
    # 클래스 변수를 함수 변수로 복사합니다.
    stream = self.stream
    context = self.context
    engine = self.engine
    host_inputs = self.host_inputs
    cuda_inputs = self.cuda_inputs
    host_outputs = self.host_outputs
    cuda_outputs = self.cuda_outputs
    bindings = self.bindings
    # 추론을 위한 전처리를 수행합니다.
    batch_image_raw = []
    batch_origin_h = []
```

```python
batch_origin_w = []
batch_input_image = np.empty(
    shape=[self.batch_size, 3, self.input_h, self.input_w]
)
for i, image_raw in enumerate(raw_image_generator):
    input_image, image_raw, origin_h, origin_w = self.preprocess_image(imag
e_raw)
    # OpenCV 이미지를 전처리합니다.
    batch_image_raw.append(image_raw)
    batch_origin_h.append(origin_h)
    batch_origin_w.append(origin_w)
    np.copyto(batch_input_image[i], input_image)
batch_input_image = np.ascontiguousarray(batch_input_image)
np.copyto(host_inputs[0], batch_input_image.ravel())
# 전처리한 입력 데이터를 CPU 메모리로 복사합니다.
start = time.time()
cuda.memcpy_htod_async(cuda_inputs[0], host_inputs[0], stream)
# TensorRT 추론을 위해 GPU로 데이터를 복사합니다.
context.execute_async(
    batch_size=self.batch_size, bindings=bindings,
    stream_handle=stream.handle
)
# 추론을 수행합니다.
cuda.memcpy_dtoh_async(host_outputs[0], cuda_outputs[0], stream)
# GPU 데이터를 CPU로 복사합니다.
stream.synchronize()
# CUDA 스트림을 동기화합니다.
end = time.time()
self.ctx.pop()
# context를 stack에서 제거해 비활성화합니다.
output = host_outputs[0]
# batch size는 1인 것으로 가정했습니다. 첫 번째 배치의 출력을 사용합니다.
person_detected = False
for i in range(self.batch_size):
    # 검출 결과에 대해 후처리합니다.
    result_boxes, result_scores, result_classid = self.post_process(
        output[i * LEN_ALL_RESULT: (i + 1) * LEN_ALL_RESULT],
batch_origin_h[i], batch_origin_w[i]
```

```
        )
        # 후처리 함수를 실행하고 그 결과를 받습니다.
        thickness = round(0.002 * (batch_image_raw[i].shape[0] + \
batch_image_raw[i].shape[1]) / 2) + 1
        # 이미지에 객체 박스를 그리기 위한 두께를 계산합니다.
        for j in range(len(result_boxes)):
            # 객체별로 후처리합니다.
            class_name = categories[int(result_classid[j])]
            # 클래스에 따라 후처리를 수행하므로 클래스 정보를 확인합니다.
            if (class_name == "person" and self.person_only) or (not
self.person_only):
                # 검출 클래스가 사람인지 확인합니다.
                box = result_boxes[j]
                plot_one_box(
                    box,
                    batch_image_raw[i],
                    label="{}:{:.2f}".format(
                        class_name, result_scores[j]
                    ),
                    color=(0, 0, 255),
                    line_thickness=thickness
                )
                person_detected = True
                # 이후 사람이 검출됐다는 변수를 True로 입력합니다.
        if person_detected:
            # 사람이 검출된 경우 이미지의 테두리에 두껍게 빨간 박스를 그립니다.
            cv2.rectangle(
                batch_image_raw[i],
                (0,0),
                (batch_image_raw[i].shape[1], batch_image_raw[i].shape[0]),
                (0, 0, 255),
                thickness * 20
            )
        else:
            # 사람이 검출되지 않은 경우 초록색 테두리를 그립니다.
            cv2.rectangle(
                batch_image_raw[i],
                (0,0),
```

```
                    (batch_image_raw[i].shape[1], batch_image_raw[i].shape[0]),
                    (0, 255, 0),
                    thickness * 20
                )
        # 박스가 그려진 이미지와 실행 시간을 반환합니다.
        return batch_image_raw, end - start
```

7. 추론이 끝나고 메모리를 정리하기 위한 함수를 선언합니다.

```
def destroy(self):
    # 실행 중이던 context를 전부 제거해 비활성화합니다.
    self.ctx.pop()
```

8. 추론을 위한 전처리 함수를 선언합니다.

```
# 전처리 함수입니다.
def preprocess_image(self, raw_bgr_image):
    # OpenCV BGR 이미지를 복사합니다.
    image_raw = raw_bgr_image
    # 원본 이미지의 크기 정보를 확인합니다. 높이, 너비, 채널 수 순입니다.
    h, w, c = image_raw.shape
    # BGR 데이터를 RGB 순으로 바꿉니다.
    image = cv2.cvtColor(image_raw, cv2.COLOR_BGR2RGB)
    r_w = self.input_w / w
    r_h = self.input_h / h
    # 입력 이미지를 추론 해상도에 맞게 리사이즈할 것입니다.
    # 이때 종횡비를 유지해 리사이즈하기 위한 계산입니다.
    if r_h > r_w:
        tw = self.input_w
        th = int(r_w * h)
        tx1 = tx2 = 0
        ty1 = int((self.input_h - th) / 2)
        ty2 = self.input_h - th - ty1
    else:
        tw = int(r_h * w)
        th = self.input_h
        tx1 = int((self.input_w - tw) / 2)
        tx2 = self.input_w - tw - tx1
        ty1 = ty2 = 0
```

```python
        # 종횡비를 유지하면서 리사이즈합니다.
        image = cv2.resize(image, (tw, th))
        # 추론 시 입력 해상도에 맞게 빈 공간에128,128,128을 채워줍니다.
        image = cv2.copyMakeBorder(
            image, ty1, ty2, tx1, tx2, cv2.BORDER_CONSTANT, None, (128, 128, 128)
        )
        # 0에서 1 사이의 값으로 정규화합니다.
        image = image.astype(np.float32)
        image /= 255.0
        # HWC 순서의 데이터를 CHW 순서로 바꿔줍니다.
        image = np.transpose(image, [2, 0, 1])
        # 배치 정보의 추가를 위해 차원을 하나 추가합니다.
        # CHW -> NCHW로 바뀝니다.
        image = np.expand_dims(image, axis=0)
        image = np.ascontiguousarray(image)
        return image, image_raw, h, w
```

9. 추론 결과는 [x, y, w, h]로 출력됩니다. 이를 [x1, y1, x2, y2]로 바꿔주는 함수를 선언합니다.

```python
    def xywh2xyxy(self, origin_h, origin_w, x):
        y = np.zeros_like(x)
        # 출력 데이터의 형태는 입력 데이터의 형태와 동일합니다.
        # 신경망에서 박스의 중점 (x, y) 박스의 너비, 넓이 (w, h)를 출력합니다.
        # 박스를 그리기 위해 이를 박스의 좌상단과 우하단 좌표로 변환합니다.
        r_w = self.input_w / origin_w
        r_h = self.input_h / origin_h
        # 원본 해상도의 종횡비에 따라 계산이 수행됩니다.
        if r_h > r_w:
            y[:, 0] = x[:, 0] - x[:, 2] / 2
            y[:, 2] = x[:, 0] + x[:, 2] / 2
            y[:, 1] = x[:, 1] - x[:, 3] / 2 - (self.input_h - r_w * origin_h) / 2
            y[:, 3] = x[:, 1] + x[:, 3] / 2 - (self.input_h - r_w * origin_h) / 2
            y /= r_w
        else:
            y[:, 0] = x[:, 0] - x[:, 2] / 2 - (self.input_w - r_h * origin_w) / 2
            y[:, 2] = x[:, 0] + x[:, 2] / 2 - (self.input_w - r_h * origin_w) / 2
            y[:, 1] = x[:, 1] - x[:, 3] / 2
            y[:, 3] = x[:, 1] + x[:, 3] / 2
            y /= r_h
        return y
```

10. 추론 결과를 후처리하는 함수를 선언합니다.

```python
def post_process(self, output, origin_h, origin_w):
    # 추론 결과를 후처리합니다.
    # 검출된 박스의 수를 확인합니다.
    num = int(output[0])
    # 2차원의 numpy 행렬로 변환합니다.
    pred = np.reshape(output[1:], (-1, LEN_ONE_RESULT))[:num, :]
    pred = pred[:, :6]
    # Non-maximum suppression을 수행합니다.
    boxes = self.non_max_suppression(
        pred, origin_h, origin_w, conf_thres=CONF_THRESH,
        nms_thres=IOU_THRESHOLD
    )
    # 결과를 박스, confidence, class id 순으로 정리해 반환합니다.
    result_boxes = boxes[:, :4] if len(boxes) else np.array([])
    result_scores = boxes[:, 4] if len(boxes) else np.array([])
    result_classid = boxes[:, 5] if len(boxes) else np.array([])
    return result_boxes, result_scores, result_classid
```

11. 추론 결과 박스를 줄이기 위해 NMS하는 과정에서 IoU를 계산하기 위한 함수를 선언합니다.

```python
def bbox_iou(self, box1, box2):
    # 객체를 둘러싼 박스의 좌표를 획득합니다.
    b1_x1, b1_y1, b1_x2, b1_y2 = box1[:, 0], box1[:, 1], box1[:, 2], box1[:, 3]
    b2_x1, b2_y1, b2_x2, b2_y2 = box2[:, 0], box2[:, 1], box2[:, 2], box2[:, 3]
    # 겹치는 영역의 좌표를 획득합니다.
    inter_rect_x1 = np.maximum(b1_x1, b2_x1)
    inter_rect_y1 = np.maximum(b1_y1, b2_y1)
    inter_rect_x2 = np.minimum(b1_x2, b2_x2)
    inter_rect_y2 = np.minimum(b1_y2, b2_y2)
    # 겹치는 영역을 계산합니다.
    inter_area = np.clip(inter_rect_x2 - inter_rect_x1 + 1, 0, None) * \
                 np.clip(inter_rect_y2 - inter_rect_y1 + 1, 0, None)
    # 합집합 영역을 계산합니다.
    b1_area = (b1_x2 - b1_x1 + 1) * (b1_y2 - b1_y1 + 1)
    b2_area = (b2_x2 - b2_x1 + 1) * (b2_y2 - b2_y1 + 1)
    # IoU를 계산해 반환합니다.
```

```
        iou = inter_area / (b1_area + b2_area - inter_area + 1e-16)
        return iou
```

12. NMS를 수행하는 함수를 선언합니다.

```
    def non_max_suppression(
        self, prediction, origin_h, origin_w, conf_thres=0.5, nms_thres=0.4
    ):
        # confidence가 기준치를 넘기는 객체 정보를 확인합니다.
        boxes = prediction[prediction[:, 4] >= conf_thres]
        # [x, y, w, h] 정보를 [x1, y11, x2, y2]로 변환합니다.
        boxes[:, :4] = self.xywh2xyxy(origin_h, origin_w, boxes[:, :4])
        # 좌표가 이미지 영역을 벗어나지 않게 계산합니다.
        boxes[:, 0] = np.clip(boxes[:, 0], 0, origin_w -1)
        boxes[:, 2] = np.clip(boxes[:, 2], 0, origin_w -1)
        boxes[:, 1] = np.clip(boxes[:, 1], 0, origin_h -1)
        boxes[:, 3] = np.clip(boxes[:, 3], 0, origin_h -1)
        # 객체의 confidence를 받아옵니다.
        confs = boxes[:, 4]
        # 객체 정보를 confidence 순으로 정렬합니다.
        boxes = boxes[np.argsort(-confs)]
        keep_boxes = []
        # NMS를 수행합니다.
        while boxes.shape[0]:
            large_overlap = self.bbox_iou(np.expand_dims(boxes[0, :4], 0), \
boxes[:, :4]) > nms_thres
            label_match = boxes[0, -1] == boxes[:, -1]
            invalid = large_overlap & label_match
            keep_boxes += [boxes[0]]
            boxes = boxes[~invalid]
        # NMS 수행 결과를 정리해 반환합니다.
        boxes = np.stack(keep_boxes, 0) if len(keep_boxes) else np.array([])
        return boxes
```

13. 추론 전 GPU를 웜업하는 클래스를 선언합니다.

```
class warmUpThread(threading.Thread):
    def __init__(self, yolov5_wrapper):
```

```
        threading.Thread.__init__(self)
        # 위에서 선언한 yolov5_wrapper 클래스를 받아옵니다.
        self.yolov5_wrapper = yolov5_wrapper

    def get_raw_image_zeros(self):
        # GPU의 웜업을 위해 비어 있는 이미지를 생성합니다.
        for _ in range(self.batch_size):
            yield np.zeros([self.input_h, self.input_w, 3], dtype=np.uint8)

    def run(self):
        # 비어 있는 이미지를 추론한 후, 추론에 소요된 시간을 출력합니다.
        batch_image_raw, use_time = self.yolov5_wrapper.infer(
            self.get_raw_image_zeros()
        )
        print('warm_up->{}, time->{:.2f}ms'.format(
            batch_image_raw[0].shape, use_time * 1000)
        )
```

14. 스크립트 실행 시 수행하는 메인 함수를 선언합니다.

```
if __name__ == "__main__":
    # PLUGIN_LIBRARY를 읽어옵니다.
    ctypes.CDLL(PLUGIN_LIBRARY)
    # 검출 결과를 화면에 표시하기 위한 문자열입니다.
    # 여기서는 사람만 표현할 것이므로 사람 외의 문자열은 무시해도 됩니다.
    categories = [
        "aeroplane", "bicycle", "bird", "boat", "bottle", "bus", "car", "cat",
        "chair", "cow", "diningtable", "dog", "horse", "motorbike", "person",
        "pottedplant", "sheep", "sofa", "train", "tvmonitor"
    ]
    # yolov5 추론을 위한 wrapper 클래스를 선언합니다.
    yolov5_wrapper = YoLov5TRT(engine_file_path)
    try:
        # 비디오를 열 수 있는지 확인합니다.
        # 비디오를 열 수 없다면 try 문을 종료합니다.
        cap = cv2.VideoCapture(gst_str)
        # GPU 웜업을 위한 스레드를 10회 실행합니다.
        for i in range(10):
```

```
        thread1 = warmUpThread(yolov5_wrapper)
        thread1.start()
        thread1.join()
    # 웜업이 완료되면 비디오 추론 결과를 화면에 보여줄 준비를 합니다.
    cv2.namedWindow("Output", cv2.WINDOW_GUI_EXPANDED)
    while cap.isOpened():
        ret, frame = cap.read()
        if ret:
            # 비디오에서 프레임을 정상적으로 받아온 경우 실행합니다.
            batch_image_raw, use_time = yolov5_wrapper.infer([frame])
            cv2.imshow("Output", batch_image_raw[0])
            cv2.waitKey(1)
        else:
            # 프레임을 받아오지 못한 경우 반복문을 종료합니다.
            break
        # 'q'가 입력된 경우 반복문을 종료합니다.
        if cv2.waitKey(1) & 0xFF == ord('q'):
            break
    # 반복문이 종료된 경우 비디오 캡처도 종료하고 OpenCV 윈도를 제거합니다.
    cap.release()
    cv2.destroyAllWindows()
finally:
    # 최종적으로 yolov5_warpper 클래스를 제거합니다.
    yolov5_wrapper.destroy()
```

TensorRT를 활용해 추론 실행

추론은 다음 명령어로 수행합니다.

```
python3 detect_video.py
```

추론을 수행하면 GPU 웜업을 위해 10번 추론하면서 속도를 확인하고 바로 비디오에 대한 추론이 시작됩니다. 다음 출력에서 웜업 시 출력하는 로그와 추론 화면을 보여주고 있습니다. 웜업 시 출력하는 로그를 보면, tensorrt 최적화 후 추론 과정에서 평균적으로 프레임당 45ms, 약 20fps 정도로 객체 인식을 수행하는 것을 확인할 수 있습니다.

【 출력 】

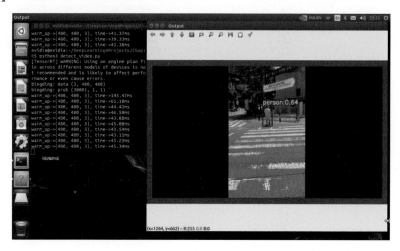

사람이 검출되지 않았을 때는 테두리가 초록색으로 표시됩니다.

【 출력 】

8.6 _ 요약

이번 장에서는 GPU가 있는 임베디드 시스템인 젯슨 나노 환경에서, 2부에서 윈도우 환경에서 진행했던 이미지 분류를 통한 재활용품 분리수거 프로젝트의 추론 실습, SSD 사물인지 CCTV 프로젝트의 추론 실습을 해봤으며, 1부에서 코랩에서 훈련 및 테스트했던 YOLOv4 현장 촬영 블랙박스 추론 실습을 수행했고, 마지막으로 2부에서 역시 윈도우 환경에서 진행했던 YOLOv5 횡단보도 보행자 보호 시스템을 실습했습니다.

질의응답 프로젝트 Q&A

Q: 이번 YOLOv5 프로젝트를 활용해 횡단보도 정지선 감지 시스템을 구축할 수 있을까요?

A: 당연히 YOLOv5 프로젝트를 활용해 횡단보도 정지선 감지 시스템을 구축할 수 있는데, 그러려면 횡단보도 정지선 방향으로 카메라를 설치해야 합니다. (실제 도로에 설치하기는 어려우므로 모형 차와 모형 트랙을 사용해도 좋습니다.)

① 교차로 정지선과 차량이 보이게 카메라를 설치합니다.

② 카메라 영상에서 정지선과 차량을 인식해 알고리즘으로 정지선 위반 차량을 찾아냅니다.

③ 인식한 차량의 번호판을 인식해 운전자 정보를 조회합니다.

그림 8.20 YOLOv5 프로젝트를 활용한 횡단보도 정지선 감지 시스템

Q: 책의 프로젝트 내용을 따라하는 데 도움이 될 만한 동영상 자료가 있나요?

A: 프로젝트 실습이나 내용 설명이 필요하면 "알쌤의 AI로봇 프로젝트" 유튜브 채널에서 도움을 받을 수 있습니다. 즐거운 프로젝트가 되기를 바랍니다.

- https://www.youtube.com/@alssaem

그림 8.21 알쌤의 AI로봇 프로젝트 유튜브 웹페이지

Q: 3부에는 YOLOv7 프로젝트는 없나요?

A: YOLOv7는 젯슨 나노에서 실행하기에는 메모리를 너무 많이 써서, 젯슨 나노로 실습하는 3부에는 YOLOv7 프로젝트가 없습니다. YOLOv7의 실습은 엔비디아 오린 나노(Orin Nano)[19]라는 성능 좋은 최신 보드에서 실행할 수 있습니다(프로젝트를 유튜브에 올리겠습니다).

---

19 https://www.nvidia.com/en-us/autonomous-machines/embedded-systems/jetson-orin/

CHAPTER

09

세 가지 AI 모바일
로봇 프로젝트

9장에서는 딥러닝 영상분석 모델을 활용하는 3가지 AI 모바일 로봇 프로젝트를 해보겠습니다.

현대 사회에는 인공지능, 빅데이터, 그리고 디지털 트윈[1] 등과 같은 트렌드 기술이 화두에 오르고 있지만, 실제 산업에 이러한 기술을 적용하려면 기술 그 자체뿐만 아니라 실제 활용을 위한 도메인 지식 및 실용적인 적용 방법론이 중요합니다. 근래 챗지피티(ChatGPT)[2]가 인공지능 분야에서 크게 각광받는 이유는 리포트, 발표문, 연설문뿐만 아니라 프로그램 소스 코드 등을 작성하는 등 다양하게 활용할 수 있기 때문입니다.

그에 비해 딥러닝 영상분석 기술의 경우, 기술은 사람의 눈을 대신할 수준으로 발달했지만 로봇 관련해서는 대중적으로 활용되는 사례가 많지 않습니다. 이는 기술 수준과 기대 수준에 비해 실용적인 활용 면에서 아직 시작 단계이기 때문으로 보입니다.

최근에는 고가의 AI 로봇 개가 유적지에 순찰을 다니며 감시하는 역할을 하기도 하고[3], 미국 뉴욕에서는 AI 로봇 개를 실제 경찰견으로 투입하기로 결정했다고 합니다[4]. 이러한

---

1 https://en.wikipedia.org/wiki/Digital_twin
2 https://openai.com/blog/chatgpt
3 https://news.artnet.com/art-world/robot-dog-patrols-pompeii-2091246
4 https://zdnet.co.kr/view/?no=20230412090244

정찰용 로봇 개의 경우 거리 측정 센서로 주변 지형을 파악하는 일도 중요하지만, 무엇보다도 정찰 및 상황 판단을 위해 카메라 영상의 딥러닝 인식이 매우 중요합니다. 이는 마치 경비원이나 경찰에게 있어 눈의 기능처럼 당연히 필요한 기능입니다.

현대자동차에서 인수한 미국 로봇 기업인 보스턴 다이내믹스에서 개발한 로봇 개 스팟[5]이 산업 시설 순찰에 쓰이고 있습니다. 뉴욕시의 경찰견과 같은 사례가 좀 더 보편화되면 우리 주변에도 그림 9.1과 같은 AI 로봇 개가 정찰을 다니는 것을 쉽게 볼 수 있게 될지도 모르겠습니다.

그림 9.1 대전 엑스포 박람회에서 소개된 보행 중인 KAIST 로봇 개(저자가 촬영)

실생활에 활용할 수 있는 작고 간단한 로봇에 딥러닝 영상분석 기능을 적용한다면 상당히 매력적일 것입니다. 가정에서 필요한 기능에 간단하게 딥러닝 영상분석을 활용하는 로봇을 만들 수 있다면 미래의 우리 생활을 좀 더 편리하고 가치 있게 발전시킬 수 있을 것입니다.

쉽게 생각할 수 있는 예로 가사 도우미 봇을 만들어 주인을 따라다니며 짐을 옮겨주거나 재활용품을 분류하게 할 수 있을 것입니다. 그리고 경비 로봇을 만들어 여성이나 노인 혼자 사는 집에 들어온 침입자를 감시하고 침입자가 있다고 판별됐을 때 경고하고 신고도 해줄 수 있습니다.

---

5 https://www.bostondynamics.com/products/spot

그 첫걸음으로 이 책에서 배운 딥러닝 영상분석을 활용하는 간단한 방법론을 이용해 AI 모바일 로봇 프로젝트를 해보려고 합니다.

9장에서는 AI 모바일 로봇 설치 및 기본 카메라와 모터 테스트 등의 프로젝트 준비 작업을 하고, 첫 번째 AI 모바일 로봇 프로젝트로 '충돌 회피를 위한 자동 긴급 제동' 프로젝트를 진행하겠습니다(그림 9.2).

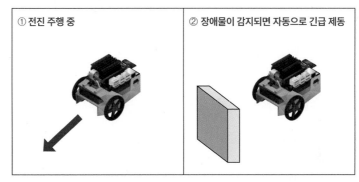

<미니 프로젝트 1>
자동 긴급 제동

① 전진 주행 중

② 장애물이 감지되면 자동으로 긴급 제동

그림 9.2 자동 긴급 제동 프로젝트 개념도

딥러닝 영상분석을 활용하는 아주 간단하면서도 유용한 기능이라면 아마도 애완 로봇이나 쇼핑 카트처럼 대상을 따라오는 팔로잉 기능과 지정된 루트로 다니는 순찰 로봇이나 이송 로봇처럼 길을 인식해서 지속적으로 주행하는 기능을 들 수 있을 것입니다.

그래서 다음으로는 '원하는 대상을 따라다니는 팔로잉봇'(그림 9.3)과 '차선 인지 자율주행'(그림 9.4)의 두 가지 프로젝트를 진행해 보겠습니다.

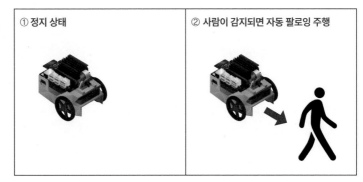

<미니 프로젝트 2>
팔로잉봇

① 정지 상태

② 사람이 감지되면 자동 팔로잉 주행

그림 9.3 팔로잉봇 프로젝트 개념도

<미니 프로젝트 3>
차선 팔로잉 주행

차선이 감지되면 차선을 따라 자율 주행

그림 9.4 차선 팔로잉 주행 프로젝트

9.1 _ AI 모바일 로봇 프로젝트 준비

이제 AI 모바일 로봇을 준비해 환경 세팅과 기본적인 기능 테스트 및 딥러닝 세팅을 진행하겠습니다.

AI 모바일 로봇 준비

이번 장에서는 AI 모바일 로봇 실습에 사용할 젯봇을 소개하고, 젯봇 제품을 구매하고 조립해 준비할 수 있도록 가이드하고, 젯봇의 하드웨어 구성을 소개하겠습니다.

젯봇 소개

이번 장의 프로젝트를 위해 AI 모바일 로봇이 필요한데, 엔비디아 젯슨 나노를 이용한 AI 모바일 로봇은 직접 제작할 수도 있고 다양한 판매처에서 구매할 수도 있습니다. 이 책에서는 그림 9.5와 같이 엔비디아의 설계로 제작되어 시중에 판매 중인 젯봇(Jetbot)이라는 제품을 이용하겠습니다.

그림 9.5 젯슨 나노가 장착된 젯봇

일반적으로 젯슨 나노를 장착한 모바일 로봇은 엔비디아에서 공식적으로 젯봇(Jetbot)이라는 명칭을 쓰고 있으며, 하드웨어 및 소프트웨어의 명세가 공개돼 있습니다. 관련 정보는 다음 주소의 문서에 나와 있습니다.

https://github.com/NVIDIA-AI-IOT/jetbot

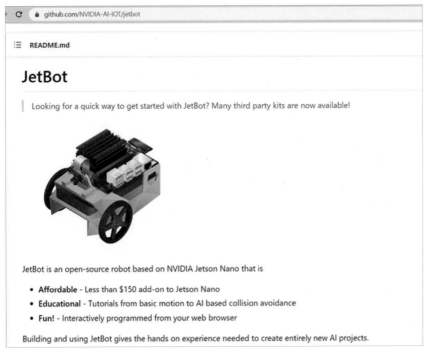

그림 9.6 젯봇 제작을 위한 공식 깃허브 사이트

공개된 명세에 따라 로봇을 직접 제작할 수도 있고, 그림 9.7에서 볼 수 있는 것처럼 엔비디아 공식 사이트에서 소개하는 제품을 구매해도 됩니다.

https://www.nvidia.com/ko-kr/autonomous-machines/embedded-systems/jetbot-ai-robot-kit/

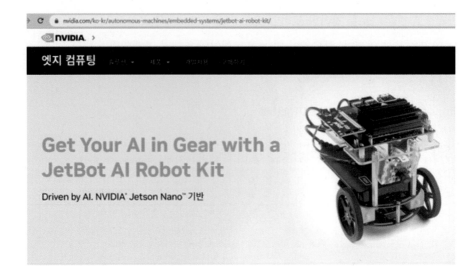

그림 9.7 엔비디아 공식 젯봇 사이트

젯봇 구매와 조립

이 책에서 사용한 젯봇의 구매 사이트는 쇼핑 사이트이기 때문에 URL이 변경될 수 있으니 구매 및 조립 관련해 다음 주소의 블로그 게시물을 참고해 주세요.

https://jetsonaicar.tistory.com/21

젯봇을 위한 SD 카드는 젯봇 전용 젯팩 이미지 파일을 다운로드해서 사용하는 것이 일반적이지만, 이 경우 GUI 없이 터미널로 부팅한 뒤 많은 명령을 입력해 세팅해야 GUI를 사용할 수 있는 상태가 되기 때문에 복잡하고 시간이 많이 걸립니다. 그래서 여기서는 8장 실습과 유사하게 9장 실습 이미지를 다음 사이트의 링크에서 다운받아 사용하겠습니다.

https://github.com/jetsonai/DeepLearning4Projects/tree/main/Chap_9_1

9.1.2항의 환경 세팅에서 다시 설명하겠습니다.

젯봇의 조립은 웨어쉐어 공식 젯봇 조립 방법 안내 유투브 사이트를 (링크) 보면서 따라했습니다.
참고로 저는 워낙 조립 제작 쪽으로는 재능이 없어서 정말 힘들게 조립을 했습니다만
일반적인 분들은 크게 어려움 없이 가능하신 것 같습니다.

그림 9.8 이 책에서 사용한 젯봇의 기본 정보가 있는 블로그

젯봇 하드웨어 구성

이 책에서 사용한 젯봇의 하드웨어 구성을 간략하게 살펴보면 다음과 같습니다(그림 9.9).

그림 9.9 이 책에서 사용한 젯봇의 하드웨어 구성

① **젯슨 나노**: 딥러닝용 GPU가 장착된 리눅스 환경의 임베디드 장치

② **모터 제어와 배터리 보드**: 젯슨 나노와 i2c 통신으로 연결되어 바퀴 모터를 제어하고, 배터리의 전원을 젯슨 나노로 공급할 수 있도록 설계 제작된 보드

③ **냉각 팬**: 젯슨 나노가 과열되지 않도록 필요한 냉각팬

④ **파이 카메라**: 라즈베리 파이 카메라 2

⑤ **로봇 몸체**: 젯봇의 알루미늄 바디

⑥ **로봇 바퀴**: 젯봇의 바퀴로 DC모터와 연결돼 있음

모터 제어와 배터리 보드는 그림 9.10과 같이 구성돼 있습니다.

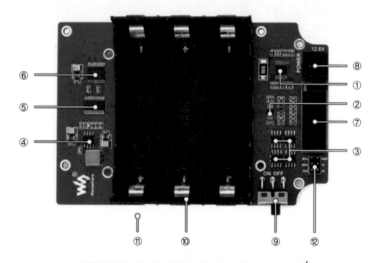

그림 9.10 젯봇의 모터 제어와 배터리 보드의 하드웨어 구성[6]

① **S-8254AA**: 리튬 배터리 보호 회로, 과충전, 과방전, 과전류 및 단락 보호 기능 제공

② **ADS1115**: 텍사스 인스트루먼트사의 칩을 사용한 16-bit ADC(아날로그-디지털 변환기), 실시간으로 배터리 모니터링

③ **AO4407A**: 보호 회로용 P-채널 MOSFET(Metal-Oxide-Semiconductor Field-Effect Transistor: 금속 산화막 반도체 전계 효과 트랜지스터)

④ **APW7313**: 젯슨 나노에 전원을 공급하기 위한 5V 전원 조정기

⑤ **PCA9685**: PWM(Pulse Width Modulation: 펄스 폭 변조) 컨트롤러, I2C 인터페이스, IO 확장용

⑥ **TB6612FNG**: 듀얼 H-브리지 모터 드라이버

---

6 출처: https://jetsonaicar.tistory.com/36

⑦ **0.91 inch OLED:** OLED(Organic Light Emitting Diodes: 유기 발광 다이오드) 디스플레이를 위한 SSD1306 드라이버 칩, 128×32픽셀

⑧ **배터리 충전기 입력:** 3× 18650 배터리 충전

⑨ **전원 스위치**

⑩ **18650 배터리 홀더**

⑪ **모터 커넥터(하단)**

⑫ **젯슨 나노 통신 헤더:** I2C 인터페이스 및 전원 공급 장치

AI 모바일 로봇 기본 환경

이번 프로젝트의 실습 교구는 젯봇이지만, 젯슨 나노를 활용하는 모바일 로봇이라면 무엇이든 상관없이 실습이 가능하므로 'AI 모바일 로봇'이라고 부르겠습니다. 그러면 이제 AI 모바일 로봇을 이용해 미니 프로젝트를 진행할 수 있는 환경을 설치해 보겠습니다.

실습 환경 세팅하기

이제 AI 모바일 로봇과 함께 미니 프로젝트를 실습할 수 있는 기본 환경을 세팅해 보겠습니다. 준비물로는 그림 9.11과 같이 젯봇, 배터리 충전 케이블, 모니터, 키보드, 마우스가 필요합니다.

그림 9.11 AI 모바일 로봇 개발 환경

SD 카드 기본 세팅

AI 모바일 로봇의 젯슨 나노는 8장과 같이 전용 이미지를 다운로드해서 사용합니다.

https://github.com/jetsonai/DeepLearning4Projects/tree/main/Chap_9_1

9장의 실습을 위해 설치한 젯팩과 소프트웨어는 다음과 같습니다.

표 9.1 젯봇 실습을 위한 젯팩과 소프트웨어 버전

이름	버전
Jetpack	4.5.1
Python	3.6.9
OpenCV	4.1.1
PyTorch	1.8.0
torchvision	0.9.0a0+01dfa8e
TensorRT	7.1.3.0
Cython	0.29.35
matplotlib	2.1.1
numpy	1.19.5
Pillow	5.1.0
tqdm	4.64.1

깃허브 소스

다운로드한 9장 실습 이미지에는 다음 주소의 실습 코드가 포함돼 있습니다.

https://github.com/jetsonai/AILearningJetbot

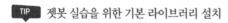 젯봇 실습을 위한 기본 라이브러리 설치

기본 라이브러리는 AILearningJetbot/Basic_Install/ 폴더의 install_jetbot_basic.sh 스크립트를 참조해 설치해도 됩니다. 그러나 우분투의 라이브러리들은 시간이 지나면 버전 업그레이드 등으로 의존성 문제가 생길 수 있으므로, 직접 설치하기보다는 SD 카드 이미지를 다운로드해 사용하는 것이 좋습니다. 9장을 위한 SD 카드 이미지를 다운로드한 후, 8.1절의 설명을 참조해 실습 환경을 구성합니다.

AI 모바일 로봇 기본 테스트

이번에는 AI 모바일 로봇의 기본 작동을 위해 바퀴 모터를 작동시키기 위한 설치와 테스트, 그리고 카메라 테스트를 해보겠습니다.

우선 AI 모바일 로봇에 모니터 케이블 등이 연결된 채로 책상 위에서 바퀴 모터가 작동하면 곤란하므로 종이컵을 2~3개 겹쳐 거꾸로 세운 후 그 위에 AI 모바일 로봇을 올립니다 (그림 9.12 참조). 그러면 바퀴가 돌아가더라도 차체는 테스트하는 위치에 고정돼 있을 수 있습니다.

그림 9.12 AI 모바일 로봇을 고정한 상태로 바퀴 모터 테스트

모터 드라이버 테스트

이제 실습 모터 드라이버에 대한 동작 테스트를 해보겠습니다.

모터 제어 테스트(1)

젯봇의 모터를 테스트하는 기본 코드는 AILearningJetbot/Basic_Install/ 폴더의 motor_test.py에 있습니다.

모터 테스트는 PCA9685 모터 드라이버를 제어하는 코드로 구성돼 있는데, 두 개의 바퀴에 있는 각각의 모터 속도 세팅 함수를 살펴보겠습니다.

1. PCA9685 모터 드라이버[7]를 제어하는 Adafruit_MotorHAT 라이브러리[8]와 time 패키지를 임포트합니다.

```
from Adafruit_MotorHAT import Adafruit_MotorHAT
import time
```

2. set_speed 함수는 Adafruit_MotorHAT 라이브러리를 이용해 모터 속도를 제어하는 기본 함수입니다. 우선 입력 인자 value와 현재 사용하는 모터의 최대 PWM 값을 이용해 -1과 1 사이의 값으로 매핑해 줍니다.

```
def set_speed(motor_ID, value):
    max_pwm = 115.0
    # value 인잣값을 [-1.0, 1.0] 사이의 값으로 매핑.
    speed = int(min(max(abs(value * max_pwm), 0), max_pwm))
```

3. 모바일 로봇의 모터는 2개입니다. 그래서 motor_ID에 따라 세팅할 모터를 정해야 합니다.

```
    if motor_ID == 1:
        motor = motor_left
    elif motor_ID == 2:
        motor = motor_right
    else:
        return
```

4. 이제 motor_ID에 따라 value 값을 세팅하고 모터 작동을 시작합니다.

```
    motor.setSpeed(speed)

    # 모터 작동 시작
    if value > 0:
        motor.run(Adafruit_MotorHAT.FORWARD)
    else:
        motor.run(Adafruit_MotorHAT.BACKWARD)
```

---

7 PCA9685 모터 드라이버: https://www.waveshare.com/servo-driver-hat.htm
8 모터 드라이버 라이브러리: https://github.com/adafruit/Adafruit-Motor-HAT-Python-Library

5. all_stop 함수는 양쪽 모터를 모두 멈추는 함수입니다.

```
def all_stop():
    motor_left.setSpeed(0)
    motor_right.setSpeed(0)

    motor_left.run(Adafruit_MotorHAT.RELEASE)
    motor_right.run(Adafruit_MotorHAT.RELEASE)
```

이제 이 함수들을 이용해 모터를 제어하는 메인 코드를 보겠습니다.

모터 제어 메인 코드는 **Adafruit_MotorHAT** 라이브러리를 이용해 모터 드라이버에 연결한 후 모터를 제어하는 코드로 구성돼 있습니다.

1. 우선 Adafruit_MotorHAT 라이브러리를 이용해 모터 드라이버에 연결합니다.

```
motor_driver = Adafruit_MotorHAT(i2c_bus=1)
```

2. 그리고 motor_left_ID 변수에 1, motor_right_ID에 2의 값을 주고, 이 ID에 따라 왼쪽과 오른쪽 모터 객체를 각각 설정합니다.

```
motor_left_ID = 1
motor_right_ID = 2

motor_left = motor_driver.getMotor(motor_left_ID)
motor_right = motor_driver.getMotor(motor_right_ID)
```

3. 양쪽 모터를 0.5 값으로 세팅해 작동시키고 3초간 지속하고 나서 모터를 정지시킵니다.

```
set_speed(motor_left_ID,   0.5)
set_speed(motor_right_ID,  0.5)

time.sleep(3.0)

all_stop()
```

이제 AI 모바일 로봇이 그림 9.12처럼 컵 위에 있는지 확인한 후 모터 드라이버 테스트를 해봅니다.

```
# 3초간 바퀴 작동, 직진 후 멈춤
python3 motor_test.py
```

모터 제어 테스트(2)

motor_test.py를 응용해 연속적으로 AI 모바일 로봇의 바퀴를 작동시키는 코드는
motor_test2.py에 있습니다.

1. 우선 Adafruit_MotorHAT 라이브러리를 이용해 모터 드라이버에 연결하고, motor_left_ID, motor_
   right_ID 변수에 따라 왼쪽과 오른쪽 모터 객체를 각각 설정하는 부분은 동일합니다.

   ```
   Motor_driver = Adafruit_MotorHAT(i2c_bus=1)

   motor_left_ID = 1
   motor_right_ID = 2

   motor_left = motor_driver.getMotor(motor_left_ID)
   motor_right = motor_driver.getMotor(motor_right_ID)
   ```

2. try-except 구문을 이용해 try 이후 while 문에서 양쪽 모터를 0.5 값으로 세팅해 작동시킵니다. 그
   리고 모터 작동 중 [Ctrl+C] 입력이 들어오면 바로 except 문으로 빠져서 all_stop 함수를 통해 모터
   를 정지시킵니다.

   ```
   try:
       while 1:
           set_speed(motor_left_ID,   0.5)
           set_speed(motor_right_ID,  0.5)
           time.sleep(1.0)
   except KeyboardInterrupt:
       print("key int")
       all_stop()
   ```

3. 마지막으로 프로그램이 끝나기 전에 다시 한번 확실하게 모터를 정지시킵니다.

   ```
   # 프로그램이 끝나기 전에 다시 한번 확실하게 모터를 정지시킨다.
   all_stop()
   ```

이제 AI 모바일 로봇의 모터를 [Ctrl+C] 입력이 있기 전까지 계속 작동시키는 테스트를 해봅니다.

```
# 연속 바퀴 작동, 직진하다가 [Ctrl+C]에 의해 멈춤
python3 motor_test2.py
```

파이 카메라 2 테스트

AI 모바일 로봇은 라즈베리 파이 카메라 2를 사용합니다. 그래서 8장의 USB 카메라 테스트와 유사하지만, 카메라 종류가 다르므로 gst_str이 달라집니다. OpenCV가 이미지 캡처를 위하여 사용하는 gstreamer[9]의 입력 소스를 다음 표에 정리했습니다.

표 9.2 gstreamer의 입력 소스

소스	설명
v4l2src	웹캠 및 TV 카드와 같은 v4l2 장치에서 비디오를 읽습니다.
nvarguscamera	Jetson 개발자 키트의 CSI 카메라 슬롯에서 비디오를 읽습니다.
rtspsrc	RTSP (RFC 2326) 서버에 연결하고 데이터를 읽습니다.

파이 카메라 2의 테스트 코드는 AILearningJetbot/Basic_Install/ 폴더의 pi_camera.py에서 확인할 수 있습니다.

1. VideoCapture 함수에 전달할 gst_str에 파이 카메라와 224×224의 해상도를 설정합니다. nvarguscamerasr의 화면이 뒤집혀 보이지 않게 flip-method를 0으로 설정합니다.

```
# pi 카메라2 장치와 해상도를 설정
gst_str = ("nvarguscamerasrc ! video/x-raw(memory:NVMM), width=224, height=224,
format=(string)NV12, framerate=(fraction)60/1 ! nvvidconv flip-method=0 ! video/
x-raw, width=(int)224, height=(int)224, format=(string)BGRx ! videoconvert !
video/x-raw, format=(string)BGR ! appsink")
```

---

9 https://gstreamer.freedesktop.org/

2. videoProcessing 함수는 영상 처리를 하기 위한 기본 형태를 가진 함수입니다. Video Capture 함수로 카메라와 연결을 열고, 영상을 보여주기 위한 opencv 창을 생성한 후, while 문에서 이미지 프레임을 읽어와서 한 프레임씩 보여줍니다.

```
def videoProcessing(openpath):
    cap = cv2.VideoCapture(openpath)
    if cap.isOpened():
        print("Video Opened")
    else:
        print("Video Not Opened")
        print("Program Abort")
        exit()

...

    while cap.isOpened():
        # 이미지 프레임 읽어오기
        ret, frame = cap.read()
        if ret:
            # 이미지 프로세싱 진행 후 그 결과 이미지 보여주기
            cv2.imshow("Output", frame)
        else:
            break
        if cv2.waitKey(int(1000.0/fps)) & 0xFF == ord('q'):
            break
```

이제 AI 모바일 로봇의 카메라인 파이 카메라 2를 테스트해 보겠습니다.

```
# 카메라가 정상 작동하는지 테스트
python3 pi_camera.py
```

【 출력 】

전원 모드 설정

젯봇 제품은 같은 전원에서 공급되는 전력을 젯슨 나노와 모터 보드가 나눠 쓰게 되어 있습니다. 그래서 딥러닝 연산을 위해 젯슨 나노가 전력을 최대로 끌어가면 모터가 돌지 않거나, 반대로 모터가 계속 돌다 보면 젯슨 나노의 딥러닝 연산 전력이 부족해서 젯슨 나노가 꺼지기도 하는 문제가 있습니다.

부팅 후 우측 상단의 전원 아이콘을 클릭해 [Power mode] 메뉴에서 파워 모드를 확인할 수 있습니다. MAXN으로 설정돼 있다면 최소 모드인 5W로 바꾸는 것이 좋습니다. 9장 실습용 이미지에는 파워 모드를 최소 모드인 5W로 설정해 두었으므로 바꾸지 말고 그대로 두면 됩니다.

그림 9.13 전원 모드 설정

9.2 _ 충돌 회피를 위한 자동 긴급 제동

이번 절에서는 지금까지 준비한 AI 모바일 로봇을 이용해 딥러닝 영상분석과 모바일 로봇의 주행 기능을 복합적으로 활용할 수 있는 테스트 중 가장 간단한 프로젝트를 해보겠습니다.

시나리오는 모바일 로봇이 달리다가 갑자기 전방에 장애물이 나타나면 충돌하지 않기 위해 정지하는 것입니다.

이번 테스트는 비교적 간단해 보일 수 있지만, 충돌 방지를 위한 자동 긴급 제동은 실제 자동차나 로봇에 가장 필요한 중요한 기능입니다. 미국 고속도로 안전을 위한 보험협회(IIHS: Insurance Institute for Highway Safety)에 따르면, 자동 긴급 제동 장치(AEB:

Automatic emergency braking)는 후방 추돌 사고율이 40% 감소하고, 연간 교통사고 발생률은 20%나 줄어드는 것으로 나타났으며[10], 보행자 감지 기능이 있는 AEB는 보행자 충돌 위험을 25~27%, 보행자 부상 충돌 위험을 29~30%로 크게 감소시킬 수 있다고 합니다.[11] 따라서 자동차 회사에서는 이러한 자동 긴급 제동 시스템을 필수 기능으로 개발 및 판매하고 있습니다[12](그림 9.14 참조).

그림 9.14 자동차의 자동 긴급 제동 시스템(AEB) 테스트

이번에 실습할 자동 긴급 제동은 일반 차량의 기능을 AI 모바일 로봇을 위해 최대한 축소한 것으로, 3장에서 배운 딥러닝 영상 분류 네트워크와 9.1절에서 배운 모터 작동으로할 수 있는 젯봇의 주행 기능을 적절히 활용한 프로젝트입니다.

우리가 목표하는 영상분석 모델을 활용한 충돌 회피를 위한 자동 긴급 제동 코드는 그림 9.15와 같은 기능으로 설계됩니다.

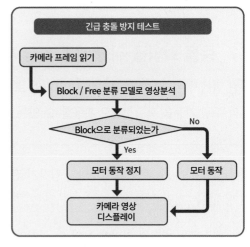

그림 9.15 자동 긴급 제동 테스트 개요

10 https://www.hyundai.co.kr/news/CONT0000000000041500

11 https://www.iihs.org/topics/bibliography/ref/2243

12 https://www.youtube.com/watch?v=Qu65Cwv27I4

이러한 자동 긴급 제동 기능을 개발하기 위해 이 책에서 학습한 영상분석 모델을 데이터 수집부터 모델의 훈련 및 추론하기 위한 프로그램 코드를 설계해서 개발하는 것까지 전체 프로세스를 경험해 보겠습니다.

충돌 회피를 위한 상황 데이터 수집

이번에 개발할 기능의 시나리오는 AI 모바일 로봇 앞에 장애물이 없으면 달리고, 전면에 장애물이 있으면 정지하는 것입니다. 이러한 상황 분류를 우리는 장애물이 있는 상황 영상과 그렇지 않은 영상 2가지로 분류 모델을 만들어 AI 모바일 로봇의 카메라로 장애물이 있는 상황과 없는 상황을 실시간으로 분류해 장애물이 있다고 분류됐을 때 충돌하지 않기 위해 긴급 제동을 하도록 제어할 수 있습니다. 우선 장애물이 있는 상황과 없는 상황에 대한 영상 데이터세트가 필요합니다.

이 장애물 상황 분류 데이터세트를 만들기 위한 많은 양의 데이터가 필요할 텐데, 이번 프로젝트에서는 테스트를 용이하게 하기 위해 장애물로 A4 용지를 사용하려고 합니다. 카메라 앞을 막지 않고 주변을 돌아보며 사진을 찍은 후, A4 용지로 카메라 앞을 막고 추가로 찍어 보겠습니다. A4 용지가 없으면 손에 들기 편한 책이나 공책을 사용해도 좋습니다.

장애물 상황 분류를 위한 데이터 수집 코드

장애물 상황 분류 데이터 수집을 하기 위한 전체 코드는 `AILearningJetbot` 폴더 아래 있는 `AEBrake` 폴더의 `aeb_data_collection.py`에 있습니다.

데이터 수집 준비

먼저 데이터 수집 준비 코드를 살펴보겠습니다.

장애물 상황 분류를 위해 카메라에서 데이터를 수집하기 위한 준비를 시작해 보겠습니다.

1. 카메라를 사용해 데이터를 수집해야 하기 때문에 젯슨 나노에서 정해져 있는 opencv에서 pi 카메라 입력 설정 문자열을 준비합니다.

```
camdev_str = ("nvarguscamerasrc ! video/x-raw(memory:NVMM), width=(int)224,
height=(int)224, format=(string)NV12, framerate=(fraction)60/1 ! nvvidconv flip-
method=0 ! video/x-raw, width=(int)224, height=(int)224, format=(string)BGRx !
videoconvert ! video/x-raw, format=(string)BGR ! appsink")
```

2. 장애물 상황은 blocked, 열린 상황은 free로 폴더 이름을 지정합니다.

```
blocked_dir = 'dataset/blocked'
free_dir = 'dataset/free'

save_block=0 # 0: free, 1:block
```

3. filename_free 함수는 free 폴더에 들어갈 파일 이름 지정 함수입니다.

```
def filename_free():
    global free_dir, free_count
    free_count= len(os.listdir(free_dir))
    image_path = os.path.join(free_dir, str(uuid1()) + '.jpg')
    return image_path
```

4. filename_blocked 함수는 blocked 폴더에 들어갈 파일 이름 지정 함수입니다.

```
def filename_blocked():
    global blocked_dir, blocked_count
    blocked_count= len(os.listdir(blocked_dir))
    image_path = os.path.join(blocked_dir, str(uuid1()) + '.jpg')
    return image_path
```

사진 데이터 수집

장애물이 있는 상황과 없는 상황 분류를 위한 사진 데이터를 수집하는 코드는 다음과 같습니다.

1. Video 함수는 영상 데이터 수집 함수입니다. 먼저 카메라로부터 이미지를 갖고 오기 위해 카메라 연결을 시작합니다.

```
def Video(openpath):
    # 카메라로부터 이미지를 갖고 오기 위해 연결 열기
    cap = cv2.VideoCapture(openpath)
    if cap.isOpened():
        print("Video Opened")
    else:
        print("Video Not Opened")
        print("Program Abort")
        exit()
```

2. 상황 데이터 수집을 위해 's'를 입력하라고 가이드합니다. 이때 save_block이 1이면 장애물 상황, 0이면 열린 상황의 수집입니다.

```
print(save_block)
if save_block == '1':
    print("push s button to save blocked image.")
else:
    print("push s button to save free image.")
```

3. 이미지 프레임을 읽어옵니다.

```
try:
    while cap.isOpened() and bExit == 0:
        # 이미지 프레임 읽어오기
        ret, frame = cap.read()
        if ret:
            cv2.imshow("Input", frame)
        else:
            break
```

4. 's' 자 입력이 들어오면 save_block에 따라 이미지를 저장하는데, 1이면 filename_blocked 함수에서 얻어온 이름으로, 0이면 filename_free 함수에서 얻어온 이름으로 이미지 파일을 저장합니다.

```python
if cv2.waitKey(int(1000.0/fps)) & 0xFF == ord('s'):
    if save_block == '1':
        filename = filename_blocked()
    else:
        filename = filename_free()

    print(filename)
    cv2.imwrite(filename, frame)
```

5. [Ctrl+C] 인터럽트가 들어오면 종료합니다.

```python
except KeyboardInterrupt:
    print("key int")
    cap.release()
    cv2.destroyAllWindows()
    time.sleep(0.5)
    return
```

메인 블록

장애물 상황 분류를 위한 데이터 수집 코드의 메인 블록에서는 인잣값 처리와 데이터 수집 폴더생성 후 영상 데이터 수집 프로세싱을 시작합니다.

1. 메인 함수가 시작될 때 인자에 따라 save_block 변숫값을 설정합니다.

```python
if __name__ == "__main__":
    save_block = sys.argv[1]
```

2. 데이터 수집 폴더를 생성합니다.

```python
try:
    os.makedirs(free_dir)
    os.makedirs(blocked_dir)
except FileExistsError:
    print('Directories not created because they already exist')
```

3. 영상 데이터 수집 프로세싱을 위해 Video 함수를 호출합니다.

```
Video(gst_str)
```

열린 상황 데이터 수집

젯봇이 전진할 때 장애물이 전혀 없는 열린 상황의 데이터를 수집하고자 합니다.

젯슨 나노 터미널에서 다음 명령으로 데이터 수집을 시작할 수 있습니다.

```
cd ~/AILearningJetbot/AEBrake

# 열린 상황 데이터 수집을 시작하기 위해 파이썬 파일을 실행시키되, 인자로 0을 준다.
python3 aeb_data_collection.py 0
```

파이썬 파일을 실행하면 카메라 영상이 뜨는데, 이 영상을 1회 클릭한 후 그림 9.16과 같이 장애물 없는 다양한 열린 상황 데이터 수집을 위해 's' 키를 눌러줍니다.

그림 9.16 장애물 없는 열린 상황의 데이터를 수집

카메라 화면에서 's' 키 이벤트를 받을 때마다 새로운 이름의 데이터 파일이 저장됩니다 (그림 9.17).

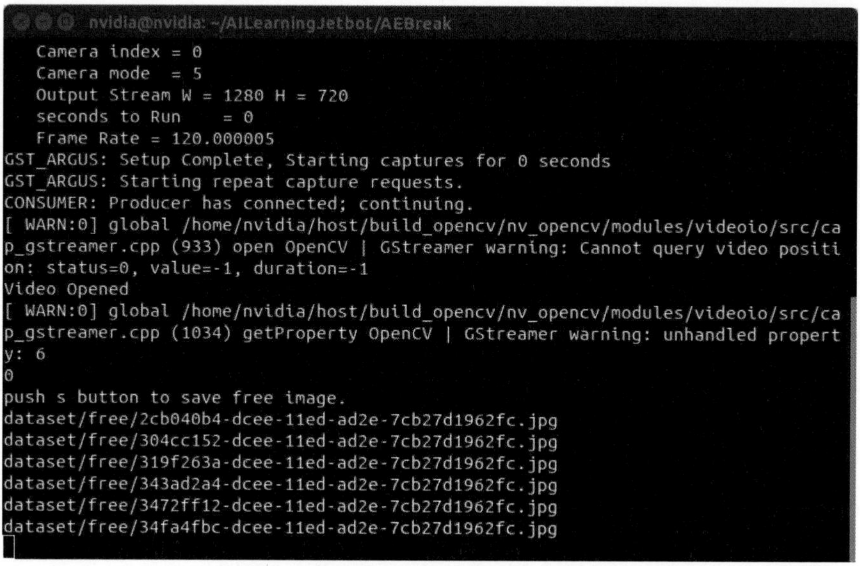

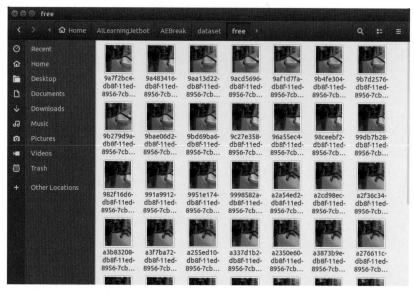

```
Camera index = 0
Camera mode = 5
Output Stream W = 1280 H = 720
seconds to Run    = 0
Frame Rate = 120.000005
GST_ARGUS: Setup Complete, Starting captures for 0 seconds
GST_ARGUS: Starting repeat capture requests.
CONSUMER: Producer has connected; continuing.
[ WARN:0] global /home/nvidia/host/build_opencv/nv_opencv/modules/videoio/src/ca
p_gstreamer.cpp (933) open OpenCV | GStreamer warning: Cannot query video positi
on: status=0, value=-1, duration=-1
Video Opened
[ WARN:0] global /home/nvidia/host/build_opencv/nv_opencv/modules/videoio/src/ca
p_gstreamer.cpp (1034) getProperty OpenCV | GStreamer warning: unhandled propert
y: 6
0
push s button to save free image.
dataset/free/2cb040b4-dcee-11ed-ad2e-7cb27d1962fc.jpg
dataset/free/304cc152-dcee-11ed-ad2e-7cb27d1962fc.jpg
dataset/free/319f263a-dcee-11ed-ad2e-7cb27d1962fc.jpg
dataset/free/343ad2a4-dcee-11ed-ad2e-7cb27d1962fc.jpg
dataset/free/3472ff12-dcee-11ed-ad2e-7cb27d1962fc.jpg
dataset/free/34fa4fbc-dcee-11ed-ad2e-7cb27d1962fc.jpg
```

그림 9.17 장애물 없는 열린 상황의 데이터를 수집

데이터를 수집하고 나면 **AILearningJetbot/AEBrake/free** 폴더에 그림 9.18과 같이 다양한 열린 상황의 사진 데이터가 수집돼 있는 것을 확인할 수 있습니다. 이런 식으로 70장 정도 수집해 줍니다.

그림 9.18 장애물이 없는 다양한 상황 데이터를 수집한 폴더

장애물로 막힌 상황 데이터 수집

이번에는 다음 명령으로 장애물이 있는 데이터 수집을 시작하기 위해 [Ctrl+C]를 눌러서 이전의 데이터를 수집하던 파이썬 프로그램을 중지시킵니다. 그리고 장애물 상황 데이터 수집을 시작하기 위해 파이썬 파일을 실행시키되, 인자로 1을 줍니다.

```
# block 상황 데이터 수집 시작
python3 aeb_data_collection2.py 1
```

파이썬 파일을 실행하면 카메라 영상이 뜨는데, 여기서도 이 영상 창을 1회 클릭한 후 그림 9.19와 같이 장애물이 있는 다양한 상황 데이터 수집을 위해 's' 키를 눌러줍니다.

그림 9.19 장애물이 있는 막힌 상황의 데이터를 수집

데이터를 수집하고 나면 **AILearningJetbot/AEBrake/blocked** 폴더에 그림 9.20과 같이 다양한 열린 상황의 사진 데이터가 수집된 것을 확인할 수 있습니다. 이런 식으로 70장 정도 수집해 줍니다.

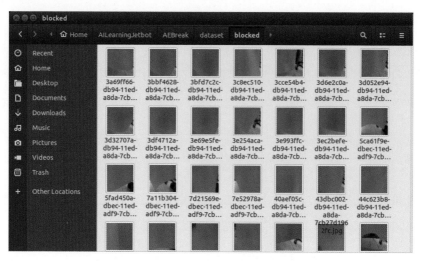

그림 9.20 장애물로 앞을 막고 데이터를 수집

데이터 수집이 끝났으니 모델을 위한 훈련을 시작해 보겠습니다.

AlexNet 네트워크로 훈련

3장에서 학습한 AlexNet은 최초의 ILSVLC에서 CNN을 활용해 우승한 이미지 분석 네트워크입니다. 즉, 그림 9.21과 같이 이후로 꾸준히 발전한 CNN 분류 모델의 시발점이라고 할 수 있습니다.

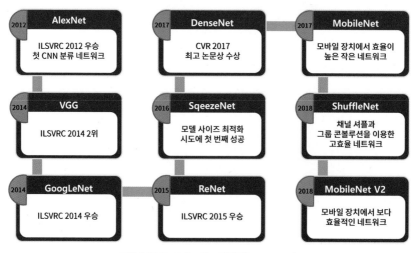

그림 9.21 CNN 네트워크의 발전(2012~2018)

AI 모바일 로봇에서 찍은 데이터에 대해 장애물로 막혔는지 열려 있는지의 상황을 분류하는 모델로 훈련하기 위해 이 AlexNet을 이용해 보겠습니다.

AlexNet으로 훈련하기 위한 이번 실습의 예제 코드는 **AILearningJetbot** 폴더 아래의 **/AEBrake/** 폴더의 **train_aeb_model.py** 파일에 있으며 다음과 같이 훈련을 시작합니다.

상황 분류 모델 훈련 코드

이제 상황 분류 모델 훈련을 위한 코드를 준비한 후 훈련해 모델을 완성하겠습니다. 이번에는 매우 간단한 모델이므로 젯슨 나노의 GPU를 이용해 바로 훈련을 해보겠습니다.

준비

1. 파이토치, 최적화 패키지 torch.optim, 그리고 신경망 함수 패키지 torch.nn.func tional을 임포트합니다. 다음으로 토치비전 패키지 torchvision, 데이터세트 패키지 torchvision.datasets, 모델 패키지 torchvision.models, 그리고 트랜스폼 패키지 torchvision.transforms를 임포트합니다. [13]

```
import torch
import torch.optim as optim
import torch.nn.functional as F
import torchvision
import torchvision.datasets as datasets
import torchvision.models as models
import torchvision.transforms as transforms
```

2. 이미지 처리 패키지 PIL과 파일명 패턴 매칭 패키지 glob 등을 임포트하고, 진행률을 보기 위한 tqdm 패키지도 임포트합니다. [14]

---

13 torch.optim: https://pytorch.org/docs/stable/optim.html
torchvision: https://pytorch.org/vision/stable/index.html
torchvision.datasets: https://pytorch.org/vision/stable/datasets.html
torchvision.models: https://pytorch.org/vision/stable/models.html
torchvision.transforms: https://pytorch.org/vision/stable/transforms.html
14 PIL: https://ko.wikipedia.org/wiki/Python_Imaging_Library
glob: https://docs.python.org/ko/3/library/glob.html
tqdm: https://github.com/tqdm/tqdm

```
import glob
import PIL.Image
import os
import numpy as np
from tqdm import tqdm
```

3. get_lr은 최적화 인자 그룹으로부터 학습률을 확인하는 함수입니다.

```
def get_lr(optimizer):
    for param_group in optimizer.param_groups:
        return param_group['lr']
```

4. 이미지 폴더 'dataset'으로부터 파일을 읽어와서 딥러닝 입력을 위한 전처리를 위해 랜덤 색상 증강 함수인 transforms.ColorJitter[15], 크기 변형, 정규화를 실행합니다.

```
dataset = datasets.ImageFolder(
    'dataset',
    transforms.Compose([
        transforms.ColorJitter(0.1, 0.1, 0.1, 0.1),
        transforms.Resize((224, 224)),
        transforms.ToTensor(),
        transforms.Normalize([0.485, 0.456, 0.406], [0.229, 0.224, 0.225])
    ])
)
```

5. 데이터 파일을 80:20의 비율로 훈련 데이터와 테스트 데이터로 랜덤하게 나눕니다.

```
train_dataset, test_dataset = torch.utils.data.random_split(
    dataset, [len(dataset) - 50, 50]
)
```

6. train_loader는 훈련 데이터로부터 훈련 데이터세트를 로딩합니다.

```
train_loader = torch.utils.data.DataLoader(
    train_dataset,
    batch_size=16,
```

---

15 transforms.ColorJitter: https://pytorch.org/vision/main/generated/torchvision.transforms.ColorJitter.html

```
    shuffle=True,
    num_workers=4
)
```

7. test_loader는 테스트 데이터세트를 로드합니다.

```
test_loader = torch.utils.data.DataLoader(
    test_dataset,
    batch_size=16,
    shuffle=True,
    num_workers=4
)
```

이제 본격적으로 AlexNet으로 훈련하기 위한 이번 실습의 예제 코드를 살펴보겠습니다.

훈련

상황 분류 모델을 미리 훈련된 AlexNet의 가중치 파일을 이용해 훈련합니다.

1. pretrained를 True로 설정해 models.alexnet 함수를 실행함으로써 torchvision.models 패키지의 미리 훈련된 가중치 파일을 다운로드해 전이학습을 합니다. 그리고 이 모델의 분류 계층은 2개 클래스로 분류하게 지정합니다.

```
model = models.alexnet(pretrained=True)

model.classifier[6] = torch.nn.Linear(model.classifier[6].in_features, 2)
```

2. 이 모델을 훈련하는 연산 장치로 GPU를 이용하게 합니다.

```
device = torch.device('cuda')
model = model.to(device)
```

3. 훈련하고자 하는 총에포크 수, 훈련 결과 모델 파일 이름 등을 지정합니다.

```
NUM_EPOCHS = 30
BEST_MODEL_PATH = 'best_model.pth'
best_accuracy = 0.0
```

4. 최적화 함수로 SGD를 사용하며, 학습률은 0.001, 모멘텀은 0.9를 지정합니다.

```
optimizer = optim.SGD(model.parameters(), lr=0.001, momentum=0.9)
```

5. 지정된 에포크 수만큼 for 루프를 돌며 모델을 훈련합니다.

먼저 train_loader에서 배치 사이즈만큼 훈련 데이터 이미지와 라벨을 받아내 모델 연산을 합니다. 모델 결괏값과 라벨을 이용해 교차 엔트로피 함수로 손실값을 계산한 후 역전파와 순전파를 수행합니다. 현재 에포크의 훈련 손실 평균값을 저장합니다.

```
for epoch in range(NUM_EPOCHS):
    train_loss = 0.0
    for images, labels in iter(train_loader):
        images = images.to(device)
        labels = labels.to(device)
        optimizer.zero_grad()
        outputs = model(images)
        loss = F.cross_entropy(outputs, labels)
        train_loss += float(loss)
        loss.backward()
        optimizer.step()
    train_loss /= len(train_loader)
```

6. test_loader에서 배치 사이즈만큼 검증 데이터 이미지와 라벨을 받아내 모델 연산을 합니다. 모델 결괏값과 라벨을 이용해 교차 엔트로피 함수로 손실값을 계산합니다. 현재 에포크의 검증 손실 평균값을 저장합니다.

```
    test_loss = 0.0
    for images, labels in iter(test_loader):
        images = images.to(device)
        labels = labels.to(device)
        outputs = model(images)
        test_error_count += float(torch.sum(torch.abs(labels - outputs.argmax(1))))
        loss = F.cross_entropy(outputs, labels)
        test_loss += float(loss)
    test_loss /= len(test_loader)
```

7. 검증 손실값을 이용해 검증 정확도 test_accuracy를 계산합니다.

```
test_accuracy = 1.0 - float(test_error_count) / float(len(test_dataset))
```

8. test_accuracy가 best_accuracy보다 크면 현재 모델의 가중치를 훈련 결과 모델 파일 이름으로 저장합니다.

```
if test_accuracy > best_accuracy:
    torch.save(model.state_dict(), BEST_MODEL_PATH)
    best_accuracy = test_accuracy
```

손실값 그래프 그리기

손실값이 제대로 감소했는지 확인하기 위해 그래프를 그립니다. 앞의 학습 단계에서 선언하고 에포크를 진행하면서 저장한 훈련 손실값 리스트(**train_loss_list**)와 테스트 손실값 리스트(**test_loss_list**)를 이용해 꺾은선 그래프를 그립니다.

```
# matplotlib 패키지 임포트
import matplotlib.pyplot as plt

# 훈련 손실 그래프(파란색)와 테스트 손실 그래프(빨간색)를 그린다.
plt.plot(epoch_list, train_loss_list, '-b', label='train_loss_list')
plt.plot(epoch_list, test_loss_list, '-r', label='test_loss')

plt.xlabel("n iteration")
plt.legend(loc='upper left')

# 보여준다.
plt.show()
```

상황 분류 모델 훈련 실행

젯슨 나노 터미널에서 다음 명령으로 훈련을 시작할 수 있습니다.

```
cd ~/AILearningJetbot/AEBrake
python3 train_aeb_model.py
```

【 훈련 출력 】

```
0: 1.000000
1: 1.000000
2: 1.000000
3: 1.000000
4: 1.000000
5: 1.000000

...

25: 1.000000
26: 1.000000
27: 1.000000
28: 1.000000
29: 1.000000
```

【 손실 그래프 출력 】

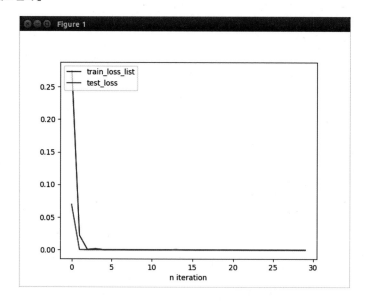

학습이 끝나면 best_model.pth라는 이름으로 모델 파일이 저장됩니다. 이 파일이 바로
이번 긴급 충돌 회피 테스트에 사용할 상황 분류 모델입니다.

충돌 회피를 위한 자동 긴급 제동 코드

이제 훈련된 모델 파일을 활용해 젯슨 나노에서 긴급 제동을 하는 코드를 작성하겠습니다.

이번 테스트에서 AI 모바일 로봇은 일반 상황에서는 달리다가 장애물로 막혀 있는 상황에서는 충돌을 방지하도록 긴급 제동을 합니다. 이를 위해서는 카메라 영상을 사용하는 AlexNet 추론 테스트 코드뿐만 아니라 바퀴 모터 제어 코드가 필요합니다. 자동 긴급 제동 전체 코드는 aeb_live_demo.py에 있습니다.

전체 코드

먼저 전체 코드를 보겠습니다.

```
gst_str = ("nvarguscamerasrc ! video/x-raw(memory:NVMM), width=(int)224,
height=(int)224, format=(string)NV12, framerate=(fraction)60/1 ! nvvidconv flip-
method=0 ! video/x-raw, width=(int)224, height=(int)224, format=(string)BGRx !
videoconvert ! video/x-raw, format=(string)BGR ! appsink")

import cv2
import numpy as np
from Adafruit_MotorHAT import Adafruit_MotorHAT
import torch
import torchvision
import torch.nn.functional as F
import time

mean = 255.0 * np.array([0.485, 0.456, 0.406])
stdev = 255.0 * np.array([0.229, 0.224, 0.225])

normalize = torchvision.transforms.Normalize(mean, stdev)

def preprocess(camera_value):
    global device, normalize
    x = camera_value
    x = cv2.cvtColor(x, cv2.COLOR_BGR2RGB)
```

```
    x = x.transpose((2, 0, 1))
    x = torch.from_numpy(x).float()
    x = normalize(x)
    x = x.to(device)
    x = x[None, ...]
    return x

def imageProcessing(frame):
    x = preprocess(frame)
    y = model(x)
y = F.softmax(y, dim=1)
    prob_blocked = float(y.flatten()[0])
    if prob_blocked < 0.5:
        set_speed(motor_left_ID,   0.5)
        set_speed(motor_right_ID,  0.5)
    else:
        all_stop()
    return

def set_speed(motor_ID, value):
    max_pwm = 115.0
    speed = int(min(max(abs(value * max_pwm), 0), max_pwm))
    if motor_ID == 1:
        motor = motor_left
    elif motor_ID == 2:
        motor = motor_right
    else:
        return
    motor.setSpeed(speed)
    if value > 0:
        motor.run(Adafruit_MotorHAT.FORWARD)
    else:
        motor.run(Adafruit_MotorHAT.BACKWARD)

def all_stop():
    motor_left.setSpeed(0)
    motor_right.setSpeed(0)
    motor_left.run(Adafruit_MotorHAT.RELEASE)
```

```python
        motor_right.run(Adafruit_MotorHAT.RELEASE)

def Video(openpath, savepath=None):
    cap = cv2.VideoCapture(openpath)
    if cap.isOpened():
        print("Video Opened")
    else:
        print("Video Not Opened")
        print("Program Abort")
        exit()
    fps = cap.get(cv2.CAP_PROP_FPS)
    width = int(cap.get(cv2.CAP_PROP_FRAME_WIDTH))
    height = int(cap.get(cv2.CAP_PROP_FRAME_HEIGHT))
    fourcc = int(cap.get(cv2.CAP_PROP_FOURCC))
    cv2.namedWindow("Output", cv2.WINDOW_GUI_EXPANDED)
    try:
        while cap.isOpened():
            ret, frame = cap.read()
            if ret:
                imageProcessing(frame)
                cv2.imshow("Output", frame)
            else:
                break
            if cv2.waitKey(int(1000.0/fps)) & 0xFF == ord('q'):
                break

    except KeyboardInterrupt:
        print("key int")
        all_stop()
        cap.release()
        cv2.destroyAllWindows()
        return

    all_stop()
    cap.release()
    cv2.destroyAllWindows()
    return
```

```
model = torchvision.models.alexnet(pretrained=False)
model.classifier[6] = torch.nn.Linear(model.classifier[6].in_features, 2)
print("alexnet")
model.load_state_dict(torch.load('best_model.pth'))
print("best_model.pth")
device = torch.device('cuda')
model = model.to(device)
motor_driver = Adafruit_MotorHAT(i2c_bus=1)
motor_left_ID = 1
motor_right_ID = 2
motor_left = motor_driver.getMotor(motor_left_ID)
motor_right = motor_driver.getMotor(motor_right_ID)
print("motor_driver ready")

Video(gst_str)
```

코드 각부 설명

긴급 제동 코드의 각 부분을 다음 순서로 설명하겠습니다.

- 딥러닝 프로세싱

- 비디오 프로세싱 함수

- 바퀴 모터 제어

- 메인 블록

딥러닝 프로세싱

1. 젯슨 나노에서 정해진 opencv에서 사용할 파이 카메라 입력 설정 문자열입니다.

```
gst_str = ("nvarguscamerasrc ! video/x-raw(memory:NVMM), width=(int)224,
height=(int)224, format=(string)NV12, framerate=(fraction)60/1 ! nvvidconv flip-
method=0 ! video/x-raw, width=(int)224, height=(int)224, format=(string)BGRx !
videoconvert ! video/x-raw, format=(string)BGR ! appsink")
```

2. torchvision의 transofrms.Normalize()는 채널별 평균(mean)을 뺀 뒤 표준편차(std)로 나누어
   정규화를 진행합니다.

   preprocess 함수는 BGR에서 RGB로의 채널 변경과 이러한 정규화와 영상 프레임을 포함해 딥러닝
   모델에 입력 데이터로 사용하기 위한 전처리 함수입니다.

```python
# R채널 평균, G채널 평균, B채널 평균
mean = 255.0 * np.array([0.485, 0.456, 0.406])
# R채널 표준편차, G채널 표준편차, B채널 표준편차
stdev = 255.0 * np.array([0.229, 0.224, 0.225])

normalize = torchvision.transforms.Normalize(mean, stdev)

def preprocess(camera_value):
    global device, normalize
    x = camera_value
    x = cv2.cvtColor(x, cv2.COLOR_BGR2RGB)
    x = x.transpose((2, 0, 1))
    x = torch.from_numpy(x).float()
    x = normalize(x)
    x = x.to(device)
    x = x[None, ...]
    return x
```

3. imageProcessing 함수는 딥러닝 프로세싱 및 긴급 충돌 방지 처리 역할을 하는 함수입니다. 우선 입
   력 프레임을 preprocess 함수로 전처리한 후 모델에 입력해 계산을 수행합니다.

```python
def imageProcessing(frame):
    # 입력 데이터 전처리
    x = preprocess(frame)
    # 입력 데이터 넣고 모델 계산
    y = model(x)
```

4. 모델의 계산 결과에 softmax 함수를 적용해 출력 벡터를 정규화해 합이 1이 되게 합니다. 이로써 확률
   분포가 된 y 값을 벡터화한 후 0번째 값을 장애물로 막혔을 확률 prob_blocked로 사용하게 합니다.

```python
y = F.softmax(y, dim=1)

prob_blocked = float(y.flatten()[0])
```

5. 막혔을 확률이 50%보다 낮으면 모바일 로봇을 전진시키고, 그렇지 않으면 정지합니다.

```
if prob_blocked < 0.5:
    set_speed(motor_left_ID,   0.5)
    set_speed(motor_right_ID,  0.5)
else:
    all_stop()
return
```

비디오 프로세싱 함수

1. Video 함수는 영상 데이터를 읽어 들여 특정 처리한 후 화면에 보여주는 프로세싱 함수입니다.

인자로 들어온 openpath를 cv2.VideoCapture 함수에 입력해 카메라나 영상으로부터 이미지를 가져오기 위해 연결을 열어줍니다.

```
def Video(openpath, savepath=None):
    # 카메라나 영상으로부터 이미지를 가져오기 위해 연결 열기
    cap = cv2.VideoCapture(openpath)
    if cap.isOpened():
        print("Video Opened")
    else:
        print("Video Not Opened")
        print("Program Abort")
        exit()
    fps = cap.get(cv2.CAP_PROP_FPS)
    width = int(cap.get(cv2.CAP_PROP_FRAME_WIDTH))
    height = int(cap.get(cv2.CAP_PROP_FRAME_HEIGHT))
    fourcc = int(cap.get(cv2.CAP_PROP_FOURCC))
    cv2.namedWindow("Output", cv2.WINDOW_GUI_EXPANDED)
```

2. try 문 안에서 while 문을 시작하되, cap.isOpened 함수가 True를 반환하는 동안 루프를 돌게 합니다. while 문 안에서는 cap.read 함수를 이용해 이미지 프레임 읽어와서 imageProcessing 함수를 호출해 프로세싱을 진행한 후 그 결과 이미지를 보여줍니다. 하지만 더 이상 읽을 프레임이 없거나 'q'를 입력하면 break로 빠져나갑니다.

```
try:
    while cap.isOpened():
```

```
        # 이미지 프레임 읽어오기
        ret, frame = cap.read()
        if ret:
            # 이미지 프로세싱을 진행한 후 그 결과 이미지 보여주기
            imageProcessing(frame)
            cv2.imshow("Output", frame)
        else:
            break

        if cv2.waitKey(int(1000.0/fps)) & 0xFF == ord('q'):
            break
```

3. [Ctrl+C] 입력으로 키 인터럽트가 발생하면 모터 작동을 멈추고 프로그램 종료 후 사용한 리소스, 즉 모터와 카메라를 해제합니다.

```
    except KeyboardInterrupt:
        print("key int")
        all_stop()
        cap.release()
        cv2.destroyAllWindows()
        return
```

4. 프로그램 종료 시에도 사용한 리소스를 모두 해제해 줍니다.

```
    all_stop()
    cap.release()
    cv2.destroyAllWindows()
    return
```

바퀴 모터 제어

바퀴 모터 제어를 위해 Adafruit_MotorHAT 패키지를 임포트합니다.

```
# 패키지 임포트
from Adafruit_MotorHAT import Adafruit_MotorHAT
```

모터 드라이버를 초기화하고 모터 변수들을 초기화합니다(메인 블록 뒷부분).

```
# 모터 드라이버 시작
motor_driver = Adafruit_MotorHAT(i2c_bus=1)

motor_left_ID = 1
motor_right_ID = 2

motor_left = motor_driver.getMotor(motor_left_ID)
motor_right = motor_driver.getMotor(motor_right_ID)
```

그리고 전방이 장애물로 막혔는지 아닌지의 상황에 대한 판단 결과에 따라 바퀴 모터를 구르거나 멈추도록 제어하는 코드를 추가해야 합니다. 장애물로 막혔을 확률을 나타내는 **prob_blocked** 변수가 0.5보다 낮으면 직진하고, 그렇지 않으면 정지합니다(**imageProcessing** 함수 뒷부분).

```
if prob_blocked < 0.5:
    set_speed(motor_left_ID,   0.5)
    set_speed(motor_right_ID,  0.5)
else:
    all_stop()
```

메인 블록

1. torchvision.models 패키지에서 AlexNet 네트워크를 로딩하고 그 모델의 6번째 분류 레이어에서 계산 결과가 2개 클래스로 분류되게 합니다.

```
model = torchvision.models.alexnet(pretrained=False)
model.classifier[6] = torch.nn.Linear(model.classifier[6].in_features, 2)
```

2. best_model.pth 모델 파일의 가중치를 불러들이고 모델의 연산은 GPU에서 수행되게 지정합니다.

```
model.load_state_dict(torch.load('best_model.pth'))
print("best_model.pth")
device = torch.device('cuda')
model = model.to(device)
```

3. 모터 드라이버를 시작합니다.

```
motor_driver = Adafruit_MotorHAT(i2c_bus=1)

motor_left_ID = 1
motor_right_ID = 2

motor_left = motor_driver.getMotor(motor_left_ID)
motor_right = motor_driver.getMotor(motor_right_ID)
```

4. 영상 딥러닝 프로세싱을 위해 Video 함수를 호출합니다.

```
Video(gst_str)
```

AI-모바일 로봇 자동 긴급 제동 테스트

이제 긴급 충돌 방지 테스트를 해보려고 합니다. 그런데 이러한 딥러닝과 모터를 사용하는 예제 실행 전에는 항상 모바일 로봇을 껐다가 켜주는 것이 좋습니다.

모바일 로봇을 새로 시작한 후 훈련 결과 모델 파일이 있는 **AEBrake** 폴더로 이동합니다.

```
# 긴급 충돌 방지 폴더로 이동
cd AILearningJetbot/AEBrake
```

긴급 충돌 방지 기능을 기본적으로 테스트하기 위해, 우선 '충돌 회피를 위한 상황 데이터 수집'에서 데이터를 수집하던 것처럼 모바일 로봇을 종이컵에 올려놓고 테스트를 시작해 보겠습니다.

```
python3 aeb_live_demo.py
```

파이썬 코드를 실행하면 모델 로딩과 모터 드라이버 로딩에 적지 않은 시간이 소요되지만, 1분 정도 기다리면 화면이 뜨며 카메라 전면에 장애물이 없으면 바퀴가 돌기 시작합니다. 이때 장애물 수집 때 사용했던 것과 같은 것을(이 책에서는 A4 용지를 사용했습니다) 카메라 전면에 놓으면 바퀴가 정지하는 것을 볼 수 있습니다(그림 9.22).

그림 9.22 기본 긴급 충돌방지 테스트(종이컵 위에서 테스트)[16]

이번 테스트에서 문제없이 작동했다면 그 상태 그대로 모니터와 이더넷 케이블, 전원 케이블 등을 모두 해제하고 바닥에서 작동시킵니다. 그림 9.23과 같이 모바일 로봇은 전면에 장애물이 없으면 달리다가 역시 장애물(이 테스트에서는 A4 용지)을 앞에 놓으면 정지하는 것을 볼 수 있습니다.

그림 9.23 긴급 충돌 방지 테스트(바닥에서 주행하면서 테스트)

---

16 참조 영상: https://www.youtube.com/watch?v=QOwa2tuVGUg

이로써 젯봇에서 가장 간단한 딥러닝과 주행 기능을 활용하는 기능을 개발해 봤습니다. 간단하다고는 하지만, 사실 딥러닝 분류 네트워크를 데이터 수집부터 모델 훈련, 그리고 실제 장비에 모델을 다운로드해 추론하며 기능을 구현하는 것까지 모든 프로세스를 경험해 본 것입니다.

이런 테스트를 이해하고 익혀 두면 신호등을 인식시켜 빨간 신호일 때 멈추는 기능을 개발할 수도 있고 속도 제한 표지판 등을 인식해 주행 속도를 제어하는 등 다양한 기능에 활용할 수 있습니다.

질의응답 프로젝트 Q&A

Q: 더 복잡한 상황을 인지하고 긴급 제동을 할 때도 분류 모델만으로 가능할까요?

A: 일반적으로 정확한 작업을 요구하는 자율주행 차량이나 로봇이 상황을 인지하려고 하면 1차적으로는 이미지 분할 모델을 이용한 자유공간 인지, 그리고 객체 감지 모델을 이용해 전방 시야를 큰 단위로 분석하고 2차적으로 상세 분석을 위해 분류 모델을 쓰게 됩니다.

9.3 _ 팔로잉봇

이번 절에서는 젯봇을 이용해 고양이나 사람을 따라가는 팔로잉봇을 개발하는 테스트를 해보겠습니다. 팔로잉봇은 기능 개발만 잘해 놓으면 로봇의 형태에 따라 무인 카트, 군집 주행, 애완 로봇 등으로 확장 개발이 가능하기 때문에 상당히 유용한 프로젝트가 될 수 있습니다.

이번 미니 프로젝트의 팔로잉봇 테스트 코드는 그림 9.24와 같이 모바일 로봇이 전면에 목표 대상이 보이면 그 방향으로 따라가는 기능으로 설계됐습니다.

이 팔로잉봇 테스트는 첫 번째로는 미리 훈련된 COCO 데이터세트[17] 객체 인식 모델을 내려받아서 고양이 대상 팔로잉봇을 테스트해 보고, 두 번째로는 6장에서 훈련해 놓은 SSD 객체 인식 모델을 이용해 사람 대상 팔로잉봇을 테스트해 보려고 합니다.

---

17 COCO 데이터세트: https://cocodataset.org/#home

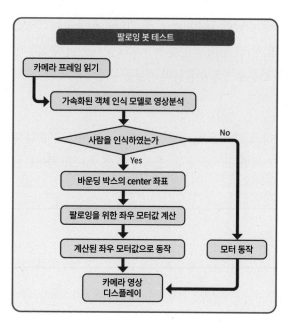

그림 9.24 팔로잉봇 테스트 개요

추론 가속화 엔진 라이브러리

이번 프로젝트에서는 미리 훈련된 객체 인식 모델과 8장의 SSD 사물 인지 CCTV 프로젝트에서 만들었던 딥러닝 모델을 그대로 사용하고자 합니다.

CCTV는 움직이지 않기 때문에 추론 속도가 10fps 정도만 돼도 사용하는 데 크게 문제가 없습니다. 하지만 이번 절에서는 젯봇이 직접 움직이면서 움직이는 대상을 인식해야 하고 심지어 그 대상이 무엇인지, 어디에 있는지에 따라 젯봇 자체도 작동을 결정해서 시행까지 해야 하기 때문에 추론 속도에 지연이 있다면 크게 문제가 생깁니다. 따라서 이번 장의 프로젝트에서는 앞서 언급한 추론 가속화 엔진, TensorRT를 사용해 보겠습니다.

TensorRT 사용을 위해 제공되는 SDK는 일반적으로 사용하기가 어렵고 까다롭기 때문에 엔비디아는 딥스트림(Deep Stream)[18]이나 jetson-inference[19]와 같은 라이브러리를 추

18 딥스트림(Deep Stream): https://developer.nvidia.com/deepstream-sdk
19 jetson-inference: https://github.com/dusty-nv/jetson-inference

천합니다. 이 책에서는 엔비디아에서 딥러닝 추론을 위해 배포하는 jetson-inference 라이브러리를 사용하고자 하며, 이번 9장에서 사용하는 이미지에는 젯팩 4.5.1에 맞는 버전으로 미리 설치돼 있습니다.

가속화 엔진 사용 라이브러리의 객체 인식 기본 예제 실행

새로운 터미널 창을 열어서 jetson-inference 라이브러리의 객체 인식 기본 예제를 테스트해 봅니다. 참고로 최초의 테스트는 모델 파일이 TensorRT로 실행할 수 있는 형태로의 변환 과정이[20] 필요한데 실습 SD카드 이미지에는 변환된 파일이 있는 상태입니다.

```
# 새로운 터미널 창에서 실행해 주세요.
detectnet csi://0
```

빌드와 설치가 끝나면 예제를 실행하던 터미널 창으로 가서 다시 예제를 실행해 카메라 화면이 정상적으로 나오는 것을 확인합니다.

```
# 예제를 실행하던 터미널 창에서 실행해 주세요. 사실 어떤 폴더 위치에서 실행해도
# 좋습니다.
detectnet csi://0
```

【 결과 화면 】

---

20 딥러닝 모델은 tensorrt에서 실행되기 위해 파일 변환 과정이 1회 필요한데 이를 trt 변환이라고 합니다.

추론 가속화 사물 인식 모델 예제 코드

앞에서 실행한 예제는 jetson-inference 라이브러리에서 제공하는 사물 인식 모델을 TensorRT를 이용해 가속화된 추론으로 실행하는 예제입니다. 이 예제는 기본적으로 C++로 되어 있는 코드지만, 라이브러리에서는 동일한 기능의 파이썬 예제 코드도 제공합니다.

이번 절에서는 이 파이썬 예제를 활용해 팔로잉봇 테스트 코드를 개발할 예정이니 이 파이썬 코드를 살펴보겠습니다. 예제 코드 detectnet_test.py는 AILearningJetbot/ FollowingBot에 있습니다.

Tensorrt 사물 인식 예제 코드

jetson-inference 라이브러리를 이용해 TensorRT 사물인식을 하기 위해 유틸리티 패키지를 임포트한 후 명령어를 파싱합니다. 추론을 위한 인자들을 받아서 네트워크를 로딩하고 입출력을 정의한 뒤 while 문을 돌며 영상 프레임을 하나씩 받아서 사물인식을 위한 추론을 진행하고 그 결과를 받아서 화면에 출력해 줍니다.

1. Tensorrt AI 가속기 패키지 jetson.inference와 카메라 처리와 같은 관련 유틸리티 패키지 jetson.utils를 임포트합니다.

```
import jetson.inference
import jetson.utils
```

2. argparse 패키지를 이용해 명령행의 인자들을 파싱해 줄 파서를 생성합니다.

```
parser = argparse.ArgumentParser(
    description="Locate objects in a live camera stream using an object detection
DNN.",
    formatter_class=argparse.RawTextHelpFormatter,
    epilog=jetson.inference.detectNet.Usage() + jetson.utils.videoSource.Usage() +
jetson.utils.videoOutput.Usage() + jetson.utils.logUsage()
)
```

3. 이 코드에서는 다음과 같은 인자가 사용됩니다.

- input_URI는 입력 URI, output_URI는 출력 URI

- --network: 사물 인식 네트워크 종류, 기본값은 "ssd-mobilenet-v2"

- --overlay: 사물 인식 결괏값 중 화면에 overlay로 나타낼 항목들

- --threshold: 사물 인식 신뢰도 중 결과로 사용할 최소 경곗값, 기본값은 0.5

```python
# 명령행 인자 파싱
parser.add_argument(
    "input_URI", type=str, default="", nargs='?', help="URI of the input stream"
)
parser.add_argument(
    "output_URI", type=str, default="", nargs='?', help="URI of the output stream"
)
parser.add_argument(
    "--network", type=str, default="ssd-mobilenet-v2",
    help="pre-trained model to load (see below for options)"
)
parser.add_argument(
    "--overlay", type=str, default="box,labels,conf",
    help="detection overlay flags (e.g. --overlay=box,labels,conf)\nvalid
combinations are:  'box', 'labels', 'conf', 'none'"
)
parser.add_argument(
    "--threshold", type=float, default=0.5,
    help="minimum detection threshold to use"
)
```

4. 명령행 인자로 지정된 사물 인지 네트워크를 로딩합니다. 샘플 예제를 실행할 때 --network 인자를 넣어주지 않으면 기본으로 "ssd-mobilenet-v2" 값이 들어가며, 이때 추론 가속화 엔진 라이브러리 시내려받았던 SSD-Mobilenet-v2 모델이 로딩됩니다.

```python
# 사물 인지 네트워크를 로딩합니다.
net = jetson.inference.detectNet(opt.network, sys.argv, opt.threshold)
```

5. 명령행 인자로 지정된 입력과 출력 소스를 `jetson.utils`에 지정해 줍니다.

```
# 비디오 소스와 출력을 생성
input = jetson.utils.videoSource(opt.input_URI, argv=sys.argv)
output = jetson.utils.videoOutput(opt.output_URI, argv=sys.argv+is_headless)
```

6. `while` 문 안에서 입력 소스로부터 이미지 프레임을 캡처해 옵니다.

```
# 사용자가 중지하기 전까지 프로세싱
while True:
    # 다음 이미지 캡처
    img = input.Capture()
```

7. 이 이미지를 로딩한 네트워크로 연산해 객체 인식 결과 벡터 `detections`를 받아옵니다. 검출 결과 벡터 `detections`를 열거해 출력해 줍니다.

```
# 객체 인식
detections = net.Detect(img, overlay=opt.overlay)

# 검출 결과 프린트
print("detected {:d} objects in image".format(len(detections)))
for detection in detections:
    print(detection)
```

8. 결과 이미지를 렌더링해 줍니다.

```
# 이미지 보여주기
output.Render(img)
```

9. 검출 결괏값, fps 등으로 타이틀 바를 업데이트하고 네트워크의 성능 분석 정보를 프린트합니다.

```
# 타이틀 바 업데이트
output.SetStatus(
    "{:s} | Network {:.0f} FPS".format(opt.network, net.GetNetworkFPS())
)
# 성능 분석 정보를 프린트
net.PrintProfilerTimes()
```

10. 입력/출력의 종료 혹은 에러에 의해 while 문을 빠져나가면서 프로그램이 종료합니다.

```
if not input.IsStreaming() or not output.IsStreaming():
    break
```

Tensorrt 사물 인식 예제 코드 실행

터미널에서 실행해 보겠습니다. ─network 인자를 넣지 않으면 라이브러리 사물 인식 예제의 기본 모델인 SSD-Mobilenet-v2로 실행됩니다.

```
cd ~/AILearningJetbot/FollowingBot
python detectnet_test.py
```

C++ 예제를 실행했을 때와 같은 객체 인식 화면을 볼 수 있습니다.

팔로잉봇 테스트 코드

이번 프로젝트에서는 AI 모바일 로봇이 고양이나 사람을 보면 천천히 따라가게 하려고 합니다. 고양이를 인식하는 경우에는 핸드폰으로 고양이 이미지를 검색해서 사용하는 것이 좋습니다. 추론 테스트 코드에 인식된 대상의 위치에 따라 방향을 전환하기 위해 바퀴 모터를 제어하는 코드를 추가합니다. 이 예제 코드는 FollowingBot 폴더 아래 following_test.py에 있습니다.

먼저 전체 코드를 살펴본 다음에 고양이를 인식해 바운딩 박스값을 얻는 코드, 그리고 바퀴 모터 제어 코드의 순서로 설명하겠습니다.

전체 코드

```
import jetson.inference
import jetson.utils
import argparse
import sys
from Adafruit_MotorHAT import Adafruit_MotorHAT
import numpy as np
```

```python
def set_speed(motor_ID, value):
    max_pwm = 115.0
    speed = int(min(max(abs(value * max_pwm), 0), max_pwm))
    if motor_ID == 1:
        motor = motor_left
    elif motor_ID == 2:
        motor = motor_right
    else:
        return

    motor.setSpeed(speed)
    if value > 0:
        motor.run(Adafruit_MotorHAT.FORWARD)
    else:
        motor.run(Adafruit_MotorHAT.BACKWARD)

def all_stop():
    motor_left.setSpeed(0)
    motor_right.setSpeed(0)

    motor_left.run(Adafruit_MotorHAT.RELEASE)
    motor_right.run(Adafruit_MotorHAT.RELEASE)

motor_driver = Adafruit_MotorHAT(i2c_bus=1)
motor_left_ID = 1
motor_right_ID = 2
motor_left = motor_driver.getMotor(motor_left_ID)
motor_right = motor_driver.getMotor(motor_right_ID)

print("motor_driver ready")

parser = argparse.ArgumentParser(
    description="Locate objects in a live camera stream using an object detection DNN.",
    formatter_class=argparse.RawTextHelpFormatter,
    epilog=jetson.inference.detectNet.Usage() + jetson.utils.videoSource.Usage() + jetson
.utils.videoOutput.Usage() + jetson.utils.logUsage()
```

```python
)
parser.add_argument(
    "input_URI", type=str, default="", nargs='?', help="URI of the input stream"
)
parser.add_argument(
    "output_URI", type=str, default="", nargs='?', help="URI of the output stream"
)
parser.add_argument(
    "--network", type=str, default="ssd-mobilenet-v2", help="pre-trained model to load
(see below for options)"
)
parser.add_argument(
    "--overlay", type=str, default="box,labels,conf",
    help="detection overlay flags (e.g. --overlay=box,labels,conf)\nvalid combinations
are: 'box', 'labels', 'conf', 'none'"
)
parser.add_argument(
    "--threshold", type=float, default=0.5, help="minimum detection threshold to use"
)
is_headless = ["--headless"] if sys.argv[0].find('console.py') != -1 else [""]

try:
    opt = parser.parse_known_args()[0]
except:
    print("")
    parser.print_help()
    sys.exit(0)

net = jetson.inference.detectNet(opt.network, sys.argv, opt.threshold)
input = jetson.utils.videoSource(opt.input_URI, argv=sys.argv)
output = jetson.utils.videoOutput(opt.output_URI, argv=sys.argv+is_headless)
frameWidth = 640
speed_value = 0.3
turn_gain = 0.8

try:
    while True:
```

```python
            img = input.Capture()
            detections = net.Detect(img, overlay=opt.overlay)
            print("detected {:d} objects in image".format(len(detections)))

            for detection in detections:
                if detection.ClassID == 17:
                    print('center pos >> [0] %f' % (detection.Center[0]))
                    left_value = speed_value + turn_gain*(detection.Center[0]/frameWidth-0.5)
                    right_value = speed_value - turn_gain*(detection.Center[0]/frameWidth-0.5)
                    print(left_value)
                    print(right_value)
                    if left_value >= 0.48:
                        left_value = 0.48
                    if right_value >= 0.48:
                        right_value = 0.48
                    print('motor_value >> left %f, right %f' % (left_value, right_value))
                    set_speed(motor_left_ID,   left_value)
                    set_speed(motor_right_ID,  right_value)
                else:
                    all_stop()

            output.Render(img)
            output.SetStatus(
                "{:s} | Network {:.0f} FPS".format(opt.network, net.GetNetworkFPS())
            )

            net.PrintProfilerTimes()
            if not input.IsStreaming() or not output.IsStreaming():
                break
except KeyboardInterrupt:
    print("key int")
    all_stop()

all_stop()
```

고양이를 인식해 바운딩 박스값을 얻는 코드

Tensorrt 사물 인식 코드는 '추론 가속화 사물 인식 모델 예제 코드'에서 살펴본 것과 동일하며 −network 인자 지정을 하지 않고 기본 네트워크인 **SSD-Mobilenet-v2** 모델을 그대로 활용할 것입니다. 그런데 이번에는 고양이라는 특정 대상을 인식했을 때 인식된 바운딩 박스의 X축 중심점을 기준으로 팔로잉하려고 하기 때문에 본 모델의 COCO 데이터세트에서 고양이의 라벨값을 확인할 필요가 있습니다.

그림 9.25에서 COCO 데이터세트의 라벨값을 살펴보면 라벨 번호는 0번부터 시작하기 때문에 18째 줄에 있는 고양이의 라벨값은 17입니다.

그림 9.25 coco 데이터세트 라벨 파일

다음과 같이 객체 인식 결과 17번인 고양이의 바운딩 박스 중심 값을 프린트할 수 있습니다.

```
img = input.Capture()
detections = net.Detect(img, overlay=opt.overlay)
```

```
    for detection in detections:
        if detection.ClassID == 17:
            print('Center >> [0] %f, [1] %f' % (
                detection.Center[0], detection.Center[1]
            ))
```

이로써 고양이가 감지되면 바운딩 박스의 중심값을 이용해 팔로잉하기 위한 좌우 모터 제어 코드를 작성할 수 있습니다.

이제 이 바운딩 박스의 중심값으로 바퀴를 제어하는 코드를 살펴보겠습니다.

방향을 전환하기 위한 바퀴 모터 제어 코드

스피드 값 speed_value와 회전 게인 값 turn_gain을 미리 적당히 정합니다. 이 값은 테스트하면서 가장 적당한 값을 찾을 때까지 변경할 수 있습니다.

```
# 스피드 값과 회전 게인 값을 미리 적당히 정해 둔다.
speed_value = 0.3
turn_gain = 0.8
```

지정한 대상인 고양이가 인식됐을 때 바운딩 박스의 중심값을 이용해 모터의 left_value, right_value를 계산합니다. 계산된 값이 최댓값 0.48을 넘지 않도록 다시 조정해 주는데, 이는 모바일 로봇이 과도하게 방향을 틀지 않기 위해 속도 제한을 두는 것입니다. 이 최댓값도 테스트하면서 변경할 수 있습니다.

```
    for detection in detections:
        # 지정한 대상을 인식했을 때
        if detection.ClassID == 17:
            # 인식된 대상의 수평 중심 위치에 따라 모터의 left_value, right_value 계산
            left_value = speed_value + turn_gain*(detection.Center[0]/frameWidth-0.5)
            right_value = speed_value - turn_gain*(detection.Center[0]/frameWidth-0.5)

            if left_value >= 0.48:
                left_value = 0.48
```

```
        if right_value >= 0.48:
            right_value = 0.48
        print('motor_value >> left %f, right %f' % (left_value, right_value))
```

좌우 모터의 값을 세팅해 실제 작동하게 합니다.

```
        set_speed(motor_left_ID,    left_value)
        set_speed(motor_right_ID,   right_value)
```

좌우 모터값 계산에 대한 이해를 돕기 위해 왼쪽에 사물이 있는 경우와 오른쪽에 사물이 있는 경우의 시뮬레이션을 간단히 시행해 볼 수 있습니다(그림 9.26).

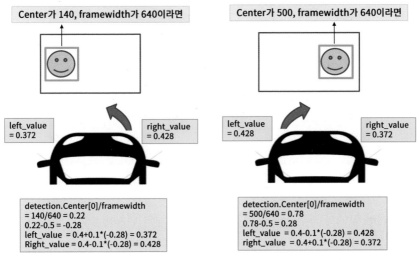

그림 9.26 카메라에 사물이 잡히는 위치에 따른 좌우 모터 제어 값 계산의 예

즉, 카메라에 사물이 잡히는 위치에 따른 좌우 모터 제어 값 계산의 예를 볼 수 있는데, center가 140이고 framewidth가 640이라면 앞의 수식에 따라 left_value는 0.372, right_value는 0.428이 나오며, 이 값을 Motor.MotorRun 함수에 넣으면 값이 큰 바퀴의 반대 방향으로 모바일 로봇이 가게 되므로 이 경우에는 왼쪽으로 갑니다.

또 다른 예로 center가 500이고 framewidth가 640이라면 위의 수식에 따라 left_value는 0.428, right_value는 0.372가 나와 오른쪽으로 갑니다.

미리 훈련된 모델로 팔로잉봇 테스트

미리 훈련된 모델의 팔로잉봇 테스트는 그림 9.27과 같이 실행해 영상으로 객체 인식을
확인하며[21], 고양이가 인지되면 모터 작동이 시작되는 것을 확인할 수 있습니다. 구글에
서 고양이 사진을 검색하거나 다음 주소의 사진을 이용하면 됩니다.

- https://github.com/jetsonai/AILearningJetbot/blob/main/FollowingBot/cats.jpg

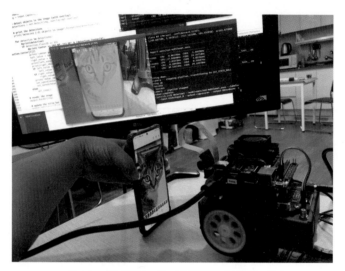

그림 9.27 미리 훈련된 모델로 팔로잉봇을 테스트하는 화면

객체를 카메라 앞에서 좌우로 조금씩 이동하면서 객체의 위치에 따라 양쪽 모터 바퀴의
속도가 어떻게 달라지는지 확인해 보겠습니다.

객체 위치의 반대 방향 바퀴의 속도가 빨라지는 것을 눈으로도 볼 수 있으며, 그림 9.28
에서 볼 수 있듯이 터미널 창에 로그로 찍힌 좌우 모터값으로도 확인이 가능합니다.

---

21 테스트를 할 때는 일반적으로 실제 살아있는 대상으로 팔로잉 실습을 하는 것이 쉽지 않습니다. 처음에는 고양이 인식을 테스트하기 위해 핸드폰으로
고양이 이미지를 찾아 확대해 사용하는 것을 권장합니다.

그림 9.28 감지된 객체의 위치에 따른 좌우 모터값 변경

그림 9.28의 위쪽과 같이 고양이가 왼쪽에 있을 때 왼쪽 모터의 속도가 약 0.102이고 오른쪽 모터 속도가 0.480으로 오른쪽 바퀴가 더 빠르게 회전하므로 차체가 왼쪽으로 가게 됩니다. 그리고 그림의 아래쪽과 같이 고양이가 오른쪽에 있을 때 왼쪽 모터는 0.480, 오른쪽 모터는 약 0.096으로 왼쪽 바퀴가 더 빠르므로 차체가 오른쪽으로 가게 됩니다.

CCTV용 SSD 모델로 팔로잉봇 테스트

지금까지 이 예제는 미리 훈련된 모델을 이용해서 팔로잉봇을 테스트했지만, 사실 6장에서도 CCTV 용으로 자동차와 사람을 인식하는 모델을 훈련했기 때문에 그 모델을 사람의 팔로잉봇으로 이용할 수 있습니다.

6장의 CCTV SSD 모델 파일을 팔로잉봇에 적용하기 위해 해야 하는 일은 tensorrt로 추론 가속화를 하기 위해 ONNX 파일로 변환하는 것과 그 모델에서 사용했던 라벨 파일에서 사람 라벨이 몇 번이었는지 확인하는 것뿐입니다.

참고로 ONNX는 딥러닝 모델을 다양한 환경에서 사용하기 위해 구축된 개방형 파일 형식인데, jetson-infernece 라이브러리에서도 torch2trt를 위해 변환을 요구하고 있습니다.

Torch2TRT로 onnx 변환

앞서 8.3절에서 정지 사진의 SSD 추론 테스트를 실습할 때, SSD 모델 파일과 라벨 파일을 내려받아 pytorch-ssd 폴더 아래 onnx 폴더로 복사해 놓았습니다. mb1-ssd-cctv.pth 모델 파일과 라벨 파일을 이용해 ONNX[22] 변환을 수행하겠습니다.

젯슨 나노의 터미널에서 다음과 같이 ONNX 변환을 수행합니다.

```
# pytorch-ssd 폴더로 이동
cd pytorch-ssd

# pth -> onnx 변환 (3~5분 정도 시간 소요)
python3 onnx_export.py --model-dir=./onnx

# 완료되면 다음과 같이 변환된 onnx 파일 확인 가능
ls ./onnx/ssd-mobilenet.onnx
```

변환이 끝난 후 기본적인 테스트를 해 보겠습니다. my_ssd_detectnet.py 파이썬 파일로 추론해 볼 텐데, 최초 추론 테스트에서는 onnx 파일이 tensorrt 엔진 파일로 변환되기까지 5~10분 정도 소요되므로 먼저 실행부터 하고 파일의 내용을 보겠습니다.

```
# following_test.py 파일을 pytorch-ssd 폴더로 복사
cp ~/AILearningJetbot/FollowingBot/following_test.py ./
```

---

22 https://onnx.ai/

```
# 최초 추론 테스트에서는 onnx 파일을 tensorrt 엔진 파일로 변환하는 데 5~10분 정도 소요
python3 following_test.py --model=onnx/ssd-mobilenet.onnx --labels=onnx/labels.txt
--input-blob=input_0 --output-cvg=scores --output-bbox=boxes
```

【 출력 】

참고로 라벨 번호를 현재 모델에 맞추어 놓지 않았기 때문에 사람이 인식돼도 모터는 작동하지 않습니다.

CCTV용 SSD 모델을 위해 팔로잉봇 코드 수정

onnx 폴더에 있는 라벨 파일을 참고하면 사람의 클래스 번호가 3이라는 것을 확인할 수 있습니다(그림 9.29). 참고로 클래스 번호는 0부터 시작합니다.

그림 9.29 cctv SSD 모델 데이터세트 라벨 파일

이제 파일을 열어서 기존의 17 대신 다음과 같이 지정된 클래스 번호 3으로 변경한 뒤 저장합니다. 이로써 사람을 감지했을 때만 모터 제어 코드가 작동하게 됩니다.(그림 9.30)

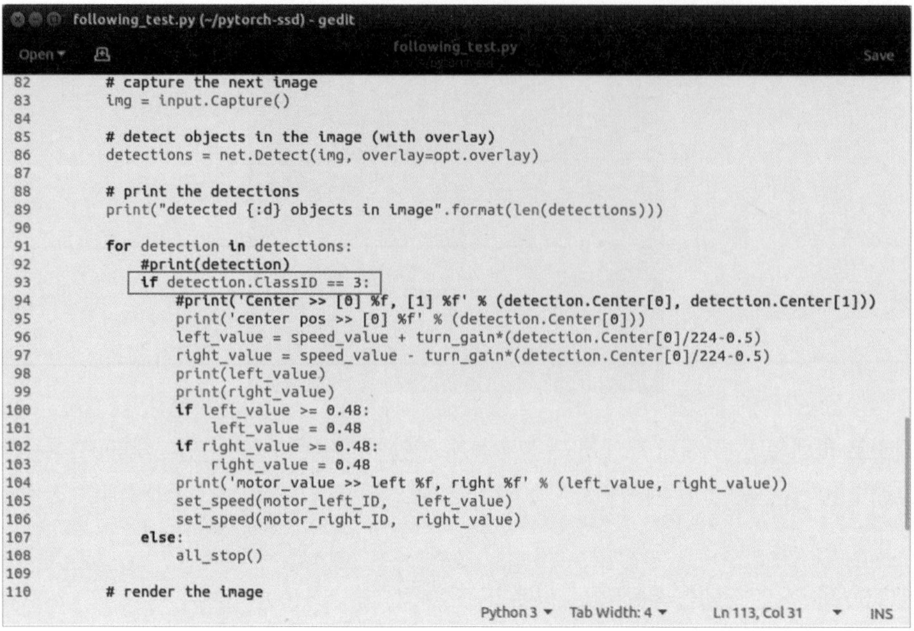

```
following_test.py (~/pytorch-ssd) - gedit

Open ▼  🗗                        following_test.py                        Save

82        # capture the next image
83        img = input.Capture()
84
85        # detect objects in the image (with overlay)
86        detections = net.Detect(img, overlay=opt.overlay)
87
88        # print the detections
89        print("detected {:d} objects in image".format(len(detections)))
90
91        for detection in detections:
92            #print(detection)
93            if detection.ClassID == 3:
94                #print('Center >> [0] %f, [1] %f' % (detection.Center[0], detection.Center[1]))
95                print('center pos >> [0] %f' % (detection.Center[0]))
96                left_value = speed_value + turn_gain*(detection.Center[0]/224-0.5)
97                right_value = speed_value - turn_gain*(detection.Center[0]/224-0.5)
98                print(left_value)
99                print(right_value)
100               if left_value >= 0.48:
101                   left_value = 0.48
102               if right_value >= 0.48:
103                   right_value = 0.48
104               print('motor_value >> left %f, right %f' % (left_value, right_value))
105               set_speed(motor_left_ID,   left_value)
106               set_speed(motor_right_ID,  right_value)
107           else:
108               all_stop()
109
110       # render the image

                                Python 3 ▼   Tab Width: 4 ▼      Ln 113, Col 31   ▼    INS
```

그림 9.30 CCTV SSD 모델의 person 클래스를 지정하기 위한 코드 변경

CCTV용 SSD 모델을 이용한 팔로잉봇 테스트

다시 CCTV SSD 모델(6장)로 사람을 인식하면 바퀴가 작동하는 팔로잉봇 테스트를 해보 겠습니다.

```
python3 following_test.py --model=onnx/ssd-mobilenet.onnx --labels=onnx/labels.txt
--input-blob=input_0 --output-cvg=scores --output-bbox=boxes
```

화면이 나오기 시작했을 때 사람을 인식하면 바퀴가 돌기 시작하는 것을 볼 수 있습니다. 테스트 시 사람을 인식시키고자 할 때 손을 이용하는 것도 가능합니다.

【 출력 】

팔로잉봇의 실제 주행 테스트는 터미널에서 명령어를 실행한 후 젯봇에 연결된 케이블을
모두 해제하고 바닥에서 할 수 있습니다(그림 9.31).

그림 9.31 CCTV SSD 모델도 tensorrt로 작동해 사물 인지

직접 사람을 인식하고 따라가는 식으로 주행하는 테스트는 손을 인식하고 따라가도록 하
면 가장 쉽게 테스트할 수 있습니다. 그런데 손을 인식한 후 로봇이 회전을 너무 크게 하
는 느낌이 있을 수 있습니다. 아니면 모바일 로봇의 속도가 너무 빠르다고 느낄 수도 있
습니다. 이런 경우에는 aeb_live_demo.py의 두 가지 변수를 조정해 가면서 자신이 원
하는 속도와 바퀴 회전의 게인 값을 맞춰야 합니다.

```
# 속도와 회전 게인 값 설정
speed_value = 0.2
turn_gain = 0.5
```

값을 수정한 다음 다시 실행하는 과정이 번거롭고 시간이 걸리기는 하지만, 실제 차나 로봇의 움직임 제어를 위해서는 이런 과정이 반드시 필요합니다.

> **참고** 객체 모델 추론 실행 시 임곗값을 주고 실행하는 경우
>
> 참고로 객체 인식 모델의 경우 Confidence Threshold(신뢰도 임계점, 이하 임계점이라 표시)를 탐지한 객체 인식 결과를 재현율과 감도 관련해 조정하기 위해 사용하는데, 보통 0.5를 사용합니다.
>
> 객체에서 재현율(recall), 혹은 감도(sensitivity)는 전체 대상에서 검색이 성공된 비율을 말합니다. 정확도(precision)는 검색된 결과 중 정확하게 검색된 비율을 말합니다.[23] 인식이나 검색이라는 분야는 100% 정확한 결과를 얻기 힘들기 때문에 신뢰도 임계점을 실제로 얻고자 하는 목표를 달성하기 위한 조절 수단으로 사용하는 것입니다.
>
> "원하는 목표가 정확도가 높은 결과다."라고 하면 신뢰도 임계점을 높여서 신뢰도가 낮은 결과를 제외하면 정확도는 높아지는데, 전체 검색 결과 개수가 줄어들면서 재현율은 낮아집니다.
>
> 반대로 "원하는 목표가 재현율이 높은 결과다."라고 하면 신뢰도 임계점을 낮춰서 신뢰도가 낮은 결과도 포함시키면서 정확도가 낮아지는데, 전체 검색 결과 개수가 늘어나면서 재현율은 높아집니다(그림 9.32).
>
>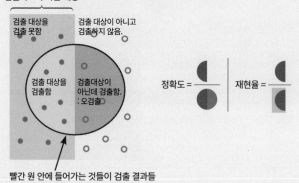
>
> 신뢰도 임계점이 높으면 → 빨간 원이 작아짐 → 결과에 포함된 개수가 줄어듦 → 정확도↑, 재현율↓
>
> 신뢰도 임계점이 낮으면 → 빨간 원이 커짐 → 결과에 포함된 개수가 늘어남 → 정확도↓, 재현율↑
>
> 그림 9.32 신뢰도 임계점에 따른 재현율과 정확도

---

[23] 이 책 4.1.1항 참조

임계점이 0.1과 같이 너무 작으면 바운딩 박스가 지나치게 많이 발생합니다. 이때 재현율(recall)은 높아지지만 정확도(precision)는 낮아집니다.

임계점이 0.99처럼 크면 후보 수가 줄어들어 재현율은 낮아지고 정확도는 높아집니다. 그래서 객체 인식에서는 실행할 때 정확도가 정해진 임곗값(threshold)보다 낮으면 바운드 박스 표시를 하지 않도록 구현합니다.

그렇게 되면 사용자가 모델에 따라 임곗값을 적절히 설정해야 합니다. 이번 예제 모델의 경우 임곗값을 0.4로 설정하고자 한다면 –threshold 인자에 0.4를 주고 실행합니다.

```
python3 following_test.py --model=onnx/ssd-mobilenet.onnx --labels=onnx/labels.txt
--input-blob=input_0 --output-cvg=scores --output-bbox=boxes /dev/video0
--threshold=0.4
```

9.4 _ 차선 인지 자율주행

자동차나 로봇의 핵심 기능 중 하나는 자율주행입니다. 그리고 자율주행의 기능 중 가장 기본이 되는 기능은 스스로 목표 지점까지 길을 찾아 주행하는 기능이라고 할 수 있습니다. 일반적으로 많이 볼 수 있는 로봇 청소기나 식당의 서빙 로봇은 이동할 구간의 지도 정보를 확보한 후 목표 지점까지 갈 수 있는 경로 계산 알고리즘과 주변 사물까지의 거리 측정을 위한 라이다(Lidar) 센서[24]를 이용해 주변의 상황을 인지해 단거리 경로 계산을 취합해 이동하는 방법을 많이 사용합니다.

이에 비해 차선을 달리는 자동차의 자율주행은 목표 지점으로 가기 위해 반드시 차선을 인지해야 하고, 인지된 차선을 따라갈 수 있어야 합니다. 이때 차선을 인지하기 위한 기술이 여러 가지 있는데, OpenCV[25]의 캐니 에지[26]와 허프 변환[27] 알고리즘을 활용하는 기술이 대표적입니다. [28]

---

24 라이다 센서: https://en.wikipedia.org/wiki/Lidar

25 OpenCV: https://opencv.org/

26 캐니 에지: https://docs.opencv.org/4.x/da/d22/tutorial_py_canny.html

27 허프 변환: https://opencv.org/

28 https://medium.com/analytics-vidhya/road-lane-detection-using-opencv-3e2d2740a4d

그림 9.33 OpenCV 캐니 에지와 허프 변환 알고리즘을 활용하는 차선 인식

그 외 딥러닝 분석 방법 중 하나인 LSTM[29]을 이용한 차선 위치 인식[30]과 같은 방법도 많이 알려져 있고, 엔비디아의 딥러닝 차선 팔로잉 방법[31]의 경우에는 AI 모바일 로봇을 활용하는 좋은 사례라고 할 수 있습니다.

이번 절에서는 아주 간단한 프로젝트를 해보겠습니다.

그림 9.34 엔비디아 젯봇의 차선 팔로잉 자율주행 영상[32]

---

29 LSTM: https://en.wikipedia.org/wiki/Long_short-term_memory
30 Robust Lane Detection from Continuous Driving Scenes Using Deep Neural Networks: Qin Zou, Hanwen Jiang, 2020, https://arxiv.org/pdf/1903.02193.pdf
31 젯봇 차선 팔로잉: https://jetbot.org/master/examples/road_following.html
32 https://blogs.nvidia.co.kr/2019/08/13/adventures-with-the-nvidia-jetbot-and-jetracer/

딥러닝 차선 팔로잉 방법을 참조해 차선을 따라 젯봇이 자율주행을 할 수 있게 프로젝트를 진행해 보려고 합니다.

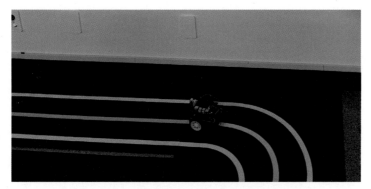
그림 9.35 트랙에서 차선을 인지해 따라가는 자율주행 테스트 영상

여기서 우리가 목표로 하는 영상분석 모델을 활용한 차선 인지 자율주행 코드는 그림 9.36과 같은 기능으로 설계됩니다.

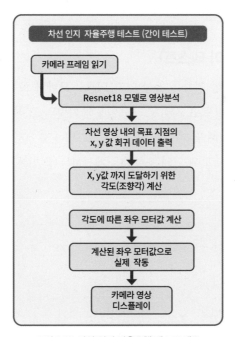
그림 9.36 차선 인지 자율주행 테스트 개요

이번 프로젝트를 위해 검은 포멕스(Foamex) 판에 흰색과 노란색 절연 테이프를 붙여서 실제 도로를 모방해 만든 트랙을 제작해 테스트할 수 있습니다.

다소 특이한 점은 트랙의 사진을 젯봇의 카메라로 수집할 때 젯봇 입장에서 차선을 봤을 때 가야 할 좌표 x, y가 라벨이 된다는 것입니다. 이렇게 차선 사진과 좌표 x, y로 이뤄진 데이터세트로 훈련해 완성되는 모델은 영상분석에서 일반적으로 사용하는 분류 모델이 아니라, 차선 영상 데이터를 입력해 좌표 x, y라는 예측치를 얻을 수 있는 회귀 모델입니다.

> 통계학에서 회귀 분석은 관찰된 연속형 변수에 대해 두 변수 사이의 모형을 구한 뒤 적합도를 측정해 내는 분석 방법이며[33], 회귀 분석으로 만들어진 회귀 모델은 데이터에 적합한 값을 예측하는데 주로 사용됩니다. 회귀 모델은 주로 최소 제곱법과 같은 선형 모델을 많이 사용하지만, 선형 관계는 없지만 강한 관계가 있을 때는 비선형 모델이 필요합니다.
>
> 이 책에서 배운 신경망 모델이나 CNN 모델이 이러한 비선형 모델 역할을 해 적합한 값을 예측할 수 있습니다.

차선 데이터 수집(간이 테스트)

이번 프로젝트에서 개발할 기능은 차선 인지 모델로 모바일 로봇이 전진할 지점 좌표를 추론하고, 그 추론된 전진 목표 지점 x, y를 이용해 차량의 조향각을 계산해 그 조향각에 의해 좌우 모터값을 결정해 달리는 구조입니다.[34] 그림 9.37에서 볼 수 있는 것처럼 모바일 로봇의 목표 좌표 x, y 값에 의해 조향값을 계산하는 방법은 atan2 함수[35]를 이용하는 것입니다.

---

33 https://ko.wikipedia.org/wiki/%ED%9A%8C%EA%B7%80_%EB%B6%84%EC%84%9D
34 참고로 본 서적의 젯봇 주행 예제는 모두 정속 주행을 기본으로 합니다.
35 https://en.wikipedia.org/wiki/Atan2

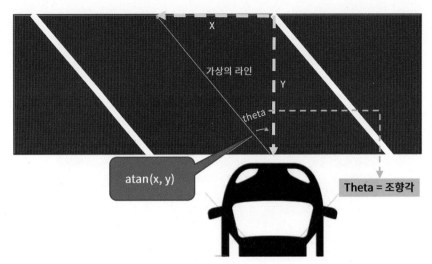

그림 9.37 모바일 로봇의 목표 좌표 x, y를 이용한 조향각 계산

그러므로 이번 프로젝트에 필요한 모델은 AI 모바일 로봇이 차선을 보는 영상에서 차가 가야 할 목표 지점을 추론해 주는 회귀 모델입니다. 그러면 데이터세트는 젯봇 기준에서 보는 차선 영상 데이터와 목표 좌표 x, y의 세트가 되고, 따라서 차선 데이터 수집을 위해서는 트랙이 필요합니다.

하지만 젯봇을 위해 만들어진 트랙이 당장 없기 때문에 제작이 필요하고 간단한 설계 도면과 재료를 구해야 합니다. 이렇게 트랙을 제작하는 경우에는 포멕스와 같은 바닥 재료와 차선을 표시할 절연 테이프가 필요합니다.

트랙을 제작 및 설치할 공간이 당장 없어 사전에 공간적인 검토가 필요하고 그게 어려운 상황이라면 비교적 쉽게 책상 위에서 할 수 있는 간이 테스트를 합니다.

이러한 책상 위 간이 테스트용 트랙은 그림 9.38과 같이 검은 2절 색상지에 절연 테이프를 붙여 이용하는 것을 추천합니다.

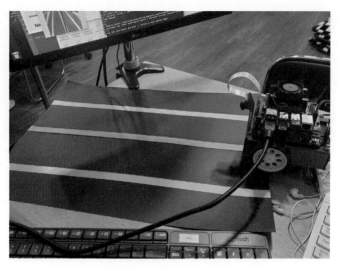

그림 9.38 책상 위에서 색상지를 이용하는 간이 테스트

이제 차선 색상지를 바라보게 젯봇을 비치해 데이터를 수집할 텐데, 이번 모델의 데이터 세트는 사진 수집 시 목표 지점을 마우스로 클릭해 x, y 값을 함께 저장해야 합니다. 자세한 수집 방법은 데이터 수집 코드 리뷰가 끝나고 실습 실행 파트에서 다시 설명하겠습니다.

차선 인지 자율주행 모델 데이터 수집 코드 1 – 준비

차선 인지 모델을 위해 데이터를 수집해 보겠습니다.

1. 카메라를 사용해 데이터를 수집해야 하기 때문에 젯슨 나노에 정해진 opencv 파이 카메라 입력 설정 문자열을 준비합니다.

```
gst_str = ("nvarguscamerasrc ! video/x-raw(memory:NVMM), width=(int)224,
height=(int)224, format=(string)NV12, framerate=(fraction)60/1 ! nvvidconv flip-
method=0 ! video/x-raw, width=(int)224, height=(int)224, format=(string)BGRx !
videoconvert ! video/x-raw, format=(string)BGR ! appsink")
```

2. 목표 지점 변수 coord_x, coord_y를 준비합니다.

    mouse_callback 함수는 카메라 화면상에 데이터 수집자가 지점을 마우스로 클릭하면 클릭 이벤트에 함께 들어오는 좌표 데이터를 목표 지점 변수에 저장합니다.

```
coord_x = 0
coord_y = 0

def mouse_callback(event, x, y, flags, param):
    if event == cv2.EVENT_LBUTTONDOWN :
        print("mouse click, x:", x, " y:", y)
        global coord_x
        coord_x = x
        global coord_y
        coord_y = y
```

3. xy_uuid 함수는 x, y 좌표와 함께 uuid1 함수를 이용해 시스템의 유일한 id를 얻어서 파일 이름을 만들어 주는 함수입니다.

```
def xy_uuid(x, y):
    return 'xy_%03d_%03d_%s' % (x, y, uuid1())
```

차선 인지 자율주행 모델을 위한 데이터 수집 코드 2 - 수집

차선 인지 자율주행 모델을 위한 데이터를 수집하기 위해 폴더를 만들고 카메라 영상에서 모바일 로봇이 가야 할 지점을 마우스로 클릭해 해당 좌푯값을 포함하는 파일 이름으로 영상을 저장하도록 코드를 작성하겠습니다.

1. videoProcess 함수는 영상 데이터 수집 함수입니다.
   먼저 dataset_xy라는 데이터 폴더를 만듭니다.

```
def videoProcess(openpath):

    DATASET_DIR = 'dataset_xy'
    try:
        os.makedirs(DATASET_DIR)
    except FileExistsError:
        print('Directories not created becasue they already exist')
```

2. 카메라로부터 이미지를 갖고 오기 위해 카메라 연결을 시작합니다.

```
# 카메라로부터 이미지를 갖고 오기 위해 연결 열기
cap = cv2.VideoCapture(openpath)
if cap.isOpened():
    print("Video Opened")
else:
    print("Video Not Opened")
    print("Program Abort")
    exit()
```

3. 카메라 영상을 위한 윈도를 만들고 그 윈도에 마우스 클릭 이벤트를 처리할 콜백 함수인 mouse_callback 함수를 연결합니다.

데이터 수집자가 차선의 가운데를 목표로 클릭해야 하기 때문에 화면에 파란색 세로선을 그려주기 위해 라인 색상을 준비합니다.

차선 인지 자율주행 모델 데이터 수집을 위해 차선 가운데 부분을 클릭하고 저장을 위해 's'를 입력하라고 가이드해 줍니다.

```
cv2.namedWindow("Input", cv2.WINDOW_GUI_EXPANDED)
cv2.setMouseCallback('Input', mouse_callback)
linecolor = (255,0,0)
print("click the road center and push 's' button to save labeled image.")
```

4. 이미지 프레임을 읽어옵니다.

화면 표시용 프레임을 복사해서 파란색 세로선을 그려 화면에 표시합니다.

```
try:
    while cap.isOpened():
        # 프레임을 캡처합니다.
        ret, frame = cap.read()
        if ret:
            im = imageCopy(frame)
            im = cv2.line(im, (112, 0), (112, 224), linecolor, 3, cv2.LINE_AA)
            cv2.imshow("Input", im)
        else:
            break
```

5. 's' 자 입력이 들어오면 이미지를 저장하는데, 데이터 수집자가 클릭한 좌표 coord_x, coord_y 값으로 파일 이름을 생성해서 그 이름으로 데이터 폴더에 저장합니다.

```
if cv2.waitKey(int(1000.0/fps)) & 0xFF == ord('s'):
    uuid = xy_uuid(coord_x, coord_y)
    filename = os.path.join(DATASET_DIR, uuid + '.jpg')
    print(filename)
    cv2.imwrite(filename, frame)
```

6. [Ctrl+C] 인터럽트가 들어오면 종료합니다.

```
except KeyboardInterrupt:
    print("key int")
    cap.release()
    cv2.destroyAllWindows()
    time.sleep(0.5)
    return
```

데이터 수집 실행

터미널에서 젯슨 나노에 다음 명령을 입력해 데이터 수집을 시작할 수 있습니다.

```
# LaneFollowing 폴더로 이동
cd ~/AILearningJetbot/LaneFollowing

# 열린 상황의 데이터 수집을 시작하기 위해 파이썬 파일을 실행할 때 인자를 0으로 준다.
python3 lane_data_collection.py 0
```

파이썬 파일을 실행하면 카메라 영상이 뜨는데, 코드에서 설명한 것과 같이 데이터 수집자가 화면 가운데를 잘 인식할 수 있게 목표 지점을 표시한 파란색 세로선이 보입니다.

데이터 수집자는 그림 9.39를 참조해 이 영상에서 모바일 로봇이 진행할 목표 지점을 1회 클릭한 후 데이터 수집을 위해 's' 키를 눌러줍니다.

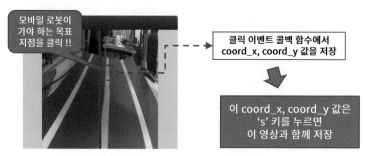

그림 9.39 차선 인식 자율주행 모델의 데이터 수집 방법

화면에 목표 지점을 클릭하고 's' 키를 누를 때마다 터미널에서는 그림 9.40과 같이 새로운 이름의 데이터 파일이 저장되는 것을 확인할 수 있습니다. 주의할 점은 모바일 로봇 입장에서 우회전 데이터, 좌회전 데이터, 직진 데이터를 적절하게 수집해야 모델이 다양한 상황에 대한 추론을 할 수 있다는 것입니다. 잊지 말고 우회전 데이터와 좌회전 데이터, 직진 데이터를 골고루 수집해 주십시오.

전체를 80~120장 정도 수집하면 됩니다. 이때 우회전 데이터, 좌회전 데이터, 직진 데이터를 골고루 수집해야 하는데, 트랙 방향을 오른쪽, 왼쪽, 중간 방향으로 배치하며 각각 비슷한 숫자로(120장이라면 각각 40장 정도씩) 조금씩 다른 각도에서 데이터를 수집해야 훈련 후 다양한 각도의 트랙 상황에서 적절한 추론 결과를 얻을 수 있습니다.

그림 9.40 차선 인지 자율주행 모델 데이터 수집

그림 9.41과 같이 **AILearningJetbot/LaneFollowing/dataset_xy** 폴더에 사진 데이터가 수집됩니다.

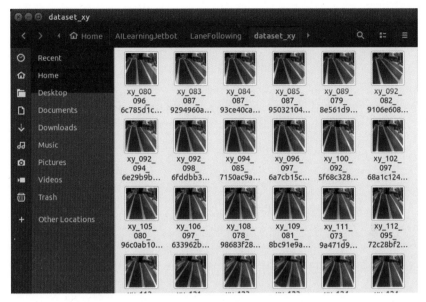

그림 9.41 차선 인지 팔로잉 모델을 위해 수집한 폴더

데이터 수집이 끝나면 이미지 데이터를 zip으로 압축합니다.

```
cd AILearningJetbot/LaneFollowing
zip dataset_xy.zip -r ./dataset_xy
```

압축된 **dataset_xy.zip** 파일은 그림 9.42와 같이 구글 드라이브에 **lanefollow** 폴더를 만든 후 **dataset_xy.zip** 파일을 마우스로 드래그해서 업로드합니다. 그리고 같은 폴더에 이번 데이터를 트레이닝할 **train_LaneFollowing.ipynb** 파일도 마우스로 드래그해서 업로드합니다.

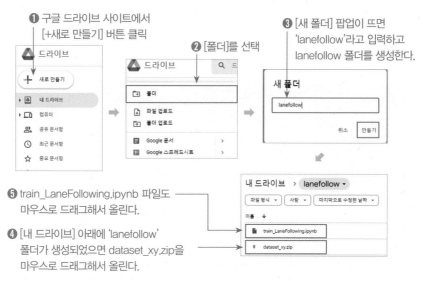

① 구글 드라이브 사이트에서
[+새로 만들기] 버튼 클릭

② [폴더]를 선택

③ [새 폴더] 팝업이 뜨면
'lanefollow'라고 입력하고
lanefollow 폴더를 생성한다.

⑤ train_LaneFollowing.ipynb 파일도
마우스로 드래그해서 올린다.

④ [내 드라이브] 아래에 'lanefollow'
폴더가 생성되었으면 dataset_xy.zip을
마우스로 드래그해서 올린다.

그림 9.42 구글 드라이브에 dataset_xy.zip 업로드

ResNet-18 네트워크로 회귀 모델 훈련

ResNet-18은 3장에서 가장 깊고 성능이 좋은 네트워크라고 소개했던 ResNet의 한 종류입니다. ResNet은 이미지 분류 모델뿐만 아니라 이번에 사용할 회귀 모델이나 사물 인식 모델에도 빈번하게 활용되는데, 분석할 대상 이미지의 사이즈나 데이터 사이즈에 따라 더 얕은[36] 네트워크로 사용돼도 성능이 좋은 편이라 응용 개발자들이 선호합니다. 이렇게 얕은 사이즈의 ResNet을 사용할 때 파이토치에서는 resnet18, resnet34, resnet50 등 다양한 ResNet 네트워크 모델 빌더를 제공하므로[37] 적절한 사이즈로 선택해서 사용하면 됩니다.

이번 절에서 사용할 ResNet-18은 18 계층으로만 이뤄진 형태입니다.[38]

---

36 얕은 사이즈는 네트워크 레이어 수가 적다는 의미입니다. 반대로 깊은 사이즈는 네트워크의 레이어가 많다는 의미입니다.
37 파이토치에서 제공하는 다양한 ResNet: https://pytorch.org/vision/master/models/resnet.html
38 https://www.researchgate.net/figure/Original-ResNet-18-Architecture_fig1_336642248

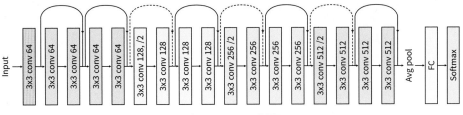

젯봇에서 수집한 데이터를 이용해 차선 인지 자율주행 모델로 훈련하는 데 이 ResNet-18을 이용해 보겠습니다.

ResNet-18로 훈련하기 위한 주피터 노트북 파일과 이번 실습의 예제 코드는 `AILearningJetbot` 폴더 아래의 `LaneFollowing` 폴더의 `train_LaneFollowing.ipynb` 파일에 있으며, 코랩의 GPU를 사용해 학습해 보겠습니다.

참고로 젯봇에서 추론 테스트를 하고자 한다면, 코랩 테스트가 끝난 후 모델 파일을 젯봇에서 내려받아 추론 테스트를 하기 때문에 코랩 테스트도 젯봇에서 진행하는 것이 좋습니다.

구글 코랩 연결 및 훈련 준비

이제 구글 코랩에 연결해 차선 인지 자율주행 모델을 훈련할 준비를 위해 수집한 데이터 파일들을 이용해 데이터세트를 작성해 보겠습니다.

1. 코랩에서 구글 드라이브를 연결합니다.

```
from google.colab import drive
drive.mount('/content/gdrive')
```

2. '차선 데이터 수집(간이 테스트)'에서 구글 드라이브에 생성한 lanefollow 폴더에 있는 dataset_xy.zip을 가져와 압축을 풀어줍니다.

```
ls /content/gdrive/MyDrive/lanefollow
cp /content/gdrive/MyDrive/lanefollow/dataset_xy.zip ./
!unzip dataset_xy.zip
```

3. 파이토치 패키지 등 필요한 패키지를 임포트합니다.

```python
import torch
import torch.optim as optim
import torch.nn.functional as F
import torchvision
import torchvision.datasets as datasets
import torchvision.models as models
import torchvision.transforms as transforms
import glob
import PIL.Image
import os
import numpy as np
from tqdm import tqdm
```

4. get_x 함수와 get_y 함수는 데이터 파일 이름으로부터 x, y 값을 얻어오는 함수이며, get_lr 함수는 학습률 값을 얻어오는 함수입니다.

```python
center = 224./2.

def get_x(path):
    # 이미지 파일 이름에서 x 값을 가져온다.
    return (float(int(path[3:6]))/100.) - (center/100.)

def get_y(path):
    # 이미지 파일 이름에서 y 값을 가져온다.
    return (float(int(path[7:10])) - 50.0) / 50.0

def get_lr(optimizer):
    for param_group in optimizer.param_groups:
        return param_group['lr'])
```

5. XYDataset 클래스는 데이터세트 폴더를 지정해 생성되는 데이터세트 클래스로 여기서 제공되는 __getitem__ 함수는 딥러닝을 위해 전처리된 이미지와 라벨 데이터인 x, y 값을 반환하는 기능을 합니다. 이 예제에서는 dataset_xy 폴더로 dataset라는 클래스 객체를 만들어 사용합니다.

```python
class XYDataset(torch.utils.data.Dataset):
```

```python
    def __init__(self, directory, random_hflips=False):
        self.directory = directory
        self.random_hflips = random_hflips
        self.image_paths = glob.glob(os.path.join(self.directory, '*.jpg'))
        self.color_jitter = transforms.ColorJitter(0.3, 0.3, 0.3, 0.3)

    def __len__(self):
        return len(self.image_paths)

    def __getitem__(self, idx):
        image_path = self.image_paths[idx]

        image = PIL.Image.open(image_path)
        x = float(get_x(os.path.basename(image_path)))
        y = float(get_y(os.path.basename(image_path)))

        if float(np.random.rand(1)) > 0.5:
            image = transforms.functional.hflip(image)
            x = -x

        image = self.color_jitter(image)
        image = transforms.functional.to_tensor(image)
        image = image.numpy()[::-1].copy()
        image = torch.from_numpy(image)
        image = transforms.functional.normalize(image, [0.485, 0.456, 0.406],
[0.229, 0.224, 0.225])

        return image, torch.tensor([x, y]).float()

dataset = XYDataset('dataset_xy', random_hflips=False)
```

6. 훈련 데이터 대 검증 데이터를 8:2 비율로 나누어 train_dataset, test_dataset를 준비합니다.

```python
test_percent = 0.2
num_test = int(test_percent * len(dataset))
train_dataset, test_dataset = torch.utils.data.random_split(dataset, [len(dataset) -
num_test, num_test])
```

7. train_dataset, test_dataset를 각각 torch.utils.data.DataLoader를 이용해 batch_size 16으로 로딩하도록 train_loader, test_loader를 준비합니다.

```
train_loader = torch.utils.data.DataLoader(
    train_dataset,
    batch_size=16,
    shuffle=True,
    num_workers=4
)

test_loader = torch.utils.data.DataLoader(
    test_dataset,
    batch_size=16,
    shuffle=True,
    num_workers=4
)
```

ResNet-18 모델을 이용한 학습

이제 ResNet-18 네트워크를 이용해 차선 인식 자율주행 모델을 학습해 보겠습니다. 모델의 입력은 영상이고 출력은 회귀 결과로 x, y 좌푯값이 됩니다.

1. resnet18 모델 함수로부터 전이학습용으로 model 객체를 생성합니다. 회귀 결과가 x, y 2가지 값이므로 fc 레이어의 결과 벡터는 2차원으로 지정합니다.

```
model = models.resnet18(pretrained=True)

model.fc = torch.nn.Linear(512, 2)
device = torch.device('cuda')
model = model.to(device)
```

2. 준비한 네트워크 모델과 데이터세트를 이용해 회귀 모델 학습을 다음과 같이 진행합니다.
에포크는 90, 결과 모델 파일은 best_model_xy.pth라고 지정합니다.

```
NUM_EPOCHS = 90
BEST_MODEL_PATH = 'best_model_xy.pth'
```

에포크 수만큼 루프를 돌면서 진행률을 나타냅니다. 에포크 안에서 `train_loader`를 iteration하면서 for 루프를 돌게 됩니다. 이 for 루프 안에서 이미지와 라벨을 받아서 모델 계산 및 손실 계산을 진행하고 역전파와 순전파를 진행합니다.

```
for epoch in tqdm(range(NUM_EPOCHS)):
    model.train()
    train_loss = 0.0
    for images, labels in iter(train_loader):
        images = images.to(device)
        labels = labels.to(device)
        optimizer.zero_grad()
        outputs = model(images)
        loss = F.mse_loss(outputs, labels)
        train_loss += float(loss)
        loss.backward()
        optimizer.step()
        #scheduler.step()
    train_loss /= len(train_loader)
```

다음으로는 **test_loader** 수만큼 iteration 하면서 for 루프를 돌게 됩니다. 이 for 루프 안에서 이미지와 라벨을 받아서 모델 계산 및 손실 계산을 진행합니다.

```
    model.eval()
    test_loss = 0.0
    for images, labels in iter(test_loader):
        images = images.to(device)
        labels = labels.to(device)
        outputs = model(images)
        loss = F.mse_loss(outputs, labels)
        test_loss += float(loss)
    test_loss /= len(test_loader)

    print('train loss %f, test_loss %f, lr %f' % (train_loss, test_loss,
(get_lr(optimizer)))))
```

테스트 정확도를 계산한 후 테스트 정확도가 최고 정확도보다 크면 모델 파일을 저장합니다. 그리고 최고 정확도를 갱신합니다.

```
epoch_list.append(epoch)
train_loss_list.append(train_loss)
test_loss_list.append(test_loss)
if test_loss < best_loss:
    torch.save(model.state_dict(), BEST_MODEL_PATH)
    best_loss = test_loss
```

【 출력 】

```
0: 1.000000
1%|        | 1/90 [00:05<07:31,  5.08s/it]train loss 0.657015, test_loss 0.501113, lr 0.001000
2%||       | 2/90 [00:07<05:22,  3.66s/it]train loss 0.085443, test_loss 0.226435, lr 0.001000
3%||       | 3/90 [00:10<04:34,  3.15s/it]train loss 0.064287, test_loss 0.116382, lr 0.001000
4%||       | 4/90 [00:12<04:07,  2.88s/it]train loss 0.046624, test_loss 0.061931, lr 0.001000
6%||       | 5/90 [00:15<03:49,  2.70s/it]train loss 0.044451, test_loss 0.067040, lr 0.001000
7%||       | 6/90 [00:19<04:22,  3.12s/it]train loss 0.038491, test_loss 0.037489, lr 0.001000
8%||       | 7/90 [00:21<04:02,  2.92s/it]train loss 0.032137, test_loss 0.055173, lr 0.001000
9%||       | 8/90 [00:24<03:46,  2.77s/it]train loss 0.040888, test_loss 0.064141, lr 0.001000
...
96%|████    | 86/90 [03:54<00:10,  2.69s/it]train loss 0.004397, test_loss 0.021394, lr 0.001000
97%|████    | 87/90 [03:57<00:07,  2.58s/it]train loss 0.004119, test_loss 0.022301, lr 0.001000
98%|████    | 88/90 [03:59<00:05,  2.53s/it]train loss 0.004759, test_loss 0.016161, lr 0.001000
99%|████    | 89/90 [04:03<00:02,  2.81s/it]train loss 0.006631, test_loss 0.024465, lr 0.001000
100%|█████   | 90/90 [04:06<00:00,  2.73s/it]train loss 0.008274, test_loss 0.022787, lr 0.001000
```

손실값이 제대로 감소했는지 확인하기 위해 그래프를 그려보겠습니다. 앞의 학습 단계에서 선언하고 에포크를 진행하면서 저장한 훈련 손실값 리스트(**train_loss_list**)와 테스트 손실값 리스트(**test_loss**)를 이용해 꺾은선 그래프를 그립니다.

```
import matplotlib.pyplot as plt

plt.plot(epoch_list, train_loss_list, '-b', label='train_loss_list')
plt.plot(epoch_list, test_loss_list, '-r', label='test_loss')
```

```
plt.xlabel("n iteration")
plt.legend(loc='upper left')

# 결과를 보여준다.
plt.show()
```

【 출력 】

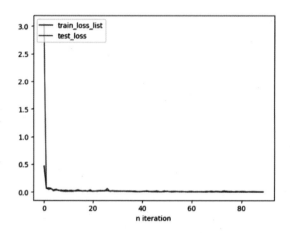

학습이 끝나면 best_model_xy.pth이라는 이름으로 모델 파일이 저장됩니다. 이 모델 파일을 젯봇에 다음과 같이 내려받습니다(그림 9.44).

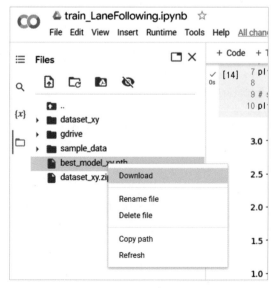

그림 9.44 모델 파일 다운로드

차선 인식 자율주행 테스트 (간이 테스트)

이제 훈련된 모델 파일로 AI 모바일 로봇에서 차선을 따라 자율주행하는 테스트를 해보겠습니다.

```
# 차선 인지 자율주행 폴더로 이동
cd AILearningJetbot/LaneFollowing

# 코랩에서 내려받은 best_model_xy.pth 파일을 현재 폴더로 복사
cp ~/Downloards/best_model_xy.pth ./
```

이번 테스트에서 AI 모바일 로봇은 카메라 영상으로 모델을 추론해서 얻은 x, y 좌푯값으로 가기 위한 조향각을 계산한 후 이에 따라 모터를 구동합니다.

이를 위해서는 역시 다음과 같은 바퀴 모터 제어 코드가 필요합니다. 차선 인식 자율주행 코드는 lf_live_demo.py에 있습니다.

먼저 전체 코드를 본 다음에 바퀴 모터 제어 코드, 차선 인식 자율주행 테스트 코드 1(딥 러닝 프로세싱), 차선 인식 자율주행 테스트 코드 2(비디오 프로세싱), 차선 인식 자율주행 테스트 코드 3(메인 블록)의 순서로 설명하겠습니다.

전체 코드

먼저 차선 인식 자율주행 실습을 위한 코드를 전체적으로 살펴보겠습니다.

```
gst_str = ("nvarguscamerasrc ! video/x-raw(memory:NVMM), width=(int)224,
height=(int)224, format=(string)NV12, framerate=(fraction)60/1 ! nvvidconv flip-
method=0 ! video/x-raw, width=(int)224, height=(int)224, format=(string)BGRx !
videoconvert ! video/x-raw, format=(string)BGR ! appsink")

video_path = '../record/line.mp4'
import cv2
import numpy as np
from Adafruit_MotorHAT import Adafruit_MotorHAT
import torchvision
```

```python
import torch
import torchvision.transforms as transforms
import torch.nn.functional as F
import PIL.Image

mean = torch.Tensor([0.485, 0.456, 0.406]).cuda().half()
std = torch.Tensor([0.229, 0.224, 0.225]).cuda().half()

def preprocess(image):
    image = PIL.Image.fromarray(image)
    image = transforms.functional.to_tensor(image).to(device).half()
    image.sub_(mean[:, None, None]).div_(std[:, None, None])
    return image[None, ...]

angle = 0.0
angle_last = 0.0
speed_gain_value = 0.18
steering_value = 0.0001
steering_gain_value = 0.03
steering_dgain_value = 0.0
steering_bias_value = 0.0

def executeModel(image):
    global angle, angle_last
    xy = model(preprocess(image)).detach().float().cpu().numpy().flatten()
    x = xy[0]
y = -((0.5 - xy[1]) / 2.0)
    print('model x %f, y %f' % (x, y))
    speed_value = speed_gain_value
    angle = np.arctan2(x, y)
    pid = angle * steering_gain_value + (angle - angle_last) * steering_dgain_value
    angle_last = angle
    steering_value = pid + steering_bias_value
    left_motor_value = max(min(speed_value + steering_value, 1.0), 0.0)
    right_motor_value = max(min(speed_value - steering_value, 1.0), 0.0)
      print('left_motor_value %f, right_motor_value %f' % (left_motor_value,
right_motor_value))
```

```python
    set_speed(motor_left_ID, left_motor_value)
    set_speed(motor_right_ID, right_motor_value)
    print('----')


def set_speed(motor_ID, value):
    max_pwm = 115.0
    speed = int(min(max(abs(value * max_pwm), 0), max_pwm))
    if motor_ID == 1:
        motor = motor_left
    elif motor_ID == 2:
        motor = motor_right
    else:
        return
    motor.setSpeed(speed)
    if value > 0:
        motor.run(Adafruit_MotorHAT.BACKWARD)
    else:
        motor.run(Adafruit_MotorHAT.FORWARD)


def all_stop():
    motor_left.setSpeed(0)
    motor_right.setSpeed(0)
    motor_left.run(Adafruit_MotorHAT.RELEASE)
    motor_right.run(Adafruit_MotorHAT.RELEASE)


def imageCopy(src):
    return np.copy(src)


def imageProcessing(output):
    executeModel(output)
    return output


def videoProcess(openpath, savepath=None):
    cap = cv2.VideoCapture(openpath)
    if cap.isOpened():
        print("Video Opened")
    else:
```

```python
        print("Video Not Opened")
        print("Program Abort")
        exit()
    fps = cap.get(cv2.CAP_PROP_FPS)
    width = int(cap.get(cv2.CAP_PROP_FRAME_WIDTH))
    height = int(cap.get(cv2.CAP_PROP_FRAME_HEIGHT))
    print(width)
    print(height)
    print('--')
    out = None
    cv2.namedWindow("Input", cv2.WINDOW_GUI_EXPANDED)
    try:
        while cap.isOpened():
            ret, frame = cap.read()
            if ret:
                output = imageProcessing(frame)
                cv2.imshow("Input", frame)
            else:
                break
            if cv2.waitKey(int(1000.0/fps)) & 0xFF == ord('q'):
                break

    except KeyboardInterrupt:
        print("key int")
        all_stop()
        cap.release()
        cv2.destroyAllWindows()
        return

    cap.release()
    if out is not None:
        out.release()
    all_stop()
    cv2.destroyAllWindows()
    return

model = torchvision.models.resnet18(pretrained=False)
```

```
model.fc = torch.nn.Linear(512, 2)
model.load_state_dict(torch.load('best_model_xy.pth'))
device = torch.device('cuda')
model = model.to(device)
model = model.eval().half()
motor_driver = Adafruit_MotorHAT(i2c_bus=1)
motor_left_ID = 1
motor_right_ID = 2
motor_left = motor_driver.getMotor(motor_left_ID)
motor_right = motor_driver.getMotor(motor_right_ID)
print("motor_driver ready")
videoProcess(gst_str)
```

바퀴 모터 제어 코드

바퀴 모터 제어를 위한 초기화 코드가 필요합니다.

```
# 패키지 임포트
from Adafruit_MotorHAT import Adafruit_MotorHAT

motor_driver = Adafruit_MotorHAT(i2c_bus=1)

motor_left_ID = 1
motor_right_ID = 2

motor_left = motor_driver.getMotor(motor_left_ID)
motor_right = motor_driver.getMotor(motor_right_ID)
```

그리고 조향각에 의해 계산된 좌우 모터 변수에 의해 모터를 구동합니다.

```
set_speed(motor_left_ID, left_motor_value)
set_speed(motor_right_ID, right_motor_value)
```

차선 인식 자율주행 테스트 코드 1: 딥러닝 프로세싱

1. preprocess 함수는 이미지를 NumPy 배열로 변경하고 평균값과 표준편차 값으로 직접 정규화 계산을 하는데, cuda 함수와 half 함수를 이용해 GPU에서 FP16 연산[39]을 합니다.

```
# R채널 평균, G채널 평균, B채널 평균
mean = torch.Tensor([0.485, 0.456, 0.406]).cuda().half()
# R채널 표준편차, G채널 표준편차, B채널 표준편차
std = torch.Tensor([0.229, 0.224, 0.225]).cuda().half()

def preprocess(image):
    image = PIL.Image.fromarray(image)
    image = transforms.functional.to_tensor(image).to(device).half()
    image.sub_(mean[:, None, None]).div_(std[:, None, None])
    return image[None, ...]
```

2. 이번 테스트의 모터값 계산에 중요한 변수들을 미리 생성해 놓고 기본값을 설정합니다.

```
angle = 0.0
angle_last = 0.0

speed_gain_value = 0.18
steering_value = 0.0001
steering_gain_value = 0.03
steering_dgain_value = 0.0
steering_bias_value = 0.0
```

3. executeModel 함수는 딥러닝 프로세싱 및 차선 인지 자율주행 처리 역할을 하는 함수입니다. 우선 입력 프레임을 preprocess 함수로 전처리한 후 모델에 입력해 계산을 수행합니다.

4. 모델 연산 결과 벡터에서 0번째는 x 값인데, 수평 기준 중앙에서 시작하는 비율 값으로 되어 있습니다. 1번째는 y 값인데 전체 비율 값으로 되어 있기 때문에 이를 0.5에서 뺀 후 2로 나눔으로써 x값과 같이 수직 기준 중앙에서 시작하는 비율 값으로 계산해 줍니다. 단, 사진 좌표 기준이 아니라 AI 모바일 로봇으로부터의 거리가 기준이 돼야 해서 부호를 반대로 해줍니다.

---

[39] FP16 연산은 엔비디아 pascal GPU 이후부터 가능한 메모리와 데이터 로딩 속도를 절약하면서도 정밀도는 어느 정도 보장되는 연산 방법입니다.
https://en.wikipedia.org/wiki/Half-precision_floating-point_format

```
def executeModel(image):
    global angle, angle_last
    xy = model(preprocess(image)).detach().float().cpu().numpy().flatten()
    x = xy[0]
    y = -((0.5 - xy[1]) / 2.0)
```

5. speed_value에 이미 지정된 speed_gain_value 값을 주고 x, y 값을 이용해 조향각 angle을 계산합니다. 다음으로는 angle에 역시 미리 지정된 steering_gain_value 값을 곱해 pid 값을 계산하는데, steering_dgain_value 값을 사용할 수도 있습니다.

이제 pid에 bias 값을 더해 steering_value 값을 얻고, 이 값을 왼쪽 모터값에서는 speed_value에 더하고, 오른쪽 모터값에서는 빼서 모터값 계산을 완성합니다.

계산값으로 바로 좌우 모터를 제어합니다.

```
    speed_value = speed_gain_value

    angle = np.arctan2(x, y)
    pid = angle * steering_gain_value + (angle - angle_last) * steering_dgain_value
    angle_last = angle

    steering_value = pid + steering_bias_value
    left_motor_value = max(min(speed_value + steering_value, 1.0), 0.0)
    right_motor_value = max(min(speed_value - steering_value, 1.0), 0.0)

    set_speed(motor_left_ID,   left_motor_value)
    set_speed(motor_right_ID,  right_motor_value)
```

차선 인식 자율주행 테스트 코드 2: 비디오 프로세싱 함수

videoProcess 함수는 영상 데이터를 읽어 들여 특정 처리 후 화면에 보여주는 프로세싱 함수로, 긴급 제동 함수와 동일합니다.

```
def videoProcess(openpath, savepath=None):
    # 카메라나 영상으로부터 이미지를 갖고 오기 위해 연결 열기
    cap = cv2.VideoCapture(openpath)
    if cap.isOpened():
        print("Video Opened")
```

```
else:
    print("Video Not Opened")
    print("Program Abort")
    exit()
…
```

차선 인식 자율주행 테스트 코드 3: 메인 블록

1. torchvision.models 패키지에서 resnet18 네트워크를 로딩하고 fc 계산 결과가 사이즈 2 벡터로 나오게 합니다.

```
model = torchvision.models.resnet18(pretrained=False)
model.fc = torch.nn.Linear(512, 2)
```

2. 'best_model_xy.pth' 모델 파일의 가중치를 불러들이고 모델의 연산은 GPU에서 FP16으로 수행되게 지정합니다.

```
model.load_state_dict(torch.load('best_model_xy.pth'))
device = torch.device('cuda')
model = model.to(device)
model = model.eval().half()
```

3. 모터 드라이버를 시작합니다.

```
motor_driver = Adafruit_MotorHAT(i2c_bus=1)

motor_left_ID = 1
motor_right_ID = 2

motor_left = motor_driver.getMotor(motor_left_ID)
motor_right = motor_driver.getMotor(motor_right_ID)
```

4. 영상 딥러닝 프로세싱을 위해 videoProcess 함수를 호출합니다.

```
videoProcess(gst_str)
```

차선 인식 자율주행 테스트 실행

이제 긴급 충돌 방지 테스트를 해보려고 합니다. 이러한 딥러닝과 모터를 사용하는 예제 실행 전에는 항상 모바일 로봇을 껐다가 켜주는 것이 좋습니다.

모바일 로봇을 새로 시작한 후 차선 인식 자율주행 폴더에 가서 best_model_xy.pth 모델 파일이 있는지 확인해 봅니다.

```
cd AILearningJetbot/LaneFollowing
ls
```

차선 인식 자율주행 기능을 기본적으로 테스트해 보기 위해 모바일 로봇을 종이컵에 올려놓고 테스트를 시작해 보겠습니다.

```
python3 lf_live_demo.py
```

파이썬 코드를 실행하면 모델 로딩과 모터 드라이버 로딩으로 1~2분 정도 지나 화면이 뜨면서 바퀴가 돌기 시작합니다.

차선 인식 자율주행 모델을 이용할 때 AI 모바일 로봇이 전진, 좌회전, 우회전을 잘하는 지 테스트해 보기 위해 색상지로 만든 간이 트랙을 모바일 로봇의 정방향으로 놓았다가 좌우로 조금씩 각도를 변경하면서 각도에 따라 양쪽 모터 바퀴의 속도가 어떻게 달라지는지 확인해 보겠습니다.

차선 각도에 따라 반대 방향 바퀴의 속도가 빨라지는 것을 눈으로도 확인할 수 있으며, 그림 9.45에서 볼 수 있듯이 터미널 창에 로그로 찍힌 좌우 모터 값으로도 확인이 가능합니다.

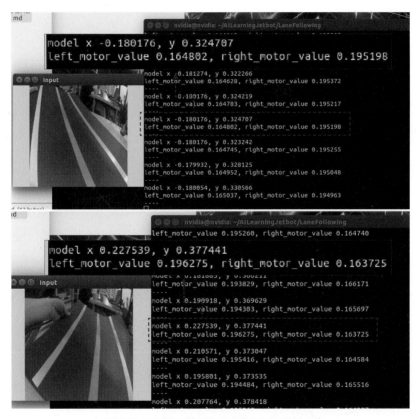

그림 9.45 차선 인식 자율주행 테스트(색상지 트랙 테스트)

좌회전이 필요할 때 왼쪽 모터는 0.164802, 오른쪽 모터는 0.195198로, 오른쪽 바퀴가 빠르기 때문에 왼쪽으로 갈 수 있습니다.

우회전이 필요할 때 왼쪽 모터는 0.196275, 오른쪽 모터는 0.163725로, 왼쪽 바퀴가 빠르기 때문에 오른쪽으로 갈 수 있습니다.

이로써 AI 모바일 로봇에서 가장 간단한 차선 인식 자율주행 기능을 개발했습니다.

간단하기는 해도 사실 이 방법을 통해 실제로도 모바일 로봇이나 AGV[40] 같은 로봇이 차선이나 안내선을 따라다니는 기능을 개발할 수 있고, 더 나아가 앞차를 따라다니는 군집 운행 기능을 개발할 수도 있습니다.

그럼 이제 마지막 테스트로 트랙을 제작해 차선 인식 자율주행 테스트를 하는 내용을 알아보겠습니다.

차선 데이터 수집과 훈련 (트랙 테스트)

이번에는 실제 모바일 로봇이 자율주행을 할 수 있는 트랙을 제작한 후 트랙에서 차선 데이터를 수집하고 훈련을 진행해 보겠습니다.

트랙 제작

트랙을 제작하고 설치할 공간을 확보했다면 다음 그림 9.46과 같이 트랙을 제작할 수 있습니다. 필자는 DIY 방식으로 파워포인트에 그림처럼 설계 도면을 그린 다음 검은색 포멕스를 구매해 설계를 참고해서 흰색과 노란색 절연 테이프를 붙여 제작했습니다.[41]

---

40 무인 운반차: AGV(Automated guided vehicle), https://en.wikipedia.org/wiki/Automated_guided_vehicle
41 CAD 같은 설계 프로그램을 사용하면 좀 더 편리하게 제작할 수 있을 것입니다.

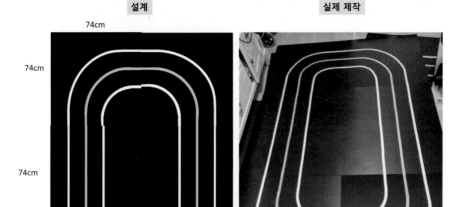

| 설계 | 실제 제작 |

74cm

74cm

74cm

74cm

74cm

그림 9.46 트랙 설계의 예 (좌: 도면, 우: 제작된 트랙)

트랙 데이터 수집

트랙을 제작해서 바닥에 설치했다면 책상에서 수집한 데이터세트로 학습한 모델보다는 트랙에서 직접 데이터를 수집해서 학습한 모델을 사용하는 것이 바람직합니다. 이 차선 인식 자율주행 모델의 데이터 수집 방식이 화면을 보면서 목표 지점을 클릭한 후 저장하는 방식이라 그림 9.47과 같이 트랙 위에서도 모니터와 키보드, 마우스 연결이 필요합니다.

키보드 마우스가 연결되면 9.2절을 참조해 데이터를 수집하면 됩니다. 이때 직진과 코너 데이터를 골고루 수집해서 150~250개 정도의 데이터를 확보하는 것이 중요합니다.

그림 9.47 트랙 데이터 수집

트랙 모델 훈련

트랙 데이터 훈련도 'ResNet-18 네트워크로 회귀 모델 훈련'에서와 같이 코랩을 이용하면 됩니다. 코랩에 만들어 놓은 `lanefollow` 폴더를 그대로 이용하면 되는데, 기존 `dataset_xy.zip`은 보존을 위해 구글 드라이브에서 이름 바꾸기 기능으로 `dataset_xy_desk.zip`과 같이 눈으로도 확인 가능한 이름으로 변경해 두는 것이 좋습니다.

기존 데이터 파일의 이름을 변경했으면 훈련을 진행합니다. 훈련을 진행하는 동안 모바일 로봇의 `AILearningJetbot/LaneFollowing` 폴더에 있는 `best_model_xy.pth` 모델 파일도 'best_model_xy_desk.pth'와 같이 파일 이름을 변경해 놓습니다.

코랩에서 새로운 모델의 훈련이 끝나면 역시 다운로드 기능을 통해 모바일 로봇에 모델을 내려받아서 `AILearningJetbot/LaneFollowing` 폴더로 복사해 놓습니다.

차선 인식 자율주행 테스트(트랙 테스트)

이제 훈련이 완료된 트랙용 차선 인식 자율주행 모델을 이용해 트랙에서 실습을 해보겠습니다. 책상 위 테스트와 다른 점은 주행 시 실제 바퀴가 돌면서 직선 주행 혹은 곡선 주행을 해야 하므로 좌우 모터 값 계산식에 게인 값 조정이 필요하다는 것입니다. 이번 실습에는 이러한 과정도 포함돼 있습니다.

트랙에서 차선 인식 자율주행 테스트

이제 AI 모바일 로봇을 트랙에서 테스트할 수 있습니다. 실제 트랙 차선 인식 자율주행 테스트도 팔로잉봇과 마찬가지로 터미널에서 명령어를 실행한 후 젯봇에 연결된 케이블을 모두 해제하고 트랙에서 테스트합니다.

그림 9.48 트랙에서 차선 인식 자율주행 실습 장면

게인 값 튜닝으로 곡선 주행 완성

트랙을 직접 주행하는 테스트는 직진부터 테스트가 잘 돼야 합니다. 직진은 비교적 잘 되는 편인데, 곡선 주행의 경우 회전을 잘하게 조정하는 것이 쉽지는 않습니다. 이 경우에도 lf_live_demo.py의 두 가지 변수를 조정해 가면서 자신이 원하는 속도와 바퀴 회전의 게인 값을 맞춰야 합니다.

```
# 속도 값과 회전 게인 값 지정
speed_gain_value = 0.15
steering_value = 0.0002
```

사실 많은 경우, 회전 주행이 잘되지 않는다면 트랙의 코너 데이터가 부족한 것이 원인일 수 있습니다. 그리고 당연히 전진 주행이 잘 안되는 경우에도 트랙의 직선 데이터가 부족한 것이 원인일 수 있습니다. 그래서 특정 주행이 안 되는 경우에는 관련 데이터를 더 보강해서 트레이닝한 후 다시 주행 테스트를 하면서 위의 변숫값으로 조정해 보는 것이 필요합니다.

모든 주행 테스트의 마지막 단계의 완성 정도는 튜닝 시간에 비례한다는 것을 꼭 기억하고 원하는 테스트를 완성해 보기 바랍니다.

9.5 _ 요약

이번 장에서는 젯슨 나노를 이용하는 AI 모바일 로봇을 구성하고 그 AI 모바일 로봇에서 카메라 영상분석과 함께할 수 있는 간단한 프로젝트를 수행했습니다.

긴급 충돌 방지 프로젝트는 장애물로 인해 앞이 막혀 있는지 열려 있는지에 대한 상황 분류만 가능하면 되므로 모바일 로봇으로 간단하게 주변 상황 사진을 찍어서 AlexNet 네트워크 기반으로 분류 모델을 코랩에서 학습시킨 후 모바일 로봇에 다운로드해 활용했습니다.

팔로잉봇 프로젝트에서는 관심 대상을 따라다니기 위해 6장에서 개발한 SSD MobileNet v1 모델을 활용해 관심 대상을 인식한 다음, 인식한 바운딩 박스를 따라가도록 바퀴 모터의 방향을 제어했습니다. 하지만 객체 인식 모델은 분류 모델보다 추론 시 지연 시간이 더 커서 AI 가속기를 사용할 필요가 있습니다. 엔비디아의 TensorRT라는 AI 가속기를 활용해 프로젝트를 진행했으며, 최종 주행 테스트에서 속도와 회전 게인 값을 조정했습니다.

차선 인식 자율주행의 경우는 차선 영상의 목표 지점 좌표를 예측해 주는 회귀 모델을 ResNet-18 네트워크를 이용해 훈련하고, 차선을 따라가는 자율주행 모바일 로봇을 개발했습니다.

---

42 https://github.com/jetsonai/pytorch-ssd/blob/main/open_images_classes.txt 참조

Q: 팔로잉봇이 강아지나 풍선 등 다른 사물을 따라가게 할 방법이 있을까요?

A: 공이나 개, 새, 나비 등 다른 종류의 팔로잉 기능을 원한다면 6.2절을 참조해 오픈 이미지 데이터 세트에서 원하는 카테고리의 데이터세트를[42] 내려받아서 새로운 모델을 훈련할 수 있습니다. 이로 써 원하는 대상을 따라다니는 모바일 로봇으로 활용할 수 있을 것입니다.

물론 오픈 이미지 데이터세트에 없거나 자신이 새롭게 원하는 데이터세트가 있다면 '충돌 회피를 위한 상황 데이터 수집'을 응용해 자신만의 데이터세트를 작성해 목적에 부합하는 로봇이나 모바 일 로봇을 개발하는 것도 가능합니다.

Q: 팔로잉봇이 사람을 따라가다가 사람이 속도를 줄이거나 멈추면 팔로잉봇과 부딪히게 될 텐데, 대 상과 적당한 거리를 두고 따라가게 할 수 있을까요?

A: 팔로잉봇이 대상과 일정 거리를 유지하는 가장 쉬운 방법은 거리 센서나 뎁스 카메라 를 별도로 사용하는 것이지만, 로봇에 그러한 센서가 있어야 한다는 제약이 있습니다.

실제 자율주행차에는 호모그래피[43] 같은 기술을 사용하기도 합니다. 우선 가장 간단한 방법은 사 물이 가까이 오면 인식된 넓이가 커진다는 가정하에 다음과 같은 코드를 추가하는 것입니다.

대상이 너무 가까이 있으면 정지하는 코드의 예시

```
# 인식된 영역이 전체 화면의 80%를 넘어가면 멈춘다.
if detection.Width > (framewidth*0.8):
    Motor.AllMotorStop()
```

예제 코드는 80%라고 했지만, 이 수치는 상황에 따라 조정해 주면서 적절히 활용할 수 있습니다.

물론 거리 센서를 쓰거나 호모그래피 같은 기술을 사용해 보다 정확한 거리 기반의 제어 코드를 사 용할 수도 있습니다. 그런 좀 더 복잡한 컴퓨터 비전 기술은 다른 책에서 다뤄 보겠습니다.

글을 마치며...

이제 이 책의 모든 프로젝트가 끝났습니다. 이 책을 시작하며 여러분들이 원하셨던 인공지능 영상분석 시스템을 바로 시작하기는 다소 어려울 수도 있지만, 지금 여러분들은 이제 필요한 지식과 기술 그리고 무한한 아이디어를 가지고 있을 것으로 생각됩니다.

21세기 이전에는 가정마다 PC와 스마트폰을 보유할 수 있는 세상을 상상하지 못했지만, 결국 현실이 됐습니다. 아마도 머지 않은 미래에는 딥러닝 컴퓨터비전을 활용한 인공지능 로봇을 가정마다 1대씩 보유해서 집안일이나 노약자를 돌보는 세상이 오지 않을까요?

여러분들께서는 부디 많은 유용한 지식과 기술을 잘 배우고 익힌 후 원하는 연구 개발 프로젝트에 성공하여 우리가 꿈꾸는 미래를 건설하는 주인공이 되길 바랍니다.

그림 9.49 미래의 1가정 1인공지능 로봇 세상을 상상하며.

실전!
프로젝트로
배우는
딥러닝
컴퓨터비전